江苏省高校“青蓝工程”优秀教学团队项目成果

江苏省品牌专业建设工程一期项目成果

跫音回响

——《林间路》发刊20期纪念文集

张 亮　刘 鹏/主编

南京大学出版社

图书在版编目(CIP)数据

跫音回响:《林间路》发刊 20 期纪念文集/张亮,刘鹏主编.—南京：南京大学出版社，2018.11

ISBN 978-7-305-21215-4

Ⅰ.①跫… Ⅱ.①张…②刘… Ⅲ.①哲学—文集 Ⅳ.①B-53

中国版本图书馆 CIP 数据核字(2018)第 259802 号

出版发行 南京大学出版社

社　　址 南京市汉口路 22 号　　邮　编 210093

出 版 人 金鑫荣

书　　名 跫音回响——《林间路》发刊 20 期纪念文集

主　　编 张　亮　刘　鹏

责任编辑 卢文婷

照　　排 南京紫藤制版印务中心

印　　刷 常州市武进第三印刷有限公司

开　　本 787×960　1/16　印张 23　字数 340 千

版　　次 2018 年 11 月第 1 版　2018 年 11 月第 1 次印刷

ISBN 978-7-305-21215-4

定　　价 92.00 元

网　　址 http://www.njupco.com

官方微博 http://weibo.com/njupco

官方微信 njupress

销售咨询 (025)83594756

序 言

《林间路》创刊于2000年，是南京大学哲学系本科生自主创办的一份学术刊物，至今已连续出版20期。

《林间路》是南京大学哲学系近20年来对本科生培养模式的一次探索，这种探索无疑是成功的。《林间路》的创办充分尊重同学们的学术主动性和创造性，同时也充分激发这种主动性和创造性，为同学们展现自己的才思睿智提供了一个平台。翻开这20期的刊物，尽管同学们的文字略显稚嫩，但从这稚嫩的文字中，我们看到了同学们对自然和生命的哲学沉思，这种沉思所透露出来的智慧之光，恰恰反映了哲学一词的本义。哲学所要探寻的，就是使一切存在者得以显相的"林间路"，若无林间小路，林间的一切存在、一切鸟语花香将不会与我们会面。这既是整体人类的一条智慧之路，也是个体的一条哲思之路，在这种思想的历险中，同学们也逐渐领略到了路边的旖旎风光，逐渐成长起来。《林间路》昔日的作者们，如今都已成长起来，在他们中间，既有活跃于国内学界的骨干学者，国内知名高校如复旦大学、上海交通大学、中山大学、华东师范大学、中国社会科学院大学、中共中央党校、南京大学等知名高校的教授、副教授，也有目前正在国内外知名高校如宾夕法尼亚州立大学、巴黎高等师范学校、伦敦大学学院、伦敦政治经济学院、华威大学、圣安德鲁斯大学、海德堡大学、雅典大学、清华大学、北京大学、复旦大学、南京大学等攻读博士、硕士学位的青年学者。

《林间路》是南京大学哲学系本科拔尖人才培养的重要部分。近20年来，南京大学哲学系在本科生培养方面采取了一系列积极举措。其中包括实施本科生科研基金计划、本科生导师制、本科生优秀学位论文评选制度、本科生短期国外学术交流项目等。南京大学哲学系在本科拔尖人才培养方面的一系列创新举措取得了显著成效，南哲学子在“挑战杯”全国大学生课外学术科技作品竞赛、国家级大学生创新创业训练计划、江苏省普通高校本专科优秀毕业设计(论文)评选、南京大学基础学科论坛以及本科生在重要期刊发表学术论文的质量和数量等方面都取得了优异成绩，学生的学术水平、培养前景明显提升。哲学系的本科培养水平得到了各级教育主管部门和社会各界的一致认可，南京大学哲学本科专业曾先后入选“教育部高等学校本科一类特色专业建设点”和“江苏省高等教育人才培养模式创新实验基地”“江苏省高校品牌专业建设工程”。

在《林间路》发刊 20 期之际，我们将《林间路》往刊中的部分优秀论文结集出版，既是对《林间路》近 20 年办刊史的一次总结，也是对南京大学本科生学术能力的一次展示。同时，也向曾经参与《林间路》编辑与出版工作的老师和同学表示感谢，祝福《林间路》能够继续成为南哲学子哲思旅途的起航之地。

编　者

2018 年 10 月 10 日

目　录

我看马克思*

杨乔喻

摘　要：一篇马克思主义哲学史课程的期末论文，以随笔风格记录了一名大二学生对马克思哲学思想史的粗浅理解。从马克思的人本主义谈到历史科学，在马克思一以贯之的理论努力中，寻求马克思一生哲学事业的伟大之处。当时个人电脑尚未普及，本文初稿、改稿都由纸笔完成，后在南京大学哲学系计算机房（当时在全校属于最优越配备）打字录入，并保存在文件极易损坏的3.5寸磁盘中。《林间路》编辑时，由于格式原因，本文注释被删除，因作者未保留原文件备份，故在此仍保持原来的注释空缺样貌。

关键词：马克思；异化；人本主义；人；实践；现实；社会关系的总和

我与马克思的接触，仅限于自小到大所听到的日常所宣传的意识形态口号，大学课堂上老师的解读以及在好奇心的驱使下所阅读的有限的书籍。所以，自知学问浅薄。我眼中的马克思，或许已经是被我的偏见所“异化”了的马克思，现将其呈现，供批判，以期复归。很多人高喊口号：马克思是伟大的，因为他为人类建构了一座理论的大厦！马克思所建构的理论是一座大厦吗？如果答案是肯定的，那么基于一切理论都具有可错性的原则，这座大厦的基石终有一天会被历史的验证所淘汰，整个大厦轰然而倒。又有人高喊口号：马克思是伟大的，因为他的理论得到了实践的检验——社会主义国家的建

---

* 本文选自《林间路》第三期。——编者

立。如果可以因此而说明马克思的伟大，那么同理可得：付诸中国几千年封建社会实践的儒家理论，较之墨道法名等各家理论是更可以称得上是伟大的。显然，这样的结论是荒谬的。

那么，马克思是伟大的吗？毋庸置疑，这个问题的答案是肯定的。在19世纪社会格局发生重大变革的历史转型期，作为一个将全人类利益置于胸中的激进的社会批判理论家，马克思是伟大的。他的伟大之处在于：对现实的批判切中要害，提出的解决方案具有现实意义；即使随着社会的变迁，他所面对的现实已经消逝在历史的长河里，这种理论所提供的思路依然令现世的批判者啧啧称赞。

随着对马克思的现实的当下的接触，一个词凸显在我的脑海里——人。不仅是马克思本人由形而上的抽象实体变成了一个活生生的人，更多的激发起我兴趣点的是马克思对人的关注与关怀。尽管，把马克思解读为人道主义、人本主义的这种做法早已为马克思主义理论阐释学者们批判得体无完肤，但于我而言，从青年马克思的思想里，我看到的就是一个地地道道的人道主义者。而我坚信这种人道主义的思想必将影响整个马克思的理论建构。

“人”的问题，古来有之。古希腊神庙上的箴言“认识你自己”成为人类思想理论永远的预设。文艺复兴“人”被真正发现，新兴资产阶级发现了自己，并发展了自己，这是人类历史上的一次真正变革。然而作为一个历史概念，人不可能得到一个确切的终极的解释。历代的思想家们徘徊在人的“是”与“应该”之间，这也正是人道主义的基本命题。人道主义旨在研究人和外部世界的价值关系，集中注意力从人的本然性出发来批判人在现实世界中的实然状况，即揭示出外部现实世界对人性发展的肯定或否定关系，然后根据人的应然要求来对人所处的现实世界进行革命的、批判的改造，使其向符合人类的世界发展。值得注意的是，重点不在于揭示，而在于改造。

马克思所生活的19世纪的德国，社会矛盾重重，充满着贫困、失业、制度的不健全、政治的腐败等各种社会问题，人们原有的价值体系被冲得七零八落，面临严重的价值危机。这种景况一如今天中国的现实，只要抬眼看看我们现在周围的一切，就会对当时马克思所处的境地有所感受。然而，不同的是，当时的德国有马克思，而今天的中国充其量只有些文人和文化人，他们自称以人为本，实则多数是在就文字论文字，以文化论战取代理论批判。如果马克思本人看到中国——实践了他的社会主义理论的国家——今天的理论状况，一定会哭笑不得他的批判的哲学流传至今竟然变得如此“贫困”！

青年马克思热爱人性，是个不折不扣的人道主义者。只要存在人对完美人性的追求和人性在现实世界的存在状况的矛盾，就必然会有人道主义的出现。从他中学的毕业论文足见其志。“在选择职业时，我们应该遵循的主要指针是人类的幸福和我们自身的完美。不应认为，这两种利益是敌对的，互相冲突的，一种利益必须消灭另一种的；人类的天性本来就是这样的：人们只有为同时代人的完美、为他们的幸福而工作，才能使自己也达到完美。如果我们选择了最能为人类福利而劳动的职业，那么，重担就不能把我们压倒，因为这是为大家而献身：那时我们所感到的就不是可怜的、有限的、自私的乐趣，我们的幸福将属于千百万人，我们的事业将默默地、但是永恒发挥作用地存在下去，而面对我们的骨灰，高尚的人们将洒下热泪。”在《青年在选择职业时的考虑》中，字里行间都洋溢着对人和理性的崇拜，并且，他提出人类的幸福和个人自我完善的一致的人道主义理想。同样作为年轻人，我们汗颜。只有怀着巨大的使命感和对人性的热爱与憧憬，才能写下如此激昂的文字。也只有这样一个完全的理想主义者才会描绘出如此美好的共产主义图景。这一点，从马克思青年时期充满激情的诗歌，以及对燕妮的炽热爱情里都可以深深体会到。

作为一个具有忧患意识的人道主义者，青年马克思首先抓住了“人性”。阿尔都塞说：“理想的人性与现实世界的非人性的矛盾，是一切人道主义的隐蔽的本源：人性的光明面是非人性的黑暗面的外表，而人性的黑暗面必然遭到人们的反抗，人性的光明面必然成为人们努力追求的目标，人道主义的真谛和秘密，也就在这里。”此时，马克思话语中的人是在人性意义上而言的，而这里的人性并非人的本性，即可以给出善恶等价值判断意义上的人性，而是指人在获得了真正的解放之后的本真状态，或未被异化的原初状态。

提到异化，这是青年时期的马克思话语中最为核心的一个概念。其实，无论是在启蒙思想家，还是在德国古典哲学家那里，异化的问题都得到了相当程度的论述。人的异化和人的解放的要求也已经成为当时鲜明的时代背景。青年马克思由于家庭、环境等主客观原因，深受法国启蒙思想家的影响，可以说，马克思的人直接来源于法国启蒙思想。

青年马克思的思想宛如一股激流，以开山碎石之势在山间激荡。而这种激情仍然是资本主义启蒙思想的，或是青年黑格尔派的，也就决定了这时，马克思的思想不可能是社会发展理论，而只能是价值批判——人道主义意义上的对现实的鞭笞。然而，不可否定的是，这种价值批判的价值是不容忽视的，是马克思后期社会发展理论形成的重要理论环节；同时，青年马克思对于现实的激进批判也以年轻人独有的激情而极具魅力！

基于异化理论，青年马克思提出了“人—人的否定（异化）—人的否定之否定（异化的扬弃）”的社会发展说。固然，无论是此时的异化理论，还是基于异化基础上的社会形态说，马克思并未考虑到现实的物质基础，仅仅是从人与非人的人本主义视角进行思考。但必须指出的是，他所围绕的核心问题，已经暗含了理论发展的潜质，为从人道主义（人本主义）的价值批判向社会发展理论的飞跃埋下了伏笔。马克思“人本主义”观点所围绕的核心问题可以归纳为三点：个人自由；哲学（理性或自我意识）对现实的批评；人同周围环境的关系。这些问题的论述无不奠定了历史辩证法的形成基础。

在《博士论文》中，马克思用偏斜的原子直接指向了人的自由，强调人的应然是自由。随后，马克思将个人自由归结为人类的自由，这种“类”的思想大概来源于费尔巴哈。而这种类自由又不是完全脱离了外部的环境的自在的存在。马克思否定那种幻想不依赖任何“外部必然性”，只是消极的或是否定的对待周围环境的形而上学自由观。他指出，这是只知道“脱离定在的自由，不是即在定在中的自由”，并且这种自由是无内容和无价值的。因此，这里马克思的个人自由是同周围环境相联系的自由，成为后来归属于阶级的个人自由的理论准备。而这种人与周围环境相联系的关系，也成为生产关系的“社会人”产生的主要因素。同时，以与周围环境相联系的人的自由为目标，对现实进行的严酷批判，也成为日后实践理论的主要来源。可见，人、实践、社会关系、历史，这些马克思社会发展理论的重要概念，在青年马克思的价值批判里已经若隐若现。

一个人的思想发展可以被界定为前期的和后期的，而无论如何界定，各个时期的思想必定具有同质性。“客观性在于正确的时间性”，只有历史地分析对待一个思想家的思想理论，才是真正的客观；而把握其中一脉相承的同质性，却是历史的理解的前提，亦是同等的重要。

如果你把人理解为你抬眼所见之人，那么，你所理解的人必定不是马克思意义上的“人”。这句话暗含了对于马克思人的本质的深层理论理解——即人的本质乃社会关系的总和。这是马克思社会发展理论的核心。然而，有一个问题一直在我的脑中盘旋——马克思的“人”是如何从价值批判的对象转变为生产关系总和中的个体？

随着对马克思接触的加深，我似乎找到了答案。青年时期的马克思试图找到一个“应该”的世界，并找到一条道路，从当下“是”的异化了的世界通向那个“应该”的世界。而起初，这条道路被马克思挂在了空中，当他一旦把这条路拉回到人间的时候，也就是他的社会发展理论诞生的时候。促成这一转变的催化剂便是实践。

我接下来的马哲和马哲史的学习便将由此延伸开去。期待着与马克思更现实的接触。

作者简介：杨乔喻（1979— ），女，辽宁抚顺人。南京大学哲学系 1999 级本科生，2004 年申请到美国密苏里大学全额奖学金（Huggins Fellowship）攻读哲学硕士，后获全额奖学金（Graduate Assistant）攻读心理咨询硕士，2010 年回到南京大学攻读马克思主义专业博士。2015 年起，在南京大学哲学系任教，现为马克思主义哲学专业副教授。

南哲感悟：一晃，与南哲的缘分已近二十载。当年那一纸录取通知，没想到暗地里执着地开启了我与一座城、一所大学终生难以割舍的缘分。这篇文章，是我大二那年马哲史课的期末作业。说是文章，其实算不上，仅仅是一篇随笔，表达一下自己在阅读马克思过程中的一些非常浅显的想法。当时任课的是胡大平老师(人称“胡大”),不仅讲课风格极具个性,连对学生的评价也打破常规,竟给我这个不那么中规中矩的学生一次高度的评价。胡大可能并不知道,正是他的知遇之恩,给了我后来走上学术道路的决心和勇气。谢谢胡大!我会认真地做好南哲的教书匠。

对权利的追求:从自然法到社会契约论

——霍布斯与洛克哲学思想比较*

张容南

摘　要:本文从分析霍布斯与洛克这两位社会契约论中不同的思想者的经典著作出发,试图理解他们从自然状态到政治社会这个理论推导过程中反映出的思想气质的差异。霍布斯与洛克两者都从自然法出发,但一个走向了专制,一个走向了民主,因此并不是说从自然法学说出发就能自然而然得出民主制这样的结论。自然法是一个论证平等、自由的理想学说,但把它与民主制必然联系起来,从而为新兴的资本主义提供适宜的制度安排与理论支撑是洛克伟大的杰作。文章还从法哲学的一般意义上,区分了"权利"与"权力",并指出尽管霍布斯与洛克都追求权利的正当性,但霍布斯把一种权力从众多的权力中抽取出来,加以绝对化,从而缺少了从(个人)权力状态向权利状态的转化这样一个关键的过程,洛克则始终保证个人权利的至高无上。在此基础上,文章肯定了"权利"和"正义"等由契约论者从新的意义上提出的概念,同时指出了他们在理论上可能存在的一些问题。社会契约论尽管是一种理论的构想,也有种种需要改进之处,然而它在16世纪到18世纪重新出现后获得了杰出的声誉是有其历史原因的。它体现出了一种普世的人文关怀,这种关怀直到今天仍然让人感动。

关键词:自然法;自然状态;社会契约论;政治社会;权利;权力;正义;自由

* 本文选自《林间路》第四期。——编者

一、自然法

自然法理论可谓源远流长，然而在17、18世纪，自然法理论获得了杰出的声誉。一大批思想家从自然法理论出发，推演出一系列的原则，形成了社会契约论的思想，这一思想也直接成为西方近代民主国家的立国原则。然而，值得注意的是，同样是从自然法学说出发，霍布斯得出了君主政体是最好的政体形式的结论，而洛克却用它论证了民主政体的优越性。何以造成了这样的差异呢？

对自然状态的不同描述

关于人的自然状态，霍布斯在他的几部作品《法律、自然和政治的原理》(1640)、《论公民》(1642)、《利维坦》(1651)、《论人》(1658)中都有涉及。由于资料的有限性，笔者主要以《利维坦》作为参考资料。而洛克的《政府论》(下)则作为与之对比的另一部重要文献。霍布斯用了一个章节来论述人类幸福与苦难的自然状况，而洛克用了两个章节来阐述他所谓的自然状态。

“自然使人在身心两方面的能力十分相等。”

“由这种能力上的平等出发，就产生达到目的的希望的平等。”

“因此，任何两个人如果想取得同一东西而又不能同时享用时，彼此就会成为仇敌。”①

“那是一种完备无缺的自由状态……”

“这也是一种平等的状态，在这种状态中，一切权利和管辖权都是相互的，没有一个人享有多于别人的权利。极为明显，同种和同等的人们既毫无差别地生来就享有自然的一切同样的有利条件，能够运用相同的

① 霍布斯：《利维坦》，北京：商务印书馆，1985年，第92、93页。

身心能力,就应该人人平等,不存在从属或受制关系。”①

这分别是最开始的两段论述,可以看到两人似乎都想从某种平等说起,霍布斯的平等是能力的平等,它只是一个前提。霍布斯认为,人们希望由能力的平等达成目的的平等,而相对于人的欲望,资源的匮乏会让人们彼此成为仇敌。从能力的平等到实际达成目的的不平等,中间暗含的是“自然欲望”,即“望攫取占用他人皆有共同兴趣之物”②。如何来解释这种欲望呢?霍布斯把它归结为人性的贪婪。对物的贪婪固然源于利己的动机,然而对死亡的恐惧和自我保存的利己动机更具有根本性和支配性。因此,自我保存是人更根本的自然权利。但自保常常挡不住欲望的攻击,这使得人与人之间的关系更加恶劣,所以霍布斯得出结论说:“在没有一个共同权利使大家慑服的时候,人们便处在所谓的战争状态下。”③与之相对,霍布斯所说的“自然欲望”在洛克那里被理性的自然法所约束,从而奇异地消失了。洛克的平等更像是一个结论,一种先定的和谐。人们都是上帝的创造物,他们自然享有一切权利,而且由于他们遵循自然法,他们能够理性地处理争端,保存自己,保存其余的人类。那么战争状态是从何而来的呢?战争状态,洛克解释为一个人企图对另一个人使用强力,而又不存在共同的裁判者。战争状态的产生是因为有人不遵循理性的自然法,他危害了他人的自由。而自由,洛克谈到,是其余一切的基础。因此,笔者不赞同传统的解释,即洛克是性善论者。说洛克是人性自然论者更为准确,也能更好地解释他的战争状态。

现在哪里或者曾经哪里有过这样的自然状态吗?很多人提出这个问题。霍布斯和洛克也做出了各自的解答。霍布斯选取了美洲和古时的日耳曼地区,并认为在所有时代国王和最高主权者始终处于战争状态,而洛克认为独立政府的一切统治者都处于自然状态中,他举了两个精彩的例子,一个是两

---

① 洛克:《政府论》(下),北京:商务印书馆,1964年,第5页。

② 霍布斯:《利维坦》,北京:商务印书馆,1985年,第92页。

③ 霍布斯:《利维坦》,北京:商务印书馆,1985年,第94页。

个人在荒芜不毛的岛上订立契约，另一个是瑞士人和印第安人在美洲森林中订立契约。有学者指出，二者相比，霍布斯更注重历史的依据，而洛克的自然法则带有神的意志。罗素曾说过："洛克由前人接收下来的自然状态和正义法之说，脱不开它的神学根据。"①的确，霍布斯表达了更加彻底的个人主义，其彻底的世俗特征标志着与古典政治哲学的决裂。而对洛克来说，"上帝"似乎还在徘徊，不过"上帝"对于他，不再是一个终极目标，更像是一个约束的手段。它给予了人类先定的和谐，到最后它又站出来作为个人权利的保护者与世俗权力相制衡。但两者寻找的所谓历史根据都只是他们所希望看到的历史，他们都是在以今释古，用文明来驱赶蒙昧。对他们而言，自然状态并不是历史事实，而是一个必要的理论构想，一种逻辑上可能的社会状态。他们关心的不是如何成其为，而是有无合理性。因此，他们两人的历史观都是建构主义的历史观，是哲学构想中的历史，在这一点上两者是相同的。

从自然状态到政治社会

为何同样从自然法学说出发，霍布斯得出君主政体是最好的政体形式的结论，而洛克却用它论证了民主政体的优越性呢？两人的分歧与对自然状态的描述有什么关系呢？这是我们现在要解决的问题。

霍布斯将自然法表述为："（一）寻求和平，信守和平。（二）在别人也愿意这么做的条件下，当一个人为了和平与自卫的目的认为必要时，会自愿放弃这种对一切事物的权利而在对他人的自由权方面满足于相当于自己让他人对自己所具有的自由权利。（三）所订信约必须履行。……"②

洛克则将自然法表述为："人们既然都是平等和独立的，任何人就不得侵害他人的生命、健康、自由或财产。"③

可以清晰地看到，洛克的自然法宣称的是一种自然权利的神圣性，而霍

① 罗素：《西方哲学史》（下），北京：商务印书馆，1982年，第156页。

② 霍布斯：《利维坦》，北京：商务印书馆，1985年，第98页。

③ 洛克：《政府论》（下），北京：商务印书馆，1964年，第6页。

布斯的自然法则是对一种极度不完美状态的超越。洛克想要论证的是自然法相对于实在法的优先性，而霍布斯把订立契约的过程本身以及一些人法的内容也纳入其中，从而在某种程度上，削弱了人的自然权利。

在洛克这里，订立契约本身并不属于自然法“在任何地方不论多少人这样地结合成一个社会，从而人人放弃其自然法的执行权而把它交给公众，在那里、也只是在那里才有一个政治的或公民的社会”①。因此，当订立的某种契约不能保证公民的权利时，就应该被撕毁。“只有人民才能通过组成立法机关和指定由谁来行使立法权。”②“当人民发现立法行为与他们的委托相抵触时，人民仍然享有最高的权利来罢免或更换立法机关。”③所撕毁的只是某一具体契约，而订立契约进入政治社会的这一方式的合法性，洛克并没有否认。洛克从一种较完美的状态出发，用新的契约论修正了原始的契约论，也就得出了一个实际已暗含在前提中的结论。通过这个过程，理性赢得了至高无上的地位，实在法遵循自然法而生。契约只是保障自然权利的手段，它的合法性是从自然权利中派生的。

霍布斯则是把订立契约这一行为纳入了自然法，从而一上来就赋予了它神圣性，这也就不难得出一个武断的结论：契约一经确立，不能撕毁。霍布斯如此重视订立契约本身，其中一个原因正是来自他对人性的假定和对自然状态的描述。正如索利所说：“如果人的本性确像他所表述的那样，是自私的和无政府主义的，那么道德和政治秩序就只能通过对它的约束产生出来，兴隆出来，而情况也就如他所表述的那样，只能在完全不安全和绝对权利之间二者择一。”④既然人的本性是恶的，为了求得自保只能把个人权力转让出来形成一个绝对权力。绝对权力可能有种种缺点，但它优于战争状态。霍布斯重视订约的另一个原因是他对权利的追求。列奥·施特劳斯把霍布斯称为近代政治哲学之父，因为正是他“以一种前无古人、后无来者的清澈和明确，使

① 洛克：《政府论》(下)，北京：商务印书馆，1964年，第54页。

② 洛克：《政府论》(下)，北京：商务印书馆，1964年，第88页。

③ 洛克：《政府论》(下)，北京：商务印书馆，1964年，第91页。

④ 索利：《英国哲学史》，济南：山东人民出版社，1992年，第73页。

得‘自然权利’,即(个人的)正当诉求,成为政治哲学的基础”①。列奥·施特劳斯无疑说对了一点,即权利是霍布斯关注的焦点。为了追求权利的正当性,霍布斯把订立契约、信守契约以及仲裁权等都纳入自然法中,因此从某种意义而言他取消了自然法的神圣性。就像列奥·施特劳斯所说,他“不去自相矛盾地到自然法或神法那里寻求借鉴”。霍布斯完全抛弃了古典政治哲学意义上的自然“正当”,他的正义紧紧围绕着权力而说明。正义对于他,不是一个“被指定的职责”,而是“由于履行了职责而接受恰当的报酬”。

权利与正义

正当这一观念在二者那里都与权利紧密相连,却有着明显的区别。是否我有权做出这样的行为,这个行为本身就是正当的呢?如何区分权利与权力?它们与自由又是什么关系?

霍布斯在第十五章里说:所订立的契约必须履行,这一自然法中就包含着正义的泉源。“在订立信约以后,失约就成为不义,而非正义的定义就是不履行信约。任何事物不是不义的,就是正义的。”②霍布斯接着说道:“正义的性质在于遵守有效的信约,而信约的有效性则要在足以强制人们守约的社会权利建立以后才会开始,所有权也就是在这个时候开始。”③由此可见,自然正当通过订立信约的过程被转换成了“社会”的正义,这是社会权力的正义,而非个人的正义。霍布斯是否因此否认了个人的自然权利呢?笔者认为不是的。个人的自然权利是针对自然状态而言的,比如个人都有自保的权利,可以先用武力制服可能伤害他的人。但当每一个人订立契约转让自己的权利以后,这个权利就转让给了主权者。因此,“正义”是一个政治社会产生后的概念,是相对于社会而言的。那么,主权者享有怎样的权力呢?霍布斯把取得主权的方式分为两种:按约建立的主权者的权力和以力取得的主权者的权

① 列奥·施特劳斯:《霍布斯的政治哲学》,译林出版社,2001年,第187—188页。

② 霍布斯:《利维坦》,北京:商务印书馆,1985年,第108—109页。

③ 霍布斯:《利维坦》,北京:商务印书馆,1985年,第109页。

力。按约取得权力的主权者由于其权力是群聚的人授予的，他就代表他们全权行使权利。在这种情况下，如果有臣民想单方面弃约是不行的。如果企图废黜主权者，“由于这种企图而被他宰杀或惩办时，他也是自己所受惩办的授权者，因为一个人做出任何将受到自己所授予的权力惩办的事情就是不义，根据这一点他也是不义”①。并且主权者是不参与订约的，因为他要保持裁判者的独立地位。接下来，霍布斯进一步论证主权者享有权力的合法性，“主权者所做的任何事情对任何臣民都不可能造成侵害，而臣民中任何人也没有理由控告他不义，因为一个人根据另一个人的授权做出任何事情时，在这一桩事情上不可能对授权者构成侵害”。因此，“处死一个主权者，或臣民以任何方式对主权者加以其他惩罚都是不义的”②(以力取得的国家与此类似)。

评论霍布斯对主权者权力做出的合法性论证之前，笔者首先要区分“权利”和“权力”这两个概念，这两个概念在霍布斯和洛克那里没有加以明确区分。按照现代法哲学的一般分类，“权利”是一个政治社会产生后出现的概念，它是与义务相连的。而“权力”则不具有这样的时间划分。就政治社会而言，权利保障的是公民作为社会成员的利益，而权力是国家等公共机构为了追求社会公共利益而行使的力量。以这样的概念对霍布斯的论证进行重新分析，可以得到一个清楚的逻辑关系：在自然状态下，每个人享有自然权力。而由于人的自然欲望的存在，其自然权力可能被损害，人们出于保存权力的意愿，愿意把所有的权力托付给主权者，从而使主权者享有至高无上的权力。这种至高无上的权力一旦确立，是不能被否认和替换的，因为主权者的一切行为都是根据你的授权做出的。在这样一个政治社会形成以后，自然人转换为公民但其权利并没有从主权者的权力中得到确认，即缺少了从(个人)权力状态向权利状态的转化，个人权利实际上被剥夺了(霍布斯没有否认个人的自然权力，他剥夺的是公民的政治权利)。人与人的战争状态固然是权力的杀戮场，但当一种权力从众多的权力中被抽取出来，绝对化，并拒绝替换权力

① 霍布斯：《利维坦》，北京：商务印书馆，1985年，第134页。

② 霍布斯：《利维坦》，北京：商务印书馆，1985年，第136页。

的可能性存在时，这种绝对权威也会走向它的反面。对于可能出现的批评，霍布斯做了一番辩解。对君主的无限权力，他辩解说一切政府形式中的权力，只要完整到足以保护臣民，便全都是一样的（这句话洛克想必铭记于心）。并且，霍布斯专门论述了臣民的自由。他批评了自由是按照自己的意愿办事这种观点，因为自然欲望的膨胀会带来可怕的后果。自由与恐惧相容，自由与必然相容。只有当人的自由意志恰好符合上帝的意愿时，其行为才具有必然性。上帝的意志即君主的意志，一种绝对权力的意志。人的自由意志必须服从于它，实际上这也是众多个人的自由服从主权者的自由。正如洛克所说："这仿佛是当人们摆脱自然状态进入社会时，他们同意，除一人之外，大家都应当受法律的约束，但他一个人仍然可以保留自然状态中的全部自由，这种自由由于他掌握的权利而有所扩大，并因免于受罚而变得肆无忌惮。"[①]霍布斯的政治社会因此呈现出权利与义务相分离的状态。

让我们再来看看洛克的观点吧。如果人人在自然状态中都是那样平等、自由，那么为什么人们愿意放弃他的自由呢？洛克回答，公民社会的目的是为了避免并补救自然状态下的种种不合适的地方，比如缺少法律，缺少公正的裁判者，缺少权力来支持判决，等等。在自然状态下，每个人都依据理性行事，但理性与理性之间可能发生冲突，并且对不遵守理性原则的人也无法可施，因此需要树立一个公共理性，它由大家让渡的权力来保障，正义由它而生。霍布斯的正义似乎也是保障公民权利，但由于他用主权者的意志来代替公民的意志，用主权者的自由来限制公民的自由，因此他的正义不过仰仗主权者的德行来实现罢了。洛克认为正义既然由大家让渡权力而生，它就应该保障大家的权利，不能设想一个巨大无比的利维坦吞噬了个体的权利。正义虽然来自公共理性，公共理性又由权威来保障，但权威不一定能够确保正义的实现。对此，洛克又提出分权学说，通过权力的相互制约来保障正义。国家及其权力的制衡是洛克理论的关键所在。在霍布斯那里，从自然状态进入国家即意味着人们完全放弃他们在自然状态下享受的所有权力；而洛克认

---

① 洛克：《政府论》（下），北京：商务印书馆，1964年，第57页。

为,人们达成协议进入文明社会,只是交出他们在自然状态下执行自然法的权力,即个人不再具有法的权威,而交由某些公共机构去进行裁决。人们把立法、司法、外交等权力赋予政府,却保留了生命、自由、财产的自然权力。在洛克的权利和权力体系中,国家或政府既是强有力的,又不是绝对的。政府在本质上是有限的政府,这种限制就表现在政府的政治权威必须以保护个人的权利为基础;建立政府本身不是目的,政府只是保障个人权利与自由的工具。如果一个政府违背了它的目的,那么它就不再具备合法性。但是改变这一切的方法是重新订立新的契约,树立新的权威,而不是像霍布斯担心的那样重新回到自然状态。洛克已经注意到了政治和社会的差别,他认为政治的动荡可以通过政治本身的方式来解决,而不必使整个社会经历动荡后重组。

霍布斯与洛克两者都从自然法出发,然而通过不同的订约过程,一个走向了专制,一个走向了民主。他们两人无疑代表着社会契约论者中两种不同的思想者类型。霍布斯相信人性恶,不相信人的理性能力,他用绝对权力来维持契约,他的政治社会是一个封闭的权力体系。而洛克相信人类的理性认识能力,相信人类可以在价值观念上获得理性共识,在他看来,人类有着普遍的、共同的人性,因此可以有普遍而共同的道德生活方式,而他的事业就在于找到这种普遍的道德准则和生活方式并实现它。洛克的政治社会是一个权力相对流动的体系,正是这样的流动性保持了权力的相对合乎理性。

二、对自然法学说及社会契约论的一些思考

从文章的开始到现在,笔者一直在进行理论的分析,并且从理论角度给予了自然法理论与社会契约论以较大肯定。但要全面评价这一理论,还是要从历史背景谈起。从 16 世纪到 18 世纪,西方社会在批判封建经济制度以及天主僧侣的精神秩序的基础上,建立起了资本主义的新秩序。为了保障新兴资产阶级的权利,自然法学说作为一种理论武器被用来批判旧有的封建特

权。自然法学说高扬了民主自由,要求保护生命安全与私有财产这类新兴的观念。然而就其理论本身而言,自然法理论以及在它基础上建立的社会契约论是否存在一些问题呢?

对自然法理论的批评可以说与自然法学说一样古老。比如,人们认为来自怀疑论者休谟的批评是相当有力的。休谟从道德论证的角度区分了事实与价值,他认为价值陈述不能从纯事实的陈述中推导出来,因为逻辑上至少要求一个非事实的价值前提。他由此断言,理性不能区分道德上的善恶。跟从休谟的法理学家们举出大量的例子来反驳自然法学说。比如,自然界的情况是弱肉强食,而人类社会却重视帮助弱小,因此你很难从自然界的真实情况推导出道德上应该做什么。他们的观点无疑有其正确性,但他们忽视了一点,即他们所谈论的自然不同于自然法意义上的"自然"。无论是霍布斯还是洛克,他们所追求都是权利都不是某种事实。但问题并没有结束,既然自然法学家们所说的"自然"不是事实层面的,那么他们所维护的自然权利是否过于随意呢?霍布斯认为人的唯一自然权力是自保(近代法学家认为他代表一种消极自由观);洛克则认为是人的生命、自由、平等的权利。这些以自然或本性为依据自然法享有道德法上的正当性,却可能在实在法上具有任意性。举一个最简单的例子,一个母亲在饥寒交迫的情况下,为救快要饿死的孩子去偷了一个面包,她的行为确实出于保存生命这样一种最高的自然权力,然而她却犯法了。我们可以说她虽然犯法了,但在道德上是正当的(生命权的至高无上)。但我们不能把这样一种行为定义为合法,因为它毕竟损害了他人的权利。自然法自从诞生之日起便被认为是判断对错的终极标准,是符合自然的正直生活的规范和标记,是一个从中产生一切法律和社会准则的自然律的概念,它兼有法律和道德的双重特征。自然法坚持从道德权利中推导出(并限定)法律权利,然而,法与道德之间的关系是否具有必然性呢,法律与道德相冲突怎么办?这也触及了对人的权利的道德基础的论证,究竟是依靠对人的共性的抽象假定,还是依据人的生活的具体现实?是价值的,还是事实的,抑或结合二者的?倘若仅仅依据后者,人的权利就可能丧失其道德特性和应有的批判性。这无疑是一个理论上的困境。

其次,社会契约论学说把它的立法基础奠定在一种理论假设即人的同意的基础上,而不是个人和社会的实际利益,也就把权利抽象化了。人们同意让渡权力究竟是为了取得何种回报呢?是追求社会利益的最大化还是个人利益的求得与保护?把权利抽象化带来了正义的绝对化,但正义无论作为交换的原则还是分配的原则都只能是相对的,这一点在社会契约论者那里就表现得相当明显。有人认为正义要求平等分配,有人则坚持正义是等价交换。

再次,奠基在自然法学说基础上的社会契约论作为新兴资产阶级的理论武器发挥了巨大的历史作用,它的理论核心是单个个体的权利要求,而不再是某种先在的永恒秩序及其划定的必然性义务。它标志着政治思想史的一个决定性转折点,也划定了一个从永恒秩序向个人、从规范义务向个体权利转变的新时代。然而,自然权利毕竟只是一种抽象的理论假设,人们追求的是现实的权利和利益。中世纪以来对“善”的追求固然束缚了新兴资产阶级对权利的追求,但面对众多现实利益的冲突也要求一种新的“善”来调节和引导人们的权利要求。当然,这必须在承认和保护人们的基本权利的基础上。因此,用发展的眼光来看,这样一种权利绝对优先于善的观点也是存在问题的,这也是导致后来的契约论者们在诸如“正义”“公平”这类善的问题上存在诸多分歧的原因之一。

因此,可以说社会契约论尽管是一种理论的构想,然而它在16世纪到18世纪重新出现后获得杰出的声誉是有其历史原因的。它对进一步摧毁旧有的封建特权做出了理论贡献,为新兴资产阶级寻求权利的正当性提供了合法依据和制度构想。为了保护个体的权利,自然法学说糅合了法律与道德的双重因素,其理论构想有值得商榷之处,但它体现了一种普世性的人文关怀:尊重人的生命,人的价值和人的权利。这样一种人文精神直到今天仍然让人感怀。

作者简介:张容南(1982—　),重庆人,南京大学哲学系2000级本科生,2009年毕业于清华大学哲学系,获伦理学博士学位。现任华东师范大学哲学系副教授,主要研究方向为西方伦理学与政治哲学。

南哲感悟:这篇论文是我在修习“西方哲学史”时撰写的一篇课程论文。写作此文是出于阅读中的一个疑惑:为何同样从自然法学说出发,霍布斯和洛克却得出了支持不同政体结构的结论?当时的阅读有限,参考的只是能获得的经典文本,今天看来论据不足,论证也显得稚嫩,但无论如何,这是我开始进行哲学思考的一个练习文本。它让我意识到哲学研究与其他学科研究的一个显著不同:哲学所要提供的不是唯一正确的结论,更重要的是你如何通过细密的论证来支持你的结论。

《论语》我读*

沈伟华

摘　要：千百年来，解《论语》的著作极多，且大都以"仁"为其核心，构建一"仁"学体系。本文从另一角度入手，从分析《论语》题目开始，提出以"伦"为《论语》核心的观点，并试着分析了其中的几个重要的基本观念。同时，本文还从情感和理性两条线索出发试着思考并分析了《论语》中的另几处问题。

关键词：伦理；情感线索；理性线索

一、《论语》的题目

《汉书·艺文志》：论语者，孔子应答弟子时人及弟子相与问答之言，而接闻于夫子之语也，当时弟子各有所记，夫子既卒，门人相与辑而论纂，故谓之论语。照此解，"论"做动词用。王力主编之《古代汉语》讲，"论"做动词时读阳平，做名词时读去声。如其说正确，我们就先来考查一下"论"的动词义项。在"论"众多动词义项的解释中，有解"论"为"议"的。《说文》：论，议也，从言，仑声。段注：凡言语循其理得其宜谓之论，许云，论者议也，议者语也，似未尽。其实"段注"这段话意也未尽。许慎还讲：语者论也。这种循环释义，自然不能尽意。这是题外话，不提。另外，还有解"论"为"说""讲明""考其德行道艺"等的，似都不足以解"论语"之"论"。如其说不确，当又另论。

---

* 本文选自《林间路》第二期。——编者

同时我们还应注意“论”的另外两个用法。一，思也，与“仑”通。《说文通训定声》：“论”假借为“仑”。《传》：“论，思也。”《说文》在解“仑”时讲：仑，思也。从ji（阳平，其字形较特殊，无法输入——作者注）从册。段注：聚集简册必依其次第求其文理也。由此意而引申为“编辑”之意。《汉书·艺文志》的说法即从这层意义而来。但“论”还有另一个用法，我们似不应忽视。《中文大辞典》“论”下第二十条注：论，次也。《释名》：论，伦也，有伦理也。何晏《论语序疏》：论，次也，篇章有序，故曰次也。第二十一条注：道也，与伦通。《说文通训定声》：论，假借为伦。

《初学记》：论，道也。注：论或为伦。《释文》：论，理也。从次序引申为伦理、道。《辞海》释“论”（阳平）时也讲：通“伦”。《诗·大雅·灵台》：“于论鼓钟。”朱熹注：“论，伦也，言得其伦理也。”照这一层意义，“论语”可解为关于“伦”、关于“道”的“语”。从书的内容为书命名，似更合理。详见下文。

二、《论语》的体系

《论语》讲“仁”，讲“礼”，讲“孝”，讲“政”，讲“中庸”，可谓之“人道”，却少讲“天道”，亦即所谓的“天命”。我认为，在孔子所构建的体系中，以“人道”为其核心，“天道”高于“人道”而存在。所谓“人道”，是指人类社会中所存在的人伦、次序，进而可解为社会之人所应把握、遵循、并以之为本的一最基本的哲学范畴，亦即上文所提及之“伦”；所谓“天道”，亦即“天命”“上天之命”，是一种自然存在的在某种程度上支配“人道”的东西。孔子认为其不为一般人所识，故少谈之。我认为孔子重“人道”，于之有深思，老子重“天道”，故孔子问道于老子时，对老子之问会有不知如何回答之困窘情形出现。但“人道”与“天道”二者并非不可贯通。相反，“天道”仍然是可以被感知、可以被模仿、可以被作用的。“唯天为大，唯尧则之。”[①]孟子也讲：“尽其心者知其性也，知其

① 《论语·泰伯》。

性则知天矣。”[①]只不过只有一小部分人才有此能力。同时，在作用于“天道”这一层面上，孔子认为几乎每个人都应把着“事在人为”的态度去做。“赐不受命，而货殖焉，亿则屡中”[②]，子贡不受“天命”之左右，而努力与之奋斗，终至“亿则屡中”。其实这也是孔子学说重“人道”的体现。

历代学者大都以“仁”为孔学体系之核心，但也多承认“天道”与“人道”的可贯通性。牟宗三先生称：

> 孔子虽未说天即是一“形而上的实体”(metaphysical reality)，然“天何言哉？四时行焉，百物生焉。天何言哉？”实亦未尝不函蕴此意味。“唯天之命，於穆不已”，难说孔子未读此诗句，亦难说其不契此诗句。前圣后圣，其心态气氛之相感应，大体可见矣。……在孔子，践人知天，虽似人与天有距离，人不必即是天，孔子亦未说仁与天合一或为一，然(一)因人心之感通乃原则上不能划定其界限者，此即函其向绝对普遍性趋之申展，(二)因践人知天，仁与天必有其“内容的含义”之相同处，始可由践仁以知之，默识之，或契接之，依是二故，仁与天虽表面有距离，而实最后无距离，故终可合而一之也。[③]

牟氏亦以“仁”为“人道”之核心，是言“人道”与“天道”的可贯通性。

孔子在论述“天道”与“人道”(“命”与“道”)时讲：

> 道之将行也与，命也；道之将废也与，命也。[④]
>
> 天下有道则现，无道则隐。[⑤]

---

① 《孟子·尽心上》。

② 《论语·先进》。

③ 牟宗三：《心体与性体》上，长春：吉林出版集团，2013年，第22页。

④ 《论语·宪问》。

⑤ 《论语·泰伯》。

道不行，乘桴浮于海。[①]

有一些学者据此以为“道”（人道）与“天”“命”（天道）是分立的，不可贯通。其实在孔子的学说中，有两种处世的方法：（一）“知其不可而为之”[②]；（二）达则兼济天下，穷则独善其身。孔子讲“知其不可而为之”，从逻辑上讲是有矛盾的：既已知其不可，为之又有何益？孔子是不是脑子有问题？恐怕不是。在这里，“知其不可”是认识，所谓“道之不行，已知之矣”[③]。“而为之”则是偏偏不计较成败、因果去做。这正体现了“伦”之核心反作用于“天道”的认识，显示了人之尊严，不屈从于天道之安排，而与之奋斗，尽己力改变之。这也体现了孔子认为人可反映“天道”、作用“天道”，从而“有为”的思想。这是一种社会性的公德思想支配下的处世方式。而同时，孔子又讲达则兼济天下，穷则独善其身，这表明孔子并不排斥宗教性的私德。“有道则现”是“兼济天下”，“无道则隐”“道不行，乘桴浮于海”是“独善其身”，这体现了孔子思想的灵活性与包容性。

上面讨论了“人道”与“天道”的关系，下面来看看“人道”中的几个重要的基本观念：圣、仁、礼、孝、政、中庸。

先来看“仁”。“仁”作为个人内在境界的一种追求，历来被认为是孔学体系之核心。但我在这里仅将其作为“伦”核心下一重要的哲学范畴，与礼平行。它是个人对内心修为的一种追求，是一种心理情感和精神追求，是一种主内之行为。曾子说：“夫子之道，忠恕而已矣。”[④]朱熹解为：“尽己为忠，推己为恕。”“忠”是“己欲立而立人，己欲达而达人”[⑤]；“恕”是“己所不欲，勿施于

---

① 《论语·公冶长》。

② 《论语·宪问》。

③ 《论语·微子》。

④ 《论语·里仁》。

⑤ 《论语·雍也》。

人”[1]。孔子还将“仁”解释为“爱人”，并以“能行五者于天下为仁”[2]。而“孝悌”则为仁的根本，“孝悌也者，其为仁之本与”[3]。所有这些，无不体现了“仁”是一种内在的修为，是用理性规范起来的内在人格精神。

在“仁”之上，还有一概念：圣。子贡曰：“如有博施于民而能济众，何如？可谓仁乎？”子曰：“何事于仁！必也圣乎！”[4]孔子认为“圣”高于“仁”，并以为其不能为世人所及，“尧舜其有病诸”。可见，“圣”是一个泛化了情感的概念，是将己之爱“博施于民”并“能济众”，是一种“博爱”。这正体现了“仁”是一种自在修为，是一种“自爱”，故其低“圣”一等。

再来看“礼”。这是“伦”核心下又一重要范畴。《论语·乡党》整篇言“礼”，这里不一一引述。但从中可以看到，“礼”是一种主外之行为。“君子义以为质，礼以行之”[5]。有了“仁”，内在境界提高了，这还不行，还需要各种外在的要求来规范人的行为，于是孔子又大讲“礼”，并以“用‘礼’”为目的：“能以礼让为国乎，何有？不能以礼让为国，如礼何？”[6]然而孔子所谈的“礼”又往往是不可印证的，“夏礼，吾能言之，杞不足征也；殷礼，吾能言之，宋不足征也”[7]。这是孔子由“情感”入手构建其理论体系的一种结果，下面将会谈到。

对于“仁”和“礼”的关系，孔子讲：“克己复礼为仁，一日克己复礼，天下归仁焉。”[8]并将其具体解释为“非礼勿视，非礼勿听，非礼勿言，非礼勿动”[9]。“仁”和“礼”一内一外，互为作用。“仁”的实现要以“礼”为手段，“礼”的实施要符合“仁”的要求，从而两者成为为人之准则。

在孔子看来，“孝”与“政”是用“仁”与“礼”包装起来的。子游问“孝”时，

---

① 《论语·卫灵公》。

② 《论语·阳货》。

③ 《论语·学而》。

④ 《论语·雍也》。

⑤ 《论语·卫灵公》。

⑥ 《论语·里仁》。

⑦ 《论语·八佾》。

⑧ 《论语·颜渊》。

⑨ 《论语·颜渊》。

子曰:“今之孝者,是为能养,至于犬马,皆能有养,不敬,何以别乎?”[①]这里,孔子突出一个“敬”字。子夏问“孝”时,子曰:“色难,有事,弟子服其劳,有酒食,先生馔,曾是以为孝乎?”[②]这两章,孔子指出,“孝”首先必须培养一种心理的情感,注重于内在修为,从而归属于“仁”的范畴。又孟懿子问“孝”时,子曰:“无违。”并将其解释为“生,事之以礼;死,葬之以礼,祭之以礼”[③]。此是以“礼”释“孝”。对于“政”,孔子更多的从“伦”本体、从“仁”的角度去论述,“齐景公问政于孔子,孔子对曰:‘君君,臣臣,父父,子子。’”[④]“季康子问政于孔子,孔子对曰:‘政者,正也。’”[⑤]也有以“礼”规之的,如“道之以德,齐之以礼”[⑥]。在,“仁”“礼”,的规范下,人类的基本行为都有了着落。

最后看一下“中庸”。《论语·雍也》:“中庸之为德也,其至矣乎!民鲜久矣。”《朱注》:“中者,无过无不及之名也。庸,平常也。……程子曰:不偏之谓中,不易之谓庸。”李泽厚在解这章时引徐复观的解释:“所谓庸是把‘平常’和‘用’连在一起,以形成新内容的。《说文》三下用部:‘庸,用也。……‘庸’者指‘平常的行为’而言。所谓‘平常的行为’,是指随时随地,为每一个所应实践所能实践的行为,因此,‘平常的行为’实际是指‘有普遍妥当性的行为’而言。……表明了孔子乃是在人人可以实践、应当实践的行为生活中,来显示人之所以为人的‘人道’,这是孔子之教与一切宗教乃至形而上学断然分途的大关键。”在这里,同时也反映了孔子学说是在对日常行为的阐释中建立起来的。这一点下面将谈到。徐复观的话是对“庸”的解释。对“中”,孔子自己有很好的阐述。《论语·先进》:“子贡问:‘师与商也孰贤?’子曰:‘师也过,商也不及。’曰:‘然则师愈与?’子曰:‘过犹不及。’”可见,“中庸”实是一种行事之原则。

---

① 《论语·为政》。

② 《论语·为政》。

③ 《论语·为政》。

④ 《论语·颜渊》。

⑤ 《论语·颜渊》。

⑥ 《论语·为政》。

在孔子构建的“人道”体系中，我们还不应忽视一个“常情”所在。事实上，孔子在构建其“人道”体系时，是从“情感”、从日常的生活中入手的，生活中处处渗透了“人道”与“天道”。《论语》从小处入手体现大理，这亦即所谓的“缘‘情’而起”。而李泽厚则更以“情”为本体，重新解读《论语》，恐为不妥。在我看来，“情”只是孔子构建其思想体系的一个切入口和最终的归宿，也就是说，从生活中入手构建或完善一套思想体系并最终将其用于生活之中。“情”是手段，是工具，亦是思想之一部分，而非“本体”。

这样一来，《论语》中便出现了两条线索，一条为理性线索，一条为情感线索，而这两者又是相互渗透交融的，这就决定了孔子在论述某事时会有看似不合理的情形出现。这突出地体现在颜渊早夭这件事上。“颜渊死，子哭之痛”[①]，并曰：“噫！天丧予！天丧予！”[②]悲痛之情溢于言表。但当颜渊的父亲颜路“请子之车以为之椁”时，子曰：“才不才，亦各言其子也。鲤也死，有棺而无椁。吾不徙行以为之椁，以吾从大夫之后，不可徙行也。”[③]门人欲厚葬颜渊，孔子又说：“不可。”当门人终于厚葬颜渊后，子曰：“回也视予犹父也，予不得视犹子也。非我也，夫二三子也。”[④]一再表明他不越礼而行的态度。在这里，孔子前之表现即情感之所发，而后之言行则是理性之约束所致。于是，《论语》所体现的精神便有了一种亲近人的意味，而不是遥不可及的说教。

又如孔子对管仲的评价。一方面，孔子说：“管仲之器小焉。”“管氏有三归，官事不摄，焉得俭?”“邦君树塞门，管氏亦树塞门。邦君为两君之好，有反坫，管氏亦有反坫。管氏而知礼，孰不知礼。”[⑤]另一方面，孔子又说：“桓公九合诸侯，不以兵车，管仲之力也。如其仁！如其仁！”“管仲相桓公，霸诸侯，一匡天下，民到于今受其赐。微管仲，吾其披发左衽矣。岂若匹夫匹妇之为谅

① 《论语·先进》。

② 《论语·先进》。

③ 《论语·先进》。

④ 《论语·先进》。

⑤ 《论语·八佾》。

也，自经于沟渎而莫知之也。”[①]管仲之行为不合礼法，孔子批评之，其中实已渗透情感因素。因为孔子讲“克己复礼为仁”，管仲不“礼”，应难达“仁”境，但孔子又说他“仁”，似说不过去。所以我从情感因素解释孔子这一批判，而对管仲“仁”的赞叹，则是从理性角度发出的评价。此可谓情理分明。

以上是我对《论语》体系的一点看法。我简单归纳如下：

情感线索：情

理性线索：天道→人道（伦）→圣、仁、礼、孝、政、中庸等

三、关于《论语》中另几处问题的思考

《论语·子路》：“子贡问曰：‘乡人皆好之，何如？’子曰：‘未可也。’‘乡人皆恶之，何如？’子曰：‘未可也；不如乡人之善者好之，其不善者恶之。’”

子贡没有再往下问。如果他再追问一句：何为乡人之善者？何为乡人之不善者？孔子又将如何回答？照前文的思路，孔子当讲“乡人之善者好之为善，其不善者好之为不善”。这岂不有反复论证之虞？

但孔子不会这样答，他会把这一问题上升到形而上的高度，说符合“仁”“礼”的人便可称善，不符合的便是不善。再问下去的话，当又是从形而上转向形而下，用一些具体的行为来阐释。其实也是一条从生活至理性再至生活的路子。

又，对于做官，孔子一方面说“三年学，不至于谷，不易得也”[②]，夸奖不为“仕”而学的行为；另一方面又抱着强烈的入世情结，欲行道于天下，还力图劝隐者也入世，“不仕无义，长幼之节，不可废也；君臣之义，如之何其废之？欲洁其身而乱大伦。君子之仕也，行其义也”[③]。这一点，高小方先生认为，对学生，孔子认为应先充实自己，再求入世；而对已具修养之人，于此无道之世，当

---

① 《论语·宪问》。
② 《论语·泰伯》。
③ 《论语·微子》。

积极出来献一份力。此解亦精当。

而孔子于“知其不可而为之”之外，还有一种“知其不可而不为”的行为。《论语·微子》：“齐人归女乐，季桓子受之，三月不朝。孔子行。”孔子于此处充分显示了其情感渗入思想的特征，赌气不为，此亦显人之性情之完整，亦即其亲近人处。如处处板着个脸，处处道貌岸然，那也就真成“乡愿”了。

《论语》中另有许多地方亦常出现似前后不合的现象，我觉得《论语》作为一部记录言行的书，并不如何考究其理论体系上的逻辑性，于是便常出现一些看似矛盾的地方。我认为于这些方面，当存其本真，而不必强为之说。

作者简介：沈伟华（1981—　），男，江苏吴江人。南京大学基础学科教学强化部文科强化班 2000 级本科，哲学系中国哲学专业 2004 级硕士，宗教学专业 2007 级博士。现为南京林业大学马克思主义学院讲师，马克思社会理论研究所研究员，主要从事中国哲学、宗教学研究。

南哲感悟：受益于当年文强特殊的教学体系与制度安排，我与哲学系早早就结下因缘，也正是本科阶段诸位师长的教诲，激发了我对中国哲学的兴趣，才有了此后硕博阶段在哲学系的学习生涯。对我而言，南哲专业性的学术训练自然令我受益，但更为重要的是，哲学系严谨的学术风气和宽厚的精神底蕴对我人格成长的帮助，从为学到为人，从年少轻狂到自知收敛、敬畏自然，是南哲教给我个人的精神财富。上面这篇小文，是当年无知无畏时期的产物，现在看来，无论是思想观点还是学术规范，都十足欠缺，此次对文内引文出处略做修正，其他保持原样，权作个人成长路途上的一个见证吧。

早年卢卡奇物化思想形成机制探究*

周嘉昕

摘　要：本文通过对黑格尔、马克思、齐美尔、韦伯到卢卡奇异化思想的梳理，分析青年卢卡奇《历史与阶级意识》里物化思想形成所受的影响，并进一步探询这一思想形成的社会历史根源及个人心理因素。

关键词：青年卢卡奇；物化；异化；齐美尔

早年卢卡奇的名著《历史与阶级意识》被誉为西方马克思主义的"圣经"。在这部著作中，卢卡奇天才般地论证并使用了物化概念，这与马克思早年的《1844 年经济学哲学手稿》（以下简称《手稿》）中的异化思想存在契合之处。一方面这体现了在对人和社会终极问题的思考上，不同哲学家的心灵之间存在相通的地方；但是另一方面也会引起人们的思考：为什么在《手稿》写作 80 年之后，并且马克思本人已扬弃了以《手稿》为代表的早期思想，西方还会出现与之类似的观点；卢卡奇的物化与马克思存在什么关系，卢卡奇物化思想的形成究竟受到了那些影响？这是本文试图解决的问题。

物化的相关概念及其简单的哲学史梳理

与物化相关的概念主要有对象化和异化两个。这三个概念之间存在密

---

* 本文选自《林间路》第六期。——编者

切的联系，而且在不同的哲学家那里存在着用法上的巨大差别。从词源的意义上来讲，三个概念的基本含义是：对象化（objectification），指主体的属性通过其对象表现出来；物化（reification），是指主体的观念、性质以物的形式表现；异化（alienation），与原初状态相对，意指主体与原始状态相背离的情况。这三个概念经常联系在一起使用，在哲学史上影响最大的异化的观念。

在《历史与阶级意识》里，卢卡奇物化概念很大程度上就是一种异化概念，这种异化的概念在欧洲思想发展中占据重要地位。基督教的原罪观念本质上说是一种异化的观念，人们远离本来的状态——伊甸园里的生活，通过在地上的游荡赎罪重回天国，这是异化的消除。

卢梭在《论人类不平等的起源》里首次提出了完整的异化理论，人在未开化的自然状态中，本来是平等的；可是当人们力求生活的完善化，争取科学技术和文化的发展时，人类则既在进步，又在退步，因为文明向前进一步，不平等也就向前进一步。到了专制暴君统治之下，不平等就发展到极端，达到顶点；这个顶点同时就将成为转向新的平等的原因和起点。这种新的平等，按照卢梭的看法是更高级的、基于社会公约的平等。① 这一过程是一个走向异化，进而消除异化的过程。异化的过程中个人为了生活占有物，却被物所奴役，出现了不平等的现象，这种现象通过契约的方式得以消除。这种观点预设了一个人类的本来状态，并且通过发展实现克服异化，回归这种本来状态，包含着可贵的民主和辩证思想。卢梭的思想对马克思有着巨大的影响。

深受康德影响的费希特从自我意识的确定性出发，发展出唯我论的哲学，正是在这一基础上，他将异化提高到本体论的高度。费希特从经验性的自我出发，强调唯心论，否定独断论，并且论证自我设定他自己，自我设定非我，实现非我与自我的统一。② 在这种哲学里，异化是作为自我的存在方式出现的，只有自我设定一个与之对应的自我并设定一个与自己相对立的非我，通过自我、非我的扬弃，才能实现自我的存在。异化是一个必经的过程，在这

① 卢梭：《论人类不平等的起源》，北京：商务印书馆，1997年，出版说明。

② 《西方哲学原著选读》，北京：商务印书馆，2002年，第334—336页。

一过程中体现出自由的自我意识和矛盾转化的辩证思想。

德国古典哲学的集大成者黑格尔吸收了前者的思想，并加以系统化，形成了一个封闭自洽的哲学体系。但是在黑格尔的哲学中，辩证法的合理因素深深影响了后来的马克思、列宁和卢卡奇等人。黑格尔哲学里对象化和异化是作为绝对理念现实展开的必要环节，异化状态作为中介必然向其对立面转化，并且是一种暂时的现象。马克思的哲学中也多次谈到异化，但是因为马克思思想发展的不同阶段存在巨大差别，所以马克思的异化概念在不同时期存在很大不同。这主要表现为《手稿》中的人本主义异化概念和《资本论》手稿中历史唯物主义基础上的异化概念的差别。

20世纪初期，面对资本主义的发展和第二国际的修正主义思潮，西方马克思主义逐渐兴起，早期的代表人物包括卢卡奇、科尔施等人。其中对异化观念理解颇深，并有特殊创见的就是卢卡奇在《历史与阶级意识》一书中论述的物化思想。“物化”是此书批判资本主义的一个中心概念。它指人的活动、他自己的劳动成了对他来说是客观的和对立的东西。卢卡奇是直接从马克思在《资本论》中对商品拜物教的分析出发得出这个概念的。他当时还没有读到马克思的《手稿》，但是他关于“物化”所说的与马克思在那部手稿中关于“异化”所说的某些东西极为相似。① 这一方面表现了卢卡奇非凡的理论思考能力，但是也与卢卡奇本人思想发展历程和当时的社会环境有关。

通过对哲学史和经济史的考察，将可以发现：卢卡奇的物化思想受到了马克思《资本论》中关于异化思想的影响，回到了黑格尔；但是在这个过程中存在一个中介——齐美尔和韦伯；同时，异化思想的不断提出是与当时资本主义的发展和哲学家心中普遍的乌托邦情节联系在一起的。

异化思想从黑格尔、马克思到卢卡奇的发展

异化思想从黑格尔到马克思再到卢卡奇的发展，是与其整体哲学思想密

① 卢卡奇：《历史与阶级意识》，北京：商务印书馆，1996年，译序第7页。

切联系在一起的。黑格尔哲学作为思辨唯心主义的大全，其异化概念必然是观念性的，存在于纯思辨和宗教领域内的。马克思青年时期和成熟时期对异化的理解存在发展过程，由人本主义的异化观发展到历史唯物论中的异化观念，并将这种异化扩展到现实经济社会领域内。卢卡奇的物化思想则直接表现出文化、心理的色彩。可以这样认为：卢卡奇的物化是异化范围的进一步扩展。所以从黑格尔、马克思到卢卡奇，异化思想存在着巨大的发展。

在黑格尔的哲学体系中，绝对理念作为世界起源的逻辑起点和发展的终点，通过绝对理念自身的展开、发展、向自身复归的过程，形成一个封闭的循环。但是在这个循环过程中，每一个具体的环节都是历史性的，处在变化之中，“精神从来没有停止不动，它永远是前进运动着”[①]。而作为世界本体的绝对精神其显示的存在方式是一辩证运动过程。黑格尔本人一再强调真理的存在方式就是辩证的矛盾运动，在这个过程中异化和对象化发生了。精神性的存在只有否定自身实现物质性的存在，才能完成其发展的过程。这物质性的“定在”就是可观精神的对象化，也就是异化。因为与后者相比，“定在”是暂时的、不自由的，但是这种异化又是必然的过程，只有实现对异化的否定，才能实现向绝对理念的回归。

在黑格尔的哲学中历史的和辩证的观念深刻影响了马克思和卢卡奇。虽然从总体上来说，黑格尔的历史哲学是一种异化史观，整个世界是一个循环的过程没有发展，但是具体到绝对理念每一个发展环节，黑格尔坚持一种历史的观点，认为每一个环节，包括异化都是总体过程的一部分，有其产生、发展和消亡的过程。在《历史与阶级意识》里这表现为中介性。针对资产阶级学者对资本主义社会及其意识形态是一个历史过程的善意的无知或是故意回避，卢卡奇强调人类历史发展的每一阶段都是历史整体实现的一个中介，所以“从方法论角度来看，超越人类这一历史发展阶段是必然的”[②]。这就为社会主义革命的必然性提供了哲学基础。因为资本主义只是一个物化的

① 黑格尔：《精神现象学》上卷，北京：商务印书馆，1997 年，序言第 7 页。

② 卢卡奇：《历史与阶级意识》，北京：商务印书馆，1996 年，第 191 页。

阶段,作为历史发展的一个环节,必然被新的阶段代替。因此,卢卡奇把资本主义看作人类历史发展的物化阶段,在哲学方法上是受到黑格尔影响的。

马克思的异化思想表现出前后两个时期的差异。前期主要表现在《手稿》中,后期思想主要反映在《资本论》手稿中。青年马克思受到费尔巴哈的影响,表现出强烈的人本主义特征。在《手稿》中,马克思预设了人的类本质,并借助古典经济学的观点指出现实资本主义的发展与人的本质要求相背离,进而对现实进行伦理道德的批判。马克思对人的类本质和异化的考察都是围绕劳动展开的,自由自觉的劳动是人的本质规定,人的异化最根本就是劳动的异化,表现为人与劳动产品、过程、人的本质和他人异化。通过对劳动和财产关系的分析,马克思区分了对象化、物化和异化三者的关系。

在黑格尔那里对象化、物化和异化是同一个过程,都是指精神自我展开实现的过程。但是青年马克思在手稿里区分了对象化、物化和异化,认为对象化是主体实现自身的必要途径。只有通过对象化,主体才能确定自身的存在,而物化是这一过程的必然结果,主体的属性以物的形式表现出来。但是异化则不然,它是社会领域内发生的,与私有财产关系存在密切联系。异化是人与自身本质相背离的状态,异化是一种非常状态,必须通过共产主义加以扬弃。手稿中的异化思想带有明显的人本主义色彩,具有激烈的批判性,但是科学性存在不足,这主要表现为非历史的特点。其逻辑起点立足于抽象的预设而非现实,社会发展原始状态、异化、社会主义三个阶段的过渡是断裂、不连贯的。

卢卡奇的物化思想与青年马克思的相似之处就在于其对资本主义物化现象的分析与马克思的异化表现出极大的相似性。在异化对工人个人的损害上,"如果我们纵观劳动过程从手工业经过协作、手工工场到机器工业的发展所经过的道路,那么就可以看出合理化不断增加,工人的质的特性,即人的一个体的特性越来越被消除"①。

在实现了向历史唯物主义的转变之后,马克思对异化是从现实的经济关

① 卢卡奇:《历史与阶级意识》,北京:商务印书馆,1996年,第149页。

系入手进行分析。通过资本主义生产方式的分析，马克思找到现实生活中异化的基本结构，并通过对异化的分析指出超越异化的现实途径——生产力的发展及以之为基础的生产关系的变革。马克思分析了现实资本主义的生产结构之后，认为："资本家对工人的统治，就是物对人的统治，死劳动对活劳动的统治，产品对生产者的统治，因为变成统治工人手段（但只是作为资本本身统治的手段）的商品，实际上只是生产过程的结果，是生产过程的产物。"①

卢卡奇则直接从《资本论》中对商品拜物教的分析研究物化，"因为在人类的这一发展阶段上（资本主义），没有一个问题不最终追溯到商品这个问题，没有一个问题的解答不能在商品结构之谜的解答中找到"②。商品结构本质的基础是，"人与人之间的关系获得物的性质，并从而获得一种'幽灵般的对象性'，这种对象性以其严格的、仿佛十全十美和合理的自律性掩盖着它的基本本质，即人与人之间关系的所有痕迹"③。而"商品形式的普遍性在主观方面和客观方面都制约着在商品中对象化的人类劳动的抽象"，在商品关系中人与人之间形成了物化的关系，这与马克思的异化存在相似之处。但卢卡奇更加强调文化和心理层面的物化，"随着对劳动过程的现代'心理'分析（泰罗制），这种合理的机械化一直推行到工人的'灵魂'里：甚至他的心理特性也同他的整个人格相分离，同这种人格相对立地被客体化，以便能够被结合到合理的专门系统里去，并在这里归入计算的概念"④。这就形成了物化意识，而正是这种物化意识使物化更加严重，并且构成了资产阶级思想的二律背反的深层原因。

马克思在《资本论》及《手稿》中对异化的批判虽然也带有价值批判的色彩，但是这种批判是以对历史事实的客观分析为基础的。而在卢卡奇那里，价值问题却成了核心问题、要害问题。⑤ 正是在这一点上，卢卡奇与青年马克

① 《马克思恩格斯全集》第49卷，北京：人民出版社，1982年，第48—49页。

② 卢卡奇：《历史与阶级意识》，北京：商务印书馆，1996年，第143页。

③ 卢卡奇：《历史与阶级意识》，北京：商务印书馆，1996年，第144页。

④ 卢卡奇：《历史与阶级意识》，北京：商务印书馆，1996年，第149页。

⑤ 孙伯鍨：《卢卡奇与马克思》，南京：南京大学出版社，1999年，第6页。

思十分相似。而且卢卡奇对异化的论述与马克思相比更加注重意识和观念的物化。这表现在《历史与阶级意识》中对阶级意识和资产阶级思想的大篇幅论述，以及通过塑造整体性的无产阶级意识实现物化的超越的观念。这种物化分析中的价值问题取向和对意识问题的突出与马克思对资本的批判表现出明显的差异。出现这种现象的原因与青年卢卡奇的思想发展有关，主要是齐美尔、韦伯的影响。其深层原因在于19世纪下半叶20世纪初资本主义的发展和社会主义运动遭遇的困境，以及个人心中的乌托邦情节。

齐美尔、韦伯对卢卡奇的影响

齐美尔、韦伯是19、20世纪之交著名的哲学家、社会学家，而卢卡奇与齐美尔有着明显的师承关系，所以“青年卢卡奇受到当时各种资产阶级哲学流派的影响，……也有西(齐)美尔的文化哲学、麦克斯·韦伯的社会学”①。撰写《历史与阶级意识》时期的卢卡奇“显性旨趣是马克思主义，但深层构架中有康德、黑格尔，又有韦伯和席(齐)美尔。……当时卢卡奇的哲学理念从根本上是生命哲学的新人本主义，而支援意识中的黑格尔哲学并不是那种原初的客观唯心主义大全，而是经过人本主义化的总体性逻辑”②。齐美尔对卢卡奇的影响主要表现在社会的整体性观念和《货币哲学》中货币关系中社会文化、心理物化。韦伯对卢卡奇的影响则表现在其合理化的论述和对资本主义发展的反思中。

齐美尔(Georg Simmel，1858—1918)为德国19世纪末20世纪初著名的古典社会学思想家，形式社会学的代表人物，主要著作有《历史哲学问题》《伦理学科学导论》《货币哲学》《社会学：关于社会交往形式的研究》等。正像其生活的时代一样，齐美尔的哲学思想也在马克思和卢卡奇之间起到了连接作用，这主要表现在异化思想的发展上。

---

① 卢卡奇：《历史与阶级意识》，北京：商务印书馆，1996年，译序第1页。

② 孙伯鍨：《卢卡奇与马克思》，南京：南京大学出版社，1999年，序第5页。

齐美尔对异化的理解主要反映在他的巨著《货币哲学》中，另外也通过其社会学观念体现出来。这一理解也深刻影响了卢卡奇。《货币哲学》于 1900 年出版，全书分为“分析卷”和“综合卷”两大部分。“分析卷”从社会生活入手剖析货币的本质，剖析产生货币的需求以及货币所满足的需求；“综合卷”则反之，综合考察货币对整体的人类生活的影响，以此建立起西美尔式独特的世界图景。① 齐美尔通过对货币的分析重点探究货币及其制度化发展对现代社会、文化和个人心理的影响。

西方学者常将其与马克思的《资本论》进行对比研究，很明显二者的哲学基础和现实指向是不同的。齐美尔的《货币哲学》更多是从文化和心理角度研究，而本质上是生命哲学的人本主义逻辑。他对现实经济生活的分析也与韦伯、桑巴特等人持相近的观点，拒斥历史唯物主义，强调经济以外的文化、心理因素在社会发展中的作用。但是不可否认的是，《货币哲学》与《资本论》的分析路径都是从货币入手，并得出了两个相似的概念“物化”和“异化”。只是前者较之后者更加强调文化作用和个人心理影响，“实际上《货币哲学》中的一些段落读来感觉就像马克思经济学讨论的心理学转述罢了”②。《历史与阶级意识》里对物化的论述也是强调了物化意识，个人在物化的社会结构中思想意识也不自觉地物化了。所以在某种意义上说，卢卡奇正是借助了齐美尔的眼睛才得以接近马克思的思想③。

卢卡奇异化思想受到齐美尔的影响还表现在形式社会学方面。齐美尔在他的社会学研究中，认为社会之所以可能，在于个体之间形成了一种结构，通过这种结构社会整体实现才是可能的④。而这种结构不仅仅是一种经济结构，还是一种社会心理结构，卢卡奇的物化思想受到了这种观点影响。针对这种整体性的物化结构，其解决办法就是无产阶级的革命，首要的就是作为

---

① 西美尔：《货币哲学》，北京：华夏出版社，2002 年，译者导言第 2 页。

② Georg Simmel，*The Philosophy of Money*，北京：中国社会科学出版社，1999 年，第 11 页。

③ 参阅 Georg Simmel，*The Philosophy of Money*，北京：中国社会科学出版社，1999 年，第 23 页。

④ Georg Simmel, “How is Society Possible?” *American Journal of Sociology*, Vol.16 (1910—11).

一个阶级整体的无产阶级意识的唤醒。这也是青年卢卡奇将革命诉诸无产阶级而非个体，并且强调阶级意识的原因之一。

韦伯对卢卡奇的影响更加明显，马克斯·韦伯（1864—1920）是德国著名社会学家、哲学家，代表作品有《新教伦理与资本主义精神》《经济与社会》等。韦伯强调在资本主义形成过程中新教伦理中遵守时间、讲究信用、勤俭、进取和禁欲主义的要求对资本主义精神的培育，进一步说就是文化意识在资本主义的发展过程中具有决定意义。卢卡奇对阶级意识的注重与其对意识作用的强调是一致的，但后者更看重阶级意识在革命中的作用与其物化观点密切联系。整个社会陷入物化状态，无产阶级自觉的革命迟迟不能发生，重要原因就是阶级意识的淡漠。卢卡奇对物化的分析可以说颠倒了韦伯对经济合理化的论述，韦伯从工具理性出发，分析经济行为的合理化，并将经济领域的合理化机制推广到整个社会范围，为资本主义发展提供合理化证明。① 而卢卡奇透过其合理化论证看到的是在这一过程中形成的物化结构，并深入剖析这一结构对思想文化的影响，具体表现为资产阶级思想形式与内容的对立。

物化观念的社会历史背景

综上所述，青年卢卡奇的异化思想本质上是一种新人本主义逻辑，受到了康德、黑格尔、马克思、齐美尔及韦伯等人的影响，表现出伦理的、辩证的特点，同时又依据了商品经济关系的分析和社会文化心理的研究。通过对《历史与阶级意识》物化思想的解读，可以发现许多大师的影子。可以说，在历史唯物主义成型之后卢卡奇仍然提出了对马克思的“人本主义”理解，除了其所受的思想影响和个人对马克思理解的偏颇外，深层的原因是19世纪末20世纪初资本主义的发展所带来的一系列新情况、新问题，以及哲学家潜意识里的社会理想和救赎情节。

这一段时期处于第二次工业革命，资本主义迅速发展，向垄断阶段过渡。

① 该观点受到了张异宾、胡大平老师课堂讨论的启发。

这造成了：经济领域内高速发展，机械化程度越来越高，工人的劳动分工也越来越细，工人日益成为机器的延伸；大型垄断企业不断涌现，世界经济交往越来越密切，资本对工人的控制愈发全面、隐蔽；工人的生活水平相应提高，资产阶级统治手段改变，现实中工人的革命性降低；第二国际修正主义思潮泛滥，把马克思主义贩卖为经济决定论；第一次世界大战给世界带来了巨大危害，而俄国出现了社会主义革命。这些现实都是卢卡奇物化理论诞生的推动力，甚至在日常的社会思潮中也可以找到“异化”的影子。

对此，洛克菲勒曾经声称：“合并的日子将在这里保持下去。个人主义已经一去不复返了。”[①]虽然这是从经济变迁角度发出的感慨，但它表明：个人正被逐步纳入物化的结构中去；通过合并经济实现一体化，而个人也就永远“消失”在经济结构中了。对于物化的扬弃，列宁领导的十月革命给卢卡奇提供了成功的范例，社会主义的诞生不是简单地取决于经济条件，更应激发无产阶级的阶级意识，推动革命进程。作为时代精神代表的卢卡奇思想的社会基础和现实指向就在于此。

任何异化思想都对应对异化的扬弃，也就是对未来的希望。了解这一点有助于我们理解为什么异化思想不断在哲学史上涌现，哲学家们都具有一种批判现实，寻找人类美好明天的责任感，换言之，每个人心中都充满了对现实的不满和对未来的期望。这也是异化思想的迷人之处和哲人们孜孜以求的原因。借助于异化思想史的分析，无论是基督教的千年王国，还是黑格尔的向绝对理念的复归，甚至是马克思科学社会主义的未来理想，再到布洛赫的“希望哲学”，都体现了美好的社会理想，而这也是人类社会不断进步的精神动力。

回到本文主题，青年卢卡奇的物化思想形成受到了黑格尔、马克思、齐美尔、韦伯等人的影响，《历史与阶级意识》里的物化本质上是非马克思主义的，但表现出在新的社会历史条件下对马克思主义的新的理解，其物化思想与当时的历史环境和哲学家的内心追求是一致的。

---

① 《新编剑桥世界近代史》第11卷，北京：中国社会科学出版社，1999年，第17页。

作者简介:周嘉昕(1982—),2000年进入南京大学哲学系学习,2009年博士毕业留校工作,现为马克思主义哲学专业教授。主要研究方向为马克思主义哲学史、马克思恩格斯文本研究、国外马克思主义哲学。

南哲感悟:这篇小文是我大三下学期"西方马克思主义哲学概论"的课程作业,任课老师是胡大平老师。在胡老师的带领下,我们用了一个学期懵懵懂懂地在西方马克思主义领域内徜徉。受课堂讨论的启发,在张亮老师的影响下,我尝试选择了卢卡奇《历史与阶级意识》物化思想的形成作为选题,完成了这一习作。当年,年少无知的我也曾为齐美尔思想的"发现"和简单梳理而沾沾自喜。虽然该文在《林间路》刊出后,曾得到刘怀玉老师的白色表扬,但是随着学习的积累,却越来越对这篇小文感到惭愧和不安。有幸收入《林间路》纪念文集,我仅对本文的注释和个别表述做了细微调整,力求最大限度保留原貌。一来算是对浦口大学(PKU)生活的纪念,二来希望借这篇错漏百出的拙文鼓励未来的师弟师妹。祝你们超越前人、勇攀高峰!

阿喀流斯之踵*

叶洛夫

摘　要：首先需要指出的是，奥古斯丁是如此奇怪的一个人以至于他不知是荣幸还是不幸地成为少数几位甚至是唯一一位完全不懂希腊语的大哲学家。这完全是由于奥古斯丁天生的对希腊的蔑视（当然不包括对柏拉图主义的间接的研究）。奥古斯丁身处罗马帝国末期，对祖国的爱是完全可以理解的。但恰恰是由于不懂希腊语这样的死穴，奥古斯丁很难真正与希腊教父沟通，理解希腊教父的著作，以至于犯下了一些令人遗憾的错误，甚至不能说是错误而说是无知更恰当。在《论三位一体》第七卷中，奥古斯丁奇怪为什么希腊人用“三个本质”来作为“三位一体”的基本构架，并进行喋喋不休的论述。由于上面提到过的对希腊文的一知半解和不明其理，奥古斯丁竟然荒唐地利用希腊人的论证方式来说明上帝的奇妙，并进一步认为上帝凭着这些怪异的论证充满奥妙！这对于一个伟大的教父哲学家来说是多么的不可理解啊！

关键词：三位一体；神性；位格性

基督教，自其登堂入室至今，其理论化程度明显高于其他宗教已经成为不争的事实。这里所说的理论化“是指以学说体系或者逻辑体系的方式论证和解说自己的信仰。而并不是说基督教已经完全理论化，可以完全用逻辑方

* 本文选自《林间路》第五期。——编者

法论证自己的信仰”。理论化使基督教拥有发达的哲学体系，并成为拥有浓厚理论色彩的宗教。在基督教理论化的道路上，教父，以其特殊的身份和独有的对基督教教义的深邃的理解和阐释，起到了巨大的推动作用。拉丁教父奥古斯丁，以其浩瀚的著作，无比的虔诚，得到了无数基督教徒，甚至是其他教父的顶礼膜拜。中世纪经院哲学的大师和杰出代表托马斯·阿奎那甚至说他自己的一切著作“只是重复奥古斯丁的话”，奥氏“是他的老师”。以圣托马斯足以彪炳哲学史的巨大贡献和崇高地位尚且对奥古斯丁如此崇敬，奥氏的地位可见一斑。然而，奥古斯丁毕竟只是一个为上帝布道的使者而非真正的上帝、真正的神，由于生活的时代的限制，他的理论即使精妙也不能说是无懈可击的。虽然怀着对圣奥古斯丁的无限敬意，但是在其为基督教所发展阐释的庞大体系中，在他对上帝无限的爱的背后，是不难发现一些理论缺陷的。笔者在下文中将尝试着论述之。

在基督教理论化的过程之中，古希腊哲学的概念、方法乃至理论被接受，亚里士多德主义和柏拉图主义更是成为基督教哲学的支柱之一。当代西方极负盛名的宗教哲学家潘能贝格就曾感慨道：“古代没有一种别的哲学像柏拉图主义那样在基督教哲学产生和发展的最初年代里如此深刻地给它打上烙印。”奥古斯丁也宣称“没有任何别的哲学家像柏拉图主义者那样与我们如此的接近……他们清楚的认识到上帝不是物体……此外他们认识到，所有可变的东西都不是最高的上帝”。罗素在《西方哲学史》中也认为通过对奥古斯丁《天使之城》一书的研究，可以发现奥古斯丁对柏拉图的许多“极富同情的论述”，“他把柏拉图置于所有哲学家之上”。奥古斯丁认为一切哲学家都该让位于柏拉图。就像奥古斯丁论述的那样，柏拉图认为上帝不是什么具有形体的事物，但所有事物都从上帝以及某种恒常不变者那里获得其存在。很显然，柏拉图的这种观点已经接近了基督教。柏拉图主义甚至已经预言了三位一体，虽然其表述尚不够准确。奥古斯丁沿承其思想，并做了很大的发展。

三位一体说起源于《新约》中产生的新问题：耶稣基督是上帝，上帝派遣他到人间来救赎世人，他为人类赎罪后再复活上天，有差圣灵降世，以继续拯救堕落的人类。然而一方面要把圣父、圣子和圣灵区别开来；另一方面又要坚持三者相同，把他们统一起来。这样的矛盾就赫然摆在了奥古斯丁等教父面前。可以说，三位一体理论是基督教的一个核心问题，对此问题的解释有任何的含糊不清或者没有定论都是基督教信众和信仰徘徊者们所不能接受的，甚至还有可能会遭到异教徒的攻击和嘲笑。奥古斯丁充分认识到对三位一体理论做解释的重要性，他的鸿篇巨制《论三位一体》就是他基于对柏拉图主义对基督教影响的深刻认识和之前教父的细致入微的研究所专门撰写的。

一、奥古斯丁三位一体理论的精髓

当然这一部分不是此文的主要内容，但实事求是地说，相对于奥古斯丁以三位一体理论为代表的众多先进的哲学观和世界观，以至于对性道德及时间观念的阐述而言，即使是二十五卷的《论三位一体》也显得微不足道。介绍和讨论一下其三位一体理论的精髓也是有必要的。

和之前的以德尔图良为代表的拉丁教父相比较，奥古斯丁有明显的不一致的声音，即明确反对关于三位一体中三个位格的流行的所谓“等级从属说”，这是一种认为圣子从属于圣父，圣灵从属于圣子的观点。奥古斯丁有一种近乎顽固的看法，即他始终坚持认为“三位一体”是一个单一的属概念，它所拥有的是无可辩驳的完全性和纯粹性，是一个不允许割裂开来讨论的概念。客观来说，三位一体中的各个组成部分都有其特殊的意义和作用，是无所谓从属的概念的。换句话说，奥氏的三一理论很明确地提供了他对于位格的理解:分工明确的整体。这是很令人费解的解释，但是如果联想到奥氏所说的“三位一体”的“同质性”(对于一个上帝的说法的理论化)以及他在《论三位一体》中所说的“就是说非但圣父不大于圣子，而且就是圣父加上圣子也不比圣灵伟大”(《论三位一体》第八卷)，也就不难认可这样的观点了。至少它是可以自圆其说的。

奥古斯丁的“同质性”，指的就是上帝的精神。在他看来上帝是唯一的有不同种表现形式的存在。奥古斯丁认为圣父、圣子、圣灵固然都渲染着上帝的“神性”，但他们中任何形式的叠加都不足以炮制出比上帝更伟大的精神或存在。那是因为这三个位格间无时无刻不包含着同样的上帝，唯一的上帝。三个位格的任何情况下的组合都不能改变唯一上帝的事实（至少教父们深信不疑）。上帝，就是所谓的“一体”的最终形态，是三个位格充满同一神性的必然结果，或者也可以说的原因。似乎一个很有趣的悖论即三个位格即可以代表上帝又不可代表。说可以是因为上帝无时无刻不通过三种形式进行救赎，说不可以是因为这远不能代替全能的独一的上帝。

总的来说，奥古斯丁的三位一体理论同样是基于无尽宗教热忱的护教产物，他巧妙地利用的“上帝”这一无比崇高的概念加以“神性的合一”的解释，仅凭着信众对于上帝的崇拜就可以轻而易举地获得认可和教会的支持，更别说是其本身就具有深厚的理论基础并足以服众了。

二、奥古斯丁三位一体理论的缺陷和谬误

在将近一个学期的对奥古斯丁的阅读和思考的过程中，笔者一直为这位杰出的拉丁教父那对于基督教近乎无理的爱所折服。他这样的爱不是一开始就存在的，奥古斯丁不是生来就是个基督徒，但就是通过相当长时间的怀疑和困惑，最终的进入才会显得如此的坚定和义无反顾，他的人格也真正的令人钦佩。但一切的折服也只能让位于理性的思考，奥古斯丁的理论确实是存在疑问和缺陷的。让我们来仔细分析一下。

首先需要指出的是，奥古斯丁是如此奇怪的一个人以至于他不知是荣幸还是不幸的成为少数几位甚至是唯一一位完全不懂希腊语的大哲学家。这完全是由于奥古斯丁天生的对希腊的蔑视（当然不包括对柏拉图主义的间接的研究）。奥古斯丁身处罗马帝国末期，对祖国的爱是完全可以理解的。但恰恰是由于不懂希腊语这样的死穴，奥古斯丁很难真正与希腊教父沟通，理解希腊教父的著作，以至于犯下了一些令人遗憾的错误，甚至不能说是错误而说是无知更恰当。在《论三位一体》第七卷中，奥古斯丁奇怪为什么希腊人用“三个本质”来作为“三位一体”的基本构架，并进行喋喋不休的论述。由于上面提到过的对希腊文的一知半解和不明其理，奥古斯丁竟

然荒唐地利用希腊人的论证方式来说明上帝的奇妙，并进一步认为上帝凭着这些怪异的论证充满奥妙！这对于一个伟大的教父哲学家来说是多么的不可理解啊！其实，这只是希腊文中的“本质”一词有包含“格”在内的多种含义的结果，仅仅是一个纯语言问题。可以知道，在奥古斯丁的论证中由于对希腊文的不了解而产生的误解和歧义是经常发生的，对此我们也只有深深的遗憾了。

如果说前面提到的失误是民族认同感的不置可否造成的，那下面要分析的则是纯理论角度的问题了。奥古斯丁对于神性的理解是超凡的，神性在它看来是整个基督教哲学的基石，对于三位一体当然也是如此。但是就是由于“神性”在奥古斯丁理论中过度的渲染，一些论证的重要性被提高，而另一些本该受同等关注的性质在奥古斯丁那里却得不到有力的论述。比如上帝三位格的位格性(各位格代表在信徒精神生活中的不同作用和救赎的顺序)问题。在上帝的重要性和唯一性(“同质性”“合一性”)得到广泛的认同的时候，更应该考虑的显然是各位格所行使的职能、起到的作用的问题。因为我们不能仅仅用几个不同的名字给予位格以区分，这样薄弱且丑陋的搪塞必定会使“合一的同质的神”显得单薄。但恰恰是奥古斯丁，在给予同质合一性以所有可能形式的论证的时候，对三位格的位格性并没有给出恰如其分的界定和论述，这必然会削弱三位一体的神学力度，也会给“合一的神”以“没有力度”的失落感，反而起到了论证的反效果，这是人们所不愿看到的。奥古斯丁的三位一体理论对“神性”的保障有余而对位格性的展开是不足的。

其实我们不难看出，在人们提出“三位一体”概念的时候，必然是已经对“三位”做了不同的认识，并以此作为区分的依据。因为仅仅凭名字进行的认知是不可靠和单薄之至的。如果奥古斯丁想到这层本已存在的共识，在不遗余力地论证上帝神性的同时分一点精力探讨各位格的特有性质的话，他的这些论证会更全面均衡，也更有意义。

如前所述，奥古斯丁在论证一些早就为人们所熟知且能明确辨析的概念的时候花费了太多的精力和代价。另一个明显的例子就是奥古斯丁在三位一体的所谓“关系”的论证上花了太多代价。奥古斯丁在其《论三位一体》中花了较大篇幅推出了诸如“父生子，子被父所生，所以两者被区分开来”，“圣灵于圣父圣子皆对立，所以也被区分开来”的论说来强调三位一体的“关系”，但仍然反复强调了三位格的同质性。笔者认为这似乎犯了与上文相同的错误即忽略了位格实在的含义与它们的性质。我们说名称和本质并不是位格的全部，其全面的所能为精神带来救赎的作用才是我们真正应该明确的。但现在真正有本体意义的就只有神的本质了。奥古斯丁在这两个问题上的态度仿佛是在路上捡到三个孩子，随便给他们定了年龄的大小，甚至给他们指定了父亲，安排好了这一切却不告诉孩子们真正该干什么，便又丢下他们走了。奥古斯丁的“三一理论”正是这样给人一种与归属感相对的感觉，似乎是实质与表面的剥离。他的三一哲学并没有真正告诉人们位格的作用，似乎它们只是因为要再次证明上帝的伟大和它们本身并不复杂的关系而存在的。应该说给人这样的感觉是遗憾的，奥古斯丁就这个层面上讲是失败的。

顺着奥古斯丁的思路，笔者倒认为有这样一个比喻可以明确奥古斯丁三位一体哲学在证明了神性和三位格关系后的研究方向。假设一座山有三个山头，每个山头朝着不同的方位并有高有低，但是它们的根基确是相同的一座山。山就是那个“质”——神性和唯一的上帝，而三个山头则代表了不同的位格。山头上会长满不同的花，就像位格一样并不是只用彼此间的“关系”，地基的“本质”来形容的。人们会给予这些山头不同的称呼，但肯定知道这是同一座山。可以说上帝的多元性就是指随着三个位格而来的三种不同的“传达”和“表达”方式。如果奥古斯丁这样认为的话，不仅在位格性上会得到圆满的解答，就是上帝神性也会显得更加丰满和真实。

三、结　语

对奥古斯丁的学习使我对基督教哲学和教父哲学充满了崇敬。他们是如此热爱自己的事业并真正为之献身。奥古斯丁三位一体理论的缺陷是难免的，毕竟再伟大的人也是特定时代的产物，他的思想毕竟会有局限。但那种孜孜以求的精神是永生的。通过对奥古斯丁三位一体存在的谬误和缺陷的一点分析，我真正学到了知识，学到了基督教的博大，教义的深奥以及人格的伟大；我懂得了：学问可以有缺陷，做人却要完美。

作者简介：叶洛夫（1982— ），男，上海人，南京大学哲学系2000级本科生，香港中文大学文化与宗教研究系哲学博士，2010年进入上海交通大学人文艺术研究院工作至今。

南哲感悟：学妹发来十多年前刊登在《林间路》上的小文，依稀回忆起那些熬夜写作的时光。文章在论证和格式上颇多幼稚之处，此次一并保存，是希望忠实记录我个人学术兴趣的原点。南大哲学系包容我的莽撞青涩，教会我从容和专注。回望南哲，总有家的温暖。

为诸子正名*

谭　笑

摘　要：本文梳理了子学时代诸子百家关于"正名"的不同观点。虽然都是分析名实之辩，但是各家的着眼点并不相同。儒家、法家强调社会秩序、伦理生活中的名，道家强调宇宙之间的道和义理，墨家和名家则从中发展出逻辑研究来。

关键词：名；实；诸子百家

子学时代其问题之广博，派别之繁杂，气象之蓬勃，实属中国哲学史之冠。于此百花齐放之际，唯正名之学遍受众家之瞩。"自春秋迄汉初，在中国历史中，为一大解放之时代。于其时政治制度、社会组织及经济制度，皆有根本的改善。""在社会之旧制度日即崩坏之过程中，自然有倾向守旧之人。目睹'世风不古，人心日下'，遂起而为旧制度之拥护者，孔子即此等人也。""然因大势之所趋……有批评或反对旧制度者，有欲修正旧制度者，有反一切制度者。"（冯友兰语）《庄子·天下篇》曰：天下大乱，贤圣不明，道德不一，天下多得一察焉以自好。……天下之人，各为其所欲焉以自为方。盖诸子各好己派之学，欲争而为正统。当是时，旧"名"或已失原意而化新意，或为时代所弃，或固为某派所执；新"名"则层出不穷，然诸子各立一说，相持不下。故此，各家纷然为己派正名，重整名实之应，以合一家之言。盖保守派主名应复古

---

* 本文选自《林间路》第六期。——编者

之意，锐进派则执名当革新之端。

老子以为“道”正名显于各家。古之道，均谓人道。老子予道以形上学意，代主宰之天，义理之天为最高范畴。道为万物所以生之总原理。《韩非子·解老》云：道者，万物之所然也，万理之所稽也。“道生一，一生二，二生三，三生万物。”（《老子》）道兼有无而言，无言其体，有言其用。“道无为而无不为”是言其有；“道之为物，惟恍惟惚”，是言其无。其说多渺然虚空，未直述名实之应，仅暗有所表。

稷下学派之《管子》承老子之后，直陈“名”：“静身以待之，物至而名之。”“物固有形，形固有名，名当谓之圣人。”此说源自“静因”之认识论，亦即“毋先物动，以观其则”，心静以待物。名物亦类似，吾需静以待物，以其客观状态名，勿以先期虚构强名之。其精髓与老子之“虚静无为”实为一脉相承。然《管子》一说非如墨家特为逻辑说，而意在表其政治主张，即君道无为，臣道有为，君道当以无为而治，秉圣人之风，而臣下需陈列就任，各正其名，各司其职，以制于天子，君下有序，方可循名以责实。盖类于今日之责任制，予个人以具体之责以增机构之效。

大家之中，以孔子为先。孔子视“天下无道则礼乐征伐自诸侯出”之礼崩乐坏之景，怀想“天下有道”之时故欲“拨乱世而反之正”。使实皆如其名：“君君，臣臣，父父，子子。”曰：“名不正则言不顺，言不顺则事不成，事不成则礼乐不兴，礼乐不兴则刑罚不中，刑罚不中则民无所措手足。”（《论语·子路》）孔子以周礼为矩，规天下之人常，意使各阶层各归其位，各守其礼。其正名之言实为伦理之说也。孔子以为乱由名不副实起，正名即能救时弊。名不正乃由上始，故“反正”须自上始。季康子问政于孔子，孔子对曰：“政者，正也，子率以正，孰敢不正。”（《论语·颜渊》）“子欲善而民善矣。君子之德风，小人之德草，草上之风必偃。”（《论语·颜渊》）此亦孔子社会理想之所在。先以君子之正名复归，继之以下民仿古守礼，重现尧舜之大同。

后，墨子反孔子之“实从名”说，而另立“取实予名”之命题。“今瞽曰：巨者，白也，黔者，黑也；岁明目者无以易之，兼白黑，使瞽取焉，不能知也。故我曰：瞽不知白黑者，非以其名也，以其取也……天下之君子不知仁者，非以其名也，亦以其取也。”（《贵义》）“名”为客观之反映，故以具体之“实”取舍。人之真正认识不在于知“名”，而在能否名副其实。墨子譬之以仁，曰：“昔者商王纣，卿士费仲为天下之暴人，箕子、微子为天下之圣人。此同言而或仁不仁也。周公旦为天下之圣人，关叔为天下之暴人，此同服或仁不仁，然则不在古服古言矣。”（《公孟》）墨子以其现实之态度冷眼以察，颇具唯物之意味。其将名实之应别之以一独立哲学问题，实为西方“逻辑”思想在中国哲学史中之蘖萌也。

至名辩学派专决于名，名实问题继墨子之后再而为一逻辑命题，尤以公孙龙子之名实论为著。其《名实论》云：天地与其所产焉，物也。物以物其所物不过焉，事也。实以实其所实不旷焉，位也……其正者，正其所实也；正其所实者，正其名也……夫名，实谓也。知此之非此也，知此之不在此也，则不谓也。知彼之非彼也，知彼知彼在彼也，则不谓也。由此观之，“物”为宇宙间一切个体事物，“实”乃事物之属性焉，正名之意义在于名实相当，使其名恰表其性而无所遗余。即逻辑中所谓“同一律”。“彼彼止于彼，此此止于此”，名与实一一对应，彼即是彼，此即是此。公孙龙譬之以白马论。白马非马，因白马之白命其色，马命其形，若以“马”指称一白马，则未能尽然实其所实而有所遗漏。马固有“色”之实，言马则有白马、黄马、黑马，需特言“白马”以指物。夫以一怪诞之命题言其名实相应之理，于国人之逻辑思维大有裨益。然其名实论过于呆板，不知变通，不明概念变化之理、层次之理。世间无僵化之事物，而皆辩证转化，一如惠施言，现为此物，而忽焉已为彼物。今为垂髫，明已为总角。而公孙龙之名无以表此变化。因其恶名之“旷”，一名固于此时此地之某物焉，故有白马非马之奇谈。《庄子·天下篇》中列辩者二十一事中“鸡三足”，“犬可以为羊”，“指不至，至不绝”，“矩不方，规不可以为圆，凿不围衲”，“狗非犬，黄马骊牛三”，“孤驹未尝有母”，皆有公孙龙之名实意。

后墨视名辩之所短，云：“名：达、类、私。”“名物，‘达’也，有实必待之名也。命之马，‘类’也，若实也者，必以是名也。命之臧，‘私’也，是名也，止于是实也。”（《经说上》）“物”之名指一切事物，上至宇宙，下至蝼蚁。故为最高层次之名，即达名。“类”指属种之物，如“马”之名指称一类动物，涵括归属此类之一切事物。“私”指具体之物，与公孙龙之“名”似。此三层之划分，则概念之说几于备矣！于中国哲学史中逻辑思想罕有之情形，后墨实乃一朵奇葩！

儒流之中，荀子宗孔门“制名以指实，上以明贵贱，下以辨同异。”然荀子之名实观于正名君、臣、父、子等伦理意义外，尚有逻辑意义超出孔子。荀子之“共名”“别名”说几可与后墨之“达、类、私”媲美。曰：物也者，大共名也，推而共之，共则有共，至于无共，然后止……鸟兽也者，大别名也，推而别之，别则有别，至于无别，然后止。荀子之独特处在于“名无固宜”说。名为众人相约之故，谓初制名之间，某实称之为某名，乃随意约定之结果，如牛原可命为羊。言下之意即名为虚物，为指实之用，有实用之态度。

另有法家韩非之流，用辩者正名实之理论用于实际政治者，“审合形名”，使有名必有实。“如君主与人以位，则必按其位之名，以责其效。”其理想状态在“形名参同，上下和调也”。

由此观之，各家之正名或为伦理说，或为逻辑说，或为政治说，皆因争鸣之需。然遗留后世者以伦理、政治说为先，逻辑说渐湮。浩浩汤汤三千年中，正名即正纲常、正人伦，为社会生活秩序之先。

人类认识之阶段有三，物质、精神、思维。正名之学为国人始事思维之学，明认识之理，国学又入新境界矣。奈何其说终究为他者言，鲜因逻辑故，西学之严密逻辑思维未起，而宗法等级制度兴。然，吾等无须自惭于西学，缘吾等不可望一壤之中遍尽世间之蕾。华夏之壤中出道、儒学，希腊之壤中出逻辑学，此亦常事。世界文明莫不是于交流中而自丰、前进。

作者简介：谭笑（1983—　），女，湖南长沙人，南京大学2000级哲学系本科生。现为首都师范大学哲学系副教授，研究方向：默会知识、科学修辞。

南哲感悟：哲学是一个需要强大背景知识又不容易入门的学科。在南大的四年中，前三年是在一片迷雾中，第四年才觉得迈了一条腿进门。找到一个感兴趣的话题、遇到一个能点拨的老师都很重要。更重要的是，这四年的多学科培养受益更多。那时候的培养方案中有法理学、经济学、数理逻辑、自然科学类等，现在想来这些广阔的背景非常有助于哲学的理解和深入。

人？上帝？——解读荀子人性论*

隋思喜

摘　要：人性论构成了社会政治设计由以进行的基本观念前提。荀子将"隆礼重法"的社会政治理论建立在他的"人之性恶，其善者伪也"的性恶论观点基础之上。相较于孟子的性善论，荀子言性恶，承认欲望的存在，本身就涵盖了某种更为现实和贴近人性的合理意义。荀子由人之性恶，推论出后天之礼法作为教化规范的重要性，主张"化性起伪"与"隆礼重法"。关于人，荀子既看到人之为人生而有之的自然属性，又肯定人之为人所具有的超越属性，体现了人性与神性的统一。

关键词：荀子；性恶论；化性起伪；隆礼重法

对人性的不同理解，是不同社会政治设计由以进行的重要观念前提。人与天的关系问题以及人与社会的关系问题等，都牵涉到人性问题。荀子以"隆礼重法"为特征的社会政治理论，就是直接与其人性恶学说相联系的。先秦时期，有关人性问题，曾经有过热烈的讨论，出现过各种不同的观点。作为儒学的创始人，孔子比较早地把人性本身如何的问题提了出来，他的所谓"性相近，习相远"的说法，开创了人反顾自身生命存在的终极意义的人性哲学的先河。尽管孔子提出了"性相近"的命题，但性相近于什么？是近于善？还是近于恶？却没有进一步的论述，也许是孔子重视经验主义的特征，使他没有

---

* 本文选自《林间路》第四期。——编者

深入下去，但他将“性”作为哲学范畴提出并把它与“习”相联系加以考察的倾向对后世影响极大。

概括先秦各家对人性的论述，可以分为五类：(1) 性有善有恶论。最早提出的是战国的世硕，汉代王充在《论衡·本性》中引述他的观点说：“人性有善有恶，举人之善性，养而致则善长；性恶，养而致之则恶长，如此，则性各有阴阳善恶，在所养焉”。(2) 性无善无恶论。以告子为代表，认为人的自然生理本能为性，说“生之谓性”，“食色性也”(《孟子·告子上》)，这种生而人人得而有之的“性”，既非善亦非恶，善与恶都非性本身所具有的属性，而是后天环境教育的结果。(3) 性善论。孟子是第一个比较系统地论述性善的思想家，他认为人性就是人之为人的本质所在，就是人与禽兽的区别所在。人的本质是人类社会各种伦理活动、各种政治措施得以实行的前提，只有人性为善，仁政道德之类才有必然性的保证。孟子把人天然禀赋的善的本性称之为“善端”，恻隐之心，羞恶之心，辞让之心，是非之心，分别成了仁、义、礼、智四种主要道德范畴的人性依据，指出道德践履的关键是要“立心”，“养心”，“求放心”。(4) 人性自然论。这是老庄等道家人物提出的论点。庄子认为“性者，生之质也”(《庄子·庚桑楚》)，人性乃人生的自然之资，人和万物一样都是由“道”派生的“气”结合而生的。庄子把“性”与“天”相连，“天”是天然、自然，“性”亦天然、自然，人性通于天然，人性即是生命之“常然”，人应该按这种“常然”而生存发展，至于后天的仁义善恶之属，都是丧失了人的真实本性的结果，用这样的规范限制人性的自然发展，就会失其“常然”。这一点倒与尼采认为理性压制本能并应抛弃理性的观点非常相像。所有这些观点，都为荀子在新的历史条件下，能够有效地为自己的社会政治理论服务的人性论提供了有益的参考，从而形成了第五种有关人性的理论——性恶论。

荀子从生之所然状态入手考察，并将这种所然状态定为“性”：“凡性者，天之就也，不可学不可事……不可学不可事而在天者，谓之性；可学而能可事而成之在人者，谓之伪，是性伪之分也。”(《荀子·性恶》)性是先天自然的，不是后天人为地结果，“生之所以然者谓之性”(《荀子·正名》)，性与后天社会生活无关，不需要经过学习造作，而是一种未经加工的质朴的原始素材性的存在，即“性者，本始材朴也”。性在具体的生命个体身上首先表现为“情”和“欲”：“性者，天之就也；情者，性之质也；欲者，情之应也。”（《荀子·正名》）这种含“情”与“欲”于其中的“性”，既意味着生命的生理需要，亦意味着生命某些自然而然的心理需要。就前者而言，则“饥而欲饱，寒而欲暖，劳而欲休”，“若目好色，耳好音，口好味，心好利，骨体肤理好愉佚，是皆生于人之性情者也”（《荀子·性恶》），这是人之为人所不可免者。心理上也一样，人注定要受某些特定的心理规律支配：“好荣恶辱，好利恶害，是君子小人之所同也”，“夫贵为天子，富有天下，是人情之所同欲也”（《荀子·荣辱》），不管生理的或心理的需要，就荀子描述的看来，围绕的无非是一个“利”字，这种自然性的需要的表现，构成了荀子所理解的人性的基本内涵。

荀子人性说的中心命题是所谓的“人之性恶，其善者伪也”（《荀子·性恶》）。所谓性善指人性的那样一种发而为外就自然地与外在存有秩序相一致的特质，而性恶指人性那样一种发而为外、就将干扰及破坏现有存有秩序的特质。在荀子看来，如果让人的生理本能自然而然地发展而不加以节制，那就必然要“合于犯分乱理而归于暴”（《荀子·性恶》），即走到恶的地步，而善则是后天培养加工的结果，也就是圣人以礼仪法度加以教化和陶铸的结果。荀子说：“故必将有师法之化、礼仪之道，然后出于辞让，合乎文理，而归于治。”（《荀子·性恶》）这就是“伪”，“伪”即人为的意思。在荀子看来，“性者，本始材朴也；伪者，文理隆盛也。无性，则伪之无所加；无伪，则性不能自美。性、伪合，然后成圣人之名，一天下之功于是就也”（《荀子·礼论》）。性、伪二者结合，就叫作“化性起伪”。唯有“化性起伪”才能成就圣人之名，划一天下之功，“涂之人可以为禹”（《荀子·荣辱》）。

荀子的性恶论是直接针对孟子的性善论而发的，但荀、孟在善与恶的评判标准上并无区别：荀子所谓的“善”与孟子所谓的“善”的标准都是礼仪，所谓“恶”都是对礼仪的破坏。针对经验性的现实之人，孟、荀都清醒地看到了其人性表现的复杂性，荀子称人性恶，却承认人为的努力可以造成道德性的结果，也注重后天礼义教化对人性善的影响，而孟子言人性本善，却以本心的放失来解释恶的现象。因此，在主体道德实践的实际要求上，两者分歧并不是很大。但性恶论毕竟不等于性善论，二者理论立足点的歧义是不容否认的。前人对孟荀的差别有不少分析评论，如钱穆说："孟子比较重古代，迹近'理想主义'；荀子比较重现代，迹近'经验主义'。"[①]张君劢则主张孟子为理性主义者，重心重思；荀子为经验主义者，以学以求知为出发点，孟、荀之争类似欧洲知识论中之理性主义与经验主义，其在中国所采取的辩论方式为性善、性恶。[②]

荀子作为先秦哲学的集大成者，在后来儒家的道统中却没有他的地位。在朱熹看来，荀子基本上不能算正统儒家，此一说法偏颇与否属仁智之见，却透露出这样的讯息：荀子的人性思想并不为后世儒家的道统论所接受和认可。儒家是人学，学说以人为本，政治上倡导的"仁政"理论在其思想基础上必然强调善的先天性——本性善，这也是荀子不为儒家正统接受的原因所在。但荀子的隆礼重法的政治理念，王道、霸道相结合的政治思想，却被宣扬儒学道统的统治者阴奉实践下来。

在儒学的思想传统中，荀子是提出性恶论的第一人，同传统的重人、肯定人的思想观点相左，他的理论可以说是一种儒家正统的异端，体现的是一种否定，对人性的否定，也是从经验主义出发对虚无缥缈的仁义理想境界的否定，而将政治理念与现实更接近起来。从政治理念的方法基础入手，否定以往理念而建立一种新的政治理念，在这一做法上，荀子也许可以与尼采相提并论。尼采提出重估一切价值，它所重估和消解的主要是理性主义和基督教传统中的思想、文化与道德观念。尼采是一个破坏者，把以往的一切价值彻底打破抛弃，把代表着真实、破坏、疯狂、本能的酒神狄奥尼索斯的激情转化为哲学的激情，使之体现了一种无穷无尽的生命力，意味着人的一切原始冲动都获得了解放，而不受任何理论观念和原则的约束，重估之后活动动作是超越。超越是强力的象征，表现为权力意志，他把人的生命理解为一种冲动和创造力，一个不断自我表现、自我创造、自我扩张的活动过程。人是权力意

① 钱穆：《中国学术通义》，北京：九州出版社，2011 年，第 31 页。

② 张君劢：《中西印哲学文集》（上），台北：台湾学生书局，1981 年，第 530—535 页。

志，人类不是目的，超人才是目的，人必须自我超越成为超人，真正的哲学应成为超人哲学。尼采的哲学是疯狂的，充满了激情的，但也是最苛刻、最难以执行的。而荀子在这一做法上采用的手段要比尼采温和多了，作为先秦哲学的集大成者，他并没有抱持着学派的偏见而不屑一顾他家，采取的是兼收并蓄的手段，也许连荀子本人也没有意识到他所从事的工作，深层次上讲是对先秦各家理论经过重估之后的重新建构。他不像尼采那样对以往价值进行彻底的摧毁，而是将以前各家理论彻底打散，并以自己独特的眼光，根据自己理论建构的需要，重新建构了一套体系。由估价到重塑经历了一个尼采式的过程，但荀子没有尼采那么疯狂，在荀子身上体现了真正儒者的独特魅力，他的行为尊奉了传统“和”的至高境界。与以往的理论“和”不同，这是荀子式的重估价值。确切地说，相较于尼采的破而后重建理论，荀子重估采取的是“和”的大综合途径。正如尼采被后世学者屡屡误解、曲解，与希特勒相并立一样，荀子在后世儒者道统中也没有什么地位，甚至被诟病——李斯、韩非的尚法以及秦的苛刑酷法、“焚书坑儒”都以荀子为始作俑者。

孟子的性善论，认为在生命的自然感性冲动背后，还存在着一种对人而言更本质的超自然的“善端”，这种超感性而又以感性的形式存在于人身上的能力素质，决定了人性的道德性和在现实中的道德能力，是强调人的道德能力的先验基础以保证道德价值的绝对性。作为对人的主体性的肯定，保证了生命超越自然的属性，保证了道德规范的普遍有效性——具有同自由、平等、博爱等天赋人权具有同样的属性和地位，但其弊在于这样的道德观念实际中往往脱离实际人性而异化为扼杀感性个人的工具，强调了人之为人的普遍性的同时也忽视了人之异于人的独特性。而如果强调性恶，则道德就成了外在于生命主体自我的东西，某种有待外求的东西，从而给了感性欲望以更多的生存空间。人也不再那么单调呆板起来，丰富了人之为人的属性特征。荀子言性恶，承认欲望的存在，本身就涵盖了某种合理的更为现实和贴近人性的意义。

东方文化特别是中国文化传统主流是重人的，体现在道德修养境界就是凭借自身的努力可以“立德”，成就圣人之名，“人皆可以为尧舜”。相比较之下，如果说可以称中国文化为“善性文化”的话，那么西方以基督教伦理为代表的主流文化可以称之为“罪性文化”，其伦理特点之一就是突出人的原罪，视普世之人皆为有罪，每个人在母亲子宫里孕育时便已有罪。德尔图良说过，人之大要乃是罪，犯罪不是个人出于自由意志的自愿行为，而是全体人类从亚当遗传下来的破坏的本性，这种罪乃是原罪，但也不同于欺骗、杀伐、暴力、血腥等具体的人世罪恶，而是这一切世间罪恶的渊源，谁也无法摆脱这被上帝诅咒过的命运，只有虔诚皈依信奉上帝通过忏悔获得上帝的宽恕而得到拯救。在基督教那里，人是上帝的信徒，是绝对不能成为与神一样的存在的。但在中国传统儒、佛、道三教里，孔子已经被尊为“大成至圣文宣王”，奉为万世师表；道教重生，注重现世生命的质量，最大限度的全身延命，达到真人、至人境界，可以与天地同寿，遨游五湖四海，成为我们所向往的“神仙”之流；佛教追求成佛，而禅宗尤甚，破斥对佛及佛家经典的迷信，提出“明心见性，顿悟成佛”的思想。儒家的“至圣”，道教的“神仙”，佛家的“佛”都与西方的“上帝”同体而异谓，从道德意义上讲，代表的是道德理想的实现者，是完善的道德理想的化身，而这个理想的化身却是人人都可能为的，这种理想的境界是每个人都可能具备的，只是要依据于刻苦修行。

正是基于文化思想律的不同，以之为基础而确立的政治原则也就体现了质的差异。在西方，对于原罪的解决途径，神圣社会(宗教意义上的社会)要以怜悯、同情、宽恕、仁慈之心去皈依上帝而得到拯救。而进入世俗社会，去除了宗教伦理的限制，而以这种传统伦理所形成的一套约定俗成的东西为基本内涵并加以深化形成一整套符合自然法的法律规范，用以约束规范人的行为。因为人生而具有原罪，任由原罪发挥将导致恶，所以法体现的是对人的负责，是一种救赎自我的自发式行为而非强制，所以西方一直以来皆重法，强调法治，与这种宗教情结不无关系。儒家正统是强调性善的，特别是中华传统启蒙读本《三字经》的“人之初，性本善，性相近，习相远”，更是让这一思想深入千家万户，为大众所认可和接受。基于人们信仰人性善，所以传统社会以来皆重人治，“以吏为师”，强调道德自我圆满，靠的是人们的自觉，而礼(法)则是对不自觉行为的一种规范，是一种退而求其次之举。理想社会就是人人皆心向往善，息干戈，亡纷争，自我遵守善的规定性。在先秦主要思想家中，唯一与西方法治思想比较接近的，恐怕就是荀子了。荀子由人性本恶，推论出后天礼的教化规范的重要性，这正是西方法治的基本思想，所以荀子讲“化性起伪”，政治上王霸并重，即重“法”对人的约束和道德重塑。法治思想在中国的真正提出应从荀子起，虽然与西方的法治思想有出入，但相较于人治已是一个重大跃进。因为荀子比较理性，他的重法思想较少严刑酷法的意味蕴于其中，但只能说荀子的思想有超越其时代的先进性，他的那种传统国人的思维方式并没有改变，思想中蕴含着法的趋向，却没有详细论述并上升到系统理论的高度，而且这种趋向正如墨家后学一样，于当时的重人文理性的社会主流思潮并不是很相配，所以后世儒者正统中荀子的地位并不高就不足为怪了。也正因为如此，荀子的学生韩非将荀子的性恶理论推广到极致，强调法的约束性和必要性，结果并没有继承荀子的性恶理论而只是似是而非罢了，结果走上了“以法拘人、以刑强人”的地步，彻底歪曲了荀子的理论，造成了秦的严刑酷法，成为秦灭亡的重要原因，也使得法给后人留下了强烈的感情色彩。有的观点认为中国传统政治理念是“阳儒阴法”的，可见法是不能被直接摆到台面上而成为一种治国理念的，统治者所用的无非是韩非所论的法、术、势相结合的法治，即约束强制行为而已，并不能使之成为一种自发自觉的行为，不能以社会契约的形式出现。在中国政治理论认识中，也就无怪乎中国不能出现真正的法治观念了，甚至直到今天，这种法治观念仍以强制执行成分居多，全民并没有形成一种自觉的共识，与西方的法治仍有很大距离。造成这种差距的原因在于中国人的民族思维并非如西方那样的理性与思辨，这并不是说国人缺乏理性思辨，只是想说我们中国人的思维很多都是建于经验基础之上的，其在现实中的运用也往往更多追求的是一种功利实用的色彩。

东西方文化的差异反映在哲学中，而人是哲学研究的主题之一，所以这种差异在人性的不同解释中被解读得淋漓尽致。在以基督伦理为基础的西方传统思想观念中，人并没有被虚设，而是实实在在的人，从而人性也就贴近于现实，那种完美的道德至高理想境界并不是赋予人的，而是上帝的专属物，但同时也看到了人有精神道德超越性，所以便提倡皈依基督获得救赎，从而将人的现实性与超越性完美结合起来，使人更富有人性化的特色。中国传统文化则不尽然，重人贵生基本上是主流观点，使得东方文化更具有理想主义色彩。至圣、神仙、佛都是人经过刻苦修行过程而成就的，他们本身就是活生生的人，与西方的上帝观念是根本不同的。中国哲学的天、命、道等观念有了人格意味之后则更接近于上帝的概念。

荀子论人性，也是本着重人贵生之理念的。他说"涂之人可以为禹"，姑且不论有多少人最终可以达到这一境界，前提是已经肯定了人是可以的。说荀子比先秦其他思想大家更具现实眼光和理性头脑，也恰恰就表现在这一点上，即肯定了人之为人生而有之的自然属性，又看到了人之为人所具有的超越属性，体现了人性与神性的统一。基于人性恶立场上的王霸并重的治国理念比之孔孟的"仁政""仁爱"学说更具有现实操作的可行性。两千多年的"阳儒阴法"政治传统，从某种意义上讲正是荀子王霸并重治国理念的继承与发展。作为先秦百家思想集大成的荀子，可以称得上是一位旷世大儒，比之孔孟，其光芒也不会稍减。尤其是他对人性的论述，更是集前人之所长，而发前人之所未发，对人进行了更彻底的思想剖析。当然任何理论都不是尽善尽美地涵盖所有真理，荀子言性恶，更注重经验层面而没有深入逻辑理论论证，但与先秦的其他人性学说相比更具现实性和说服力，上升到政治理念也更具可操作性。

作者简介：隋思喜（1981—　），男，山东即墨人。南京大学哲学系 2000 级本科生，中国哲学 2007 级博士研究生。现为东北师范大学马克思主义学部哲学院副教授，从事中国哲学的研究与教学，主要研究方向为儒佛道三教关系研究、儒家政治哲学研究。

南哲感悟：2000 年的 9 月，怀揣着南京大学的录取通知书来到南京大学哲学系求学。从此，对 Philosophy 一见倾心，心灵中对智慧的爱，犹如骄阳似火的夏日南京一样滚烫起来，并燃烧至今。百年南哲的思想底蕴，是我在精神上的永恒乡愁。今天，当我再回过头来重读当年写过的这篇小文章时，文笔青涩，思想稚嫩，而且发现自己竟然是在中西文化纵横比较的视野中解读荀子的人性论思想，顿生"无知者无畏"之感叹。感谢南哲，培养了我在思想上直抒己见的"无畏"；感谢南哲，容忍了我在学术上初出茅庐时的"无知"。"遥知未眠月，乡思在南哲。"

关于因果关系的知识如何可能？

——兼谈休谟与康德的认识论*

徐 竹

摘 要：休谟以彻底的经验论观点使得因果关系知识的可能性作为一个重大的哲学问题凸显出来，而他本人完全从习惯性联想的角度解决这一问题；康德对“客观有效性”做出了先验唯心主义的解释，从而又说明了如何从认识主体的角度赢获“客观性”。休谟与康德的回答都立足于认知主体的作用，所不同的是前者从心理学的认识发生论的角度，而后者则是从先验统觉的角度阐释主体的作用。因此对因果关系知识之可能性的追问最终指向了自我的主体性问题，而这正是近代欧洲认识论哲学中的核心问题。

关键词：因果关系；必然性；客观有效性；习惯联想；先验统觉

在人类的知识体系中，关于因果关系的知识始终扮演着重要的角色。一切科学知识都力图揭示认识对象之间的因果关系；而真正对人类究竟如何获得因果关系的知识这一重大哲学问题进行反思，正是近代自然科学兴起推动的结果。休谟第一个认识到这一问题的重要性，把它作为自己哲学的核心问题；康德先验唯心主义的解决方式深刻地影响了哲学的发展，但从某种意义上说，休谟的问题具有永恒的意义，对它的探讨深化了人们对自身认识活动的反思，虽然它也许并没有最终的答案。

---

* 本文选自《林间路》第七期。——编者

一、问题的提出

人们的求知活动自始至终都在追问因果关系，获得新知识。然而把"关于因果关系的知识如何可能"作为一个并不自明的问题提出来却是对人类的认识活动做出深入反思的结果。这一问题显然让我们感觉无从下手，因此不妨按照休谟的意见把它细化成两个问题：

1."我们有什么理由说，每一个有开始的存在的东西也都有一个原因这件事是必然的呢?"

2."我们为什么断言，那样一些的特定原因必然要有那样一些特定的结果呢?"

第一个问题不涉及具体的原因和结果，它只要求从对因果概念的分析中对"有开始的存在有一个原因"这个判断给出抽象的论证。但这实际是不可能的，因为"我们很容易想象任何对象在这一刹那并不存在，在下一刹那却存在了，而无须对它加上一个各别的原因或产生原则的观念"，而这丝毫不会产生逻辑矛盾。第二个问题追问特定的原因和特定的结果，因此要求经验来论证。休谟贯彻了彻底的经验主义原则，一切知识仅从感觉而来，而可感知的性质决不会告诉我们对象中含有产生结果的能力，我只能经验到两个对象之间的恒常结合(constant conjunction)；而因为首先我的理性不能证明"我们所没有经验过的例子类似于我们所经验过的例子"，因此，尽管我有一万次靠近火感到热的经验，我也不能断定火是热的原因；如果我不先论证"类似"这个前提而直接断定火是热的原因的话，那么实际上我又是把要证明的结论当成前提了。所以在休谟看来，不论是我们的理性还是经验都无法证明我们如何获得因果关系的知识，这确实作为一个问题被提了出来。

理性通过"观念的关系"推理，经验通过"实际的事情"认识，而它们都不能直接论证因果关系。这在康德表现为"分析判断"和"综合判断"区别。单纯逻辑地分析因果概念只是解释概念中已有的东西，虽然因为独立于时时流变着的经验而具有普遍有效性，却丝毫不能扩大知识；经验得来的综合判断使主项和谓项的联结有了新内容，但由于经验自身的不确定性，人们同样不能肯定这种联结是因果关系。我们看到这正是休谟的论证的另一种表述，在现有知识背景下不能确定地论证因果关系，这一点上康德是完全赞同休谟的。因果关系就其普遍有效性而言是“先天的”，就其扩大人类的知识而言是“综合的”，而这种“先天综合判断”就是一种既来自经验而又不依赖于经验的知识。在康德看来，这才是真正的知识。而“因果关系的认识如何可能”的问题就成为康德“先天综合判断如何可能”的一部分。

需要指出的是，不论是休谟还是康德，他们所关注的是因果关系的知识“如何可能”的问题，而不是因果关系“是否可能”，因此是一个认识论的问题而非本体论问题。由于休谟的怀疑主义态度，人们就认为他否认了事实上因果关系的存在，这实际是对休谟的误解。在《人性论》中休谟明确承认“自然的作用是独立于人类思想和推理以外的”，但作为一个彻底的经验主义者，他不能理解人们是怎样超出经验之外在认识中肯定因果联系的存在，所以他要求给出关于因果关系的知识具有正确性和客观有效性的证据。事实上，在数学和物理学迅猛发展的近代欧洲，任何人都难以否定因果关系的实存性，休谟的怀疑也只是表现出对人们的认识活动的反思。而康德在《纯粹理性批判》中借数学和物理学的发展回答“先天综合判断如何可能”的问题，则更鲜明地体现出这一反思的理性前提。我认为这也应是休谟的共识，只不过因为他认为自己研究的是关于人性的“精神科学”而对自然界中因果关系的实存性较少提及罢了。

二、因果关系意味着什么?

我们所要探讨的是因果关系，但我们在前面已经使用了“因果关系”这个概念，却并没有深究它的意义。而要研究我们对因果关系的认识如何可能，就必须首先弄清楚“因果关系”对我们究竟意味着什么?

当我说起“因果关系”的时候我首先想到的是一种从因到果的规律性变化。变化是一个时间过程，并且一般地在对象受到另一个对象的直接作用时才发生。因此休谟认为因果关系的观念涵摄着“接近关系”和“接续关系”的观念。这种说法不无道理，但却是不确切的。首先，两个相距很远的对象发生因果联系是很经常的事，并且也不需要如休谟所说的那样，由一连串接近产生的原因联系起来的。我们同样可以认为相距较远的对象具有直接的作用。其次，虽然我们通常认为因先于果，但因果同时发生的事情也是存在的，这就不能简单地用接续关系来概括。在这一点上，康德的认识无疑要深刻得多。他强调因先于果“针对的是时间秩序，而不是时间过程；即使没有任何时间流逝，这种关系仍在”。这种在先实际是逻辑在先而不必然是时间在先。比如火炉是因，房间温暖是果，在过程上几乎是同时的；但如果移走火炉，房间立刻冷下来，这就表明在时间的秩序—逻辑上，火炉作为原因的确是在先的。那么如何解释在秩序上有先后的东西竟然会在过程中“同时”呢？康德借助数学上的无穷小理论，认为从因到果的变化是由一系列更小程度的变化产生出来的，任何一个变化所间隔的时间趋向于无限小，这就使整体的因果关系看起来是同时的。“知觉向时间中跟随其后的东西的每一过渡都是通过这一知觉的产生而对时间的规定，而由于时间总是、并且在其一切部分中都是某种量，则一个知觉作为一个量，其产生就是通过所有的等级（其中任何一个都不是最小的等级）而从零开始，一直达到它的确定的等级。”①康德认为这就是变化的连续律。

从康德的论证中我们可以发现他实际上是把从因到果的变化界定为量的变化，否则这种连续律是不可理解的。康德认为变化只在于实体的状态而不是实体本身，变化必须以一个持久不变的实体为基础，否则如果变化的主体也在变化，那么就仍然需要原因来解释，这样必然会穷追到持久性的实体；至于“创造”，在康德看来只是陌生原因的结果，而决不能作为一个事件而存在。而在休谟那里，因果关系不能被理性证明恰恰主要在于质变的存在。休谟认为我们单凭观念间的关系决不能证明“自然的进程是永远一致地继续同一不变的”，因此我们就没有理由相信今天发现的“因果关系”明天还适用，自

① 杨祖陶、邓晓芒：《康德三大批判精粹》，北京：人民出版社，2001年，第181—182页。

然界一夜之间质的根本变化对于我们的经验来说也并非完全不能理解。在休谟彻底的经验论面前,康德的这一结论无疑是独断的;把根据因果关系的变化统统归之于实体状态的量变的确给康德的理论论证提供了某些方便,却鲜明地表现出其自身理论的局限性。

一个对象可以和另一个对象接近,在时间秩序中在先,我们也承认两个对象之间不仅存在量的变化而且有质的根本变化,但我们仍不能说它们之间存在因果关系。因为人们对因果关系的认识乃是包含“必然联系”的观念,两个对象之间的变化只有是规律性的变化——具有必然性时,我们才说这两者之间存在因果关系。我们说经验都不能论证因果关系,正是因为在时时变化着的经验中找不到必然性的联系。显然,必然性才是因果关系的真正内涵,也是使因果关系成为一切科学知识之基石的决定性因素。因果关系的认识如何可能的问题在这里就转化为因果必然性如何可能的问题。这正是解决问题的关键。

三、因果必然性的来源

在人类的理解中,“必然性”是一个如此具有确定性的概念,以至于人们往往理解这一概念的含义却又无从表述。但是如果把我们讨论的范围限制在科学认识的领域,我们就可以把必然性的知识分解为两个更为基本的判断:

1. 我知道(Know)某些事情是必然的;

2. 我相信(Believe)某些事情是必然的。

我们对于必然的科学知识不仅具有知识,而且具有信念。在非科学认识的领域,这两点并不是统一的。一个无神论者可以“知道”在神学话语体系中,上帝是全善是必然的,但他不对此具有“信念”。而如果我说我“知道但不相信”在欧几里得几何中三角形内角和为180度是必然的,那显然是荒谬的。可以说,对任何一种科学必然性知识的承认都意味着对这种必然性的信念,虽然这两者并非一回事。

这里的区分是根据休谟的意见,然而这一事实显然是自有科学以来就有了，为什么直到休谟才把这个问题提出来？这与哲学家们对必然性来源的理解有关。休谟之前的哲学家把认识中的必然性观念归结为客观事物自身真实的内在联系。既然我所知道的某些事物“必然如此”的观念是“客观有效”的，那么我同时也就没有了不相信的理由。所以如果必然性同时具有客观有效性，那么对必然性的信念就是自明的，不需要单独再去寻找信念的来源。但是到了休谟这里，情况发生了变化。休谟认为，客观事物真实的内在联系独立于人们的经验之外，而使人们发生必然性认识的只是从经验中发现的一些恒常结合，那么所谓“必然性”就不具有客观有效性，这样人们究竟是如何相信这样的“必然性”——对必然性的信念问题——就凸显成为休谟所着重关注的问题。

当我对一个观念具有信念时，我在这个观念上增添了什么新的东西了吗？休谟的回答是否定的，那么信念实际上只来源于我们想象这个观念的“方式”。休谟把一切知觉（perception）分为印象（impression）和观念（idea）两类，其中印象由感觉直接产生，其强烈和活泼程度比与思维相联系的观念要强，而一切知识必然起源于印象。基于这种理论，休谟认为信念实际上来源于“习惯联想”，即如果心灵在某个印象的影响下经常关联到一个固定的观念，就产生了习惯性的心理倾向；此后这种转移就成为自然的心理过程，同时把起始印象的一部分活泼性转移给这个观念，使得这个观念具有了原来所不具有的强烈程度而从其他观念中突出出来，从而人们对这个观念就具有了“信念”。

休谟的解释从因果必然性不具有客观有效性出发，转而把它归之于完全主观的心理过程。“必然性是存在于心中，而不是存在于对象中的一种东西；我们永远也不可能对它形成任何哪怕是极其渺茫的观念，如果它被看作是物体中的一种性质的话。”[①]我们往往认为自己是通过严密的推理论证相信某种知识，但只有当论证符合我们的心理机制时，我们才会真正地“相信”。我认为休谟提示的这条思路有助于以经验科学的方式揭示人的认识思维过程，而

① 休谟：《人性论》上册，北京：商务印书馆，1997年，第190页。

这此前是被很多认识论哲学家所忽略的。但这种完全主观化的解释毕竟危及了科学知识确定性的基础,而休谟彻底的经验主义又使对“必然性不具有客观有效性”的论证无可辩驳,因此要重建科学知识之客观的基础,就必须重新阐释“客观有效性”的意义。

这正是康德解决因果必然性问题的思路。一方面,他把必然性诉诸客观有效性,这就使“知道”和“相信”的矛盾统一起来,而不必像休谟那样专门论证信念的来源;但另一方面,他又必须重新定义“客观有效性”,使之免于彻底经验主义的反驳。事实上,在他看来,休谟所批驳的正是认为单凭理性推理或经验归纳就可以宣称客观事物“必然如此”的独断论,这种“客观性”涉及的是物自身,根本不属于人类的认识范围。但康德认为,虽然物自身不是认识的对象,认识的“客观有效性”实是另有所指,而不是像休谟那样,一旦发现“必然性”所涉及的不是物自身内在的真实联系,就立刻退到主观的领域寻找必然性的来源。

直接地被我们的心灵所感受到的只是一些杂多的表象,我们虽然没有任何理由把在这些表象中发现的联结——表象向我们呈现出来的相继关系——归之于物自体本身的实际状况,但这并不能说明这种联结仅仅是心理过程。如果我们承认本体界是与我们自身完全不同的,那么我们就不可能有对任何对象的经验,除非我们首先利用在我们自身之中先于经验的东西建构起对我们而言的客体、经验表象的对象,康德称之为“现象”。我们的认识活动并不直接面对本体界,而只有首先使作为对象的现象被给予出来,一切经验知识才有可能。所以如果认识的“因果必然性”具有“客观有效性”,那就意味着经验表象在时间中的前后相继能够被归结到表象的对象——现象本身杂多的联结。

> 在这里,处于相继领会中的东西被看作表象,而被给予我的现象,虽然不过是这些表象的总和,却被看作这些表象的对象,我从领会的这些表象中抽出的概念应当与该对象相符合。立刻就可以看出,由于知识和客体的一致即是真理,在这里所能探究的只是经验性真理的形式条件,

> 而现象在与领会的表象的对立关系中只有以这种方式才能被表现为与表象不同的、诸表象的客体，即：该现象从属于某条使之与任何别的领会相区别的规则，这规则使杂多联结的一种方式成为必然的。在现象中包含有领会的这一必然规则之条件的那个东西，就是客体。①

现象作为表象的对象，正是因为它是按照一种必然的规则联结诸表象。单纯就我们所领会到的表象而言，并没有一种必然的秩序联结我所经验到的杂多。比如，我可以任意按从左到右或从上到下的顺序领会房子的表象，而在杂多表象的相继中我并没有发现必然的因果联系，这只是我“主观的相继”；但我必然地经历落叶顺流而下这一前后相继的表象，而不可能使落叶在下游的表象先于在上游的表象。我把它归结为必然的因果联系，而其客观有效性就在于我首先按照一种必然的规则构造出现象，其中具有了“客观相继”，然后才经验到表象；而我所认识到的因果必然性实际上就是我们预先放到现象中去的那些规则，它独立于一切经验而又使杂多表象按必然的方式联结，在康德那里就是来源于认识主体的因果性先验范畴。

所以康德对必然性之客观有效性的证明实际以两条理论为基础：一是区分物自体和现象界，物自体不可知，现象作为客体是被主体建构起来的；二是主体按内在的先验规定构造对象，这正是必然性之客观有效性的基础。因果关系的知识作为一种先天综合判断，虽然其综合性要求知识从经验开始，但它的普遍必然性不能从杂多的经验表象中得来，而只能是先验的。既然如此，康德所论证的“客观有效性”就不是真正的客观性，而如果必然性来源于主体的先验规定，那么这种必然性不仍是主观之内的事情吗？从归根到底的意义上说，康德的确并没有真正解决休谟的问题，但应看到，休谟虽然谈的是真正的客观性，却只是从经验杂多的意义上来理解这种客观性，主体只是被动地接受，因而无法发现必然性的客观基础；这在康德看来绝不是认识的真实状况。人们能够作为客体认识的东西必然是自己已经有所断定的东西，对

① 杨祖陶、邓晓芒：《康德三大批判精粹》，北京：人民出版社，2001年，第169—170页。

象是被能动地构造出来的。正是在这一点上,康德哲学体现出它的"革命性"特点。而第二条则涉及休谟和康德理论中主体的不同作用问题,我认为有必要单独加以讨论。

四、主体:心理与先验统觉

在上面的讨论中,我们看到因果必然性的来源问题实际最终与认识主体的作用密不可分,这在休谟那里是"习惯性联想",在康德那里是因果性的先验范畴。那么主体所起的作用究竟有何不同?为什么同是主观的活动,康德却只把前者看作只有主观的"必然性"而认为后者才是客观有效性的基础?

我认为,康德仅仅是从消极的意义上看到休谟的"习惯性联想"对科学知识之客观基础的消解。但这一理论积极的一面在于它开始试图用经验科学的方式理解人类的认知思维过程,而不是仅仅停留在抽象思辨地考察人类的认识活动。休谟把这一点准确地概括为"哲学的关系"和"自然的关系"的区别。我们对因果关系的认识直接地是从观念间的比较、判断、推理得来的,我们认为是观念间"哲学的关系"引起了认识;但实际上对某个因果关系从不知到知,从不信到信,只有当那两个观念在我们的心中自然而然地被联系起来才是可能的。"因果关系虽然是涵摄着接近、接续和恒常结合的一种哲学的关系,可是只有当它是一个自然的关系、而在我们观念之间产生了一种结合的时候,我们才能对它进行推理,或是根据了它推得任何结论。"①所以在休谟那里,主体的作用实际就是心理的作用。从"哲学"观点看,确实无法解释流变着的心理过程如何能"确证"对因果必然性的认识,但除了这一过程之外,人类又能从哪里找到"发生"必然性知识的基础呢?由于休谟从理性和经验中都不能证明因果关系,他更关注必然性知识如何"发生"的问题。在他看来,概念间的推理只是我们所意识到的认识的形式,而真正使我们产生因果必然性知识的只是习惯性推移的心理过程的作用。

---

① 休谟:《人性论》上册,北京:商务印书馆,1997年,第111—112页。

所以在休谟那里心理过程指的只是人类认识发生的自然机制，而康德所批判的“心理主义”则是单就其主观随意的心理因素而言的。前面提到，康德用对象的先验构造理论来解决必然性来源于主体却又具有客观有效性的矛盾，这种构造活动在一般的意义上就是“先验统觉的综合统一”。康德承认一切知识必定从经验开始，杂多归根到底只有通过感性直观才能被给予出来；但从杂多的恒常结合得出的联结只是“经验性”的，依赖于心理对诸表象的联想，因而是“主观的”。而要真正得出客观有效的必然性知识，就必须首先使分散的经验性表象成为“我的”对象，而这只有在“我思”作为纯粹知性的自发性行动把一个表象综合到另一个表象上时才能发生，先验自我意识（纯粹统觉）的统一性构成了对象客观统一性的基础。“只有通过我能够把被给予表象的杂多联结在一个意识中，我才有可能设想在这些表象本身中的意识的同一性，就是说，统觉的分析的统一只有在统觉的某一种综合的统一的前提下才是可能的。”[①]我从红旗、血液、玫瑰花等中抽象分析出“红”这个观念来，但这只有在我首先从直观杂多中把红和其他表象综合出红旗、血液、玫瑰花作为对象才是可能的，因此这种综合的统一对具体认识来说就是“本源性”的。知性把杂多表象纳入统觉的统一性之下，就其先验地构造认识的对象而言，这种认知主体能动性的活动被视为“客观的”。

显然，这种构造出来的对象实际只是“对象意识”，康德所谓具有客观有效性的因果必然性仍像休谟那样归于主体的作用。但先验统觉本源性的综合统一对主体能动作用的张扬，较之休谟对经验的被动接受而把必然性诉诸依赖习惯的心理联想，更符合人类认识活动的实际，这确实是对消极的“心理主义”的超越。但是，康德并没有认识到习惯性联想的认识发生学意义，这也给他的理论带来了问题。比如，统觉的统一活动中知性的先验范畴究竟如何运用到经验性直观的杂多上？康德以“先验想象力”对内感官杂多的综合作为中介。但接下去知性和感性直观对“先验想象力”分别又有什么关系？这就导致对中介的无限寻求，康德只能“中止判断”，掩盖了他理论上的缺陷。

① 杨祖陶、邓晓芒：《康德三大批判精粹》，北京：人民出版社，2001年，第138—139页。

这里的关键在于他没有把人类的认识活动科学地理解为一个自然发生着的过程，我们完全可以追问先验的统一活动究竟是如何自然地发生的，从而把它看作认识的心理机制所表现出来的外在形式；这就说明康德并没有超越把心理过程看作认识发生机制的那种积极意义上的“习惯性联想”。而我认为既然心理作为认识发生的基础是认知科学的对象，哲学同样不应当忽视。

我们看到，在彻底经验论影响下，休谟和康德都无法真正弥合主客体分离所造成的鸿沟，也就不能达到真正的主客体统一，只能把因果必然性最终归之于主体的作用。这样主体究竟起了怎样的作用就成为他们解决因果关系认识问题的核心。在这个问题上不能简单地说是康德超越了休谟还是休谟更具有永恒的意义，关键在于他们关注问题的方面和解决问题的方式各有所长而又能相互补充，对后来的哲学都产生了深远的影响。正如黑格尔所说，真理是全体，是整个过程本身。在因果关系如何认识的问题上，这个判断对休谟和康德的理论无疑是适用的。

作者简介：徐竹（1983—　），男，山东日照人。南京大学哲学系 2001 级本科生，清华大学—匹兹堡大学联合培养 2005 级科学技术哲学博士，中国科学院研究生院人文学院 2010 级师资博士后。牛津大学哲学系访问学者，华东师范大学哲学系副教授。研究方向为当代英美知识论与行动哲学和社会科学哲学。

南哲感悟：感谢母系让我以这种方式重温大学时代的论文！惊奇地发现，直到今天我仍然在研究的话题，早在本科阶段的文章中就已经关心了。当然文章是不值一提了，今天专业本科生的论文，读来尤感后生可畏！我的大学生活印象最深的是今天回不去的浦口。工作之后回南大到访过仙林的系楼，颇有“物非人是”之感：尽管校园和大楼都是新的，但老师们的教诲谈笑一切如昨，恍若折叠了时空。感恩南哲四年的培养，无论是专业的还是生活的所获，都将受用一生。相信南哲的事业必定蒸蒸日上，越来越好！

谈《论“存在”的生存意蕴与辩证性质》给我的启示*

杨　洋

摘　要:“存在”问题是西方哲学史讨论的核心问题。从古希腊哲学到近代西方哲学,对“存在”的思考从感性个别推进到理性一般,再由形而上学之理路跃进至抽象理念;至现代西方哲学那里,理性和抽象重返感性和具体,“直面事实本身”,以生存释存在,但是在本体问题的讨论上仍加以回避。比较来看,介于近代西方哲学和现代西方哲学之间的马克思哲学,有别于抽象人本主义和具体人本主义,具有辩证的认识起点,引入“生存实践”这一个动态的“存在”理念,关注“当下”社会生活及社会历史,以历史唯物主义方法展开形而上之思,因而是具有更高层次的存在论哲学。

关键词:存在;感性经验;理性思维;生存实践

张曙光教授在《论“存在”的生存意蕴与辩证性质》一文中以西方哲学的最高范畴和追问的对象的“存在”为研究主体,沿着从古希腊哲学到近代西方哲学到现代西方哲学再到马克思主义哲学关于“本体”及“存在”的讨论的线索,本着对当下以及对人的终极关怀的心态阐明了他的立场:马克思主义哲学关于“存在”的研究是较其他几种更为合理和科学的。阅读此文受到很大启发,同时也产生了自己的一些想法。本文也试图沿着时代发展的线索对哲学本体论研究阐述一些自己的看法。

* 本文选自《林间路》第五期。——编者

在荡开历史线索这一笔前，让我们先回到“存在”的基本意蕴和特征上来。其实，无论谁都无法给“存在”下一个完美的定义，历代的哲学家也只是从不同的角度去充实它的意蕴，希望贴近它的本义。张教授把西方哲学中的最高范畴“存在”和中国哲学中的最高范畴“道”做了类比，确实让我们体会到作为“being”(或是“on”)的那种韵味。似乎是“道可道非常道”，可以意会不可言传。存在的生成性和不可穷尽性实际上任一概念都不可能充分体现它，甚至“存在”这个词汇的采用也是不得已的事情。

人类在发展的过程中，产生了理性思维。于是他们便开始了对自然、万物及人自身存在及本原的思索。由这些思索而产生了各种各样的传说和神话。从神话脱胎而来的西方哲学最早的形态是带有自然发生论印痕的本原论。本原论即最初的存在论。古希腊的哲人将早先信奉的“神”悬置起来，凭借它们的理性思维和感性的想象统一来把握自身及生活中的世界。他们用生动的形象来进行普遍的规定。于是，世界是由“气”“火”“水”等构成的说法也跃跃而出，丰富多彩而富有生机。哲人对整个世界的认识是朴素的，整体上的范式印象。受当时的生产力水平和文化发展水平的局限，人们获得的往往是经验而不是本质，是偶然而不是整体，是主观判断而不是科学客观判断。

随着生产力的不断发展，人们总是能从他们的生产生活中找到一些有别于经验和现象的规律性的东西，哲人开始认识到人生毕竟不能成为漫漫无际，转瞬即逝的河水或火焰，对于人们认识的东西有所确定，有所分殊。人们想获得真知，建立规范，形成明确的自身认同，独立自主的生存。由此，哲学家们把感性经验和理性思维做了区分，认为感觉只能带来混乱，“思维”才能把握真实产生真理并与“存在”同一。后来“本体”与“现象”的分离便越来越远。西方哲学与中国哲学也渐行渐远。在经由对存在的实体性理解上，西方哲学走上了本体论哲学即超验形而上学之路。伽利略第一个推动了科学理性的觉醒，即数学理性的觉醒，但问题在于哲人把科学理性的模式普遍化了，这是走向主体形而上学认识论的根源。对于抽象和形而上了的这个世界，马克思对近代西方哲学的本体论及认识论的揭露极为精辟。他认为整个本体论哲学即形而上学是从感性个别走向理性一般，反转来又用理性取代一般。

否定感性个别的实体主义思维方法，这种形而上学的思维方法是不可能得到内容丰富的规定，更说明不了“实体”这个一般的抽象概念是如何创造并表现为各种个别的具体事物的。张教授文中举了马克思的关于“苹果、梨、桃”这些实体的水果变成抽象“样态”的例子。

这让我又想起了一则笑话，更有利于我们理解马克思对近代西方哲学的认识。这个笑话是这样的：一天，在学校里学哲学的儿子回到了家中，父亲烧了两只鸡。吃饭的时候，一家三口坐在一块儿聊天。父亲让儿子把在学校里学的东西讲给他和母亲听。儿子便指着盘子中的两只鸡说：“用具体实例来说吧。好比这儿有两只鸡，由他们，你们可以形成关于‘烧鸡’的抽象观念，那么这儿就不是两只鸡，而是三只鸡了。”父亲听后，感到哭笑不得。于是他对儿子说：“那我和你妈妈吃这盘中的两只鸡，你去吃那只多出来的吧！”这就是近代西方哲学的存在论、本质论认识。虽然科学和神学从这种理性主义本体论哲学中受惠，但是它构造出了类似于最高造物主的抽象的非人格的绝对理念。这样就和人们感性的生存对立了起来，成了教条和独断论。人们的生存方式因此而模式化、齐一化、外在化。

但哲学总是向前发展着的。二战之后，西方工业国家由于社会矛盾的尖锐化导致了人的价值观念的混乱和道德的失范，人与人关系更加疏远化。发生了人的生存危机和“人”的失落。另外，在社会主义国家，受“左”的思潮的影响，法制不健全，践踏人权，破坏社会主义和人道主义原则的事不断发生。于是，哲学的研究重点转移向人，进行以人本关怀为主题的哲学研究。胡塞尔立足于“现象学”，提出“直面事实本身”的口号。他和黑格尔一样，都是把关注的焦点集中在主体性上，并且因此集中在事物的呈现上。黑格尔认为存在等同于“纯无”的“纯有”，认为“存在”总是与个人相遇并处于个人生命活动中。而后克尔凯郭尔对“存在”又给予了个体性“生存”理解。海德格尔对于存在的看法，在他的《存在与时间》中有表述“必须得寻找一条道路并走上这条路，去照明存在论的基础问题。这条路是不是唯一的路乃至是不是正确的道路，那要待走上以后才能断定”。其实他所说的就是“存在”是自明的概念。存在的意义必定已经以一种确定的方式可以为我们所得，即完全没有必要重新追问存在的意义。对于现象学的真谛，他也是这样看的：现象学关心的是事情是如何被切近的，而不是像神学研究上帝，心理学研究人的心灵那样告诉我们它所研究的是什么。其实海德格尔与胡塞尔采取的是不同的方法研究现象学。胡塞尔关注现象，关注具体。而海德格尔却是立足于现象学，主张对传统的形而上学和一般哲学进行改变。在我看来，海德格尔比胡塞尔的观点更有可取之处。他是以生存释存在，以人生在世的原初整体性解释基础存在论的思路和观点，超越了整个传统本体论哲学而且破除主客二分的知识论的形而上学，同时，我们还应认识到海德格尔对存在的理解最终到头来还是要吁求上帝的拯救。因为他未能将实践的否定精神和社会维度注入人生在世之“存在”中。

让我们立足于一定的高度去对现代西方哲学对于“存在”的研究做一个评判。在这个阶段，哲人从形式上摆脱了对抽象的终极绝对理念的追求，而转入了人们具体的现实的生存处境，从人们实际面临的生存条件和人自身的切身感受出发，提供给了人们展开并能把握自身命运与生活世界本性的，经过理论论证的自觉意识。这在二战之后人的失落的社会背景下，必定给人们带来了一种新鲜而清新的空气，但是现代西方哲学回避了“认识存在”这个问题，提出“人的主观性悖论”和“无根的本体论”，不愿去理解和探究这个个人亲身卷入的现实。这样，用不去思考的方式去回避思维带来的误区。这只是完成了否定，却没有达到事物的否定之否定。在我看来，回避抽象，回避思辨，哲学就不能称其为哲学。哲学本身就是形而上之学。人和动物相比，本质上就是形而上的，抽象和思辨是理论形式的问题，脱离不脱离实际是理论的内容的问题。否定、反对形而上，便走向了科学实证主义，那哲学无异于披着哲学外衣的科学。如果要求把形而上的内容，还原为感觉经验上的具体性，这不就是取消哲学了吗？因此现代西方的某些哲人在抛开了近代主体形而上学的同时，又抛开了对知识的追求和对世界的说明，这样就更难对世界进行改造，重蹈了小孩和洗澡水一起倒掉的覆辙，同时也使这种哲学陷入了一种只限于精英文化的窘境。是的，人可以从中找到心灵的契合点，却无法从中找到它的有用之处；它成了一种安慰剂，却只是一纸空谈，和近代西方哲学认识的存在论一样——悬在了空中。

我们要在这个世界上生存得好，就需要去认识自身以及自身所处的这个世界。在认识和说明的基础上去改造这个世界，让它为人服务。马克思认识到了这一点，他扬弃了抽象人本主义和具体人本主义，形成了历史唯物主义。并且在认识“存在”这个问题上引入了实践的概念，这样就把原来的两个认识对象(外在世界、人的世界)统一了起来，形成了新的领域，即社会生活过程领域。海德格尔的存在论在马克思那儿只是一个基本的出发点。马克思认为认识的起点不能归结为感觉经验，也不能归结为理性，而是感觉和理性互为中介的圆圈，而且这不是一个封闭的圆圈，是个不成为起点的起点。从这样的不成起点的起点出发，马克思积极面对“认识”与认识存在这个问题。采取了一种否定之否定的态度，走了一条感性—理性—感性，具体—抽象—具体之路。而理清这条思路的突破口就在于贯穿其中的社会实践。马克思以一种历史唯物主义的角度论述:“感性世界决不是某种开天辟地从来就已存在的，始终如一的东西，而是工业和社会状况的产物，是历史的产物，是世世代代活动的结果。”自然界对于人来说是什么，取决于人的实践活动，因为人不同于动物的存在与发展。张教授在他的论文中更加清晰地揭示了这种凭借“生存实践”认识存在论的奥妙——是动态性的和动词化的，即“存在”指的是“去存在”，即人们用“筹划”“组建”“生产”“创造”“转化”等活动。

我们说马克思哲学的存在论是科学的，是在理论和现实双重维度中不断确证的过程。它既具有生存意蕴，又具有辩证的性质。它立足于当下，以人与自然的人化即实践地生成与展开的社会历史，来说明人的现实的生存并非“现成地直接呈现”人面前的自在存在，这本身就体现了马克思哲学生存论、存在论的形而上或超越维度，这种形而上或超越维度寓于人们感性多样而又是普遍统一的社会历史活动之中的。因此，我们说，马克思哲学的存在论优于西方现代哲学的存在论就在于他没有放弃对形上之思，同时又立足于社会生活。

综上，从古希腊哲学到近代西方哲学到现代西方哲学，最后到马克思哲学，人们对存在的认识是不断向前发展的。每个时期的存在论也都有它的合理之处。但在我看来，我更偏向于马哲的存在。因为，首先，他有一个辩证的认识起点，为他认识“存在”打下了科学的基础，使他既不像古希腊哲学的存在论偏向于感性与具体，又不像近代西方哲学的偏向于理性和抽象，也不像现代西方哲学的本体论在这个问题上的回避。其次，他立足于“当下”社会生活及社会历史，引入了“生存实践”这么一个动态的“存在”理念，给人以耳目一新的感觉。最后，我觉得马克思始终抱着一种想去认识世界、说明世界和改造世界的积极的态度，是站在历史唯物主义的高度对人本的关怀。这有别于抽象人本主义和具体人本主义，而是更高的一种层次。

当然，这也仅仅是我的看法和态度。但我们讨论了这个“存在”问题的目的却是明确的。也正像张曙光教授所说的那样：“敞开中西哲学的内在相通之路，打破各种人为地球历史造成的‘楚河汉界’，共同探索和应对所有困扰着人类的难题。”同时，在我看来，更为重要的是，解决这一难题是为了人更好的生存，人和自然更好的和谐发展。

作者简介：杨洋（1983— ），女，江苏连云港人。南京大学哲学系本科、硕士、博士毕业。东南大学马克思主义学院讲师。主持在研或完成国家社会科学基金、江苏省社会科学基金、江苏省教育厅江苏高校哲学社会科学研究基金等课题。出版专著《道教医世思想溯源》（儒释道博士论文丛书）。2017获颁东南大学“全校最受学生欢迎的十佳老师”。

南哲感悟：此文是我16年前本科二年级时的一篇习作，差点忘记自己曾经写过这篇论文。现在看来用笔青涩，算不得正式的论文，仅仅是学习札记，却是自己过往成长的印记。我的本科、硕士、博士的时光都是在南京大学哲学系度过的，与这里结下了不解之缘。每年，天南地北的学子走进南大再从这里毕业离开；每日，奇幻迷离的光影在北大楼爬满绿叶的墙上变换游走。四季与昼夜，就在这既吵闹又静谧的校园中不断更迭。虽然天空不留痕迹，鸟儿却已飞过。空中飞鸟勿忘空是家乡；水中游鱼勿忘水是性命。岁月会让人慢慢地远离过往、遗忘过去，但是成长的印记总会留在那里，不时地提醒你天空还在，水也在，提醒你那些已经融化在我们生命中的东西。就像这篇小文，碰巧地又出现在我的面前，带来欢喜。

超导超级对撞机的曲折命运*

——大科学时代的基础科学研究**

古　荒

摘　要:1993 年 10 月,可能成为人类历史上最大科学工程的超导超级对撞机(SSC)被美国众议院投票否决,引起了全球范围很多领域内科学家的强烈震动。这一事件是人类科学史上的一个重大事件,一方面对当代科学基础科学前沿的研究产生了极大影响,另一方面也象征性地揭示出大科学时代基础科学研究面临的种种问题。本文全面系统地介绍了这一事件的历史过程,并从科学与经济、科学政策与管理、国际竞争与协作等多个角度进行了分析。

关键词:超导超级对撞机;大科学时代;基础科学研究

超导超级对撞机,即 SSC (Superconducting Super Collider),曾被认为是自从两千年前古希腊人开始探索物质终极本质以来迈出的最重要一步,是人类有史以来规模最大的科技建造工程。这项工程寄托着全世界科学界的希望,被认为是"人类最大的梦想"。不幸的是,在技术条件允许的前提下,SSC 却由于非科学因素不幸夭折了。这一重大科学史事件留给我们的教训是极为深刻的。

首先,SSC 事件代表性地揭示了,在大科学时代背景下发展大型基础科

---

* 本文选自《林间路》第十期。——编者

** 本文的初稿曾发表于《科技与经济》2005 年第一期,对于 SSC 这一重要课题,国内学术界并没有给以充分研究。在本文中,笔者从基础科学、科学管理、国际合作、科研经费等多方面对 SSC 事件给予了考察,希望能够在大科学时代的基础科研等问题上带给人们一点启发。

学研究所面临的资金、国际合作等多方面的困难，给人类如何摆正基础科学研究的重要地位；如何处理好基础科学与应用科学的关系；如何更好地发展基础科研提供了借鉴。

其次，中国的科技发展也蕴藏着片面发展应用科学、忽视基础研究的潜在危险。SSC 事件为中国如何处理好二者的关系提供了启迪。

另外，SSC 事件还警示我们：基础科学研究应该置身于纯科学研究机构的管理之下，否则，一旦涉及业务竞争，科学研究必然受到损害，科研工作者的自由探索也无法得到保障。在微观上，SSC 事件也表明，研究团体必须在科研工作中保持良好的科研氛围。

那么，SSC 究竟是什么样的科技工程？为什么起初要耗费几十亿甚至上百亿美元的巨资来建造这一项目？又为什么在计划启动不到 5 年的时间遭到终结？我们先看一看 SSC 是什么样的科技工程。

一、什么是 SSC

在古希腊，哲学家们就开始思考世界的基础物质是什么，他们认为，认识到这种基础物质就等于理解了世界的本质。两千年来，人类一直在不停地探索，希望能找到组成物质世界的“终极砖块”。随着人类对物质结构的认识越来越深入，就越发现物质是由更基本的层次组成的。一般物质是由原子构成；原子里有电子、原子核，而原子核也是由一些更基本的例子构成；这些更基本的粒子又是由还要更基本的各种夸克构成的。

科学家是如何一步一步得到这些认识的呢？实际上，要获得这些认识，需要将这些小粒子打碎来进行验证。打碎原子很容易，但打碎原子核就需要一百万伏特的电压，需要一百万美元的投入。而要打碎基本粒子，就需要十亿伏特的电压和数千万美元。在探索夸克和统一场论的最初几个阶段，几乎需要一万亿伏特电压和几亿美元。SSC 预定提供大约一百万亿伏特的电压，需要大约一百亿美元的费用。

SSC 的主环是一台采用超导磁铁、双环结构、周长达 80 多公里的质子—

质子对撞机，每束质子流的能量达到20万亿电子伏特，这样，对撞能量就可以达到40万亿电子伏特。它包括一个长达200米的质子直线加速器，一台周长为0.54km的低能增强器，一台周长4km的中能增强器和一台周长近11公里的高能增强器。注入器提供2万亿电子伏特的质子流，注入SSC的主环。两束质子流以相反方向在两个同心的超导环中旋转、加速，并被引入对撞区发生碰撞。SSC的能量比现有最好的质子对撞机的能量高20倍，而量度则高1000倍。它将使物理学家可能发现新的现象和新粒子，从而有了超越现有科学理论的可能性。

二、人类的梦想:SSC的科学背景

目前，科学家们用所谓的标准模型(standard model)[①]理论来描述微观世界的结构和相互作用。十多年来，标准模型不断为高能物理的试验所证实。但是，对于标准模型对微观世界的描述，高能物理学家们依旧存有不解之处。两种夸克加上电子与中微子已足够解释通常物质的构成，那么另外8种轻粒子的存在究竟又有什么意义呢？美国加州的理论物理学家罗伯特·佩斯(Robert Peccei)说:“除去其他基本粒子，自然界已运行得相当完美，那么它们究竟为什么必须存在呢?”[②]而标准模型通过引入自由参数的方式来对粒子的聚集进行解释也使得标准模型理论与科学家们的一个信念相悖——自然的和谐性:如果通过改变参数来改变解释电子的聚集方式，我们会发现这对于解释其他基本粒子的聚集方式将毫无影响。此外，不少科学家对基本粒子的不同质量也抱有疑问，正如凯斯·埃李斯(Keith Ellis)所说:“我们无法理解顶夸克以及其他夸克为什么以标准模型揭示的方式进行集合——一些质量

① 标准模型包括了电磁相互作用和弱相互作用统一模型理论和强相互作用的量子动力学理论。它把物质构成成分减少为六种夸克及六种轻子。这12种粒子通过重力，强、弱相互作用力及电磁相互作用力相互影响并进行组合排列，最终构成了多姿的自然界。

② Faye Flam, “The SSC : Radical Therapy for Physics,” in *Science*, vol. 254 (October 11, 1991), p.194.

太大了而一些太小了。"[1]值得庆幸的是，依旧有两件事需要物理学家们去奋斗，并为解决上述疑团留下了一线光明。第一件事是寻找标准模型预言的希格斯粒子（Higgs boson）；第二件事是寻找标准模型预言的顶夸克（top quark）。

科学家们通过能量级不断增加的粒子加速器对标准模型进行研究并取得了丰厚的实验成果，然而从 Mev（百万电子伏）量级到 Gev（十亿电子伏）量级，顶夸克与希格斯粒子始终不露踪迹。科学家们认为，根据标准模型理论，其二者匿身不现的根本原因在于粒子加速器的能量没有达到固有的要求，一旦建成更高能量级别的粒子加速对撞机，我们将更好地观察物质构成的微观景象并将加深对宇宙四种基本作用力的认识从而更好地研究宇宙的起源。而 SSC 的建造便有可能使科学家找到这两种粒子。

高能物理学家根据标准模型预见，一旦粒子束以数十万亿电子伏的能量进行碰撞将成功模拟宇宙大爆炸。在爆炸瞬间，标准模型中本难以区分的四种基本作用力将先后分离。首先，爆炸 10^{-43} 秒之后，重力分离。其次强相互作用力于爆炸 10^{-31} 秒后分离，而弱相互作用力与电磁力将于爆炸 10^{-10} 秒后分离。接着，科学家们将观察到本质统一的弱相互作用力与电磁力是如何均匀分离的。科学家们认为，弱相互作用力与电磁力的分离十分可能蕴涵着基本粒子如何聚集的奥秘。因为，电磁力被视为一种玻色子——无质量的光子——的变换。而弱相互作用力则被视为重质量的玻色子 W 和 Z 的变换。标准模型预言在两种作用力由统一分裂之时，这三种玻色子均无质量，那么 W 和 Z 介子的质量如何获得就等着高能物理学家们在万亿伏级的能量碰撞之下去一窥究竟。而至今解释 W 和 Z 介子集合的唯一方式便是引入标准模型中的希格斯粒子，因此希格斯粒子在高能粒子束的碰撞中将很有可能被发现，而希格斯粒子也很有可能成为解决一系列高能物理疑难的关键。[2] 科学

---

① Faye Flam, "The SSC : Radical Therapy for Physics," in *Science*, vol.254 (October 11, 1991), p.195.

② Faye Flam, "The SSC : Radical Therapy for Physics," in *Science*, vol.254 (October 11, 1991), p.194 - 195.

家们也相信在万亿伏能量级的粒子碰撞之下，顶夸克的探知也必将引领科学家们进一步对夸克质量的本质进行追问。

于是对顶夸克尤其是希格斯粒子的探知便寄托了科学家们解决高能物理谜团的殷切希望。高能物理在标准模型的指导下所取得的成功令物理学家们深信不疑，一旦粒子加速器的能量达到了标准模型给出的级别要求，顶夸克与希格斯粒子想要不现身都难。然而，很难说建造 SSC 只是为了寻找这两种粒子，更为关键的是，标准模型理论虽然没有指出在粒子束在更高的能量范围内碰撞究竟会产生什么新现象，但它确已指出新的物理现象将会涌现出来。换言之，基于标准模型的“绝对”成功，科学家们有足够的理由相信，一旦建造了能量级更高的粒子加速器，学者们不但可以对顶夸克与希格斯粒子进行测量分析从而解决现有的物理难题，还能够通过研究全新的高能物理现象打开一道通向物理新天地的大门。

除了至今未被科学家们发现的顶夸克与希格斯之外，标准模型所做出的理论预言几乎一一应证。在标准模型的成功下，高能物理学自身却成了牺牲品。标准模型的“绝对”成功给高能物理界带来了绝对的“黑暗”。自古以来，如卡尔·波普尔所说，物理学理论在不断证伪中不断前进。也正因为理论证伪的可能，科学家们饱含着不断探索的热情与渴望。每一次证伪都意味着现有科学理论的缺陷与不足，而它所伴随的必然使科学理论的进一步发展。因此，证伪非但不令物理学界沮丧，反而令人鼓舞雀跃。与此恰恰相反的是，不能证伪的理论意味着绝对的真理，而绝对真理便意味着科学的终点，科学将永远停滞不前。所有的科学家也将由此失去存在的意义，穷尽毕生精力的他们将无奈地承认自己已没有任何办法为科学的大厦添上一片砖瓦，他们至多只能做一名掌握精深技术的工匠，绝无可能去体验创造的乐趣。标准模型在现有的研究能量及研究精度范围内恰恰是一个令人绝望的、无法证伪的“完美”理论。美国费米试验室的理论物理学家凯斯·埃李斯叹言：“在 CERN (European Laboratory for Particle Physics，欧洲粒子物理实验室，位于日内瓦)他们做了十分精确的测试，以求击倒标准模型。”可新物理学之门并没有打开：“每一个试验结果都可悲的与标准模型相符，我们不知道将来究竟会发生什么。"[①]哈佛大学物理学家格拉肖(Glashow)坦言，高能加速器一旦只发现希格斯粒子却未发现新现象将是一种最坏的研究结果。这样，标准模型或许将真的成为高能物理学的坟墓。高能物理学家们对物理新现象的渴望，对逃离标准模型的渴望可见一斑。

在更好地解释标准模型中的悬疑并对标准模型进行改进甚至证伪的渴望之下，40 万亿伏级的超导超级对撞机——SSC 背负着高能物理学界的无限期盼登上了历史舞台。

三、SSC 的曲折命运

基于上述科学背景，建造一台高能加速器即超导超级对撞机 SSC 的计划最早于 1982 年由一些有远见的高能物理学家提出，其中包括了美国费米试验室的主管 R.R.威尔逊(R.R.Wilson)，此时预计美国将以 30 亿美元建成 SSC，1983 年 7 月美国能源部高能物理咨询委员会建议优先建造 SSC。在能源部的推动下，URA[②] 管辖下的 R&D 小组于 1984 年开始设计 SSC 并于 1986 年完成了详细计划。研究结果表明，以现有的或近期即将达到的加速器技术和工艺建造一台 40 万亿电子伏质心系能量的高亮度质子—质子对撞机，不会存在技术原则上的困难。

SSC 工程得到了里根总统的极力支持。在里根总统于 1987 年同意 SSC 的建造计划之后，SSC 的选址竞争如火如荼地展开了。最终，得克萨斯州南郊的埃利斯县从 43 处选址中胜出，SSC 的部分部件也开始进入了建造阶段。

SSC 的造价一直是影响其命运的关键因素。1987 年，SSC 的估计造价为 44 亿美元，1993 年 SSC 的估计费用已经涨到了令人咋舌的 110 亿美元！SSC 一步步地取得了技术上的突破，与其相伴随的则是日渐增长的估计费用与反

---

① Faye Flam, "The SSC : Radical Therapy for Physics," in *Science*, vol. 254 (October 11, 1991), p.194.

② URA 即 Universities Research Association 是由美国 60 所大学组成的联合组织，费米实验室的主管机构，成员总数于 1993 年已达到 80 所大学。

对声音。1989年9月，冲破重重障碍的SSC得到了年度的财政拨款，把SSC的造价限制在50亿内的提案也遭到了国会的否决。1991年，美国众议院讨论SSC的年度预算时，反对者提出了停止建造SSC的提案，但以87票败北。但到了1992年，情况发生了变化，国家严重的赤字问题使得不少议员不得不再次思考SSC究竟是否应该生存。议员成分结构的变动外加部分支持者的"倒戈"终使众议院以232∶181否决了SSC工程。然而，参议院却救了SSC一命，在布什总统的鼎力相助下，SSC得到了美国众参两院联席会议的支持，得到了1992年的财政拨款。SSC的未来却令人极度担忧。不少人寄希望于得到国际上尤其是日本的资金支持，令SSC走出泥潭。可事与愿违，日方终究没有提供实质性的帮助。

遗憾的是，对SSC极力支持的老布什终究走下了历史舞台。打着缩减财政赤字旗号的克林顿走到了聚光灯下。而能源部新部长欧列莉(O'Leary)在就职前一直在公开场合表示她对SSC毫无兴趣。1993年7月，美国众议院又一次以更大的优势(280∶150)否决了SSC下一年度的预算，URA亦停止了SSC的隧道挖掘以等待命运的最终宣判。与去年相同的是参议院仍然对SSC给以支持，虽然反对者显然增加了(1992年，62∶32；1993年，57∶42)。由此，不少SSC支持者乐观地认为，美国众参两院联席会议必能像去年一样说服众议院放弃否决SSC的决定。然而，在这段紧要期间内，有关SSC的负面新闻却大量涌出。其中包括了对工作场所的摆设与膳食的批评，舆论认为SSC的工作人员生活得太奢侈了。更致命的攻击则集中于URA的管理能力上，反对者认为URA对SSC的建造费用严重估计不足，对SSC遇到的技术困境也缺乏必要的预见性。另外，不少新闻透露，建造同样的超导磁铁，在欧洲要比在美国经济得多。由此，SSC在很多人眼里早已成为一个浪费的、缺乏效率的奢侈工程。而早在7月初，于众议院对SSC的下一年预算表决投票之际，一份从美国能源部透露的资料还表明，能源部对SSC的合法强制性监管曾遭到SSC工作人员的蓄意阻挠。欧列莉坦言，URA在管理SSC上是失败的，美国能源部将会以新的工业管理组织取代URA进行工程管理，URA则退居二线，主要负责科技上的研究。

尽管参议院依旧站在SSC一边，但这一次好运没有再次垂青SSC。虽然起初美国众参两院联席会议要求众议院放弃否决SSC的计划并同意给予SSC工程6.4亿美元的年度拨款。但众议院并没有像1992年一样接受两院联席会议的提议。以斯拉特利(J. Slattery)为首的众议院反对派极力要求驳回关于继续支持SSC的议案，并于10月最终在众议院以282:143枪毙了年轻的SSC。

就这样，已耗资20亿美元的SSC夭折了。众多高能物理学家表示了震惊、悲哀与无奈。“我们被宣判了死刑！”马萨诸塞技术研究所的一位知名物理学家叹言：“SLAC(斯坦福线性加速器)太老了，费米实验室也已步入中年……没有人知道在高能物理领域我们将步向何方。”[①]一位物理学家愤怒地说：“在我心情最黑暗的时候曾认为，人类最高的梦想之一，竟然被一批胡闹的政客和判断力之恶劣足以比得上其忌妒心之深的科学家所组成的联盟所毁灭。……没有了SSC，我们将向何处去？”[②]

四、SSC的夭折：大科学时代的基础科学研究

SSC短短的十年寿命异常沉重，高能物理学家们也经历了从天堂到地狱的一次坠落。SSC夭折的原因错综复杂，在十年后的今天看来依旧值得我们深思。

第一，耗资巨大。建造SSC工程的建议一经提出，针对其昂贵造价的批评声音便纷至沓来。不少人认为在1980年代的背景下，建造SSC是不合适的，它将是美国财政一项难以承受的负担。在美国之前建设的加速器工程中有3/4的实际造价都超过了预算，这也给SSC的未来蒙上了一层阴影。事实恰恰如许多人所预料的那样，出于各种原因。在美国财政赤字问题越来越突出的同时，SSC的估计造价不断飙升。考虑到通货膨胀问题，1988年SSC的

① Faye Flam，“Is There Life After the SSC?” *Science*，vol.262(October 29,1993)，p.644.

② James Trefill，*The Edge of Unkown*，Houghton Miffin Company，1996，2，p.13.

造价已抬高至 53 亿美元。而在 1989 年布什入主白宫后，美国能源部于 1 月公布的 SSC 估计造价已经达到 59 亿美元。在 59 亿美元中，美国政府只期望支付其中的 39 亿美元；另外 20 亿美元中的一半将由得克萨斯州承担，另一半则将力求来自他国的捐赠。美国曾多次要求日本政府对 SSC 进行支持，可日方一直给予暧昧态度，从未给出可靠的承诺保证。虽然能源部的足迹早已遍布意、法、英、日、瑞士、加拿大各国，可正式的官方捐助只有印度的 0.5 亿美元。这就意味着这 10 亿来自国际的建造资金最终很有可能要由美国政府来掏腰包。SSC 反对者的声音也伴随着费用的抬高不断增长：SSC 将是一个美国无法承受的吞钱黑洞，在每年财政赤字高达百亿美元的美国，造价如此高昂的 SSC 实在是一个过于沉重的负担。反对者们建议，巨额的科研经费应投放到更为富有经济效益预期的科技项目中去，此外，根据以往的经验来看，粒子加速器的实际建造费用要比预算高出许多。果然，到了 1991 年 1 月，能源部公布的 SSC 估计造价突然猛涨至 82.5 亿美元，（此时能源部独立估价小组的非官方报价更是高达 117 亿美元）。这一次 SSC 估计费用的大幅上涨主要源于 SSC 工程的设计更新。技术上的革新需要更多的资金与时间。SSC 的估计费用大幅上涨，SSC 的竣工日期也从原有的 1998 年推至 1999 年。工期的延长又意味着投入的增加，包括工作小组的工资在内，SSC 推迟 6 个月竣工，美国政府就不得不从拮据的口袋中再掏出 5 亿乃至更多的美元。与此同时，SSC 的两个关键部件，两架价值 5 亿美元的粒子探测器 SDC 和 GEM 也面临着技术与资金的双重困境。两架粒子探测器预计耗资 10 亿美元，美国政府只愿意承担 5 亿美元，但另外 5 亿来源于国际援助似乎只是美国一厢情愿的想法。美国波士顿大学的一名物理学家断言："SDC 和 GEM 想分别从国外得到另外的 2.5 亿美元简直是做梦，仅仅是做梦！"[①]而一个 SSC 的内部预算估计小组则透露：SDC 的造价将会高达 7.12 亿美元。为此，DOE（美国能源部）也表态，如若资金实在困难，我们将只先建造 SDC 进行物理研究，GEM 的

---

① David P. Hamilton, "Ad Hoc Team Revives SSC Competition," *Science*, vol.252 (June 21, 1991), p.1610.

建造将被推后。面对力图缩减赤字以求恢复美国经济繁荣的大环境，生不逢时的 SSC 无奈成了经济的牺牲品。

第二，基础研究。SSC 工程与其他众多应用性科技项目相比无疑是一项基础性科研项目，它的目的在于探索宇宙与物质构成的奥秘。SSC 的反对者们从中很难得到丰厚的经济回报及军事上的战略回报。众多美国议员显然没有耐心等待 SSC 的成功运转，也不愿意冒风险对 SSC 这种基础科研投入巨额经费。美国政府与得克萨斯州真正关心的似乎也并非 SSC 这一基础科学本身。得克萨斯州等竞选地一开始便把 SSC 看作一只夹满就业机会及政府资金的热狗并想以此来吸引工业资金与高科技人才。美国政府对 SSC 的支持也更多地源于政治、战略的需求。与 SSC 命运不同的是，美国另一大科学项目由 NASA（美国航天航空局）主持的自由号空间站却得以保留。空间站与 SSC 的最大区别莫过于空间站对于美国来说具有重要的军事战略意义，它提供了 75 000 个就业机会，SSC 则只是一项基础科研项目，枪毙 SSC 也只会危及 4 000 人的饭碗。这也难怪“没有人认为 SSC 不好，也没有人认为美国在当下多么需要 SSC，大众也难以理解为何美国必须烧钱去寻找希格斯粒子”①。的确，进行基础研究的 SSC 并不考虑使用的目的。“它生产的是普遍的知识和对自然及其规律的理解。这种普遍的知识提供了解答大量重要实用问题的方法，但是它不能给出任何一个问题的完全具体的答案。提供这种圆满的答案是应用研究的职责。从事基础研究的科学家对他的工作的实际应用可能完全没有兴趣，但是，如果基础研究长期被忽视，工业研制的更大进展最终将停止。”②

第三，SSC 的命运从始至终都摆在了政治的天平之上而非立足于科学本身。在竞选 SSC 建址的各州中，得克萨斯州、伊利诺伊州、科罗拉多州早在 SSC 计划提出之时就表现出了极大的兴趣，其主要原因在于 SSC 的到来将

---

① Faye Flam, “Is There Life After the SSC?” *Science*, vol.262(October 29,1993), p.645.

② V. 布什：《科学——没有止境的前沿》(*Science: The Endless Frontier*)，范岱年等译，北京：商务印书馆，2004 年，第 63 页。

伴数以亿计的美元以及上千的就业机会，各州更可利用SSC来吸引高科技的工业投资及出色的科技人才，为此各州都投入了大量资金、人力。*Nature*杂志更是“幽默”地将SSC形容为香扑扑的热狗。[①] 美国能源部声称，为了公平起见，在选址过程中将不考虑当地的经济背景，却允许各州上报愿意为SSC提供的配套设施作为竞选砝码。经过两次筛选之后，美国科学院（National Academy of Science）公布了8处地址进行最终角逐。最终，得克萨斯州杀出重围，以伊利诺依州为代表的落选各州纷纷表示不满，猛烈抨击这完全是政治操控的结果。[②] 的确，德州在议员中所占的高额比例极有可能影响SSC的选址结果。而在选址竞赛结束之后，落选各州对SSC表现出的热情大减。更不排除一些议员会针对SSC对得克萨斯州进行报复。再者，美国政府支持SSC在很大程度上出资美国全球战略需要的考虑。冷战期间，美国极其渴望在各个领域击败苏联，SSC亦成了大国争霸中的一块砝码。随着苏联解体，在战略上对SSC的需求骤减。美国一超的世界格局让SSC变得有点“可有可无”。在克林顿代替布什成为总统之后，美国政府的焦点更多在于如何平衡财政收支。参众两院议员成分结构的变动[③]也对SSC极为不利。可以说，在政治家的眼中科学的纯粹性是何等不堪一击，科学只是大国争霸的一个手段而已。

第四，SSC备受诟病的管理问题亦发人深省。美国政府与大型工业企业，大型军工企业的关系历来暧昧。企业追逐利益的欲望在很大程度上决定了美国为什么极力要求由工业、军事管理人才来管理SSC工程的建造。为此

---

① Steven Dickman ,“Texas Amongst Early Contenders in the Race to Subsidize the SSC, ”*Nature*, vol.325(February 19, 1987), p.654.

② 根据*Nature*杂志，最终参加角逐的8处选址的地质条件都不存有问题，竞争的关键在于地区资源的优劣（David Lindley ,“Supercollider Site Selection Moves into Final Round,” *Nature*, vol.331 (January 7,1988) , p.2.）。但是，SSC的主要科学家温伯格说，最终地点选择得克萨斯州的埃利斯县是因为那里很适合SSC的“隧道挖掘”（温伯格：《终极理论之梦》，李泳译，长沙：湖南科技出版社，2003年，第217页）。

③ Jeffrey Mervis & Karen Fox ,“ A Senate Victory Would Turn The Tide After House Defeat,” *Science*, vol.261(July 16,1993), p.288.

URA 不得不“脱胎换骨”，被迫与 Sverdrup 与 EG&G 等大型公司进行合作。即使在对民族工业控制得相当紧的日本，由大量工业企业参与的科技项目的耗费显然要比欧洲的同等科技项目的耗费高得多。究其原因，无非是工业企业在工程建造过程中必然会将盈利作为最高目的，科学只是他们的一种手段。“SSC 工程伊始 Sverdrup 与 EG&G 便分别跳过合法的工作人员考核程序，引入了 70 个、200 个亲信。虽然前者的人员书目在后来减少到了 10 个，可到了 1993 年 EG&G 公司的‘亲属’已繁殖了三倍之多，再加上其他工业、军事企业相关人员的介入，1993 年，SSC 工作人员中的 1/3 来自‘外在’的公司企业。”①这种杂烩式的结构方式无法保证一个巨型科技项目工作团队的整体素质。由于外来人员的“入侵”，一些经验丰富的科学家、科技工程管理人员被迫出走。“原被委予重要职务的梯格那(Tigner)便是一名典型的受害者，最后无法接受职务降低的他离开了 SSC。”②然而令人费解的是，美国能源部新部长欧列莉在承认了 URA 的失败之后，竟然试图引入更多的工业合同来接替 URA！显然，美国能源部一开始为 SSC 工程承揽者所制定的标准是不符合科学精神的，引入大量的工业、军工部门只会使科学异化为私人牟利的手段而非目的。在一种用业务或生产标准来评价和检验工作的气氛中，SSC 的研究工作显然不能令人满意地充分展开。在这里，科学家们失去了探索的自由，为了开拓科学知识前沿所必需的那种健康的、有生气研究环境荡然无存。“基础科学研究不应该置于一个不把研究工作看作头等要事的业务机构的管理之下。当投入业务竞争时，研究工作总会受到损害。”③美国政府显然把布什博士早在 20 世纪 50 年代初说过的话抛在了脑后。

最后，SSC 也反映出很多国际合作方面的问题。大科学时代已经来临。

---

① David Ritson，“Demise of the Texas supercollider，” *Nature*，vol.366(December 16，1993)，p.608.

② David Ritson，“Demise of the Texas supercollider，” *Nature*，vol.366(December 16，1993)，p.608.

③ V.布什：《科学——没有止境的前沿》(*Science*：*The Endless Frontier*)，范岱年等译，北京：商务印书馆，2004 年，第 85 页。

科学再也不是在作坊中仅凭一己之力便可完成的天才之作。科学的每一点进步往往都免不了巨额的资金投入。在这样的科技背景之下，有时，单凭一个超级大国的财力无法支撑起一个浓缩人类梦想的伟大工程——尤其是基础学科工程。高效率的国际协作可以说是解决上述问题的最好途径之一。然而，遗憾的是，本质上SSC最终只是美国的独角戏。1994年在SSC的估计费用显示为44美元时，SSC对国际援助的要求并不十分强烈。许多美国政府官员对国际合作表现出了抵触的态度。一方面他们不愿意让他国分享SSC的科技成果。另一方面，他们也不愿意让巨额的生产合同落入他国之手。可随着SSC估计费用的增长，美国政府必须承认单凭一己之力承担SSC的建造存在一定困难，于是美国能源部四处求援，然而美国似乎只乐意由外国生产一些技术含量十分有限的工程配件。换言之，对于外国来说，对SSC的投资很有可能将是一笔不划算的买卖。而不难想象的是，外国“势力”的介入必然会使美国的工业、军工企业蒙受损失。美国的企业必会极力捍卫自身的“合法”经济利益，对外来“入侵”进行天然的排斥。可遗憾的是，对于已经变质的URA来说，这种干扰是很难排除的，这也不难解释为什么明明在国外生产某些部件显然要经济得多，可美国人却硬要把它们死锁在国内。无怪乎日本核能研究所负责人山崎(Toshimistu Yamazaki)说：“SSC实质上是一个美国工程而非国际工程。”①再者，美国希望从欧洲吸引资金显然是不切实际的。CERN主持的科研项目LHC②与SSC是公开的竞争关系。这也使得一些国家认为，既然LHC更经济，赞助SSC不如赞助LHC。显然，在科学情报的国际交流越来越重要的今天，美国与欧洲更多的只是科技竞争对手，而非科学合作伙伴。在很大程度上看，SSC与LHC乃是一种资源浪费的重复建设。再加上基础科学研究对国际资金极其有限的吸引力，SSC自始至终都没有得

---

① David P. Hamilton, Japan's answer on the SSC: Maybe, *Science*, vol.255 (January 17, 1992), p.279.

② LHC，即大型强子对撞机(Large Hadron collider)，由欧洲原子核研究组织CERN主持建造，其建造目的与SSC相似，也是为了寻找希格斯粒子，探索标准模型以外的新现象。但它的碰撞能量不到SSC的一半，只有15.4Tev(万亿伏)。

到国际各界的有力援助，而最终，SSC不得不成为一个不能圆的梦。

五、结　语

如今距SSC的夭折已有十多年了，高能物理界依然未取得决定性质的突破。在我们为SSC的早逝扼腕叹息并思考SSC之梦破灭的原因之余，我们还应牢记科学史家W.C.丹皮尔在评论罗马科学衰落时说的一句话："罗马人似乎只是为了完成医学、农业、建筑或工程方面的实际工作，才对科学关心。他们使用知识之流，而不培其源——为学术而学术的源泉，结果，不到几代，源与流就一起枯竭了。"[①]希望现代人不要重蹈罗马人的覆辙。

当下，中国已经跨入了中国特色社会主义建设的新时期，科技对于民族振兴的重要意义不言而喻，但其中也蕴涵着某些危险要素：急功近利地片面发展应用科学，忽视基础科学研究。在第二次世界大战期间，美国的应用科学处于世界领先地位，而其基础科学的发展却远远落后于欧洲。美国认识到："一个在新的基础科学知识方面依靠别国的国家，其工业发展将是缓慢的，在世界贸易竞争中所处的地位是虚弱的，不管它的机械技术如何。"[②]于是，在V.布什博士答罗斯福总统的科学报告《科学——没有止境的前沿》的建议下，美国于1950年成立了国家科学研究基金会以领导美国的基础研究，并取得了令人瞩目的成效。如今，无论是基础科学还是应用科学，美国都已经站在了科技的最前沿（尽管在SSC事件上，美国的政客们似乎已把美国发展基础科学的成功历史抛在了脑后）。今天，中国也面临着相似的问题：究竟该置基础科学研究于何处？在力图发展经济的今天，应用科学是长矛，基础科学是后盾，面对基础科学，我们应该采取怎样的态度是无法回避的。无论从中国当下的高校科研经费分布或是人才的储备状况来看，确有不够充分重视

---

① W.C.丹皮尔：《科学史及其与哲学和宗教的关系》，李珩译，张今校，北京：商务印书馆，1995年，第98—99页。

② V.布什：《科学——没有止境的前沿》，范岱年等译，北京：商务印书馆，2004年，第12页。

基础科学的嫌疑。对于基础科学研究而言，经费和人才储备可谓两大命脉。现今中国，在工科面前，数、理、化等专业逐步变冷，为了培育科学之源，国家必须切实考虑如何让更多的优秀人才投身于基础科学研究，如何更好地在资金上支持基础科学研究。

希望我们在SSC事件中能够看到，经济正在腾飞的中国的基础科学究竟该何去何从。切记："基础研究导致新知识。它提供科学资本。它创造储备，知识的实际应用必须从中提取。"①

附录　SSC大事记

1982年，以R.R.威尔逊为代表的高能物理学家向美国提议建造SSC，估计造价30亿美元。

1983年，美国能源部物理咨询委员会建议优先建造SSC。

1984年，URA管辖下的R&D小组开始设计SSC的建造方案。

1986年，R&D小组完成SSC设计。

1987年，里根总统批准建造SSC，估计造价44亿美元。

1987—1988年，SSC选址。最终，得克萨斯州埃利斯县从43处选址中胜出。SSC的部分部件进入制造阶段。

1989年，DOE公布的SSC造价提升至59亿美元，并预计于1998年竣工。

1990—1991年，SSC工程设计更新，DOE公布的造价为82.5亿美元（此时，有的非官方报价甚至高达117亿美元），竣工日期延至1999年。

1992年6月，众议院以232:181否决SSC工程。但在布什总统与参议院(62:32)的帮助下，SSC得到了1993年度的财政拨款。

1993年1月，工作人员开始挖掘长达54英里的SSC隧道，同时，打着缩减财政赤字大旗的克林顿当选为美国新一届总统。

---

① V.布什：《科学——没有止境的前沿》，范岱年等译，北京：商务印书馆，2004年，第64页。

1993年3月,克林顿要求将SSC工程的竣工日期推迟三年,延至2002年。由此,SSC的估计造价也增加了17亿美元。

1993年10月,DOE公布的SSC官方造价上升为110亿美元。

1993年10月,参议院力图保全SSC的要求(57∶42)被众议院以282∶143驳回SSC工程夭折。高能物理界为此表示无奈、震惊、失望。

作者简介:古荒(1983—),男,浙江金华人。南京大学哲学系2002级本科生,曾获江苏省三好学生荣誉,于2006年被推荐保送至清华大学科技与社会研究所直接攻读博士学位,其间赴日本东京工业大学交流访学。现为中共中央党校(国家行政学院)哲学教研部教师,教育部马克思主义理论研究和建设工程重点教材《科学技术哲学》专家组成员。

南哲感悟:

这篇文章记录着求学初心:文字虽有生涩,却饱含着学术热忱。这份涌动,每每回想,都是一种鞭策,亦是一份感动。彷徨之时,都能从中汲取力量。

这篇文章记录着师生情谊:该文从选题到成稿,都是在戴建平老师的指导下完成的。从中,我所感恩的不仅是学术训练,更有人生启迪:“广大”易言,“精微”难致!

体系哲学的终结和科学的、革命的方法论的诞生

——马克思主义哲学的理论路径及当代意义*

王　巍

摘　要：黑格尔建立了哲学史上最庞大的体系哲学，但他的哲学有一对无法克服的矛盾即体系与方法的对峙，最终导致其哲学的解体。马克思主义哲学正是在反对旧的体系哲学中原初出场的，它的特质（核心）是作为科学的、革命的方法论的历史辩证法。旧的苏联式的教科书体系实质上是异质与马克思主义哲学的，原因就在于它并没有反映出马克思哲学变革的实质。马克思主义哲学的现实出场路径同样是科学的、革命的方法论，马克思主义俄国化和中国化的经历都表明在当下的中国我们依然要坚持以马克思主义哲学的方法作为我们工作的指南。

关键词：体系哲学；科学的、革命的方法论；历史辩证法；旧的教科书体系；出场路径

哲学界围绕马克思主义哲学的特质（核心）的讨论是十分热烈的。其中关于马克思主义哲学的实质究竟是它的体系还是方法的争论尤为突出，很多学者认为马克思主义哲学应该是一门完整严密的体系哲学，于是便致力于重建符合时代精神的马克思主义哲学新体系，先后出版了几部有代表性的教材或专著。应当承认，这些学者的研究取得了一定的学术成绩，但总的看来并无理论上的实质性突破性进展。从一个方面说，如果继续痴迷于建构马克

---

* 本文选自《林间路》第十期。——编者

思主义哲学的新体系，从而有意无意回避现实社会实践中的重大而复杂深刻的社会问题，那么我国的马克思主义哲学研究将继续在一个较低水平徘徊。

在我开始阐述马克思主义哲学的特质是科学的、革命的方法论——历史辩证法之前，首先必须明确界定“哲学体系”与“体系哲学”这两个异质性的概念。“体系哲学”表面意思就是“建构了体系的哲学”，在学理上将其界定为“建构了某种终极真理体系的哲学”；而“哲学体系”的表面意思是指“哲学所具有的体系”，学理上界定为“哲学内容的逻辑结构”，指的是范畴之间的规律性联系。这样一来两个概念的异质性就一目了然了。关于这一点将在后面做进一步的分析。

我们认为马克思哲学革命的实质与核心不在于它用一种新的哲学理念与理论体系来取代近代形而上学的体系哲学，而在于研究现实问题的过程中排除旧哲学的影响，使哲学变成了研究现实社会历史问题的科学的革命的方法论，从而冲破了体系哲学的牢笼，这是从体系哲学到科学的、革命的方法论的伟大变革。

一、黑格尔建立了哲学史上最庞大的体系哲学及其弊端所在

在近代欧洲，人们认为一种理论是否科学要以它的体系是否具有完整性和严密性来衡量，因而任何理论追求的目标就是力求建立终结某一学科的绝对真理式的体系，而这样的体系一旦建立，往往就成为现成的教条和公式。

在这样的理论背景下，黑格尔应运而生。黑格尔建立了历史上最庞大最全面的体系哲学，他把历史上所有的哲学体系都作为自己庞大体系哲学中的一个个构成环节，他特别注意吸收康德、费希特和谢林的成果，建立了集大成的体系哲学，他认为这一体系就是真理的全体，哲学史终结于他的哲学。黑格尔认为他的体系哲学的绝对正确性不是依赖于一个起点，而是存在于从起点到终点的发展全过程，并且设定“绝对观念”作为其整个体系的起点和终

点，这是一个由贫乏到丰富、由低级到高级、由片面到全面的发展过程，庞大的体系哲学就是通过这样的动态过程被建构出来的，当体系哲学达到了它的最终结论，它也就最终证明了自身的绝对真理。

对于黑格尔的这种绝对真理式的体系哲学，恩格斯在《路德维希·费尔巴哈和德国古典哲学的终结》中对其进行了深入的分析和批判："（黑格尔）不得不去建立一个体系，而按照传统的要求，哲学体系是一定要以某种绝对真理来完成的。所以，黑格尔，特别是在《逻辑学》中，虽然如此强调这种永恒真理不过是逻辑的或历史的过程本身，但是他还是发现自己不得不给这个过程一个终点，因为他总得在某个地方结束他的体系。……这样一来，黑格尔体系的全部教条内容就被宣布为绝对真理，这同他那消除一切教条东西的辨证方法是矛盾的；这样一来，革命的方面就被过分茂密的保守的方法所闷死。"[①] 由此可见，恩格斯是在建构了终极真理体系的意义上称黑格尔哲学为体系哲学，并且指出了这一体系哲学中存在着一个理论上的矛盾之处：形而上学的体系与辩证法的方法论之间的矛盾，也即体系与方法的对峙。具体地说，"方法"体现在黑格尔的辩证法之中，黑格尔认为事物发展的每一种形式都是对前一形式的否定：反题是对正题的否定，合题是对反题的否定；而当合题表现为正题时，它立即又会被更高一级的反题所否定——如此螺旋式上升，直至达到终极目标。黑格尔这样评价自己所创立的辩证法原则："对于这一原则而言，没有东西是永恒不变的，没有东西是绝对神圣的，而且这否定原则能够冒一切事物的任何危险并承担一切事物的任何损失。"[②]因此，按照辩证法的本质，不论是在认识领域还是在历史领域，都不存在最终的绝对真理与永恒的理想王国，一切都处在运动变化之中，这种辩证方法正是黑格尔哲学的巨大优点所在。但作为建构庞大的形而上学的体系哲学，黑格尔又不得不为事物的发展设定一个终点，不得不把自己的哲学看作绝对真理。正是这种体系与方法的对立，使黑格尔的体系终结了辩证法——当他不能把辩证法的否定

① 《马克思恩格斯选集》(第 4 卷)，北京：人民出版社，1995 年，第 218 页。

② 黑格尔：《精神现象学》(上)，贺麟、王玖兴译，北京：商务印书馆，1979 年，第 257 页。

原则应用于自身的绝对真理的体系时，他的体系也走向了辩证法的反面，最终被历史的辩证法无情地否定了。在黑格尔去世后不久，黑格尔学派就迅速分化为正统保守的老年黑格尔派和激进的青年黑格尔派，前者重视的往往是黑格尔体系哲学中的垃圾，而对其辩证法精华置若罔闻，因而学术观点极端保守；后者不同程度地接受了黑格尔的革命的批判的辩证法，形成反对宗教和专制制度的哲学—政治联盟。从更深一层来分析黑格尔哲学解体的原因就在于虽然他通过辩证法宣布了绝对真理的不可能，但依然无法抗拒体系化的影响，不得不去建立一个绝对真理式的严密体系。

黑格尔哲学的结局宣告了绝对真理的体系哲学的最后破产，此后，一切伟大思想的价值已不在于是否具有最高的真理性，而在于开辟进一步认识真理的道路。我们可以看出，以黑格尔为代表的旧的体系哲学总想从一个永恒不变的终极真理出发来规范现存的世界秩序，因而它最多只是完成了关于现存世界的思想体系，这种体系的自我封闭性又往往意味着它已穷尽了现实历史发展的一切可能性，从而将对现存世界的解释变成了对现存世界的辩护。从根本上说，体系哲学所具有的那种形而上学和独断主义特征是当时工业文化发展的产物，是一种资产阶级的意识形态。因此，恩格斯在这样一段话中鲜明地表达了对体系哲学的拒斥和反对："体系哲学在黑格尔以后就不可能有了。世界表现为一个统一的体系，即有联系的整体，这是显而易见的，但是要认识这个体系，必须先认识整个自然和历史，这种认识人们永远不会达到。因此，谁要建立体系，他就只好用自己的臆造来填补那无数的空白，也就是说，只好不合理地幻想、玄想。"[①]这里恩格斯是说世界固然是一个客观存在的体系，但人们的认识是无止境的，是一个历史的动态过程，一旦哲学体系化，哲学本身就失去了发展的火力，活生生的思想内容就变成了一套固定不变的绝对真理式的话语，导致认识越来越落后于时代的脚步。

正如美国著名的马克思主义文化批评家杰姆逊所说的那样："理论出现于伟大哲学体系的终结点。"在黑格尔庞大体系哲学终结之后，以科学的、革

① 《马克思恩格斯全集》(第20卷)，北京：人民出版社，1971年，第662—663页。

命的方法论——历史辩证法为特质和核心的马克思主义哲学开始孕育、发展并逐渐成熟。

二、马克思主义哲学是以科学的、革命的方法论——历史辩证法而原初出场的

马克思主义哲学的原初出场路径也就是它“从何处来”的问题。在这里明晰地梳理马克思主义哲学的原初出场路径是为了阐述其哲学革命的实质，以说明与体系哲学的异质性。

马克思天生并不是一个马克思主义者，他的思想也是逐渐地成熟起来并最终创立了历史唯物主义的。通过对马克思哲学发展史的回顾，我们可以发现，在马克思哲学思想中有过两次重大的转变：从1837年加入青年黑格尔派哲学阵营一直到1843年夏天，青年马克思的哲学思想主要受到经过青年黑格尔派改装过的黑格尔哲学的影响，这主要反映在他的《博士论文》以及《莱茵报》时期的一系列文章之中，其主题便是“自我意识”概念的运用。同时，面对现实问题，青年马克思通过以法国大革命为重心的历史学研究，并在魏特林、赫斯和青年恩格斯的影响下，发生了第一次重大思想转变，即从唯心主义转向费尔巴哈式的人本学唯物主义，从民主主义转向一般共产主义。这一转变体现在《克罗茨纳赫笔记》和《德法年鉴》时期的文章、《巴黎笔记》以及著名的《1844年经济学哲学手稿》《神圣家族》等文本中。这第一次转变实质上是方法论的革命，是接受费尔巴哈的人本主义的方法批判黑格尔唯心主义，但马克思不是停留在费尔巴哈的宗教异化理论上，而是将其推广应用于政治国家和市民社会，提出了异化劳动的理论。

而第二次转变则是更关键的一步，从《评李斯特》开始，通过《关于费尔巴哈的提纲》，在《德意志意识形态》《致安年柯夫的信》和《哲学的贫困》中臻于成熟，这便是历史唯物主义的创立。这第二次转变也是一次方法论的革命，是把黑格尔唯心主义和费尔巴哈人本主义的方法论结合起来进行唯物主义的改造。这一改造的成果就是物质生产实践，正是从这一实践中马克思获得

了理解全部人类历史的钥匙。[①]

综观整个马克思历史唯物主义的创立过程，我们发现，从1843年底开始，他所关注的就一直是工人阶级的命运以及现实资本主义社会的内在矛盾及其批判问题。马克思的历史唯物主义就是从这样的理论视域中生发出来的。因此，马克思不是在研究哲学的过程中发展哲学的，而是在研究现实问题的过程中排除旧哲学的影响，并推动新哲学的诞生和发展的。

所以，马克思历史唯物主义的形成明显异质于黑格尔那种以绝对观念为核心的带有强烈思辨形而上学性的体系哲学。在《关于费尔巴哈的提纲》中，马克思就宣布了自己所创立的新哲学所具有的方法论特质："哲学家们只是用不同的方式解释世界，而问题在于改变世界。"[②]马克思无意建构任何仿佛能够最终解释世界的体系哲学，而是紧紧联系无产阶级的根本利益，全身心地关注无产阶级在现存社会秩序中的真实处境和历史命运，把改变资本主义这一旧世界作为自己的基本理论任务，为无产阶级认识和改造现存世界提供科学的、革命的方法论，这就是作为方法的历史唯物主义——历史辩证法。

作为科学的、革命的方法论的马克思主义哲学，是历史主义方法和辩证方法的内在统一。历史唯物主义范畴中的"历史"并不是通常所理解的时空范畴的社会历史，而是把事物当作"过程"而不是当作"实体"来理解的辩证思维方法。《德意志意识形态》中有一段十分著名的话："我们仅仅知道一门唯一的科学，即历史科学。历史可以从两方面来考察，可以把它划分为自然史和人类史。但这两方面是不可分割的；只要有人存在，自然史和人类史就彼此相互制约。"[③]这里的"历史科学"就是指把事物当作过程来研究和理解的方法。辩证法的基本观点也是要把研究对象放在历史过程中，从其产生发展的具体过程中来加以研究，正如马克思所指出的："辩证法，在其合理形态上，引起资产阶级及其夸夸其谈的代言人的恼怒和恐怖，因为辩证法在对现存事物

---

① "两次转变论"是由孙伯鍨先生在《探索者道路的探索》中最先提出的，参见《探索者道路的探索》，南京：南京大学出版社，2002年。

② 《马克思恩格斯选集》(第1卷)，北京：人民出版社，1995年，第57页。

③ 《马克思恩格斯选集》(第1卷)，北京：人民出版社，1995年，第66页。

的肯定的理解中同时包含对现存事物的否定的理解，即对现存事物的必然灭亡的理解；辩证法对每一种既成的形式都是从不断的运动中，因而也是从它的暂时性方面去理解；辩证法不崇拜任何东西，按其本质来说，它是批判和革命的。"[①]因此从"过程"的角度看，辩证的观点同时就是历史的观点，反之亦然。当我们把"历史"当成一种方法理解时，"历史"和"辩证"也就达到了内在的统一[②]。

我们认为，马克思主义哲学革命的实质与核心不在于它用一种新的哲学理念与理论体系来取代理性形而上学的体系哲学，而在于它走出了纯粹哲学思维而使哲学变成了研究现实与历史问题的科学方法论。这是从体系哲学到科学的、革命的方法论的伟大变革[③]。

马克思哲学革命的方法论实质正如他自己所说的那样："在思辨终止的地方，在现实生活面前，正是描述人们实践活动和实际发展的真正的实证科学开始的地方。关于意识的空话将终止，它们一定为真正的知识所代替。对现实的描述会使独立的哲学失去生存环境，能够取而代之的充其量不过是从对人类历史发展的考察中抽象出来的最一般的结果的概括。这些抽象本身离开了现实的历史就没有任何价值。它们只能对整理历史资料提供某些方便，指出历史资料的各个层次的顺序。但是这些抽象与哲学不同，它们绝不提供可以使用于各个历史时代的药方或公式。"[④]在这里，马克思指出了他所创立的新哲学与体系哲学的异质之处就在于后者"提供可以使用于各个历史时代的药方或公式"，这种脱离了具体的历史社会环境，企图一劳永逸地解决全部社会历史问题的包罗万象的体系被马克思所摒弃，他所能提供的只是方

---

① 《马克思恩格斯选集》(第2卷)，北京：人民出版社，1995年，第112页。

② 上述观点详见孙伯鍨：《作为方法的历史唯物主义》，《河南大学学报》(社科版)2001年第3期。这里需要说明的是，孙伯鍨先生认为马克思主义哲学的核心是唯物辩证法。我想，从二者都是作为"方法"的层面上讲，不论是历史辩证法还是唯物辩证法，都是摒弃任何体系哲学意义上的先验的哲学前提，都是从最顽强的客观事实出发，从客观生活过程本身来研究与剖析现实问题的方法，因此二者在深层次上是统一(同一)的。

③ 孙伯鍨、张一兵等：《体系哲学和马克思主义哲学》，《江苏社会科学》2000年第1期。

④ 《马克思恩格斯选集》(第1卷)，北京：人民出版社，1995年，第73—74页。

法，只是工作的指南。

我们认为，马克思哲学变革的深层原因也即马克思超越近代理性形而上学的体系哲学的关键在于，他从现实社会生活的内部重新给哲学提供了一种新的生成机制。从根本上说，实现这一变革的马克思的哲学并不是支撑他思考人、自由等抽象话题时的哲学思想，而是支撑他思考以现实经济问题为核心的社会生活问题的哲学思想，所以对于从体系哲学到科学的、革命的方法论的变革应该从马克思经济学研究的深层语境中去探索。[①]

作为一种科学的、革命的方法论——历史辩证法，主要是指一种科学的历史主义地看待事物和问题的方法，这里不得不提到马克思在《致安年柯夫的信》中那段十分精彩的话："在人们生产力发展的一定状况下，就会有一定的交换和消费形式。在生产、交换和消费发展的一定阶段上，就会有一定的社会制度、一定的家庭、等级或阶级组织，一句话，就会有一定的市民社会。有一定的市民社会，就会有不过是市民社会的正式表现的一定的政治国家。"[②]这段话接连使用八个"一定的"，充分说明了马克思主义哲学的基本功能就在于从现实的历史的具体的（也就是马克思所说的"一定的"）社会规定出发，深刻认识和把握现存社会秩序的本质和真正趋势，作为改变现实的指南。恩格斯就说"我们的历史观首先是进行研究工作的指南，并不是按照黑格尔学派的方式构造体系的方法。""如果不把唯物主义方法当作研究历史的指南，而把它当作现成的公式，按照它来剪裁各种历史事实，那么它就会转变为自己的对立物。"[③]这正是对马克思主义哲学方法论功能的最好说明。

马克思主义哲学的这种方法论特质决定了它从诞生的那一刻起就开始为无产阶级的解放运动服务，始终作为科学社会主义和国际共产主义运动的理论基石而存在。这也是马克思主义哲学作为科学的、革命的方法论的内在必然要求。试想那种绝对真理式的理性形而上学的体系哲学在面对现实的

① 这一观点来自张一兵教授的专著《回到马克思——经济学语境中的哲学话语》和唐正东教授的专著《斯密到马克思——经济哲学方法的历史性诠释》。

② 《马克思恩格斯选集》（第4卷），北京：人民出版社，1995年，第532页。

③ 《马克思恩格斯选集》（第4卷），北京：人民出版社，1995年，第692、688页。

复杂状况时，它又有何为？孙伯鍨先生在《走进马克思》一书的序言中就对马克思主义哲学作为科学的、革命的方法论的真正价值做了如下精辟的阐述："马克思主义的诞生地和落脚点不是在书斋里，也不是在讲台上，而是在各民族各阶层人民生活于其中的现实世界里。它的真理性、现实性和力量表现在它是否有能力以及在多大程度上敢于和改变这个世界的实际进程。脱离现实历史进程的理论，在各种自发的社会力量面前束手无策、随波逐流的理论，不管怎样高深莫测和自我标榜，它们的真正价值都是大可质疑的。"①

三、苏联旧的教科书体系没有反映出马克思哲学革命的实质

20世纪30年代，在斯大林的授意和指导之下，苏联的马克思主义学者编写了马克思主义哲学的教科书，即《辩证唯物主义和历史唯物主义》，我们一般称之为旧的教科书体系。从此，苏联模式的马克思主义哲学教科书所表述的马克思主义哲学便成为各个社会主义国家的主流意识形态，我国的教科书体系也大受其影响。由于斯大林没有正确处理好坚持马克思主义与发展马克思主义的关系，苏联模式的教科书体系被绝对真理化、教条化和神圣化了。

从深层次来看，旧的教科书体系依然是前文所说到的欧洲传统的体系化哲学的翻版，依然停留在"解释世界"的层面，依然是从自然到历史再到人的思维的无所不包的庞大体系，所以这种教科书体系与马克思哲学革命所实现的科学的、革命的方法论特质无疑是异质的。从根本上讲，旧的教科书体系实质上是"无根的"和"僭越的"，它被一种同质性的逻辑所统摄，它假设马克思恩格斯文本的每一句话都具有同样的言说背景和言说意义，凡是马克思恩格斯说的东西一定是真理。然而，如果真的是这样，那么马克思恩格斯在《德意志意识形态》中所说的"把我们以前的信仰清算一下"岂不是陷入了二律背反的悖论之中？我想，马克思要是能看到旧的教科书体系这样来讲他的学说

① 孙伯鍨、张一兵：《走进马克思》，南京：江苏人民出版社，2001年，序第2页。

和理论，他一定会向全世界宣告“我不是一个马克思主义者”的！

马克思终究是人不是神。我在前文就叙述过马克思在实现他的哲学革命即创立历史唯物主义的科学、革命的方法论的过程中就有过两次思想的剧烈转变。这里还有一条线索可以证明马克思思想是一个异质性的过程。孙伯鍨先生在20世纪70年代末就指认了在马克思《1844年经济学哲学手稿》中“存在着两种截然相反的逻辑：以抽象的人的本质为出发点的思辨逻辑和以现实的经济事实为出发点的科学逻辑”[①]。张一兵教授在此基础上进一步指认了《1844年经济学哲学手稿》是一个极其复杂的多重逻辑线索构成的矛盾思想体，因为两种完全异质的理论逻辑和话语并行在马克思的同一文本中，一是以异化劳动理论为中轴的人本主义哲学逻辑，二是从经济现实出发的客观线索，二者在同一文本中无意识地交织着，呈现了一种奇特的复调语境。[②] 而历史唯物主义的线索也正是在这种复调语境之中逐渐占据上风，并最终在《德意志意识形态》中得以确立。

但是，马克思恩格斯哲学思想发展过程中呈现出的这种极其重要的复调语境的内在逻辑演变在旧的教科书体系中却毫无反映，其实，这种深层思想探索所产生的不自觉的复调式语境是无法在其中反映出来的。在实质上依然是体系哲学的教科书只是为了迎合体系的需要而去随意拼凑马克思恩格斯不同时期的一些哲学论断，断章取义地在《马克思恩格斯全集》中任意摘取自己所需要的语句。这种同质性的逻辑只能使得旧的教科书体系只关注马克思恩格斯哲学发展过程中的一些表层现象，但无法真实而深刻地反映出马克思恩格斯思想进程中所发生的内在逻辑的变换，最终得到的是种种错误的结论。

其中最严重的问题无疑是生硬地把马克思主义哲学理解为辩证唯物主义和历史唯物主义两大块，完全忽视了马克思主义哲学的实质——作为方法的历史唯物主义即历史辩证法。关于马克思哲学革命的实质我在前一个部

---

① 孙伯鍨：《探索者道路的探索》，南京：南京大学出版社，2002年，第177页。

② 张一兵：《〈回到马克思〉的原初理论语境》，《中国社会科学》2001年第3期。

分已经做过详细陈述，这里还需要指出，历史唯物主义中的“历史”概念并非单单是一种狭义的社会历史领域，它同时还是一种具有更重要的哲学本体性的规定。也就是说历史唯物主义的“历史”是一种本体性的指认而非场域性指认。[①] 这也意味着，历史唯物主义是一种总体哲学视域和新的历史话语。所以历史唯物主义不是旧的教科书体系所描述的那样，是辩证唯物主义的原则在社会历史领域的推广和应用。“历史唯物主义可以从两个方面来理解：其一个方面是指对社会历史的认识及其理论；但更重要的一个方面是指历史主义的研究方法，运用这种方法来研究问题，是更宽泛意义上的历史唯物主义。所以说，马克思主义哲学主要的是方法，方法统帅体系。”[②]

本文的开头区分了“哲学体系”和“体系哲学”这两个概念，其用意就在于说明马克思主义哲学的特质决定了它是反“体系哲学”的，但是作为一门严格的世界观和方法论的科学，马克思主义哲学本身在传播和发展过程中需要有系统的逻辑体系（但绝非绝对真理式的体系哲学），否则理论就必然是凌乱的、随意的拼凑。和其他一切哲学一样，马克思主义哲学中也有大量的范畴，并且有些范畴的含义在不同的文本中呈现出完全不同的含义（如《1844年经济学哲学手稿》中“异化”概念和后来成熟的《德意志意识形态》中的“异化”概念是完全不同的，与“异化”相类似的概念还有“共产主义”“实践”等）。这就决定了马克思主义哲学的范畴有其逻辑的顺序性和层次性，即要求马克思主义哲学也要有逻辑体系，正如孙伯鍨先生所说的那样：“马克思主义哲学不是作为独立的体系哲学而显示其思想和文化价值的，作为一种科学的世界观和方法论，它当然有其理论和逻辑体系，但这种体系不同于任何体系哲学。”[③]我认为这一逻辑体系必须阐明马克思主义哲学的基本理论和基本方法。所谓基本理论是指马克思主义哲学的世界观和历史观；所谓基本方法是指马克思主义哲学的思维路线和认识方法，贯穿其中的根本原则是辩证的、历史的唯

① 张一兵：《回到马克思》，南京：江苏人民出版社，1999年，第444—453页。

② 孙伯鍨：《作为方法的历史唯物主义》，《河南大学学报》（社科版）2001年第3期。

③ 孙伯鍨：《存在范畴与马克思主义哲学的本体论问题》，《南京大学学报》（哲学、人文科学、社会科学版）2002年第3期。

物主义。这一逻辑体系还必须反映出马克思恩格斯思想发展中的复调性语境(由孙伯鍨先生和张一兵教授共同主编的《走进马克思》一书就是在新时期阐明马克思主义哲学的基本理论和基本方法的一本全面而系统的书)①。

围绕马克思主义哲学是科学的、革命的方法论这一问题,还需要澄清的是关于对"回到马克思"这一口号的理解。"回到马克思"正是对苏联解读马克思模式所形成的旧教科书体系的无根性而言的。今天我们提出"回到马克思",绝对不是要寻找和凝固化一种所谓的本真教义,而是要回到马克思思想的真实语境中,寻找通向革命性结果的具体道路,这是活的马克思主义与活的方法②。我们可以明显看出,"回到马克思"并不是某些人所轻言的"原教旨主义的马克思主义",只是说我们在言说马克思时,有没有超脱他的本身意义。我们"回到"并且"只能回到"的是马克思所创立的科学的、革命的方法论——历史辩证法。"回到马克思"反对的正是那些不经过对马克思哲学变革的实质进行历史地廓清的条件下就独立地构造出一个个新的体系哲学的做法。我想,"回到马克思"在其本真含义的层面上与马克思当年创立科学的、革命的方法论的理论指向是一致的,即二者都强调方法始终是核心,是"活的灵魂"。

四、马克思主义哲学是以科学的、革命的方法论现实出场的

马克思主义哲学的现实出场路径就是它"向何处去"的问题。本文的第二部分已经详细地阐述了马克思主义哲学不是封闭的体系哲学,而是开放的科学、革命的方法论。马克思哲学革命的实质就在于它是以科学的、革命的方法论冲破了体系哲学的牢笼,其宗旨是以开放的历史的理论视野为无产阶级的解放之路——科学社会主义和国际共产主义运动提高科学的革命的方

① 详见孙伯鍨、张一兵:《走进马克思》,南京:江苏人民出版社,2001年,序言。

② 张一兵:《回到马克思》,南京:江苏人民出版社,1999年,序第8页。

法论指导。马克思主义哲学的这种原初出场路径决定了它的现实出场路径必然是以科学的、革命的方法论为指导,并以此来探索人类的解放之路。

正因为这种科学的革命的方法论是从现实的历史的具体的社会规定出发,始终站在现实历史基础上的历史辩证法,所以内在要求马克思主义哲学不能停留在马克思恩格斯已经做出的具体结论上,这些结论随着历史环境的推移有的已经不再有效,但是如果据此认为马克思主义哲学不再是我们工作的指南,已经丧失了其原来的功能了,那么这样的言论势必在理论和实践上产生双重的巨大危害。

我们在新的历史条件下如何坚持、运用和发展马克思主义?对这个问题的回答使马克思的当代性这一重要问题摆在了人们面前。有学者认为我们应当"重新理解马克思","马克思是我们的同时代人"①,并提出了马克思主义哲学的"存在论转向",从海德格尔出发来解读马克思主义哲学的当代性②。此观点在我看来是值得商榷的,但由于这个问题不是本文讨论的核心问题,所以在此仅做一些简单评述。在我看来,这种"存在论转向"的最大问题无疑是用现当代西方哲学的流行观念来反注和注释马克思主义哲学,试图将当代的马克思主义哲学融入当代西方哲学之中,将两类异质性的哲学简单拼凑,这严重破坏了马克思主义哲学的党性原则和基本立场③。

正确地对待马克思主义哲学当代性的立场应该是继承和发扬其中的科学、革命的方法论作用。虽然马克思恩格斯去世已经100多年了,在20世纪末,世界政治、经济、科技和文化发生了巨大的变化,出现了马恩时代所不曾有过的大量新情况和新问题,但作为方法,马克思主义哲学绝没有被超越。因为:"其一,只要方法是从现实历史发展过程中科学地抽象出来的,因而相对于一定的历史阶段是正确的,那么它在这个一定的时空条件中就是不可被超越的。马克思主义哲学是资本主义这个特定历史阶段的产物,只要资本主

① 俞吾金:《俞吾金集》,上海:学林出版社,1998年,第254—256页。

② 参见:《天津社会科学》1999年第6期及《江苏社会科学》2000年第6期刊载的刘放桐、俞吾金、陈学明和王德峰诸位先生的文章。

③ 孙伯鍨:《马克思主义哲学的开放性和党性原则》,《学术月刊》2002年第6期。

义还没有退出历史舞台，它所具有的方法论意义就不会过时。”“其二，马克思主义哲学不同于旧哲学，它不是包治百病的药方，也不是包罗万象的百科全书，它提供的是一种研究社会历史的大思路，即生产方式的发展和社会发展的相关性问题。”[①]所以，谁要声称掌握了马克思主义哲学，那就一定要把握作为“活的灵魂”的方法，只有把方法与当下的现实相结合，才能实现马克思主义哲学的当代性，才能真正实现马克思主义哲学的创新和发展。而如果依然一味地停留在建构马克思主义哲学体系的层面，那么必然对发展马克思主义哲学无太大的突破性进展，而且遮蔽了其科学、革命的方法论作用。

从马克思主义哲学在20世纪的发展来看，无论是列宁、毛泽东还是邓小平，没有任何一个人为我们建构了一个绝对完整的真理式的体系哲学，相反，他们都深刻地把握住了马克思主义哲学的实质和核心——科学的、革命的方法论，也即历史辩证法，并在实践中创新和发展了马克思主义哲学。

列宁曾经深刻地指出，马克思主义的理论并不是一种必须普遍遵守的历史哲学公式，并不是离开具体社会经济形式的抽象教条，所以“马克思主义者从马克思的理论中，无疑地只是借用了宝贵的方法，没有这种方法，就不能阐明社会关系，所以他们在评判自己对社会关系的估计时，完全不是以抽象公式之类的胡说为标准，而是以这种估计是否正确和是否同现实相符合为标准的”[②]。从这段话可以看出，列宁无疑深刻地把握住了马克思主义哲学的本质是方法，突出了马克思主义哲学中的方法论原则。正是如此，列宁十分反对把马克思主义教条化，致力于把马克思主义哲学的方法论与俄国革命的实际相结合。同时列宁还对各个国家如何在坚持科学的、革命的方法论的同时发展马克思主义：“我们决不把马克思的理论看作某种一成不变的和神圣不可侵犯的东西；恰恰相反，我们深知：它只是给一种科学奠定了基础，社会党人如果不愿落后于实际生活，就应当在各方面把这门科学推向前进。我们认为，对于俄国社会党人来说，尤其需要独立地探讨马克思的理论，因为它所提

① 孙伯鍨：《作为方法的历史唯物主义》，《河南大学学报》（社科版）2001年第3期。

② 《列宁选集》（第1卷），北京：人民出版社，1984年，第163—164页。

供的只是总的指导原理，而这些原理的应用具体地说，在英国不同于法国，在法国不同于德国，在德国不同于俄国。”[①]正是因为列宁正确而深刻地将科学的、革命的方法论与俄国的实际相结合，从而通过这一契合点推进自己哲学思想的发展，才最终创造性地发展了马克思主义并最终成为“帝国主义时代的马克思主义”——列宁主义。

同样，毛泽东也没有在马克思主义之外妄图建立一个无所不包的庞大体系，而是始终紧紧把握住马克思主义哲学的方法论功能，结合中国国情进行理论的发展和创新。早在革命战争时期，毛泽东就通过对当时中国政治、经济发展不平衡这个最大特点的准确洞悉，阐明了中国革命发展的特殊道路——农村包围城市并最终夺取城市这样一条不同于俄国在大城市武装起义的道路，这是马克思主义中国化取得的第一次巨大成功。从内在的理论逻辑分析上看，毛泽东正是把握了历史辩证法中最重要的方法论原则，即从现实的历史的具体的社会规定出发，深刻把握现存社会秩序的本质和真正趋势，作为改变现实世界的指南。他说：“我们如果仅仅读了他们（指马克思、恩格斯、列宁等人——笔者注）的著作，但是没有进一步地根据他们的理论来研究中国的历史实际和革命实际，没有企图在理论上来思考中国的革命实践，我们就不能妄称为马克思主义的理论家。”[②]正是这种对方法的把握并将其与实践进行具体而深入的结合，终于使中国的新民主主义道路取得了成功，更重要的是形成了马克思主义中国化的第一大理论成果——毛泽东思想。

二十多年来，邓小平理论之所以在中国社会主义现代化建设的实践中发挥了巨大的指导作用，从根本上说，也在于他把马克思主义哲学的科学方法论原则与实践有机地、灵活地、创造性地结合起来。邓小平深刻地指出：“研究和解决任何问题都离不开一定的历史条件。”[③]这正是历史辩证法的精髓所在。而当他说“马克思主义理论从来不是教条，而是行动的指南。它要求人

---

① 《列宁选集》（第4卷），北京：人民出版社，1984年，第161页。

② 《毛泽东选集》（第3卷），北京：人民出版社，1991年，第814页。

③ 《邓小平文选》（第2卷），北京：人民出版社，1994年，第119页。

们根据它的基本原则和基本方法，不断结合变化着的实际，探索解决新问题的答案，从而也发展马克思主义理论本身”[①]时，他又以自己的话语揭示了马克思主义哲学科学的、革命的方法论原则。

邓小平曾反复说过，实事求是是马克思主义哲学、毛泽东哲学思想的“精髓”和“灵魂”所在，而实事求是难道不就是历史辩证法要求的从现实的、历史的、具体的当下出发这一原则的中国式表述吗？并且，邓小平在坚持马克思主义哲学科学方法论的同时，还不断创新和发展马克思主义，他说：“真正的马克思列宁主义者必须根据现在的情况，认识、继承和发展马克思列宁主义。”“不以新的思想、观点去继承、发展马克思主义，不是真正的马克思主义者。”[②]邓小平在运用历史辩证法不断研究新情况和新问题的过程中，逐渐形成了一套关于中国特色社会主义理论的科学理论——邓小平理论，成为马克思主义中国化的第二次重大理论成果。

当前进入21世纪的中国已经步入全面建设小康社会、实现中华民族伟大复兴的道路。马克思主义在今天以何种姿态投入其中？这是关系到中国社会主义道路性质的重大理论问题。江泽民同志在十五大报告中为我们指出了原则性的立场：“马克思列宁主义、毛泽东思想一定不能丢，丢了就丧失根本。同时一定要以我国改革开放和现代化建设的实际问题，以我们正在做的事情为中心，着眼于马克思主义理论的运用，着眼于对实际问题的理论思考，着眼于新的实践和新的发展。离开本国实际和时代发展来谈马克思主义，没有意义。静止地孤立地研究马克思主义，把马克思主义同它在现实中的生动发展割裂开来、对立起来，没有出路。”[③]也就是说，在改革开放深入发展的今天，马克思主义哲学中活生生的内容必须要解放出来。坚持和发展马克思主义哲学，就是要根据现实需要把马克思主义哲学的科学方法论的实质揭示出来并结合当下中国的具体国情，创造性地加以应用和发展。当然，“我们坚持

---

① 《邓小平文选》(第3卷)，北京：人民出版社，1993年，第146页。

② 《邓小平文选》(第3卷)，北京：人民出版社，1993年291—292页。

③ 江泽民：《高举邓小平理论伟大旗帜把建设有中国特色社会主义事业全面推向二十一世纪》，北京：人民出版社，1997年。

方法运演的探索不是对方法的崇拜，而是对方法本身的检验。正是在寻找马克思学说与当代的联结点的过程中，方法的意义得以实现并得到了提升”①。简而言之，在当前讨论马克思主义哲学的出场路径时首先需要做的一件事情“就是运用历史唯物主义的方法来研究一下中国的当代性的内涵到底是什么”②。

而如果像某些学者那样，致力于将马克思主义哲学建构成一个思辨而抽象的体系哲学，用现代西方哲学的一些流行的词句来包装马克思主义哲学，这样的马克思主义哲学就又回到了马克思哲学革命所指的对象——理性形而上学的体系哲学中去，并且增加马克思主义哲学的隐喻性和烦琐性，带有浓厚的经院哲学气息而毫无一丝的生命活力。我想这些学者们不知道的是，他们的“思”也是深深根植于当代中国的现实的啊！如果马克思主义哲学是以这样的方式“出场”的，那么对我们把握马克思主义哲学的实质并进而运用其科学、革命的方法论解决现实问题将产生巨大的理论危害。

五、结　语

对马克思主义哲学究竟是体系还是方法的讨论，实际上还是一个马克思主义哲学的特质和核心究竟是什么的问题，是实践本体论或实践哲学？是存在论转向？是人道(本)主义？还是什么其他的形态？我看，最好的方法还是让马克思自己来回答，回到马克思的文本中去找答案。通过对马克思主义哲学史特别是历史唯物主义形成史的梳理，我们最终得出马克思主义哲学是作为一种科学的、革命的方法论——历史辩证法而原初出场，也就是马克思主义哲学的特质和核心是历史的辩证法。在我看来，那种要求马克思主义哲学也要像形而上学的体系哲学一样具有“终极关怀”的观点是站不住脚的。我

① 张一兵、刘怀玉、胡大平、张亮、唐正东：《马克思主义哲学研究的方法论视域》，《学术月刊》2002年第6期。

② 唐正东：《马克思哲学与当代性对接的三种模式》，《南京大学学报》(哲学、人文科学、社会科学版)2001年第2期。

一贯反对有什么“终极的”“绝对的”的东西的，齐泽克有本书叫作《易碎的绝对》，虽然他不是在我这个意义上言说的，但借用一下来说明“绝对的”必然是“易碎的”，必然要被历史所扬弃的。为了说明这个问题，我以体系哲学和马克思主义哲学的异质性作为切入点来探讨马克思主义哲学的特质和核心问题。正如马克思是关注现实和当下的一样，我的最终理论指向和落脚点是当下的中国，我坚信只有马克思主义哲学才能指导中国共产党领导下的中国人民实现全面小康的宏伟目标，作为“工作的指南”的这一功能是马克思主义哲学所独具的。

我期待着作为科学的、革命的方法论的马克思主义哲学作为全球社会主义的理论指南，终有一天会实现马克思在《共产党宣言》中呼告的那样：“无产者在这个革命中失去的只是锁链，他们获得的将是整个世界！”

作者简介：王巍（1986—　），男，安徽黄山人。南京大学哲学系 2003 级本科生，本科学年论文和毕业论文指导老师为唐正东教授。2007 年至 2012 年在北京大学哲学系，师从丰子义教授，获哲学博士学位。现为中央党校马克思主义学院副教授，研究方向为马克思主义哲学、马克思主义中国化。

南哲感悟：南哲给予我们渊默沉稳、不激不随的独立人格和精神气质，在这个浮躁的时代，每一位哲学专业的毕业生，不管从事何种职业，都应当让哲学成为我们安顿自己心灵的所在，成为我们慰藉心灵的力量，永葆理性反思的忧患意识与批判精神。“师之所在，道之所存”，“经师易得，人师难求”。南哲诸师严谨求实的学术风范、高度的社会责任感，必将在今后岁月中时时敦促我们踏实做人、做学问，不断探索和前行。

关于本文，我还想说几句。本文写于 2005 年年初，迄今已有 13 年多，反映了我初入哲学专业时的一些“真心”的思考。“真的”不一定是“对的”，但肯定不是“假的”。因此，除了对个别错别字做了修改，其他文字均保持原貌，正如马克思恩格斯所言：“既然我们已经达到了我们的主要目的——自己弄清问题，我们就情愿让原稿留给老鼠的牙齿去批判了。”

鲍德里亚“生产”概念的分析与评价*

韩　蒙

摘　要:鲍德里亚生产概念是建立在对马克思生产概念的直接批判之上的,主要包括三个方面:第一,马克思虽然批判了资本主义生产方式,但并未触及更为根本的资本主义生产逻辑;第二,马克思没有看到使用价值实际上是由交换价值构建出来的,政治经济学批判模式根本无法实现对资本的实质批判;第三,马克思对历史唯物主义方法论进行了非历史的、普遍化的运用。本文认为,鲍德里亚并未真正理解在马克思那里多维度的物质生产概念以及使用价值、价值概念本身的历史性特征,因而鲍德里亚也就难以理解马克思的科学的历史唯物主义方法论,难以在特殊历史情境的意义上理解马克思对人类历史性存在的说明,以及对资本主义历史阶段性的指认和超越。

关键词:鲍德里亚;马克思;“生产”概念;历史唯物主义

鲍德里亚“生产”概念直接面对的就是经典马克思的生产概念和历史唯物主义方法论。可以说,相较于众多西方马克思主义、后马克思思潮及后现代思潮对马克思生产理论的冲击,鲍德里亚的批判力度无疑是最为深刻的,甚至是釜底抽薪的。不同于传统的马克思批判者的外在理论质疑和改造,鲍德里亚对马克思生产概念的批判是根本颠覆性的,理论视野直击历史唯物主义最核心的物质生产和政治经济学。作为马克思主义的学习者,弄清鲍德里

* 本文选自《林间路》第十二期。——编者

亚对马克思物质生产、政治经济学、历史唯物主义的批判,不仅有利于厘清马克思本人的生产概念的准确含义,同时也是在现时代重新探索马克思生产概念的哲学话语与现实意义。

一

如果要分析和评价鲍德里亚的"生产"概念,那么首先就要进入他本人的生活历史和哲学视野中去。要认识鲍德里亚,需要认识一个时代,需要认识他的理论视域和理论动机。所以,对鲍德里亚身处的现代西方思想史背景,即鲍德里亚生产概念的支援性背景进行分析和梳理就显得非常必要了。

让·鲍德里亚(Jean Baudrillard)生于 1929 年,他的学术之路始于 20 世纪 50 年代晚期,此时正是结构主义思潮大放异彩之时,有着著名的"四个火枪手":福柯、拉康、列维-施特劳斯、罗兰·巴特(Roland Barthes)①;同时这又是法国社会革命左翼政治活动的活跃期,马克思主义一时成为最有影响的学术流派。于 1968 年 5 月发生的举世闻名的"五月风暴"对当时鲍德里亚来说是一场让人难以忘怀的社会运动,包括他在内的众多思想家都经受了空前的思想震荡。由于在这次运动中法国共产党令人失望的表现以及新时期垄断资本主义经济模式对需求、消费的关注和控制方式的转变,很多左派思想家都对以马克思物质生产、政治经济学为基础的资本主义批判模式产生了怀疑,普遍出现了对经典马克思生产概念和历史唯物主义的批判甚至否定,人类学、符号学、精神分析理论都成为马克思主义的替代方案。鲍德里亚就是在这种思潮的影响下转向了符号学、人类学乃至后现代的研究领域。

早期鲍德里亚在对资本主义生产逻辑的批判以及对马克思生产主义的反思中所使用的问题式是承接了马克思之后的众多西方马克思主义者,这其中包括卢卡奇、阿多诺、霍克海默以及马尔库塞等人对生产概念的批判逻辑。

① 参见弗朗索瓦·多斯:《从结构到结构——法国 20 世纪思想主潮》上卷,季广茂译,北京:中央编译出版社,2004 年。

而鲍德里亚生产概念的形成，则直接得益于他的三位老师，即列斐伏尔、居伊·德波(Guy Debord)和巴特。列斐伏尔于 1967 年出版的《现代世界中日常生活》就明确开始批判马克思的生产主义，同时期的德波在《景观社会》中指出交换价值已经全面支配了使用价值，景观生产已经开始取代商品生产，"景观是商品实现了对社会生活全面统治的时刻"[①]。巴特的社会符号学同样对鲍德里亚影响深远，鲍德里亚正是在这个基础上将日常生活研究和研究社会生活中符号现象的社会符号学相结合，开启了对消费社会的批判。可以说鲍德里亚所处的学术起点已经不属于西方马克思主义的理论范围，而是直接承接后马克思思潮了。[②]

实际上，真正支撑鲍德里亚对马克思生产概念及其方法论历史唯物主义进行颠覆性批判的理论基础是莫斯—巴塔耶的象征交换与非生产性耗费理论。[③] 马塞尔·莫斯(Marcel Mauss)通过对太平洋岛屿原始部落的实地考察，发现原始社会的经济是以互惠性的象征交换仪式为中心，是一种相互回应又具有文化意义的交流活动；更重要的是，它是一种不同于支配当今社会的功利性经济关系的礼物交换关系。基于此，莫斯认为，这种非功用性的人与人之间的关系才是社会生活的"最佳管理方法"[④]，他希望人们能从现今的这种功利性的价值交换中重新回归原始社会的那种象征交换关系中去，让"进行交换的生产者重新感到——他总是感到，但这一次他尖锐的感到——他所交换的东西超过了一件产品或一段工时，而是给出了有关自己的东西，即他的时间、他的生命"[⑤]。这是一种类似于乌托邦式的幻想，只是不同于以往的空想乌托邦以及抽象的人本主义，莫斯的乌托邦是基于对以往历史的回溯性本真追认，形成了一种特殊的通过原始社会来反诘现实社会的批判模式。乔治·巴塔耶(Georges Bataille)延续了莫斯《礼物》中的思路，不同于莫

① 居伊·德波：《景观社会》，王昭风译，南京：南京大学出版社，第 42 页。

② 参见仰海峰：《走向后马克思：从生产之镜到符号之镜》，北京：中央编译出版社，2004 年。

③ 参见张一兵：《文本的深度耕犁》第二卷，北京：中国人民大学出版社，2008 年。

④ 马塞尔·莫斯：《礼物》，汲喆译，上海：上海人民出版社，2005 年，第 214 页。

⑤ 马塞尔·莫斯：《礼物》，汲喆译，上海：上海人民出版社，2005 年，第 220 页。

斯的社会人类学方法论指引，巴塔耶更直截了当地从反政治经济学的立场提出了非生产性的耗费理论。他指出，在原始社会中占主导的是耗费的思想，这种思想没有任何理性的计算意谓，是一种给予的经济，以此来反对现今理性的、物化了的、同质性的资本主义政治经济学及其意识形态。从上文可以看出，实际上正是莫斯的象征交换理论的结构性视角以及巴塔耶直接对马克思生产主义政治经济学的批判立场，使得青年鲍德里亚构建起标新立异的反生产、反资本主义政治经济学的批判逻辑。对于这一点，我们在后文将会更具体地看到。

二

了解鲍德里亚生产概念的理论支援背景后，我们就可以顺理成章地进入鲍德里亚对马克思生产概念的理解层面和批判视野了。在早年鲍德里亚的几部著作中，从《物体系》到《消费社会》《符号政治经济学批判》，实际上不管是从符号学的角度还是从象征交换思想的角度来分析日常消费社会，鲍德里亚都还是站在马克思的生产逻辑之上的。尽管在《符号政治经济学批判》中，鲍德里亚已经出现了对建立在马克思生产逻辑上的政治经济学彻底颠覆的端倪，但直到《生产之镜》中，他才彻底实现了与马克思生产概念和政治经济学的决裂，完成了正式举起反马克思主义大旗的标志性文本。可以说鲍德里亚的《生产之镜》以及之后的《象征交换与死亡》已经开创了一种相对于经典马克思主义的全新视角，他借助莫斯的礼物交换理论以及巴塔耶的一般经济学观念将前资本主义时代的原始社会勾勒出来，以此来反对将生产作为人类整个社会、历史的基础地位的资本主义生产逻辑。具体说，鲍德里亚对生产概念的理解以及对马克思的生产逻辑的批判可以通过以下三个切入点来分别阐明。

第一，马克思的生产浪漫主义。“一个幽灵，一个生产的幽灵在革命的想象中徘徊。它到处支持着没有约束的生产浪漫主义。”[①]在《生产之镜》中，鲍

① 让·鲍德里亚:《生产之镜》，仰海峰译，北京:中央编译出版社，2005年，序言，第1页。

德里亚开篇的第一句话采用了具有反讽意味的《共产党宣言》的句式结构。他在嘲讽马克思，尽管马克思对资本主义进行了激进的批评，但实际上，在鲍德里亚看来，这种批判的背后依旧是生产的统治逻辑在控制着社会，而马克思有意无意地强化了这一点。所以，就像我们前面说的，鲍德里亚在这个文本中直接将矛头指向了作为马克思整个资本主义批判理论和历史唯物主义根基的物质生产。“生产方式的批判理论没有触及生产原则，生产方式所描述的所有概念，也只是说明了生产内容的辩证的、历史的谱系，并未触及生产的形式。这个形式以理想化的方式重新出现，隐藏在资本主义生产方式批判的背后。经过不可思议的漫延之后，这种生产方式只是强化了作为生产性语言的革命话语。”①鲍德里亚是想说，尽管马克思批判了资本主义特定的生产方式，但实际上只是批判了不同时期不断变化的经济现实的生产“内容”，而并未触及资本主义生产的一般“形式”，而后者才是资本主义真正的根基。马克思对资本主义批判固然猛烈尖锐，却忘记了对生产逻辑本身进行反思。在这个意义上，鲍德里亚认为，马克思与资产阶级的生产主义者是同道中人。

批判了马克思的物质生产概念的资本主义性质后，鲍德里亚将理论的视角移至马克思关于人的解放的论述。鲍德里亚质疑道：“是什么公理保证着从生产力或生产方式的辩证起源中生发出全部革命理论？是什么公理保证着作为劳动力的人的类丰富性，保证着历史的原动力或历史仅是‘人们生产着自身需要的物质生活资料’的历史？”②面对整个人类历史，马克思将生产力的解放与人的解放相等同，人只有在不断地实现对物质生产资料的占有和充实中才能实现人的类本质的回归。所以，在鲍德里亚看来，这依然是资本主义生产制度上的一种物化逻辑，是对资本主义生产主义的遮蔽。所以鲍德里亚不断强调必须“揭示隐藏于生产、生产方式、生产力、生产关系等概念背后的东西”③，打破马克思借以理解和批判资本主义的生产之镜。

---

① 让·鲍德里亚:《生产之镜》，仰海峰译，北京:中央编译出版社，2005年，序言，第1页。

② 让·鲍德里亚:《生产之镜》，仰海峰译，北京:中央编译出版社，2005年，第1页。

③ 让·鲍德里亚:《生产之镜》，仰海峰译，北京:中央编译出版社，2005年，第1页。

第二,对马克思的政治经济学批判模式的质疑。鲍德里亚认为:"在交换价值和使用价值的区分中,马克思显示出了他的长处,但同时也是其弱点。使用价值的假设——假设具体价值超越抽象的交换价值,商品的人类意义存在于它对主体的直接有用性关系这一时刻——仅仅是交换价值体系的结果,使用价值是从交换价值体系中产生和发展的。"①马克思假设了一种人类学意义上的使用价值,并将这种使用价值永恒化和本体化,以此来实现对资本主义经济体系中交换价值的批判和超越。但实际上,鲍德里亚指认,马克思的这种人类学层面上的使用价值恰恰是由资本主义交换价值体系构建出来的,还是处于资本主义的生产方式之中的;这种以物品的有用性为基础的资本主义批判逻辑,根本上说还是处于资本主义功用体系之中。因而鲍德里亚得出结论,正是这个原因使得马克思尽管批判和否定了资本主义的生产范式和经济结构、政治制度但仍旧陷于资本主义生产主义之中。因此,在这个意义上,马克思完成了与政治经济学的共谋。

第三,马克思历史唯物主义的方法论病根。打破生产之镜后,鲍德里亚又将矛头直接指向了马克思的"历史之镜",这是继对马克思物质生产概念本身和政治经济学模式的批判后,对马克思方法论的进一步攻击。他认为:"在马克思主义中,历史被超历史化了:通过放大自己而普遍化了。从严格的意义上来讲,辩证法必须辩证的超越并且废除自身。通过将生产概念和生产方式激进化,马克思实现了同交换价值的社会神秘化的断裂。自从历史概念自我放大后,这个概念就获得了全部战略性力量,也正是通过这个概念,马克思打破了政治经济学虚幻的普遍性。"②可见,鲍德里亚还是肯定了马克思对于资本主义生产体系的历史阶段性的说明和对于资本主义政治经济学普遍性的证伪。但这只是先扬后抑的开始,鲍德里亚继续说道:"但是从马克思时代开始,当历史概念成为一个普遍的解释原则的时,它也失去了优势地位。在将自身普遍化时,他消除了自身的'差异',退化为支配性的符码(普遍性)形

① 让・鲍德里亚:《生产之镜》,仰海峰译,北京:中央编译出版社,2005年,第3页。

② 让・鲍德里亚:《生产之镜》,仰海峰译,北京:中央编译出版社,2005年,第29—30页。

式，退回到了政治经济学的策略……当这些概念被普遍化时，它们就不再是分析的，意义的宗教就会产生。”[①]说得直白一些，鲍德里亚是认为，马克思以历史性、辩证法的方式揭露了资本主义生产方式的历史性和自身的必然消亡，但问题是马克思将这种对特定历史阶段的概念说明本身做了非历史的泛化、普遍化，重新坠入了他所要批判的普遍生产主义之中。尤其是用资本主义特有的生产方式和历史概念来解读和诠释前资本主义时期的原始社会，这是鲍德里亚所不能容忍的，“在原始社会，既不存在生产方式，也不存在生产，同样没有辩证法和无意识。这些概念只能分析我们这个社会，只有这个社会被政治经济学所统治。因此，这些概念只是一种飞去来器的价值”[②]。

鲍德里亚的原始社会的视野直接来自我们之前提过的莫斯—巴塔耶的象征交换的思想，在他眼中的人类理想、神圣的原始生活是不容功利性的资本主义生产逻辑所浸染。更重要的是，鲍德里亚认为，马克思的功利性、有用性的生产概念以及政治经济学的批判视野尽管可以对资本主义内容即生产方式、经济政治结构进行批判，但仍是迷失于资本主义本质形式上的生产逻辑中，因而，马克思以物质生产为基础的历史唯物主义根本就不能充分揭示原始社会的社会结构，也不能对人类未来的道路做出超越资本主义意识形态的指引，甚至连对当下的资本主义的分析和批判也只是表象的、非本质性的。

三

从上文可以得见，鲍德里亚对马克思生产概念的批判无疑已经触及了马克思批判理论以及历史唯物主义的根基，即物质生产的基础性历史地位。但事实上，结合鲍德里亚的理论背景和理论立场，这种对马克思特殊的深刻批判实质上只是简单化、非历史性、情绪性的，尚未进入马克思的本真视域中，而仅是以某种先在的理论视野来架空马克思的生产概念，这就是从莫斯—巴

① 让·鲍德里亚：《生产之镜》，仰海峰译，北京：中央编译出版社，2005年，第29—30页。

② 让·鲍德里亚：《生产之镜》，仰海峰译，北京：中央编译出版社，2005年，第31—32页。

塔耶而来的“草根浪漫主义”[①]。所以在这个意义上来说，鲍德里亚对马克思的生产概念存在着一定的误读。这种误读主要包括三个方面：

（一）鲍德里亚并未理解马克思物质生产概念的多重维度

鲍德里亚之所以将马克思哲学指认为生产主义，根本原因在于他对马克思哲学的核心物质生产概念的简单化理解。可以说，鲍德里亚并没有理解清楚“生产”的真实含义，在批判马克思的时候根本没有与其站在同一理论层面上。在马克思那里，物质生产概念实际上包含着三个维度，即物质生产的物质形式、社会形式和个人的发展的维度。鲍德里亚仅仅是从物质生产的物质形式和经验性的社会形式层面对马克思的科学的物质生产概念做了简单、片面的理解。

马克思最先是从物质形式维度来理解物质生产的。在早年写作的《1844年经济学哲学手稿》（以下简称《44 年手稿》）中，马克思就已经提到了物质生产及生产过程的异化，但他还仅仅是从分配领域来理解生产过程、工人的异化。物质生产仅仅是作为扬弃异化劳动、走向人的类本质的活动中的“材料”体现出来，而不是作为独立的对象来研究，更不要说触及之后的生产关系的理论层面了。在这个基础上，“物在马克思眼里始终还只是具体的客观之物，还没有被上升到社会关系的理论层面来加以理解”[②]。这种对物的理解和从交换领域理解物质生产实际上正是资产阶级经济学家的思路，如果不突破这种物物交换的逻辑，而从现实的、具体的社会关系角度来理解处于交换关系中的工人和资本家的话，那么想脱离资本主义的生产逻辑是不可能的。在这个层面上，马克思本人与众多西方马克思主义者乃至鲍德里亚对于资本主义生产逻辑的批判旨趣是一致的。当然，马克思的物质生产概念并不像鲍德里亚想象的那么简单。《44 年手稿》之后，马克思继续研究物质生产过程在社会

---

① 此概念来源于张一兵教授，可参见其著作《文本的深度耕犁》第二卷，北京：中国人民大学出版社，2008 年。

② 唐正东：《斯密到马克思——经济哲学方法的历史性诠释》，南京：南京大学出版社，2002 年，第 290 页。

历史中的地位和意义，物质生产的社会形式维度逐步凸显。在《关于费尔巴哈的提纲》中，马克思已经开始将现实的社会关系提升到理论的主导地位，之后从《德意志意识形态形态》（以下简称《形态》）到《1857—1858 年经济学手稿》（以下简称《57—58 年手稿》）和《资本论》，马克思对社会关系的理解经过了从经验性社会关系向本质性生产关系的转变。正如马克思自己所说的："社会生产过程既是人类生活的物质生存条件的生产过程，又是一个在特殊的、历史的和经济的生产关系中进行的过程，是生产和再生产着这些生产关系本身，因而生产着和再生产着这个过程的承担者、他们的物质生存条件和他们的互相关系即他们的一定的经济的社会形式的过程。"①这里实际上正是指明了物质生产的社会形式，生产关系已经处于与生产力同样重要甚至比前者还要关键的地位。于是在《57—58 年手稿》中，马克思直截了当地说道："因此，说到生产，总是指在一定社会发展阶段上的生产。"②"一定社会发展阶段"实际上就是指一定的生产关系，马克思开始探讨具体的物质生产是在什么样的生产关系中进行的，同时这种生产关系又是如何伴随着物质成果的生产过程而获得生产与再生产的。这一维度的引入，使得马克思从根本上区别于资产阶级经济学家。通过生产关系与生产力的内在矛盾推导出资本主义的必然灭亡，马克思想要论证的是资本主义生产逻辑的终结，而不是这种生产逻辑的永恒性。鲍德里亚的生产主义的大帽子根本盖不到马克思头上。此外，马克思也从未像鲍德里亚所说的那样，将物质生产力的解放与人的解放等同起来。在马克思那里，生产力的解放只是作为人的解放的物质前提。理解这一点，这就要从个人的发展的维度来看物质生产，物质生产终究只是人的解放的物质手段，而非目的本身。物质生产必将在不断发展中扬弃自身，从而使人摆脱生产性奴役走向非生产性的自由王国。

由此可见，鲍德里亚实际上仅仅是从物质生产的物质形式的理论维度、物质生产条件、物质生产的成果的生产与再生产角度来理解马克思多维度的

① 马克思：《资本论》第 3 卷，北京：人民出版社，2004 年，第 927 页。

② 《马克思恩格斯全集》第 30 卷，北京：人民出版社，1995 年，第 26 页。

物质生产概念,忽略了《57—58 年手稿》中更为根本的、也是马克思得以真正实现对资本主义深刻批判和超越的物质生产的社会形式和人的解放的理论维度。可以说,鲍德里亚的生产概念,是与他的"草根浪漫主义"背景下的非功用性的耗费理论直接相关的,是在物质成果、经验性社会关系的层面上反对物的功能性、有用性,殊不知这种现象本身就是建立在深层的生产关系中的,鲍德里亚似乎从未深入生产关系的视域中,因而他也就无法真正理解马克思对资本主义生产逻辑的超越。基于鲍德里亚对马克思物质生产的简单化理解,他对马克思哲学的生产浪漫主义指认以及将马克思的人的解放思想理解为一种资本主义物化逻辑也就不足为奇了。

(二)鲍德里亚对马克思使用价值及价值的自然化、非历史性的诠释

鲍德里亚认为,使用价值构成了马克思政治经济学的核心,在对古典政治经济学的批判中,马克思认为交换价值束缚了使用价值造成工人的被剥削,实现使用价值对交换价值的超越,工人也就获得了解放。这是对马克思使用价值的严重误读。马克思对使用价值和交换价值的探讨严格限定在商品的生产与交换过程中,而不会将这种探讨放置在没有商品交换的原始社会中,"一切产品和活动转化为交换价值,既要以生产中人的(历史的)一切固定的依赖关系的解体为前提,又要以生产者互相间的全面依赖为前提"[①]。实际上,如果没有商品,就不存在使用价值与交换价值的区分,使用价值从来都不是独立于交换价值的,两者共同构成商品价值结构的有机要素,这一社会历史现象本身就是资本主义社会的历史性产物,在以"固定依赖关系"的原始社会是不存在的。在这一点上,马克思的使用价值是经济学意义上的概念,而不是自然化的人类学概念,鲍德里亚尚未进入马克思经济学的言说语境中来。

延续鲍德里亚的思路,他认为马克思提出要将使用价值从交换价值中解放出来,但马克思不知道,使用价值其实就是由交换价值建构出来的。对于这一点,马克思论述得很清楚,"作为'商品'的使用价值……本身具有特殊的

---

① 《马克思恩格斯全集》第 30 卷,北京:人民出版社,1995 年,第 105 页。

历史性质"[①]，这种特殊的历史性质就是使用价值在资本主义经济体系中具有了不同于前资本主义时期的功利性、经济性的"有用性"，因而也就有了商品之间的交换价值，在资本主义社会之前，这种意义上的使用价值的"有用性"是不存在的。因此，使用价值和交换价值是同时由资本主义经济体系建构出来的。而且马克思在《资本论》中已经精确用"价值"代替"交换价值"，就是要强调交换价值只是价值的历史性展现，而有用性的东西表现为价值同样是一定历史条件下的产物。马克思反对的恰恰是非历史的、"存在于一切社会形式中"[②]的使用价值和价值，他对使用价值、交换价值的说明和运用正是历史性的。所以，马克思眼中的使用价值实际上存有两个层面：一是在前资本主义时期的物品在直接有用性意义上的使用价值，二是商品在交换过程中交换意义上的使用价值。鲍德里亚正是混淆了这两个重要的理论层面。

鲍德里亚对有用性、使用价值的认识和批判立场直接来源于莫斯—巴塔耶的象征交换与耗费理论。早期鲍德里亚的《物体系》和《消费社会》中，已经对物的功能—有用性问题提出了质疑。他提到，"许多物品都在他们各自的功能里互相隔离，是依他人的需要，使它们共存在一个功能化的环境里"[③]，物不再是单指性的"物—功能"模式，不再具有确定的意义，它可以指向任何的功能和意义。在《消费社会》中，他指出其实"丰盛不是建立在财富之中，而是建立在人与人之间的具体交流之中的"[④]，生活的最大财富不是物而是象征性的社会关系，其实质都是反对资本主义的功能—有用性体系。所以，鲍德里亚才会反对他自己臆想出的脱离这种体系的使用价值，反对物具有"对主体的直接有用性"。鲍德里亚说得没错，但这只能是对应于原始社会的浪漫主义的情绪发泄，只是外在于资本主义政治经济学的形而上学描述和非历史的批判。未能进入马克思经济学视域中的鲍德里亚，自然无法理解马克思在深层次的生产关系分析中实现的对资产阶级政治经济学的批判性超越和资本

① 《马克思恩格斯全集》第19卷，北京：人民出版社，1963年，第413页。

② 《马克思恩格斯全集》第30卷，北京：人民出版社，1995年，第48页。

③ 让·鲍德里亚：《物体系》，林志明译，上海：上海人民出版社，2001年，第6页。

④ 让·鲍德里亚：《消费社会》，刘成福等译，南京：南京大学出版社，2002年，第56页。

主义生产逻辑的内里性颠覆。

（三）鲍德里亚以人类原始社会的浪漫情怀拒斥马克思的科学方法论

在批判了马克思的政治经济学批判模式之后，鲍德里亚更坚定了要超出马克思生产逻辑的决心，建立在政治经济学之上的历史唯物主义自然成了他批判的主要对象。因而，鲍德里亚批驳马克思将物质生产概念普遍化了，他正是要推翻物质生产的永恒性和基础性，直击马克思生产概念的方法论依据——历史唯物主义。他指出，早期人类社会的人们"既不是历史的生活，也不是在生产方式中生活"①，而马克思正是将资本主义的特有的生产方式进行了非历史性的泛化。这是对马克思科学方法论的极大误解。

回到马克思的文本，面对宏观层面人类历史的存在与发展时，他就指出过，人类历史性生存的首位是要活下来，"因此第一个历史活动就是生产满足这些需要的材料，及生产物质生活本身，而且这是这样的历史活动，一切历史的一种基本条件，人们单是为了能够生活就必须每日每时去完成它，现在和几千年前都是这样"②。这实际上是在说明一个常识性的问题，即人类为了生存下来，首先就要生产出满足吃喝穿住的物质条件，人们只有能够生活了才开始创造历史，人从自然性的存在向历史性存在的转变正是始于这种创造性的物质生产，因为"一当人开始生产自己的生活资料的时候……人本身就开始把自己和动物区分开来"③，所以说"这是历史存在的永恒的自然必然性"④。物质生产构成了人类历史性存在的、真正的基始和现实出发点，这也正是马克思科学方法论的唯物主义基础。尽管《形态》中的马克思对物质生产的界说还主要是在物质生活资料的生产与再生产，而不是在生产这种物质生活资料本身的生产关系的生产与再生产的层面上，作为经验性的生产关系还不能

---

① 让·鲍德里亚:《生产之镜》,仰海峰译,北京:中央编译出版社,2005年,第96页。

② 《马克思恩格斯选集》第1卷,北京:人民出版社,1995年,第79页。

③ 《马克思恩格斯选集》第1卷,北京:人民出版社,1995年,第67页。

④ 张一兵:《回到马克思——经济学语境中的哲学话语》,南京:江苏人民出版社,1999年,第455页。

与生产力构成真正的、矛盾性的互动关系；但是，对物质生产的基础性意义的抽象说明而言，这无疑是超越旧哲学的历史唯物主义的科学基点。在《57—58手稿》中马克思完成了历史唯物主义的最终建构，区分了作为一般的物质生产和特定历史情境的物质生产。一般物质生产是任何人类社会存在和发展的基础，是“永恒的自然必然性”。而物质生产发展至现代商品经济时代表现为现代经济活动，这种以交换为目的的经济活动和关系总体并不是永恒的，是在“一定”的历史条件下才产生的，这就是对处于资本主义生产关系中物质生产的特定历史情境的指认。那么，在一般物质生产意义上来说，原始人类尽管不是在生产方式中生活，即资本主义的生产方式中生产，但他们也要从事一定的生产活动以为自身的生存提供基本的物质条件，这种物质生产可以不是主导性的，但一定是作为基础性的存在，因为它是人类得以存活下来的生命维持条件。所以说，鲍德里亚并未真正了解马克思关于物质生产概念的多维度解读，也并不清楚马克思在历史唯物主义视域中对生产概念的历史性阐释和运用。

可以说，鲍德里亚之所以在生产概念方面与马克思存在分歧，直接源于他在方法论的认识和运用上与马克思的本真视域的差距。首先，马克思的历史唯物主义并不像鲍德里亚所说的那样提供了什么普遍意义上的公式或是原理的镜式反射，而仅仅是我们面对历史所采用的一种方法论。马克思在《57—58手稿》导言中提到的“人体解剖对于猴体解剖是一把钥匙”，正是说明了在面对前资本主义社会、进行社会历史分析的时候，他并不是像一般历史学家那样做一种实证的、静态的现象整理与说明，而是以一个历史哲学家的历史性眼光探寻私有制内在矛盾是如何在前资本主义社会发生、发展进而在资本主义社会中完全呈现的，考察当下资本主义种种抽象概念如生产方式、使用价值、交换价值等是如何从简单的、从属性的概念发展到复杂的、主导性的概念。所以，古代社会的社会状况在马克思那里并非是作为一个单独的研究对象，而是将其置于人类社会历史发展的一个阶段、私有制内在矛盾的不断发展的逻辑线索之中来看待。因为在马克思看来，只有基于历史过程的内在矛盾即生产力与生产关系的矛盾运动来理解人类社会历史发展各阶段中矛盾的不同经验表现形式，才能对资本的逻辑有一个超越经验层面的、本质性的把握[①]。其次，这种科学的历史性方法并不仅仅是像鲍德里亚理解的那种线性的历史进程，而是一种强调特定情境、特定社会历史条件的方法论。列宁将其概括为"具体问题具体分析"。这种方法论是马克思在扬弃黑格尔历史观、英国古典政治经学的基础上形成的反对抽象普适性的、观察社会历史特定情境的历史性视角。相比之下，鲍德里亚受当时法国结构主义、情境主义、人类学方法论的影响，以静态、实证、经验性的眼光去度量马克思本人历史性、多层面的生产概念，自然无法与之站在同一个理论平台上较量。以莫斯为例，如果仅仅从社会人类学的角度做出描述性的社会现象说明，可以说莫斯的象征交换理论是准确到位的；但莫斯错就错在将这种对特定时期社会现象的经验说明做了本质性的定位和超历史的阐发。一旦离开了具体的人类学研究领域，莫斯的社会批判理论将带有唯心主义色彩而缺乏现实意义。由此观之，鲍德里亚的以象征交换理论为核心的"草根浪漫主义"才真正是做了普遍化的、非历史的运用。

四

回到鲍德里亚生活和理论的具体语境，当他喊出"从此没人生产了，生产死了，再生产万岁！"[②]时，鲍德里亚其实已经是放弃了直接从生产过程、生产关系的线索来分析现实的资本主义社会，转而进入消费领域、符号领域。在他看来，进入垄断资本主义后特别是福特制、后福特制的出现，资本主义在生产过程中已经不存在什么本质性的矛盾了。与同时期的其他思想家一样，鲍德里亚不得不重新面对马克思主义和新时代的资本主义。列斐伏尔、德波从日常生活的全面异化和景观社会的角度对资本主义进行批判；哈贝马斯则走向了资本主义的修正道路，提出对资本主义的理性规范；与当时西方马克思

① 参见唐正东：《马克思对历史经验论的超越及其当代意义》，《哲学研究》2009 年第 2 期。

② 让·鲍德里亚：《象征交换与死亡》，车槿山译，南京：译林出版社，2006 年，第 38 页。

主义和后现代思潮不同的“法国调节学派则立足于经济与社会文化、社会之间的互动，立足于社会发展过程本身的内在矛盾”[①]，但坚持生产力与生产关系的分离，因而这种内在矛盾性也就成了资本关系中的次要矛盾，根本不能阻碍资本主义的发展和扩张。与他们有所不同的是，鲍德里亚最为激进地直接否定和颠覆了他们理论的前提，即物质生产的基础性和资本主义政治经济学的批判性视角。

必须肯定的是，鲍德里亚极为敏锐地把握到了当代资本主义经济组织和社会生活的内在结构，认识到资本在当下的支配结构已经演变为符号控制。但问题是，这仅仅是当代资本主义社会主导性的社会现象，而不能因此就指认资本主义已经完全进入了符号控制的社会。这是将符号作为社会本体性的存在，而忽视了真正的社会本体存在即物质生产。这种现象与本质的静态错置，根本上只能导致现实变革道路的堵死和幻想般的符号社会“暴死”[②]的出现。所以，通过上文对生产概念的分析得知，一方面不能将物质生产仅仅理解为物质成果、物质条件的生产与再生产而脱离了本质性的生产关系，使人类社会历史的发展成为生产力的发展，这样既不能准确理解物质生产的社会历史地位，同时更无法理解马克思关于资本主义内在矛盾的揭示以及人的解放道路的指引。另一方面，应该认识到物质生产在人类历史性存在、发展中的基始性地位，不能简单地将某种象征性的关系作为存在的基础而否定基础性的物质生产，这样必然导致现实中的生存危机。

所以说，当代资本主义无论是进入了德波所说的景观社会还是鲍德里亚所言的消费社会、符号社会，都无法抹杀一个事实，即物质生产依旧是社会存在、发展和运行的基础。由此可见，当代资本主义的经济政治变化，不仅不会导致历史唯物主义的过时，反而为其发展提供了新的现实条件。对基于新时期中国社会发展的中国马克思主义也同样如此。认清了这一点后，对马克思

---

① 唐正东：《法国调节学派的后马克思主义经济哲学方法》，《国外马克思主义的基本问题》，北京：社会科学文献出版社，2006 年，第 225 页。

② 参见让・鲍德里亚：《象征交换与死亡》，车槿山译，南京：译林出版社，2006 年。

生产概念做进一步的探究和反思就显得更为重要和有意义了。

作者简介：韩蒙（1987— ），男，北京人。南京大学哲学系 2006 级本科生、首都师范大学哲学系 2011 级硕士生、北京大学哲学系 2014 级博士生。现就职于中国社会科学院哲学研究所，研究方向为马克思主义哲学基础理论、国外马克思主义。

南哲感悟：这篇文章写于 2008 年 5 月，指导老师为唐正东教授；也是在那时，我的心底埋下了马克思哲学研究的“理论种子”。这颗种子得以生根发芽的丰沃土壤正是南京大学哲学系。四年的哲学训练特别是对马克思哲学的学习让我明白，南哲人的心境可以是诚朴的，在思想史的特定情境中走进哲人的赤子之心和本真视域；南哲人的学风可以是厚重宽实的，在文本耕犁和批判性审读中展开思想对话、回到当下现实；南哲人的胸怀亦可以是雄伟的，在自我超越和天下为公的实践中确立自己的理论初心。于我而言，由南大起始的“启蒙历程”不是完成态，而是永远在路上。

从古典劳动价值论到马克思经济哲学：双重逻辑的深层推进与统一*

谢利民

摘　要：古典经济学劳动价值论呈现出从人类主体与自然物的对象关系到个人主体之间的交互关系和从商品交换关系到物质生产过程的双重逻辑发展线索。马克思既是在对这种理论逻辑的认知基础上创立历史唯物主义，又是在历史唯物主义的哲学视域下把"主体交互关系"与"物质生产"双重线索最终统一起来，从而达及对生产关系作为社会存在本质的深刻指认，并通过剩余价值将资本主义生产关系的现实内涵揭示出来。

关键词：劳动价值论；双重逻辑线索；主体交互关系；物质生产；剩余价值

长期以来，这样一种论调一直主导着我们对马克思哲学与马克思政治经济学及其相互关系的理解：作为马克思成熟哲学思想的历史唯物主义是马克思借由费尔巴哈对黑格尔辩证法进行唯物主义颠倒的产物，并在《德意志意识形态》中就已完成；后期的政治经济学只是业已形成的历史唯物主义哲学在经济学领域中的具体应用，而对马克思的哲学话语没有任何建设性的意义。与这种论调不同，我认为，《巴黎笔记》之后马克思哲学思想发展的每一步都与他的经济学研究密不可分，历史唯物主义生成与发展的历史就是马克思恩格斯逐步推进经济学研究、不断深化对客观社会现实的认识的历史。也就是说，经济学，不仅是历史唯物主义的应用场域，而且是这一科学世界观和

---

* 本文选自《林间路》第十三期。——编者

方法论的生成基础。在这一过程中,古典经济学无可替代地充当了马克思吸收整合的重要理论资源和批判超越的重要理论对象,而其中的劳动价值论更是马克思"第二大发现"即剩余价值学说的直接理论来源。那么,从古典劳动价值论到马克思的经济哲学①或者说建立于唯物史观这一哲学地平线上的政治经济学尤其是剩余价值学说,这一理论发展过程中间贯穿着怎样一种逻辑线索呢?在这种线索上,马克思又是何以批判性地超越古典经济学的呢?本文试图给出一种可能的解答。

一、古典劳动价值论的双重隐性逻辑线索

深受英国经验主义哲学传统影响的古典经济学,其研究方法完全异质于欧陆主流哲学以"范畴"为核心的抽象思辨,而是在承认现存社会经济活动的基础性和优先性的前提下对现实社会关系进行客观具体的分析。② 张一兵教授将其中蕴含的隐性哲学话语指认为一种既不同于自然唯物主义又异于历史唯物主义的"在社会生活中肯定物质生产和客观经济关系的唯物主义"③,即社会唯物主义。可以看出,这种哲学话语及其所支配的古典经济学的理论视域的重心在于"物质生产"和"经济关系"(或更一般地,"社会关系")。我们将发现,真正把理论推进到这两个方面,尤其是将二者统一起来远非一蹴而就的事情。随着作为古典经济学的生成基础与考察对象的市民社会的逐渐形成与展开,古典经济学的核心即劳动价值论呈现出从人类主体与自然物的

① 唐正东教授在《斯密到马克思——经济哲学方法的历史性诠释》一书中将马克思建立于经济学研究基础上因而蕴含了丰富的具体性现实性历史性内涵的新唯物主义哲学思想界定为经济哲学。联系历史唯物主义的经济学生成背景和在后期的《57—58手稿》与《资本论》中马克思进行的深刻的资本主义经济批判,我认为这种称谓是恰当的。

② 这一研究方法背后的从客观社会历史出发的潜性哲学话语,被经济学研究中的马克思所吸收,并最终压倒费尔巴哈式人本学异化批判逻辑,决定性地推动了历史唯物主义哲学革命的实现。

③ 张一兵:《回到马克思——经济学语境中的哲学话语》,南京:江苏人民出版社,2003年,第36页。

对象关系到个人主体之间的交互关系[①]即社会关系和从商品交换关系到物质生产过程的双重逻辑发展线索。这一理论为马克思由不断怀疑而最终批判地继承，在唯物史观的哲学视域下终于推进到“生产过程中的人与人之间的关系”，并催生出剩余价值概念，从而真正实现了古典经济学中双重逻辑线索的统一。

从表面上看，物质生产所集中体现的应该是生产劳动者与物质生产资料的对象关系，而商品交换则似乎更应该承载着以物为媒介的人与人之间的交互关系。那么上述两条逻辑线索包括物质生产过程与主体交互关系的最终统一是否存在某种逆向匹配的错误？其实这种看似颠倒的发展逻辑正是资产阶级大工业生产方式及其所引起的一切颠倒物化的社会关系现象或假象的理论反映，只有从社会历史性视角透视生产过程中人与人之间的关系才能真正达及物化表象之下的生产关系本质。正如唯物史观所认为的那样，必须“从市民社会出发阐明意识的所有各种不同理论的产物和形式”[②]。古典经济学是对从简单商品交换到机器化大工业生产整个历史性发展的资产阶级社会结构的理论反映，对古典劳动价值论内在逻辑线索的深刻把握因此也离不开理论所面对的“市民社会”的现实展开这个出发点。

前资本主义时期，个人的劳动是全面的劳动，个人靠自身劳动基本能够自给，从而劳动还不是作为个体交互关系即社会的基础的有机整体。在此前提下，物质生产表现为个体自给自足的独立劳动，它所包含的只是人类主体与自然物之间“生产与需求”的对象关系；而个体交互关系则通常由血缘以及宗族、国家等功能性链条维系起来。这种物质生产活动与社会交往关系一定意义上的分离决定了自然经济时代和资本主义初期的经济学只能从农业生产中的直接劳动来把握财富（不是价值）的创造。资本主义专业化分工使劳动片面化，这种劳动的片面性使个体劳动的独立生存成为不可能，不同的个

① 这里的“主体交互关系”并不是指那种悬设的自由主体的共同体关系，而是指区别于人与物的对象性关系和外在于人的客观性的物的关系的、一定社会历史情境下的现实个人之间的交互关系。

② 《马克思恩格斯选集》第1卷，北京：人民出版社，1995年，第92页。

体之间由此相互需要起来并通过交换形成市民社会。在资本主义早期即手工业生产阶段，劳动还主要表现为独立的劳动主体作用于属于自己的劳动材料的劳动活动，由此物质生产过程中并未产生本质性的关系变化；然而个体劳动者之间的交互关系却由血缘、地域、文化等及相应的组织关系转向了直接劳动者之间劳动产品的交换关系，也就是说主体交互关系主要地表现为商品交换关系。在此经济背景下，价值概念开始凸显，经济学家通过交换价值来建构对整个社会关系的理解。在高级阶段，随着劳动能力与劳动材料或生产资料的彻底分离以及机器化大工业生产组织形式的普遍发展，生产过程中雇佣劳动者与资本家的矛盾关系凸显出来，而这层关系又集中于劳动本身的性质及其在整个经济活动中的地位。劳动“这个被现代经济学提到首位的、表现出一种古老的而适用于一切社会形式的关系的最简单的抽象，只有作为最现代的社会的范畴，才在这种抽象中表现为实际真实的东西”①。这种高度发达的资本主义生产方式一方面虽然使古典经济学得以把劳动确立为理论核心，并从而自觉地在物质生产过程中去把握社会关系本质；另一方面却衍生出了一系列遮蔽这一深层本质的物化经济幻象，致使经济学家们只能从物的关系视角透视生产过程中人与人之间的关系，从而无法把后者从前者中抽离出来而陷于拜物教的迷雾之中。这就是古典经济学双重逻辑线索据以呈现的广阔社会历史背景。

（一）斯密及之前的劳动价值学说

配第、坎梯隆等早期重农学派认为商品的价值最终决定于土地与劳动，并力图寻得二者之间的“自然等价”。区别于重商主义，他们的理论重心已经从流通领域转移到了物质生产领域。“真正的现代经济科学，只是当理论研究从流通过程转向生产过程的时候才开始”②，在这个意义上将重农学派“劳动是财富之父，是能动的要素，土地是财富之母”的观点视为劳动价值论的开

① 《马克思恩格斯全集》第46卷上，北京：人民出版社，1979年，第42页。

② 《马克思恩格斯全集》第25卷，北京：人民出版社，1974年，第376页。

端并非不可理解。问题在于，这里劳动创造的仍只是财富而非价值，只有发展到价值这一概念，个人主体之间的交互关系才得以通过交换的形式呈现出来。17 世纪的英国，商品关系尚未充分展开，农业生产仍然在社会经济生活中占据最重要的地位，这种经济状况决定了配第等人无法认识到直接劳动获取的自然财富之外的另一种财富——经过社会的人工改造得到的社会财富。这种视域的局限也制约了他们在另一条线索上的推进：劳动只有在物质自然条件（土地）下的生产性作用才能产生财富，而财富只是在对人的效用上才有意义，因此这里的劳动所连接的只是人与自然物质之间的对象关系，而无法作为交换的实体以建构起整个社会关系。

在通往个人主体间的交互关系（社会关系）的这条线索上，洛克的劳动财产理论第一次把劳动与个体交互关系结合起来，具有里程碑意义。洛克从政治法权关系来看待劳动的社会意义：商品生产所耗费的劳动不仅构成商品的价值，而且赋予商品生产者以对这一商品的所有权。我们知道，所有权概念所指涉的就不仅仅是人对自然物及其属性的生产与需求的关系，还直接关涉到不同个人主体间的交互关系。这就突破了重农学派单纯注目于劳动及其产品的物质性这一局限，从而显著地推进了劳动的关系性理解及其与价值的结合。

说斯密第一次奠定了政治经济学的全部科学理论基础，关键在于他把劳动抽象到前所未有的程度，并把这种抽象的一般社会劳动指认为交换价值的基础和一切社会财富的源泉。不过应该看到，由于斯密所面对并由以抽象的经济现实仍然是资产阶级社会早期手工业生产，经济活动中人与人之间的社会关系主要体现为直接劳动的交换关系，所以他虽然抓住了生产中的劳动这一根本性要素，但在深层理论视域上他仍然停留于交换层面。为什么这么说呢？单从自流通过程至生产过程这一线索来看，配第就已经完成了总体性转向，只是在另一条线索上还注目于人与自然的对象关系。斯密的理论思路已经达及主体交互性关系，问题在于他没能把它与物质生产这条线索统一起来。具体地说，当他讨论生产过程中的劳动时，劳动确实成为商品价值的决定因素，但尚未被视作构成社会经济关系的核心要素的价值实体；另一方面，当他探讨主体交互关系时,劳动却脱离其生产性考察视角,仅仅成为与其他普通商品无异的交换物。

斯密区分了使用价值和交换价值,把特定物品满足人类需求的能力即效用归于前者,从而把它剔除出对于商品价值决定因素的探讨之列。那么何种东西赋予商品价值呢?劳动,在商品生产过程中耗费掉从而凝结于商品中的一般社会劳动。然而有意思的是,斯密认为商品作为社会劳动的生产物这一事实只决定了它具有价值,却并未决定它必然具有那么多价值,也就是说生产中所耗费的劳动还不被视为构成商品价值的实体。对于商品价值的量,他意欲向生产劳动之外另求得一种衡量标准。斯密最终把商品价值的真实尺度确定为商品在交换中所支配的劳动量[①],而非商品在生产过程中耗费从而物化于自身中的劳动量。商品所支配的劳动量只是在交换中作为商品得到衡量,也就是说与其他商品进行交换的过程所体现的只是劳动的交换价值。然而活劳动在生产过程中所创造的价值是完全不同于劳动的交换价值本身的,不过这只有等到马克思提出劳动二重性时才被真正明确地揭示出来。[②]这一认识偏向表明斯密无法从生产过程中挖掘劳动所蕴含的深刻社会关系内涵,而只能诉诸交换关系。[③]“社会的内容正是当前社会中处于交换关系中

① 即出售一件货物所得货币能够雇佣的劳动量。

② 从下面这句话中可以看出斯密已经认识到剩余价值的存在:“社会全部劳动年产物所能购买或支配的劳动量,远远超过这年产物的生产制造及运输所需要的劳动量。”(亚当·斯密:《国民财富的性质和原因的研究》上卷,郭大力、王亚南译,北京:商务印书馆,1972年,第48页)但他并未把它当作一个问题来追究其生成历史与现实合理性,而是把两种劳动量分别视为商品价值在量上和质上的决定因素,从而把商品的交换与生产割裂了开来。

③ 其实当斯密做出商品的价值(注意,不是价值量)是由生产中所耗费的劳动决定的这一论断时,他的认识触角已经沿着重农学派所开辟的路径更深一步地潜入生产过程之中,并借由“价值”对“财富”的替代而“朝向”对生产劳动的关系性理解。但当他把商品内含的劳动量的决定作用只限定于价值的“质”上时,生产过程中的劳动便脱离了商品交换所构筑的整个社会关系。因为,不同于价值的“量”,价值的“质”只是说商品具有价值,可以进行交换,可却并不决定商品之间交换的比例,也就是说仅仅是“朝向”社会关系,而不直接是构成社会关系的价值实体。在这个意义上,斯密并未真正超越重农学派,而是在从生产过程中把握社会关系本质这一思路的大门前犹豫了一下就止步了。

的交换主体之间的关系。”[①]

生产中耗费的劳动量决定商品价值的观点与以交换关系来理解社会关系的思想路径在斯密的理论中构成了不可调和的矛盾。当斯密发现，在现代社会中，一件商品所能支配的劳动量必定大于物化于商品中的劳动量时，他没有坚持把物化劳动确立为创造商品价值的唯一力量，而是把这顶冠冕一切成三，把它们摁在商品的分配要素即构成商品“自然价格”的工资、利润和资本的头上。这正是后来为李嘉图所最反对与显著超越的地方。

由以上的分析可以看到，斯密及之前的古典经济学家不是把生产劳动仅仅理解为人与自然物的对象关系（重农学派），就是从交换关系层面来把握社会主体的交互关系（斯密）。物质生产与社会关系的不同形式的分裂使他们在不同的程度上都远离对生产关系深刻内涵的理解与揭示。

（二）李嘉图的“物化关系”[②]语境

作为资本主义工业大生产的典型理论反映的李嘉图经济学是古典经济学发展逻辑的最高峰，也最为接近历史唯物主义创立与发展的现实出发点。其根本性的步伐是在对斯密理论的批判与发展中迈出的。

早在1810—1811年的《边沁杂记》中，李嘉图就鲜明地揭示了斯密劳动规定的矛盾性，指出商品所支配劳动的价值的可变性，从而摒弃第二种价值尺度。针对斯密现代社会中商品价值由工资、利润和地租构成的结论，李嘉图排除了资本利润和地租的影响，从而捍卫了商品所耗劳动量是交换价值的原因和尺度这一被斯密限于“资本积累和土地私有以前的早期蒙昧社会”的原

① 唐正东：《斯密到马克思——经济哲学方法的历史性诠释》，南京：南京大学出版社，2001年，第55页。

② 这里“物化关系”是指生产关系在资产阶级社会中以物（资本）的形式呈现所引发的一系列物化经济现象。这一概念在此处的使用若未经澄清，很容易引起误读。之所以说李嘉图达及了“物化关系”，不是因为他已经认识到以资本为中心的客观经济关系是历史性的资本主义生产关系的物化颠倒的“假象”，正好相反，是说他把握到了这一层物化的经济表象，并以物的自然性来对暂时性的资产阶级社会形态做永恒性的论证。简单说，李嘉图把握到了作为“关系”的表现形态的“物”，而不是作为“物”象之本质的“关系”。

理的一般有效性。无论是商品支配的劳动量还是工资,都只是以作为商品的劳动的交换价值来理解商品价值,因而仍然停留在交换关系层面。李嘉图真正把商品价值无论质上还是量上都确定为商品本身内含的物化劳动,从而把对社会关系的考察视角彻彻底底从商品交换关系转换到了物质生产过程[①]之中。这种逻辑偏向甚至强烈到致使交换作为商品价值的前提这一基本事实都遭到一定程度的忽视或遗忘的程度。[②] 已经达到从物质生产考察社会关系这一理论深度的李嘉图认识到了物化的生产关系即资本关系,然而我们将看到,他最终无法穿透这层物的外衣以抓住被遮蔽的人与人之间的关系这一本质。[③] 可以说相对于斯密,李嘉图对资本主义经济本质性特征有了更深入的把握,在社会历史观上大大推进了一步。有意思的是,正是这种深刻性使他

---

① 同样作为理论视域重心的物质生产范畴,在重农学派与李嘉图那里具有迥然相异的现实具体内涵:在前者主要是简单的农业生产,而后者则指向发达的资本主义机器大工业生产。这也决定了前者只能把握到人与物之间直接的对象性关系,而后者则达及了远为深刻的人与人的生产关系所异化成的物与物的关系。

② 在《国民经济学及赋税原理》第三版问世后致特娄尔的一封信中,李嘉图坚决地表态:“你说,没有商品的交换就不可能有价值;我同意这一点,如果你指的是交换价值的话。但是,如果我制一件衣服必须用一个月的劳动,制一顶帽子只需用一个星期的劳动,尽管我绝不用这两件东西进行交换,衣服的价值还是四倍于帽子。”这段话的理论背景是李嘉图晚年区分了相对(“交换”)价值和绝对价值。在确立了物化劳动作为交换价值唯一决定因素后,李嘉图仍然担心任何商品的相对价值都不免于随生产所必需的劳动量的变化和所用固定资本的价值不同或耐用性不同而发生变动,因此提出用以衡量一切商品价值的“绝对”变动的绝对价值,它是完善的、不变的。随后李嘉图又把绝对价值与商品生产所耗费的劳动量等同起来,这可以说进一步维护了物化劳动作为商品价值的真实尺度的地位。我们从中能够感受到李嘉图力图超越交换关系真正走向生产的努力,然而这却绝对不能以交换的缺席为代价。

③ 国内学界有观点认为,斯密和李嘉图对于劳动价值概念理解的偏误源于他们“缺乏抽象力”,仍然注目于具体劳动(参阅张一兵主编:《马克思哲学的历史原像》,北京:人民出版社,2009 年,第 423—424)。事实上,马克思已经注意到并高度评价了斯密抽象劳动的提出,称他“大大地前进了一步”,“抛开了创造财富的活动的一切规定,——干脆就是劳动,既不是工业劳动、又不是商业劳动、也不是农业劳动,而既是这种劳动,又是那种劳动”(《马克思恩格斯全集》第 46 卷上,北京:人民出版社,1979 年,第 41 页)。如果说,抽象劳动概念在斯密的理论视域中还保留有手工业时代中“所有个人劳动的总体”的意味,那么在作为大工业生产现实反映的李嘉图经济学中则无疑真正具有了创造和衡量交换价值的劳动一般的含义。实际上古典经济学已经认识到劳动的一般性即社会性意义,问题的关键只是局限于经验实证方法的古典经济学无法把劳动的社会性与其自然规定性完全区分开,即无法把关系真正从物中抽离出来。这是古典经济学与马克思经济哲学之间最大的鸿沟。

反而偏离了主体交互关系本身这一根本性的视点。

李嘉图能够达到完全崭新的理论高度，这是与他所站立的发达市民社会即资本主义社会化工业大生产的充分展开这一现实平台分不开的。与早期手工业经济仅仅倚赖商品的市场交换建构市民社会不同，以现代机器化工厂这种组织形式展开的工业大生产展现的是完全另一番景象，这就是工业生产过程中以物的形式表现的人与人之间的关系，即物化（客观化为物）的生产关系。面对这个由产业资本主导的社会，李嘉图把握住了物化这层社会历史现象，“把人变成帽子”（马克思语），也就是说把社会历史的主体从人转移到客观化的生产力和生产关系，即资本关系的现实运作。随着主体性的丧失，人（准确一点，工人）就沦为与机器一样的资本的工具和附属物，而资本家则是资本的人格化表现。这些现象共同表明了一个日益凸显的历史“事实”：资产阶级社会中物化的社会关系代替人本身成为客观运行的历史发展主体。李嘉图这种深层的唯物主义社会历史观虽然揭示了物化的生产关系这一资产阶级社会最重要的现象特征，而且这一认识层面构成了历史唯物主义哲学革命中马克思恩格斯所面对并由以出发的现实基点，但是他停留于物的关系这一层表象或者说陷于拜物教之中，无法认清隐藏其后的生产过程中的现实的人与人之间的关系以及生产力生产关系的矛盾运动。

何以李嘉图会偏离人的交互关系从而无法认识到人与人之间的生产关系这一社会本质呢？这是由他的理论的资产阶级立场所决定的。面对从商品与货币流通到劳动力的商品化再到资本的增殖这一系列物化的经济现象，资产阶级经济学家们无法从中剥离出被遮蔽的真实的生产关系本质。他们往往把“资本的物质要素和资本的物质形式”，更一般地说，社会的物质性和社会历史性混同起来，并以前者的“自然性”证明资产阶级社会形态的永恒性。这是整个资产阶级经济学无可逃避的根本局限，也是它最终无法把主体交互关系和物质生产双重理论线索真正统一起来从而揭示历史性的生产关系的根源所在。

二、走向统一——劳动价值论与唯物史观的生成与发展

在古典经济学中,物质生产与主体交互关系双重线索扭结在一起共同发展。然而无论是从商品交换层面透视主体交互关系(斯密),还是以物的关系视角观照物质生产过程(李嘉图),都表明古典经济学家们尚未能将双重线索真正统一起来,从生产过程中把握社会关系本质。这一工作最终由马克思通过确立唯物主义哲学新视域并由政治经济学的科学分析以深化其社会历史性内涵这一过程来完成。

(一) 唯物史观生成过程中的劳动价值论

对于马克思来说,劳动价值论绝不是仅仅作为剩余价值学说来源的一种阐述价值及其形成方式的经济理论,而且是一种隐性而强大的从客观的社会经济活动出发通过对现实劳动的分析把握真实的社会关系本质的哲学话语。对于古典劳动价值论,马克思有一个始而怀疑或忽视继而简单肯定终而批判地继承与发展的过程,这是和历史唯物主义的形成与发展同体发生的。一方面,在每一个思想发展阶段上,马克思的主导哲学话语决定了他对劳动价值论的认知方式;另一方面,对劳动价值论尤其是隐含其中的从现实经济关系出发的客观逻辑的认识深度反过来又制约着马克思哲学话语的转换。

《巴黎笔记》之前马克思尚未转向经济学研究,劳动价值论是在其哲学视域之外的。在《1844 年经济学哲学手稿》(以下简称《1844 年手稿》)这一重要文本中,马克思从人本异化逻辑这一主导哲学话语出发,一方面认为古典劳动价值论把财富或私有财产的本质正确地指认为人的类本质的异化,另一方面却指出其"非人性",即古典经济学基于从现实经济关系出发的客观逻辑对异化事实的肯定(非批判)态度。然而尚未凸显的现实逻辑却也隐性地发挥着影响,马克思此时就已经敏锐地意识到,不是市场上的物与物之间的交换

关系，而是生产领域中的劳动与资本的关系[①]才是资本主义所有秘密的源发地："私有财产的关系潜在地包含着作为劳动的私有财产的关系和作为资本的私有财产的关系，以及这两种表现的相互关系……劳动和资本的这种对立一达到极端，就必然是整个关系的顶点、最高阶段和灭亡。"[②]

从《评弗里德里希·李斯特的著作〈政治经济学的国民体系〉》的"非自由的、非人的、非社会的、被私有财产所决定的并且创造私有财产的活动"[③]，经过《关于费尔巴哈的提纲》的"实践的、人类感性的活动"，到《德意志意识形态》的"物质生产"，作为哲学历史观和方法论的历史唯物主义最终确立起来了。有了唯物史观这一科学理论话语和物质生产这一全新理论平台作为前提，在随后的《哲学的贫困》这一首次自觉地将唯物史观新视域与政治经济学相结合的文本中，马克思以比较积极的态度接受了劳动价值论："总括起来说，劳动本身就是商品，它是作为商品由生产劳动这种商品所必需的劳动时间来衡量的。"[④]他认识到，李嘉图"把人变成帽子"的"刻薄"理论实质上是揭示了资本主义经济现实本身的"刻薄"。然而马克思同时也识破了深藏在古典政治经济学背后的隐性二律背反："把劳动时间作为价值尺度这种做法和现存的阶级对抗、和劳动产品在直接劳动者和积累劳动占有者之间的不平等分配是多么不相容。"[⑤]经济学家所宣称的自由资本主义经济关系之"自然性""完善性"和"永恒性"与现实存在的劳动与资本的矛盾、阶级对抗截然相反。这里马克思仍只是在以刚刚创立的历史唯物主义一般原则审视和批判蒲鲁东及古典经济学，很多具体经济学问题尚待进一步分析和解决，因而在这一文本中深层哲学话语并没有太大的推进。不过蒲鲁东抽象静态的经济学理论不能说没有激发马克思把对社会关系的理解深化到具体性历史性的物质

---

① 当然此时的马克思远未达到从生产力与生产关系及其相互关系来理解资产阶级社会的认识深度，这从他在以下引文被省略部分中对"劳动"和"资本"所做的人本异化意义上的解释可以明显看出来。

② 《马克思恩格斯全集》第3卷，北京：人民出版社，2002年，第283页。

③ 《马克思恩格斯全集》第42卷，北京：人民出版社，1979年，第255页。

④ 《马克思恩格斯全集》第4卷，北京：人民出版社，1958年，第94页。

⑤ 《马克思恩格斯全集》第4卷，北京：人民出版社，1958年，第95页。

生产过程的思想冲动。

（二）物化批判理论的深层话语

虽然《德意志意识形态》已经把生产力和交往方式及其相互关系视为整个人类历史的基础,但这仍然只是基于哲学世界观层面做出的对历史唯物主义原则的一般性指认。没有更深入更具体的经济学理论研究,物质生产和交往方式等范畴就无法被赋予深刻的现实历史性内涵。正如马克思所说,“人体是猴体解剖的钥匙”,只有解剖了发达资本主义社会的生产方式和经济关系这一“人体”,前资本主义的经济社会形态乃至一般性的社会结构和发展规律才能充分彰显其现实性,而不会流于空泛的逻辑演绎。由此,深入具体分析资本主义经济社会把握其生产关系本质的科学的政治经济学开始突入马克思后期的理论研究视野,最终把一般历史唯物主义推进到科学的物化批判逻辑这一更为深层的理论话语。这也是古典经济学“主体交互关系”和“物质生产”双重理论线索统一的产物。

《德意志意识形态》的主要任务在于清理德国理论界一切非现实非历史的意识形态和确立历史唯物主义一般原则,但此时马克思恩格斯也尝试着从“分工”的视角入手,分析资本主义大机器生产条件下劳动与资本之间矛盾的客观必然性。这是他们在唯物史观前提下走向具体经济现实批判的初次努力,也是物化批判理论的直接渊源。比较容易受到忽视的讲演稿《雇佣劳动与资本》其实是迈向资本主义生产关系批判的重要步伐。首先它指出了物质生产与社会关系的内在一致性:“人们在生产中不仅仅影响自然界,而且也互相影响。他们只有以一定的方式共同活动和互相交换其活动,才能进行生产。为了进行生产,人们相互之间便发生一定的联系和关系;只有在这些社会联系和社会关系的范围内,才会有他们对自然界的影响,才会有生产。”①这使得它能够打破“交往形式”概念从商品交换关系视角来理解社会关系的局限性,而深入物质生产过程中,提出“社会生产关系”概念,并最终做出“生产

① 《马克思恩格斯选集》第1卷,北京:人民出版社,1995年,第344页。

关系总和起来就构成所谓社会关系”[①]这一论断。同样重要的是，马克思还在这一文本中揭示了雇佣劳动与资本的矛盾关系这一资产阶级社会最主要的矛盾。

真正完成对资产阶级生产关系的物化批判理论的整体建构的文本是《1857—1858年经济学手稿》(以下简称《57—58年手稿》)。手稿的导言开篇就申言:“摆在面前的对象，首先是物质生产。”[②]但马克思同样也认识到:“说到生产，总是指在一定社会发展阶段上的生产——社会个人的生产。”[③]物质生产不是一个抽象的范畴，而总是在一定的社会历史情境下的具体的现实的出发点，而且在这个基础性的活动领域中包含着的不单单是人与自然物之间的对象关系，更重要的是社会个人之间直接基于生产活动所建构起来的交互性关系，即生产关系。但现实是，在发达资本主义工业大生产条件下，“在生产者看来，他们的私人劳动间的社会关系，就像是这样的:明白的说，不像是人与人在他们的劳动上面的直接的社会关系，却像是人与人间的物的关系，和物与物间的社会关系了”[④]。《57—58年手稿》的任务就在于破除将这一种资产阶级物化经济现象抽象化和永恒化的拜物教幻象，不断赋予抽象的社会规定性以历史性具体性的内涵，最终把握到资产阶级生产关系之中现实的矛盾运动。

《57—58年手稿》是根据马克思所宣称的“从抽象上升到具体”的方法展开理论布局的。我们将发现，这种布局正是穿透资产阶级社会物化颠倒的经济表象以把握生产关系这一社会关系本质的物化批判逻辑的展示。“货币章”中，马克思的思路还只是停留在商品交换关系上，专注于从劳动的一般性物化意义上来讨论商品的交换价值属性，从抽象的社会性规定来探讨资产阶级社会的“一般特征”。从双重发展线索上看，这就仍然只是以物的交换关系来理解社会主体的交互关系。如果把至此为止的思路界定为最终的定论，那么这就是马克思要加以批判的资产阶级经济学的理论逻辑。这种从交换关

---

① 《马克思恩格斯选集》第1卷，北京:人民出版社，1995年，第345页。

② 《马克思恩格斯全集》第30卷，北京:人民出版社，1995年，第22页。

③ 《马克思恩格斯全集》第30卷，北京:人民出版社，1995年，第26页。

④ 马克思:《资本论》第1卷，北京:人民出版社，2004年，第55页。

系把握到的资产阶级社会的一般规定性只是建立在交换价值上的被物化的社会关系。所以，从一定程度上说，“货币章”正是马克思对作为其批判对象的物化颠倒的社会关系的一个初步的理论展示。

交换过程中作为买者与卖者的个人关系所构成的只是资本的“外部生活关系”，而问题的关键在于作为商品关系之基础与前提的资本的“内部有机的生活”关系即一定的具体的生产关系：“生产过程和价值增殖过程的结果，首先是资本和劳动的关系本身的，资本家和工人的关系本身的再生产和新生产。这种社会关系，生产关系，实际上是这个过程的比其物质结果更为重要的结果。”①在“资本章”中，马克思进入对资本主义生产过程的具体分析，实现了从“货币章”中的抽象一般的商品交换关系上升到具体的历史性的资本主义生产关系的理论演绎。至此，作为资本主义生产的目的与动力（终点与起点）的资本和手段性雇佣劳动及其相互关系很自然地突入马克思的理论视域之中。“资本”在这里不再是《哲学的贫困》所理解的“积累的劳动”，更不是作为单纯交换媒介的货币，而是一种客观的生产关系。资本只有在与“资本的否定”即雇佣劳动的交换中才成为资本。“雇佣劳动”概念的提出与应用，表明工人的劳动力已经转化成了创造价值和剩余价值的动力从而成为资本的生产力，这样一来，劳动这种本属于人类主体的能力就“异化”成了资本主义社会客观运行中的内在组成部分。这一认识为马克思把思路推进到现实劳动过程中生产关系的内在矛盾及其与生产力所构成的社会基本矛盾奠定了基础。

三、生产关系的现实指归——剩余价值理论

在深入分析资产阶级社会生产关系的具体内容时，马克思就不得不借助具体的经济学基本理论尤其是劳动价值理论了。这是因为：“按一定比例分配社会劳动的必要性，绝不能被社会生产的一定形式所取消，而可能改变的只是它的表现方式，这是不言而喻的……而在社会劳动的联系体现为个人劳

---

① 《马克思恩格斯全集》第46卷下，北京：人民出版社，1980年，第36页。

动产品的私人交换的社会制度下，这种按比例分配劳动所借以实现的形式，正是这些产品的交换价值。”“科学的任务正是在于阐明价值规律是如何实现的。”①和李嘉图等古典经济学家“把尚待阐明的一切可能的范畴都假定为已知的”确定不移的前提不同，马克思力图把握生产过程中现实的矛盾关系及它如何决定消费、分配和交换等一切经济范畴的形式，这一任务在资本主义市场经济条件下实质上也就是阐明价值规律的现实运作机理。

（一）资产阶级社会剥削秘密的根源

在《资本论》中，马克思把商品所固有的满足人需要的某种性质即使用价值视为交换价值的“承载物”。“各种商品，毫无差别地对待它们自然存在的样式，不管它们当作使用价值时所满足的需要的特殊性质，以一定数量彼此相等，在交换时彼此替代，而当作等价物，因而尽管它们有千差万殊的形相，却代表着同一个统一的东西。”②在交换中，不同商品使用价值之间的相互异质性被抽去了，而以一个量化的标准彼此按一定比例等同起来，从而实现相互交换。那么这种统一的标准或“共同物”是什么呢？马克思说：“如果把商品体的使用价值撇开，商品体就只剩下一种属性。即劳动产品这个属性。”③那么很明显，衡量所有商品的这种“共同物”就只能是生产商品所耗费的社会劳动量，即商品的价值。在这种价值交换过程中，“具体劳动”（“私人劳动”）与“抽象劳动”（“等同的人类劳动”）的二重性呈现出来。后者的提出是以资产阶级社会的生产劳动通过普遍交换关系成为建构社会的基础的有机整体这一现实状况为前提的。④ 在这种劳动二重性的矛盾中，剩余劳动和剩余价

---

① 《马克思恩格斯全集》第4卷，北京：人民出版社，1958年，第580页。

② 马克思：《政治经济学批判》，北京：人民出版社，1957年，第2页。

③ 马克思：《资本论》第1卷，北京：人民出版社，2004年，第50—51页。

④ 在生产产品开始交换的最初阶段，它们之间的交换比例与交换物的生产过程并无太大关系，而主要取决于交换双方基于自身需要对交换物效用的主观评价。然而马克思探讨的重心在于以交换为目的的生产占据主导地位的资本主义社会，在这一“商品生产社会”里，生产物之间“互相交换的量的比例，则依存于它们的生产自身。习惯把它们当作价值量来固定”（马克思：《资本论》第1卷，北京：人民出版社，1958年，第73—74页）。

值的概念也就自然孕育而出。这是资产阶级社会剥削秘密的根源。

资本主义的剥削不是通过破坏商品生产交换规律的“暴力”或“不平等交换”实现的,相反它正是以这种规律的应用为前提,从而能够采取相对隐蔽的榨取直接生产者剩余劳动的形态。《资本论》第一卷已经把这个隐匿于生产过程中的秘密初步揭示了出来。任何一个资本家维持和扩大自身生产资料即资本的前提条件在于下述这一情境,他把一定量货币投入生产或其他经济活动,最终收回更多的货币。可以设想,纯粹建立在一般商品的等价交换基础上的经济活动所最终实现的只是等量价值的流通。那么在一般情况下,也就是说当资本家以商品均衡价格即其价值购入生产资料售出生产成品时,资本的增值即资本家除去生产成本的额外获利是如何实现的呢?资本家“必须这样幸运地在流通领域之内即在市场上发现一种商品,它的使用价值本身具有成为价值源泉的独特属性,因此,它的实际消费本身就是劳动的对象化,从而是价值的创造”[①]。这一特殊商品就是劳动力。资本主义原始积累时期的暴力掠夺使大量直接生产者与自己原有的生产资料分离,为求得自我生存,他们不得不把自身的劳动能力作为商品出卖给新的生产资料拥有者,从而为资本家提供了直接从事生产的活劳动。劳动力在现实工业生产中的应用是一切商品价值的创造,也是资本增值和剥削秘密的真正发源地。劳动力作为一种商品,其价值正如其他商品一样决定于生产劳动力所耗费的劳动量。这一劳动量,在马克思看来大约就等同于生产维持工人及其家人生存的最基本生活资料所耗费的劳动量。“但是,包含在劳动力中的过去劳动和劳动力所能提供的活劳动,劳动力一天的维持费和劳动力一天的耗费,是两个完全不同的量。”[②]劳动的使用价值所新创造的价值要明显大于劳动价值本身。劳动力在每天的应用中除了满足自己这一天基本生活需要的价值(劳动力自身的价值)之外,还创造了剩余的价值,它凝结在生产出的商品中。资本家把生产成品即使按照本身价值出售,也能够实现从而占有这一部分剩余价值。

---

① 马克思:《资本论》第1卷,北京:人民出版社,2004年,第194—195页。

② 马克思:《资本论》第1卷,北京:人民出版社,2004年,第225页。

在这种深层剥削关系之上覆盖着两重假象：首先，直接劳动者是"自由工人"，他们的人身是自由的，可以选择是否受雇佣，受谁的雇佣；在生产过程中，工人向资本家出卖自己的劳动，资本家付给工人购买足以维持他们生存的生活资料即等于劳动力自身价值的货币，综上两点，资本家与工人的雇佣关系是一种完全自愿的等价交换。第一重假象忽视了下面这样一个重要的事实，工人阶级在历史上已经被剥夺了生产资料，不得不"以出卖劳动力为其收入的唯一来源的，如果他不愿饿死，就不能离开整个购买者阶级即资本家阶级"[①]，所以所谓"自愿"不过是选择生存或死亡的"自愿"。第二重假象则建立在"劳动力创造的价值＝相同劳动力所耗费的价值"这一虚假的等式上，而真相已如上述，资本家利用总劳动量与"必要劳动"（生产维持劳动力的必需品的劳动量）之间的差额，攫取其中的"剩余劳动"即利润。这样便形成一种强制关系：工人为获得维持自身生存的生活资料，不得不把自己的劳动能力作为商品出卖给生产资料占有者即资本家，付出超出自身生活需要的劳动量，最终却只得到生活必需品。在资本主义生产条件下，直接劳动者即工人与生产资料占有者即资本家的矛盾关系最深刻地聚焦于"必要劳动"与"剩余劳动"的这种矛盾关系之中。

（二）剩余价值的哲学内涵——物质生产与主体交互关系的最终统一

在马克思那里，价值不是商品的"物"的"属性"，而是一个社会关系概念。"实际上价值只不过是人和人之间的关系、社会关系在物上的表现，它的物的表现，——人们同他们的相互生产活动的关系。"[②]价值是在交换中实现的，并通过交换建构起整个市民社会的交往关系。然而我们将看到，价值其实已经突破了商品交换层面而深入到生产领域，从而蕴藏了更为深刻的生产关系内涵。"在商品生产者的社会里，一般的社会生产关系是这样的：生产者把他们的产品当作商品，从而当作价值来对待，而且通过这种物的形式，把他们的私

---

① 《马克思恩格斯选集》第1卷，北京：人民出版社，1995年，第337页。

② 《马克思恩格斯全集》第26卷第3册，北京：人民出版社，1972年，第159页。

人劳动当作等同的人类劳动来互相发生关系。"[①](着重号为引者所加)很明显,这重社会生产关系内涵只有随着抽象化的社会劳动("等同的人类劳动")的出场才能被真正揭示出来。

"古典政治经济学在任何地方也没有明确地和十分有意识地把体现为价值的劳动同体现为产品使用价值的劳动区分开。"[②]重农学派把直接具体的农业生产劳动视为价值的创造,而这里所谓价值其实只是财富即使用价值,真正的价值概念尚未呈现,就更谈不上"体现为价值的劳动"了。斯密虽然提出了不同于任何个别劳动的一般"劳动",但他仍然把劳动理解为创造自然物的具体生产性劳动,所谓一般劳动也仅仅指谓"所有个人劳动的总体"。正如马克思所指出的那样:"虽然斯密认为劳动创造价值,但是他把劳动本身理解为使用价值,理解为自为存在的生产性,理解为一般的人类自然力……而不是把劳动理解为雇佣劳动,理解为同资本相对立的独特形式规定上的劳动。"[③]这种对劳动从自然规定性而非社会历史性上的理解导致斯密无法把一般性的社会劳动从自然性的生产劳动中抽象出来,从而一方面以生产中的劳动来界定商品价值,另一方面又不得不最终诉诸商品所支配的劳动量,而这是与一般商品无异的使用价值。李嘉图把古典劳动价值论推进到了极致,完完全全以商品本身所凝结的劳动量来界定商品价值。这种凝结于商品中的生产劳动作为无差别的一般劳动成了构成社会经济关系的价值实体。然而李嘉图也未曾意识到"劳动的纯粹量的差别是以它们的质的统一或等同为前提的,因而是以它们化为抽象人类劳动为前提的"[④],仍然把资本主义生产条件下的一般社会劳动与生产自然物的个别具体劳动混同起来。整个资产阶级经济学都陷入劳动的自然性所制造的拜物教迷梦中,无法抽离出劳动的社会历史性内涵从而打开通往资本主义生产关系的秘密之门。

马克思自信地声称:"商品中包含的劳动的二重性"这一"理解政治经济

---

① 马克思:《资本论》第1卷,北京:人民出版社,2004年,第97页。

② 《马克思恩格斯全集》第23卷,北京:人民出版社,1972年,第97页。

③ 《马克思恩格斯全集》第46卷上,北京:人民出版社,1979年,第293页。

④ 《马克思恩格斯全集》第23卷,北京:人民出版社,1972年,第97页。

学的枢纽”“是首先由我批判地证明了的”①。生产商品的使用价值的是有用劳动,使用价值的异质性决定了生产它们的劳动也是不同质的。这只是从自然物质性层面对劳动的界定,更重要的在于劳动在社会历史层面的内涵。“在我们资本主义社会里……如果把生产活动的特定性质撇开,从而把劳动的有用性质撇开,生产活动就只剩下一点:它是人类劳动力的耗费。”不同的质被抽去了,生产商品的劳动只作为纯粹的量按一定比例将不同的商品连接起来,从而作为价值实体建构起整个社会关系。在资本主义生产方式中,商品生产者首先经历了作用于自己的劳动材料的个体劳动能力经过交换关系异化为物从而人与人之间的关系异化为物与物的关系的过程。在资本主义高级阶段,随着劳动能力与劳动进行的客观条件的彻底分离,劳动主体失去了与自身劳动产品的直接关联,主观的劳动能力抽象化为一种一般的社会劳动。这种抽象劳动“既表现为他人的客体性(他人的财产),也表现为他人的主体性(资本的主体性)”②。“‘资本’这种原本只作为劳动的客观条件的东西,现在却成了一种社会劳动的存在,成了劳动作为主体又作为客体的结合,这便是人们在资本主义条件下生产呢绒、麻布时所生产出的独特的生产关系。”③

对劳动在资本主义生产条件下的社会历史规定性的理解超越了古典劳动价值论的自然规定性的眼光,使剩余价值得以出场。与古典经济学从物质生产过程中通过生产性劳动把握人与物的对象性关系或从作为一般商品的劳动的交换关系来理解社会关系不同,剩余价值最真切地把握到了资本主义大工业生产中雇佣劳动与资本的矛盾关系。劳动力的价值只不过是生产劳动力所花费的社会必要劳动,也即生产维持劳动力生存的基本物质资料所需的必要劳动;另一方面,劳动力作为使用价值所新创造的价值凝结于新的商品中。我们知道,在资本主义生产力条件下,后者的量肯定是大于前者

① 《马克思恩格斯全集》第23卷,北京:人民出版社,1972年,第55页。

② 《马克思恩格斯全集》第46卷上,北京:人民出版社,1979年,第293页。

③ 张一兵主编:《马克思哲学的历史原像》,北京:人民出版社,2009年,第470页。

的,这样就产生了价值的剩余。这一剩余部分被资本家攫取并重新投入生产中成为新的资本,在这种强制性的生产关系中,资本实现着自身的无限增殖。

马克思所揭示的这层雇佣劳动与资本的矛盾关系构成资本主义生产关系最本质的现实内涵,是撑起整个资产阶级社会大厦的基石。这是物化批判逻辑,即穿透颠倒的物化经济假象以把握历史性社会本真存在这一逻辑的最终的具体的理论旨归。也只有到这里,"主体交互关系"和"物质生产"才最终分别破除物的关系和交换领域的遮蔽,从而真正统一为生产关系这一社会本质内涵。

四、结　论

任何对于理论发展线索的把握都不能是脱离活生生的实际生活的抽象干枯的教条,而应该结合一定的具体的社会历史情境来理解其丰富的历史性内涵。正如上文所述,古典劳动价值论之所以呈现"从人类主体与自然物的对象关系到个人主体之间的交互关系即社会关系和从商品交换关系到物质生产过程的双重逻辑发展线索",是因为古典经济学家无法摆脱对抽象劳动及由之构成的整个资产阶级社会形态的自然性视角,而这种理论局限的根源又在于现实的资产阶级大工业生产方式及其所引起的一切颠倒物化的社会关系现象或假象。

马克思在其哲学话语转换中不断深化着对劳动价值论的认识,又由对劳动价值论认识的深化推动着哲学话语本身的转换。在这种双向交互作用中,马克思的哲学视域最终转到了物质生产与交往方式及其相互关系上,从而奠定了历史唯物主义的一般原则。不过"交往方式"概念表明他与古典经济学一样仍是从交换层面理解社会关系,这阻碍了马克思对具体的物质生产过程研究的进一步深入及与对社会关系的考察的结合。在物质生产这一全新理论平台上,随着对资产阶级经济社会批判性研究的不断深入,马克思终于把话语推进到更深层次的物化批判逻辑,即穿透资产阶级物化关系生活表象把握资本主义工业生产中的现实主体交互关系即生产关系。剩余价值的提出把这重生产关系的现实具体内涵最终揭示了出来。这是“主体交互关系”与“物质生产”双重线索的终极指向和必然结果。

作者简介:谢利民(1989—),江西赣州人,南京大学哲学系2011届学士、2016届博士,供职重庆大学人文社会科学高等研究院,主研外国哲学。

南哲感悟:多年以后面对一生的穷途,我大概还会记得在南大哲学林间路中穿行的那十年。从十七到二十七,从懵懂热血到佛系冷眼,从一路青翠到四顾苍茫,南哲如一位前世结识的老友,默默见证着又一个古老的青春故事。无论那叫作成长还是堕落,所幸的是,林间那一串深深浅浅的足迹仍将一路向前,直至消融于密林深处。十年一觉金陵梦,依旧当时问道人。

另一种现象学还原：从意向性到时间性
——基于对海德格尔之马堡讲稿的研究*

谢裕伟

摘　要：早期海德格尔的成就是建立在胡塞尔意向性研究的基础之上的。海德格尔将意向性理解为此在行为的基本结构，在对感知行为的研究中发现了胡塞尔所忽略的作为意向性的核心成分的“被感知性”。而这一“被感知性”是植根于此在对存在者的存在领会的。领会和“在—世界—之中—存在”展示了此在的超越性，而此在之超越性又植根于本源时间的绽出—境域特征。这一系列奠基可以看作一种现象学还原的努力，马堡讲座为我们展示了这个还原的基本过程。然而，这一还原因为时间问题之艰深而最终未获成功。

关键词：意向性；现象学还原；被感知性；存在领会；“在-世界-之中-存在”；超越性；时态性；绽出的-境域的时间性

“海德格尔把他的工作建立在**胡塞尔现象学**的意向性研究的基础上，因为这种意向性研究意味着一次决定性的突破……”①伽达默尔在其名著《真理与方法》中说了这么一句话。《真理与方法》出版于1960年，那时海德格尔虽已名震世界，但“海德格尔”与“意向性”两个词语似乎还难以联系起来，因为

---

* 本文选自《林间路》第十四期。——编者

① 伽达默尔：《真理与方法》(上卷)，洪汉鼎译，上海：上海译文出版社，2004年，第315页。未加特别说明时，本文所有引文中的强调皆为原文所有。

在当时已出版的海氏的著作中，“意向性”并不是一个重要的词语。[①] 所以，伽达默尔的话多少显得费解。然而，1975 年以后，海德格尔写作于 20 年代中期的马堡讲座稿相继出版了。在这些讲座中，“意向性”这一术语高频地出现。伽达默尔就曾跟随海德格尔从弗莱堡大学转到马堡大学，聆听了这些讲座。[②]

然而，海德格尔如何“把他的工作建立在胡塞尔现象学的意向性研究的基础上”则不是一个这么容易得到回答的问题。人们最先看到的肯定是海德格尔对胡塞尔意向性理论的批评。1929 年，也就是在纪念胡塞尔 70 周年诞辰的纪念文集中，海德格尔发表《论根据的本质》一文，公开指出：“如果我们把一切对于存在者的行为都标识为意向行为，**意向性**就只有**根据超越**才是可能的，但它既不与这种超越相同一，也根本不是反过来本身成为使超越可能的东西。”[③]然而，这些批评并没能对上述这一问题进行令人满意的解答。当他把工作“建立在胡塞尔现象学的意向性研究的基础上”时，他使用的是什么方法呢？

我们知道，海德格尔在《存在与时间》第七节中明确地将自己探索的方法指认为现象学的方法，并且说：“‘现象学’这个词本来意味着一个方法概念。”[④]但是，海德格尔自称的现象学方法与胡塞尔的现象学方法差异如此巨大，以至于我们在《存在与时间》中难以发现很明显的胡塞尔的痕迹，尽管海德格尔强调“下面的探索只有在胡塞尔奠定的地基上才是可能的”[⑤]。

---

① 《存在与时间》中基本上都是在介绍胡塞尔的工作时才会提及“意向性”一词。而对“意向性”明确表示自己看法的是一条注释，在那里，海德格尔声明：“至于‘意识’的意向性植根于绽出的时间性，以及它如何植根于绽出的时间性，我们将在下面的章节中说明。”可惜，海德格尔如常地食言了。他在《存在与时间》中没有完成这一任务，只留下一个谜语给读者们猜测。参见海德格尔：《存在与时间》，陈嘉映、王庆节译，北京：生活·读书·新知三联书店，2006 年，第 412 页。

② 参见萨弗兰斯基：《来自德国的大师——海德格尔和他的时代》，靳希平译，北京：商务印书馆，2007 年，第 157 页。

③ 海德格尔：《路标》，孙周兴译，北京：商务印书馆，2000 年，第 156 页。

④ 德格尔：《存在与时间》，陈嘉映、王庆节译，北京：生活·读书·新知三联书店，2006 年，第 32 页。

⑤ 海德格尔：《存在与时间》，陈嘉映、王庆节译，北京：生活·读书·新知三联书店，2006 年，第 45 页。

下面的探索将致力于解决这个问题:海德格尔如何将自己的工作奠定在胡塞尔意向性理论的基础上,更明确地说,海德格尔对胡塞尔意向性理论进行批评和改造时运用的现象学方法究竟是什么。

一、准备性的分析:胡塞尔意向性理论与海德格尔的现象学还原方法

在进行正式的探讨之前,需要做一个准备性的分析。这个准备性的分析一方面将对现象学的开创者胡塞尔的意向性理论做一个简要的介绍,另一方面将展示海德格尔所谓的现象学还原方法,以体现海德格尔与胡塞尔在现象学方法上的基本差异。另外,将加上一些对文献的说明。这说明虽显得琐屑,但我相信读者很快会发现这些说明并非不重要。

(一) 作为现象学"第一个发现"的"意向性"理论

意向性是一个来源于中世纪哲学的概念,布伦塔诺将之作为心理现象与物理现象之间的本质性区别。胡塞尔在《逻辑研究》中将这一概念引入了现象学之中,而无论是胡塞尔本人还是海德格尔,都把"意向性"作为现象学的核心的概念。

对于胡塞尔来说,意识行为包括客体化行为(判断等)和非客体化行为(情感等),而意向性是所有客体化行为的本质性结构,同时所有非客体化行为都奠基在客体化行为之上,因而所有的意识行为,或者以意向性为本质结构,或者奠基于意向性结构。所以,"意向性"在胡塞尔的意识现象学中是一个标示意识行为基本结构的概念。

《逻辑研究》中的意向性结构分析在《纯粹现象学和现象学哲学的观念(第一卷)》(以下简称《观念Ⅰ》)中为意向活动—意向对象(Noesis-Noema)结构(或相关关系)的分析所取代。意向活动是一切客体化行为的总称,意向对象(意向相关项)则是此类行为的一切对象的总称。在这个结构中,意向对象是被意向者;意向活动则是"意向着"的活动,一方面表示意识中意向对象的

被给予的方式，另一方面又表示构成性的、立义(Auffasung)的作用，意识将自己构成的对象意向为是超越于意识之外的、与意识相对立的东西。[①] 在这个意义上，超越性奠基在意识的意向性的基础上。[②]

胡塞尔明确表示："意向性是涉及整个现象学中的一个问题名称。这个名称正好表达了意识的基本特性；一切现象学问题……都可纳入其内。"[③]可见，意向性理论是胡塞尔现象学的支点，他的整个理论都可以以此为出发点布展开来。意向性理论在现象学中的重要性是海德格尔也明确承认的。在《时间概念史导论》[④]这一讲稿中，海德格尔将"意向性"理论标识为现象学的第一个发现，并将现象学的基本任务表述为"关于先天的意向性的分析性描述"[⑤]。对于胡塞尔的这一"发现"，海氏赞誉有加，认为这种自身—指向(sich-richten-auf)的体验结构是对传统实在论和唯心论的颠覆[⑥]，而且为他澄清了许多误解性批评(例如来自新康德主义哲学家李凯尔特的批评)。

但也正是在作为现象学理论的核心和第一个发现的意向性这里，海氏开始了与胡塞尔的现象学分道扬镳的旅程。"意向性不是关于心理之物的一种最终的说明，而是对那些按传统的方式得到规定的现实，如对心理之物、意识、体验关联、理性等这类无批判的设定加以克服的最初的起点。"[⑦]这句宣言

---

① 在《现象学的观念》这一讲稿中，胡塞尔明确区分了两种超越(Transzendenz)：一种是对非实项的(reell)内容的超越，也就是实在的(real)超越，这种超越素朴地把对象看作(设定为)外在于意识的实在客体，是传统认识论困境(主体如何超出自身达到外在的客体)产生的根源，因而是胡塞尔需要将之进行悬搁的超越；另一种是对实项的内容(感觉材料，Stoff)的超越，通过这种超越的统摄，感觉材料被立义为一个意识对象，意识将这个对象构成为超出意识之外的对象，因而是胡塞尔现象学中可加以利用的超越。参见胡塞尔：《现象学的观念》，倪梁康译，北京：人民出版社，2007年，第31—34页。

② 这就是上文所引的海德格尔在《论根据的本质》那里加以批判的观点。

③ 胡塞尔：《纯粹现象学通论》，李幼蒸译，北京：中国人民大学出版社，2004年，第259页。

④ 这是海德格尔1925年夏季学期在马堡大学的课程讲稿，课程名为"时间概念史：关于历史与自然的现象学导论"。此课程讲稿被看作《存在与时间》的第二稿。在此部讲稿前半部中海德格尔详细讨论了胡塞尔的现象学，对我们理解胡海二人的思想差异以及海氏思想的形成的逻辑发生历程有重要意义。

⑤ 海德格尔：《时间概念史导论》，欧东明译，北京：商务印书馆，2009年，第104页。

⑥ 参见海德格尔：《时间概念史导论》，欧东明译，北京：商务印书馆，2009年，第34—37页。

⑦ 海德格尔：《时间概念史导论》，欧东明译，北京：商务印书馆，2009年，第58—59页。

式的话不但是对胡塞尔(意识)的批评,同时是对布伦塔诺(心理之物)、狄尔泰(体验关联)甚至整个西方主体哲学(理性)的批评。

(二)海德格尔的现象学还原方法

在胡塞尔的先验现象学那里,现象学还原是一个核心概念。它在一开始时与"悬搁"的意义相等,指将素朴的自然态度中的设定都排除掉,从而展示一个纯粹意识的领域。但是,最彻底的现象学还原不是悬搁,而是在悬搁的基础上更进一步,将一切客体构造成为意识的相关项,也就是说,将世界看作先验主体的构造物,也就是说,形成一种新的"习性"(Habitus),即"先验现象学的习性"[①]。

大多数人不会将海德格尔与现象学还原的方法联系在一起。胡塞尔读完海德格尔的《存在与时间》《康德与形而上学问题》等著作之后致信因伽登(Ingarden)说:"海德格尔没有把握住现象学还原的全部意义。"[②]现象学还原方法的开创者对海德格尔尚做出如此评价,那么,我们说海德格尔的方法是"现象学还原"又是什么意思呢?

海德格尔认为,"还原"是现象学方法的三个基本环节之一。[③] 他在一个新的意义上阐释了这一方法:"研究目光从被素朴把握的存在者向存在的引回——这个意义上的方法我们称为**现象学还原**。"[④]这是一种与胡塞尔截然不

---

① 关于悬搁(作为现象学—心理学还原的方法)和先验还原之间的区别,参见胡塞尔:《欧洲科学的危机与超越论的现象学》,王炳文译,北京:商务印书馆,2001年,第183页。关于新习性即"先验想象学的习性"的形成,可参见 Edmund Husserl: Ideen zu einer reinen Phänomenologie und phänomenologischen Philosophie, Ersten Buch/2: *Allgemeine Einführung in die reine Phänomenologie. Erganzende Texte(1912—1929)*. Neu hrsg. von K. Schuhmann, Den Haag: Martinus Nijhoff, 1976, S.649. 这是胡塞尔自己在《观念I》出版后对此书断断续续进行的修改,由舒曼编入《胡塞尔全集》第三卷的第二册中。

② 胡塞尔1927年12月26日致因伽登的信,参见赫伯特·施皮格伯格:《现象学运动》,王炳文、张金言译,北京:商务印书馆,1995年,第484页。

③ 另外两个基本环节是现象学建构和现象学解构。海德格尔:《现象学之基本问题》,丁耘译,上海:上海译文出版社,2008年,第27页。

④ 海德格尔:《现象学之基本问题》,丁耘译,上海:上海译文出版社,2008年,第25页。

同的现象学还原,他们二人所追求的"实事本身"根本异质。对于海德格尔来说,存在问题才是最根本的,他要求将现象学的焦点"从对存在者的(被一如既往地规定了的)把握引回对该存在者之存在的领会(就存在被揭示的方式进行筹划)"。海德格尔自己也明确承认,"此间我们与胡塞尔现象学那个核心术语的联系可谓有名无实"①。

在这里,我们对海德格尔的现象学还原方法已经有了一个形式上的(空洞的)领会。根据海德格尔《现象学之基本问题》②"导言"中的"讲座提纲",海氏本来想在这个课程的结尾时详细讲述现象学方法的三个基本环节,遗憾的是课时方面的限制使得这一计划未能实行。对这一方法的理解只能依靠对其运用的分析。本文接下来将会展示海德格尔如何将这种现象学还原的方法运用到对胡塞尔意向性理论的批判和改造之上的。

二、第一步还原:从意向性到对存在的领会

海德格尔不认为意向性只是意识行为本身的结构特征,而是一般行为(Verhaltung,与 Akt 相区别)的结构。"行为在这里指的是什么呢?它不是指什么活动、过程或任何一种力量,相反,行为的含义仅仅是指**意向性的关系**。那些具有意向性特征的体验就是行为。人们必须紧紧地把握这一行为概念,而不要把它与其他意义上的行为概念相混淆。"③这里海氏强调了所有行为都具有意向性结构,甚至用意向性来对"行为"进行规定。这样一来,意向性结构就不像在胡塞尔的意识现象学中那样仅为意识行为所独有。海氏认为,把这种意向性结构仅仅归属于意识行为,是一种理论的构造,而非现象学的描

---

① 海德格尔:《现象学之基本问题》,丁耘译,上海:上海译文出版社,2008 年,第 24—25 页。

② 这是海德格尔 1927 年夏季学期在马堡大学开设的同名课程的讲稿,其写作与《存在与时间》基本上同时。海德格尔在这部讲稿的注释中以及《论根据的本质》一文的一个注释中都提到这部讲稿是对"存在与时间"原计划的第一部第三篇"时间与存在"(这部分为正式出版的《存在与时间》所无)的一个修订,所以将之看作《存在与时间》的姊妹篇。

③ 海德格尔:《时间概念史导论》,欧东明译,北京:商务印书馆,2009 年,第 43 页。

述。“在关于行为的探究中,唯一重要的事情就在于:将行为所具有的自身—指向结构保持于眼界之中。在此,我们必须远离一切有关心理之物、意识、人格等这类东西的理论。……各种行为之间、各种体验之间的关系本身并不是各种事物的复合体,相反,各种行为、各种体验之间的关系本身复又具有意向性的特性,生活的全部联系本身都是由(意向性)这一结构所规定的。”[①]把意向性结构扩充为所有行为的结构是海德格尔对意向性的讨论的起点。下面我们能看到这个扩充是有其合理性的。

(一)在对两个误解的澄清中阐明意向性的形式规定:自身—指向

《时间概念史导论》这一讲稿在讨论意向性时一上来就按照意向(Intentio)的字面意思将意向性规定为:自身—指向(sich-richten-auf)。每一体验都指向着某物[②]。这是一个简单的规定,似乎没有什么出彩的地方。无论谁都不会否定,表象是对某物的表象,判断是对某物的判断。然而,正是这个看似简单自明的地方,对意向性的误解便出现了。

在《现象学之基本问题》中,海德格尔对误解的讨论更为详细,并将之分成两类,分别命名为“客观化”的误解和“主观化”的误解。

对意向性的“客观化”误解是指把意向性看作现成的主体和现成的客体这两个现成者之间的关系。于是,意向性成了后起的东西,现成主体和现成客体的任意一方被抽去,意向性就不再存在了。所以,主体和客体都能不需要意向性而自在自为地存在。然而,幻觉和臆想的存在能很好地击倒这一误解。因为并不是说先有一个现成的幻象,然后我们才去幻想这个幻象,相反,正因为我们的幻想行为本身就具有意向性的机制,我们才能幻想某一幻象。意向性不是两个现成者之间的关系,而是行为本身的结构。所以,海德格尔说:“与客体的意向关系不是随着并通过客体之现成存在才归于主体的,毋宁

---

① 海德格尔:《时间概念史导论》,欧东明译,北京:商务印书馆,2009年,第43页。

② 海德格尔更多地用“某物”(etwas)或者“存在者”(Seiende)来代替传统主体性哲学中的“对象”(Gegenstand),以将自己的前-理论的思维方式与主体性哲学的理论式的思维方式相区别。

说主体原本就是意向结构化的。”[①]在对这种“客观化”的误解进行了澄清之后，海德格尔得出了一个初步的结论：“意向性作为行为自身的结构就是自身施为（verhalten）[②]着的主体之结构。意向性作为这一关系之**关系特性**存在于自身施为着的主体之存在方式之中。”[③]也就是说，意向性是行为中的主体的结构，不需要一个现成的客体预先存在，这个主体本身就拥有这种意向性的结构。但我们在下面将会看到，由于其中包含着“主体”这一说法，海德格尔对这个初步的结论也是不满意的。

而对意向性的“主观化”的误解基本相当于传统的“表象论”。这种观点认为，我们的意识所意向的是我们内部的一个表象，譬如当我喜欢某物时，我是在喜欢关于这个物的“内在”于我们意识之中的“表象”。这时，我的意识所意向的就是一个表象，表象就是意向对象本身。幻觉和臆想的存在似乎能很好地证明“表象论”的正确性。这种误解影响很大，以至于“非现象学的哲学几乎在此全军覆没”，甚至现象学内部的哲学家哈特曼也持有此观点。[④] 但在海德格尔看来，这种观点是站不住脚的。在日常的行为中，假如我感知到前面有一堵墙，为了不撞向这堵墙，我躲开了。这时，难道我是在感知到墙的表象，然后躲开这个墙的表象吗？显然，我们感知到的和躲开的不是表象，而是墙本身。这是从感知行为的角度上来进行反驳。

表象论导致了一个困扰了自笛卡尔以来的西方主体论哲学家的难题，那就是主体如何“超出”自身到达“实在”的诸客体？一般的回答是，通过表象与外物的符合。可是既然表象与实在诸物是不同的东西，它们如何符合呢？这又需要一个中介去连接表象与实在诸物。这样就容易导致无穷后退。

---

① 海德格尔：《现象学之基本问题》，丁耘译，上海：上海译文出版社，2008年，第74页。

② 将verhalten译成“施为”，以与其名词形式Verhaltung（“行为”）区别，以及将德文的动词与其名词形式区分开来进行翻译，是丁耘先生在《现象学之基本问题》中所提倡的（海德格尔：《现象学之基本问题》，丁耘译，上海：上海译文出版社，2008年，第464页）。这在翻译德语哲学类文献中有时是颇为必要的，本文从之。

③ 海德格尔：《现象学之基本问题》，丁耘译，上海：上海译文出版社，2008年，第75页。

④ 参见海德格尔：《现象学之基本问题》，丁耘译，上海：上海译文出版社，2008年，第75—76页。

然而在海德格尔看来。这种“主体如何超出自身到达实在的诸客体”的问题是一个伪问题,因为根本没有这样一个边界将主体封闭住以产生一个“内部”来。没有“内部”,何来“超出”或者“超越性”[①]? 这种表象论的最大弱点并不是导致无穷后退,而是它“与一切现象学的发现相背离”[②]。这种“表象”和“内和外的区别”不是现象学描述,而只是一种理论上的构造。“这一切纯然是理论。”[③]海德格尔如是批评道。

在对这种“主观化”误解的批评的基础上,海德格尔引出了一个对笛卡尔以来的主体理论的颠覆性框架。“由此可知,不能基于主体、自我、主观领域这些任意的概念来错误地解释意向性,也不可以利用这些来提出超越性这种头足倒置的问题,倒是应该反过来,基于意向性及其超越性之无先见的特性,主体首先就其本质加以规定。”[④]海德格尔进一步澄清:“我们以后就不再谈论主体、主观领域,我们把意向行为所归属的存在者领会为**此在**,以便我们尝试借助于被正确领会的**意向施为**来贴切地描述此在之存在(**其基本建制之一**)之特性。”[⑤]《存在与时间》的核心概念“此在”就这样被引导出来了。

(二) 在对“被感知性”的分析中阐明意向性的根本建制

感知行为包含感知活动和被感知者的共属一体,这是胡塞尔和海德格尔都会承认的。但对于海德格尔来说,感知行为还有一个成分,那就是被感知者的被感知性(Wahrgenommenheit)。因为感知并不是对一个自在自足的存在者的感知,相反,必须考虑被感知者如何被感知。“在严格的现象学意义上,被感知者并不是那自在自足的已得到感知的**存在者**本身(das wahrgenomme *Seiende* an ihm selbst),而是**被感知着的**存在者(das *wahrgenomme* Seiende)——只

① 这里的超越性指的是物的外在性,而不是下面将会讨论的此在的超越性。

② 海德格尔:《时间概念史导论》,欧东明译,北京:商务印书馆,2009年,第53页。

③ 海德格尔:《现象学之基本问题》,丁耘译,上海:上海译文出版社,2008年,第77页。

④ 海德格尔:《现象学之基本问题》,丁耘译,上海:上海译文出版社,2008年,第78页。胡塞尔的先验主体不是封闭的主体,实际上,胡塞尔本人就是通过意向性来打破这种封闭主体的观念的。因而海德格尔这里其实并不构成对胡塞尔的批评。

⑤ 海德格尔:《现象学之基本问题》,丁耘译,上海:上海译文出版社,2008年,第78—79页。

要它**如同**在具体的感知中所显现的那样得到了感知。”于是，“严格意义上的被感知者(das Wahrgenomme)是如此(als solches)被感知者，确切地讲，例如是这把椅子的**被感知性**(Wahrgenommenheit)，是椅子由之而得到感知的途径与方式(Art und Weise)，是椅子由之而得到感知的结构。这把椅子的被感知的途径与方式，不同于它被表象的结构。用**被感知者本身**(Wahrgenommenes als solches)这一表达，我指的是**在其被感知存在**(Wahrgenommensein)**的途径与方式中的这些存在者**”①。可见，在感知行为中，被感知性是一个重要的成分，它标示的是被感知者如何可能被感知、如何可能呈现。

那么这个被感知性究竟是什么东西呢？它是客体意义上的客观之物吗？海德格尔予以否定的回答，因为我们感知某物时并不为这个物增加任何东西，用康德的话来说，那就是**“被感知性”不是实在的谓词**。那是否意味着它是主体的主观之物呢？同样不是。前面海德格尔已澄清，所谓主体和主观都是纯粹理论构造，不是严格的现象学描述。所以海德格尔说：“这个被感知性(Wahrgenommenheit)是一种引人注目又难以捉摸的形相，它在某种意义上属于客体与被感知者，而又不是客观之物，属于此在及其意向生存，而又不是主观之物。”②

那么这种看似神秘的被感知性究竟归属何方？海德格尔回答道：“被感知存在以及被感知性的结构就属于感知本身，也就是属于意向性。”③因此，这

---

① Martin Heidegger, *Prolegomena zur Geschichte des Zeitbegriffs*, Frankfurt am Main: Klostermann, 1979, S.53—54. 这里需要说明几个最重要的概念的不同译法：das Wahrgenomme 译作“被感知者”，Wahrgenommenheit 根据惯常译成“被感知性”，而 Wahrgenommensein 按照惯常应该译为“被感知状态”，但笔者想强调该词中的后缀-sein 与海德格尔最关心的存在(Sein)领会问题之间的联系，以方便地在下文中引出存在的领会问题，因此将 Wahrgenommensein 译为“被感知存在”。不过 Wahrgenommenheit 和 Wahrgenommensein 两个词的含义也大致相当，而海德格尔本人也并没有对此进行过区分，所以我们大约可以将这两个词看作同义词来使用。后面使用的 Intendiertsein(被意向存在)也是一个与“被感知性”或“被感知存在”相平行的概念。

② 海德格尔：《现象学之基本问题》，丁耘译，上海：上海译文出版社，2008 年，第 84—85 页。译文有改动。在本文中，为了译名的统一的需要，将对某些引文做细微的改动，改动处在引文中标出德文原词，并在注释中标明“译文有改动”字眼。如无特殊说明，对引文的改动都属于这种情况。

③ 海德格尔：《时间概念史导论》，欧东明译，北京：商务印书馆，2009 年，第 49 页。译文有改动。

种被感知性是意向性的不可分割的成分。在这个被感知性中,意向性的基本建制才能得到进一步阐释:“这样我们就有了在被意向存在(Intendiertsein)的方式之间,在 Intentio(意向行为)和 Intentum(意向对象)之间的一种固有的相互共属(Zugehörigkeit),根据这一相互共属,意向对象即被意向者就当在以上所揭示的意义上得到理解:不是作为存在者的被感知者,而是在其被感知存在的方式(Wie)中的存在者、在其被意向存在的方式中的意向对象。运用这一属于每一意向行为的被意向存在,才能在根本上……将意向性的基本建制(Grundverfassung)纳入眼界。”[①]正是因为这一“被感知性”属于意向性本身,所以海德格尔不可能把意向性局限为意识的基本结构,而将之看作一切行为和体验的基本结构。

由此可见,被感知性是意向性的一个核心成分,是在对意向性进行现象学描述时必须加以注意的,但这个成分连胡塞尔和舍勒都未发现。胡塞尔当然不是从未考虑到对象如何显现、如何被给予的问题,事实上,胡塞尔关于意向对象的构造理论(尤其是内时间意识的构造功能)就是讨论这个问题的。但我们很容易看到,当海德格尔从被感知性来讨论存在者如何对此在展开时,他实际上是处在与胡塞尔完全不同的维度上的。所以他在上述引文中明确表示:“这把椅子的被感知的途径与方式,不同于它被表象的结构。”在他看来,胡塞尔只是研究了它被“表象”的结构,还局限在纯粹意识的范围之中,因而还是“形而上学的和教条的”,错失了通过“被感知性”来发现意向性的基本建制的机会。

(三)从“被感知性”到对存在的领会

如果说“意向性”是胡塞尔现象学的第一个重要发现,那么“被感知性”则是海德格尔意向性研究的第一个重要发现。“被感知性”这一范畴的作用并不仅仅止步于阐释意向性的基本建制。我们将会看到,海德格尔利用这一范

---

① Martin Heidegger, *Prolegomena zur Geschichte des Zeitbegriffs*, Frankfurt am Main: Klostermann, 1979, S.64.

畴引出了对存在者的存在领会，以实施他在《现象学之基本问题》的“导言”部分所明确提出的现象学还原的任务。

被感知性不属于客体，也不属于主体，而是属于“感知着的意向施为”，即属于意向性。“这种施为使得现成者得以就其自身来照面。感知（Wahrnehmen）发现了现成者，并让现成者得以就其自身来照面。”[①]所以，被感知性使得存在者得以敞开、得以被发现并成为意向对象。而感知行为中的这种“被感知性”，就是一般行为中的现成存在者的“被发现性”（Entdenktheit）的一个特殊样态。这种“被发现性”在一般行为中使存在者得以敞开，没有这种敞开，我们就不能对存在者有所施为。“感知中的现成者之可能的被发现性之样态，必定已经在感知自身之中得到了勾勒，也就是说，对现成者的感知性发现（wahrnehmende Entdencken）必定已经预先领会了现成性之类的东西。感知之 intentio[意向]中必定已经预先包含了对现成性的领悟这种东西。”[②]所以，存在者的被发现性植根于对存在者之现成性的领会。

领会不同于认知上的理解，相反，它是以一种前理论、前概念的方式进行的。我们不必预先特意地去领会，相反，领会是在无目的的状态下发生的。因此，所有意向性施为中都包含了对存在者之现成性的领会，没有这种领会，就不会有意向施为。这种对现成性的领会，也可称为存在者之现成性的“被展示性”。“现成者之可发现性，也就是说可感知性，预设了现成性之被展示性。被感知性在其可能性上是植根于对现成性的领会之中的。”[③]于是，对存在者的“意向性”施为植根于存在者之“被发现性”，存在者之“被发现性”又植根于存在者之现成性的“被展示性”，即对存在者之现成性的“领会”。

在这里，海德格尔区分了“一个存在者之被发现性”与“该存在者之存在

① 海德格尔：《现象学之基本问题》，丁耘译，上海：上海译文出版社，2008 年，第 85 页。译文有改动。

② 海德格尔：《现象学之基本问题》，丁耘译，上海：上海译文出版社，2008 年，第 86 页。译文有改动。

③ 海德格尔：《现象学之基本问题》，丁耘译，上海：上海译文出版社，2008 年，第 88 页。译文有改动。

之被展示性”,并将前者植根在后者之中,其用意主要在于引出《存在与时间》中著名的“存在论差异”。因为把握了“被发现性中被发现的存在者”与“在被展示性中被展示的存在”之间的区分,就能确认存在者与存在之间的区别,即“存在论差异”。其实在这里,对意向性进行现象学还原的意图已经非常明显了。“仅当存在者之存在已被展示时,仅当我领会其存在时,存在者才能被发现,无论以感知还是其他的通达方式。只有那样我才能询问,该存在者是否现实,才能以某种方式着手确认存在者之现实性。”[①]

从对“意向性”的分析中发现了意向作用和意向对象在存在者之“被发现性”中共属一体,再阐明“被发现性”植根于存在之领会。实际上,《现象学之基本问题》“导言”中所提出的现象学还原的任务——从对存在者的把握引回对该存在者之存在的领会——已经完成了第一步。但这是一种与胡塞尔远不相同的现象学还原方法。在胡塞尔那里,我们要把素朴地给予的东西还原到绝对被给予的东西上。而在海德格尔那里,他要把“所有的被给予物引回到因而也就是还原到那种恰恰并非直接被给予的东西上面,甚至引回到或还原到那种间接地也不可能被给予的东西上面(因为它是**给予性**的)——这种东西就是存在”[②]。

然而,上述工作只把我们带到了对存在者的存在的领会,而还没到达“存在”本身。也就是说,整个现象学还原的工作才刚刚处于一个开端之中——尽管在海德格尔看来,这个开端是唯一符合现象学的开端——还远未到最后的目标。所以我们还需要跟随海德格尔继续往前走。

---

① 海德格尔:《现象学之基本问题》,丁耘译,上海:上海译文出版社,2008年,第88页。译文有改动。

② 马里翁:《还原与给予——胡塞尔、海德格尔与现象学研究》,方向红译,上海:上海译文出版社,2009年,第111页。强调部分为引者所加。在马里翁那里,所谓“给予性”,是与“被给予”相区分的概念,以表示:因为了“给予性”,“被给予”才是可能的。这里“给予性”指的是“存在”,没有存在,存在者就不能作为存在者来照面。

三、第二步还原：从对存在的领会到此在的超越性

布伦塔诺既启发了胡塞尔，又把海德格尔带上了哲学之路。根据海德格尔的自述，布伦塔诺的论文《论亚里士多德那里存在者的多重含义》把海德格尔带上了追问存在的道路上。自此，存在问题困扰着海德格尔的一生。因而，对存在的追问把海德格尔带上了现象学之路。① 然而，由于所朝向的“实事(Sache)本身”不同，海德格尔走上了与胡塞尔完全不同的现象学道路。

（一）领会着存在的此在

上文中海德格尔对“主观化”误解的批评引出了非主体的“此在”。“此在”是一个直接针对胡塞尔的先验自我而提出的概念。我们知道，胡塞尔在《逻辑研究》中只谈论实在论的经验自我，即作为躯体—心灵实体的自我，而躯体和心灵实体恰恰都是经验性的、心理主义的范畴，因而都是胡塞尔必须加以“悬搁”(Epoché)的东西(尽管此时他还并没有明确地强调“悬搁”这一概念)，所以胡塞尔否认自我是意向体验的本质性的组成成分，并批评了那托普(Natorp)的作为意识内容的关系中心的自我观念。② 可是，在1913年《逻辑研究》出第二版时胡塞尔已经明确放弃了这一观点，并且在同年发表的《观念I》中表示自己对那托普的批评在关于自我的问题上“不再适用”③，正式转向“先验自我”的理论建构。胡塞尔的这一“先验转向”引起了包括海德格尔等许多现象学家的不满，从此胡塞尔多少陷入一种众叛亲离的孤独中，然而胡塞尔对自己的这条道路从不怀疑。

在《观念Ⅰ》中，胡塞尔认为，所有体验行为都是“我”的体验行为。“我反

---

① 参见“我进入现象学之路”，海德格尔：《面向思的事情》，陈小文、孙周兴译，北京：商务印书馆，1999年，第90—96页。

② 参见胡塞尔：《逻辑研究》(第二卷)，倪梁康译，上海：上海译文出版社，2006年，第419—423页。

③ 胡塞尔：《纯粹现象学通论》，李幼蒸译，北京：中国人民大学出版社，2004年，第91页注释。

思，我得出结论；我取消一个判断，或许一般地‘中止’做出判断，我高兴或不高兴，欢喜或悲伤，我愿望，或者我意欲和行动。在所有这些行为中，**我**都实显地在那儿。”[①]所以，自我相当于一个极点(Ichpol，自我极)，所有意识由之而生发并获得其源头上的“同一性”。而且，这个自我是不能通过现象学还原来排除掉的。“没有一种排除作用可取消我思和消除行为的‘纯粹’主体：‘指向于’，‘关注于’，‘对……采取态度’，‘受苦于’，本质上**必然**包含着：它正是一种‘发自自我’，或在反方向上，‘朝向自我’的东西——而且这个自我是**纯粹的**自我，没有任何还原可对其施加影响。”[②]因而，这个纯粹自我是现象学还原的剩余物。

对于这个“纯粹自我”的规定性，胡塞尔如是说：“除了其‘关系方式’或‘行为方式’以外，自我完全不具有本质成分，不具有可说明的内容，不可能从自在和自为方面加以描述：它是纯粹自我，仅只如此。”[③]在这里，纯粹自我是一种排除了任何经验成分的最纯粹的自我极，是完全形式上的规定性，除了作为意识的极点之外，没有任何内容。它只是为体验流提供统一的基础。

然而对于海德格尔来说，“从首先给定的‘我’和主体入手就会完全错失此在的现象上的情形。尽管人们可以在存在者层次上起劲反对‘灵魂实体’或‘意识的物化’这类东西，但任何‘主体’观念——设若事先未经存在论基本规定加以净化——**在存在论上**都依然共同设置了 subjectum 这个假定。”[④]这里是对笛卡尔的批评，但同时也是自称“新笛卡尔主义者”的胡塞尔的隐性批评。在海德格尔看来，这个先验主体，只是个“假定”，而不是现象学的“描述”。

那么，海德格尔所说的“此在”又是什么呢？“此在”的前身是弗莱堡讲座中的历史之“我”或者“活生生的生命”。这两个前期的概念都是狄尔泰式的，强调的是生命的历史性和不可重复性，但对于对存在问题的追问来说，“此

① 胡塞尔：《纯粹现象学通论》，李幼蒸译，北京：中国人民大学出版社，2004 年，第 133 页。

② 胡塞尔：《纯粹现象学通论》，李幼蒸译，北京：中国人民大学出版社，2004 年，第 133 页。

③ 胡塞尔：《纯粹现象学通论》，李幼蒸译，北京：中国人民大学出版社，2004 年，第 133 页。

④ 海德格尔：《存在与时间》，陈嘉映、王庆节译，北京：生活·读书·新知三联书店，2006 年，第 54 页。该页中译注指出 subjectum 包括基质、实体、主体等意思。

在"这个直到 1922 年 10 月的"那托普手稿"[①]中才出现的概念是更为合适的。[②] 此在"这一命名并不表示存在者的**是什么**；它并不是依据其内容上的是什么来甄别这一存在者……相反，这一标画所特别表示的是**存在之方式**"[③]。对于此在的存在论规定，海德格尔说："此在就是一种向来以本己的方式**去存在**的存在者。"而此在的基本建制就是"在—世界—之中—存在"（In-der-Welt-sein）。

在海德格尔看来，将自己悬空在整个世界之外的先验自我是不可能通达真正的存在问题的，因为存在问题不可能通过"内在的反思"而获得。相反，此在从来就是在其存在中领会着存在来对存在进行追问的，由始至终是处于一种解释学的处境之中，而不可能采取一种置身事外的反思姿态。因而，先验转向之后的胡塞尔，只会阻隔对存在问题的追问。

到这里，"领会"一词已经成为一个核心的术语，以与传统主体哲学的"反思"相抗衡。然而，我们对于"领会"一词的真正含义还缺乏足够的澄清。我们要结合下文对"在—世界—之中—存在"的分析才能更好地理解它。而此时我们只能先"领会"着"领会"这个术语。

（二）作为此在基本建制的"在—世界—之中—存在"

在谈论"在—世界—之中—存在"之前，我们需要澄清"世界"概念，否则我们会很容易遭遇一种庸俗化的理解：我们当然是在世界之中存在的！还需要海德格尔花这么多精力来讨论？

海德格尔强调说："阐明世界—概念乃是哲学的中心任务。"[④]可见"世界"

---

① 在海德格尔 100 周年(1989)诞辰之际，"那托普手稿"在《狄尔泰年鉴》中发表。伽达默尔称这个文本的发表是一件大事。后来《存在与时间》的此在的存在论分析在这个手稿的第一部分中已经有了一个基本的轮廓。就笔者所知，最早对此手稿进行深入研究的是美国学者基泽尔。参见 Theodore Kisiel, *The genesis of Heidegger's* Being and Time, University of California Press, 1993, Section 5.

② 参见海德格尔：《形式显示的现象学》，孙周兴译，上海：同济大学出版社，第 2004 年，第 78 页。

③ 海德格尔：《时间概念史导论》，欧东明译，北京：商务印书馆，2009 年，第 206—207 页。

④ 海德格尔：《现象学之基本问题》，丁耘译，上海：上海译文出版社，2008 年，第 219 页。

概念在哲学中有重要地位,然而,海德格尔认为,迄今为止的哲学还根本没有认知这一东西。这似乎有点夸张。难道古希腊时代的自然哲学不是对世界的认识?难道德国古典哲学对世界概念的讨论都不足为道?但海德格尔说,以往哲学所认识的“世界”只是流俗意义上的世界,而不是真正的世界。

流俗理解中的“世界”就是作为宇宙存在者之大全的自然、全世界(Weltall)。在这样一种流俗理解中,先有了各种各样的存在者,如植物、动物、人等,而后才有作为存在者之总和的“世界”。这种流俗理解把世界看作逻辑上在所有存在者之后的。在海氏看来,“世界不是我们计算存在者总和,作为结果得到的后起的东西。世界不是在后的东西,而是严格意义上在先的东西”①。

为什么“世界”必须是严格意义上在先的东西呢?因为“我们把自然甚或环绕我们切近的诸物称为并且领会为世界之内的东西,这一点已经预设了,我们领会着世界”②。这种在先的领会不是以理论和专题的态度进行认识,毋宁说,这种领会先于一切认识。“作为已经在先的被揭示者,世界乃是我们以非本真的方式与之打交道的东西;乃是并未为我们所把握,而是不言自明地存在的东西——不言自明到这种程度,以至于我们把它完全忘却了。”③我们之所以能推进到与世内的诸存在者打交道,是因为我们作为生存者(此在)一向已经生活在一个世界之中,领会了世界。

至此,一个真正意义上的“世界”概念才浮上水面。“当我们居留在因缘(Bewandtnis)关联脉络中时,我们已经领会了世界。我们领会着‘为—之故’、‘为—之故’关联脉络之类的东西——我们将后者标识为**意蕴**之关联脉络。”④这种意蕴整体“就是构成了世界的结构的东西,是构成了此在之为此在向来

① 海德格尔:《现象学之基本问题》,丁耘译,上海:上海译文出版社,2008年,第220页。

② 海德格尔:《现象学之基本问题》,丁耘译,上海:上海译文出版社,2008年,第220页。

③ 海德格尔:《现象学之基本问题》,丁耘译,上海:上海译文出版社,2008年,第220页。

④ 海德格尔:《现象学之基本问题》,丁耘译,上海:上海译文出版社,2008年,第220页。译文有改动。德文词Bewandtnis一般指“背景”“情况”,在《存在与时间》中译本中被译成佛教味很浓的“因缘”,《现象学之基本问题》中则被译为“物宜”。相比之下,笔者更喜欢“因缘”这个译法,因为它体现了器具整体的这种勾连性关系,而且表达了一种会通中西的努力。

已在其中的所在的结构的东西”[①]。这样，“在—世界—之中—存在”这一建制就被带出来了。

那么说此在在世界之中存在指的是什么？海德格尔说：“世界属于此在。”[②]这是什么意思呢？难道就是说世界仿佛是从一个主体的“内在”之中向外投射出来吗？海德格尔认为，这种理解是预设了一个主体，预设了“内在”和“外在”。所谓投射并不是说先有一个现成的主体，有一个现成的世界附在主体上，然后主体把世界投抛出去。毋宁说，此在本身就已经是被投射了。“只要此在生存，对此在而言，随着此在之存在就有一世界预先[向前]—被抛(vor-geworfen)了。”[③]这就澄清了两个误解：所谓“在—世界—之中—存在”不是两个现成存在者(主体与世界)之间的关系，也就是说不是主体被抛入世界之中，也不是世界从主体内部抛射出来。这种抛出不是偶然的和后起的。“在—世界—之中—存在”，指的就是此在向来已经具有的被抛性，世界是此在的生存的展开。

因此，此在的“去生存”不同于现成存在者的存在。“去生存”表示：“预先[由此向前]抛出世界(sich Welt vorher-werfen)，并且是以这种方式：随着这个先抛之被抛性，这就是说，随着一个此在之实际生存，一向也已经有现成者被发现了。随着先抛，随着预先[向前]被抛的世界，一世内的现成者所由而出方可被发现的所在也就被揭示了。”[④]这里揭示了两种不同的存在方式，一种是此在的“在—世界—之中—存在”，另一种是非此在式的存在者(现成存在者)的世内性。

现成存在者例如有自然。它并不投射世界，也就是说并不生存。“世内性只不过在自然作为存在者被**发现**时，**归给**自然这个存在者的。如果无法给

① 海德格尔：《存在与时间》，陈嘉映、王庆节译，北京：生活·读书·新知三联书店，2006年，第102页。

② 海德格尔：《现象学之基本问题》，丁耘译，上海：上海译文出版社，2008年，第223页。

③ 海德格尔：《现象学之基本问题》，丁耘译，上海：上海译文出版社，2008年，第224页。

④ 海德格尔：《现象学之基本问题》，丁耘译，上海：上海译文出版社，2008年，第224页。

出根据使人洞察到此在必然生存，则世内性就未必作为自然之规定归给自然。"[①]所以，现成存在者是被动的，它们的世内性在于它们的"被发现性"。如果此在存在了，那么现成的存在者也就或多或少作为世内存在者而被实际地发现了。因此，世内性并不是现成存在者的必然的规定性，世内性并不内含在现成者自身之中。

而属于此在之存在的则不是世内性，而是"在—世界—之中—存在"。但必须加以说明的是，"在—世界—之中—存在"并不是作为一个偶然的属性归给此在（世内性就是偶然地归给现成存在者的），毋宁说，只要此在存在，此在就是"在—世界—之中—存在"。"如果没有这个'在—世界—之中—存在'，或者先于这个'在—世界—之中—存在'，此在就不以任何方式'存在'，因为恰恰是这个'在—世界—之中—存在'才构建了此在之存在。'去生存'说的便是：在一个世界之中存在。"[②]所以，"在—世界—之中—存在"是此在存在的本质结构（基本建制）。在这个意义上，海德格尔说"世界属于此在"；也是在这个意义上，海德格尔说："仅当此在生存，世界才存在；只要此在生存，世界便存在。而即使此在不生存，自然也能存在。"[③]

这样，通过澄清世界与自然、"在—世界—之中—存在"与世内性之间的区别，此在存在的基本方式才得到初步的揭示。之所以说是"初步"的，是因为在作为"在—世界—之中—存在"之根基的超越性和时间性未得到揭示之前，对此在之基本建制的理解还是停留在表面的。

（三）存在领会与超越性

当"在—世界—之中—存在"这一概念获得初步澄清之时，我们可以进行对"领会"（Verstehen）一词的剖析了。在狄尔泰那里，Verstehen 是一种认知方式，与"说明"不相同，这也被一般的人所接受。然而海德格尔要寻找一种

① 海德格尔：《现象学之基本问题》，丁耘译，上海：上海译文出版社，2008 年，第 224—225 页。
② 海德格尔：《现象学之基本问题》，丁耘译，上海：上海译文出版社，2008 年，第 225 页。
③ 海德格尔：《现象学之基本问题》，丁耘译，上海：上海译文出版社，2008 年，第 226 页。

更为本源的 Verstehen 概念，在这种理解中，Verstehen 不再被看作一种认识方式，相反，它是认知或者实践行为的基础。“领会”被海德格尔看作“此在生存之一种本源的规定性”①。

“在—世界—之中—存在”属于此在之生存，此在之在世关涉着存在，关涉着本己的可能性。这些可能性不是外在的、偶然的，毋宁说，“此在的那些可能性就其本身而言乃是生存之规定”②。甚至可以说，此在“就**是**这些可能性自身”。借助此在与这些“本己的可能性”之间的关系，我们可以澄清本源的“领会”概念了。“亲自去是那最本己的可能性、接受这个可能性、逗留在该可能性之中、在其自身的实际自由之中领会自身……这便是本源的、生存论上的领会概念。”③此时我们就可以理解，为什么海德格尔说领会是此在生存的基本规定性。

当此在在世，也就是说，只要一个世界随同此在之生存以同等本源的方式被展现了，并且其他此在被共同展现了，世内诸存在者也来照面了，那么，其他此在的生存与世内诸存在者的存在也就随同此在对自身的生存领会以同等本源的方式得到了领会。所以，当未进行概念把握的时候，生存、共在、现成存在和上手存在都是漫无差别地一同得到领会的，也就是说，诸存在者的存在一同得到了领会。海德格尔总结道：“在此在之生存上的领会中存在得到领会。”④

然而，这种存在领会植根于何处？现象学还原的魔力推动着海德格尔继续艰难前行。他发现，“仅当存在在它那方面**向着某物被筹划**，它才得到了领会”⑤。此在的生存不满足于自身，而必须向外筹划。此在总是在超越自身。海德格尔先卖了个关子：“我们必须把自己更切近地带向**此在之超越性**这个概念，以便看到此在之超越性与存在领会（Verstand）的关联，由此出发我们就

① 海德格尔：《现象学之基本问题》，丁耘译，上海：上海译文出版社，2008 年，第 377 页。

② 海德格尔：《现象学之基本问题》，丁耘译，上海：上海译文出版社，2008 年，第 377 页。

③ 海德格尔：《现象学之基本问题》，丁耘译，上海：上海译文出版社，2008 年，第 378 页。

④ 海德格尔：《现象学之基本问题》，丁耘译，上海：上海译文出版社，2008 年，第 382 页。

⑤ 海德格尔：《现象学之基本问题》，丁耘译，上海：上海译文出版社，2008 年，第 382 页。

可以回过头来首先追问存在领会本身之时间性。"[①]

所以,我们此时必须先着手去探讨"超越性"这一概念,才能更好地追问存在领会的问题。

在传统哲学中,超越者往往指彼岸的存在者,例如上帝。而在传统的认识论领域中,超越者被理解为处于主体之外(主体之彼岸)的东西,例如康德的自在之物(Ding an sich)或者外在的对象。这时,超越者指的是越过了主体之边界的东西。海德格尔反对这两种流俗的对于"超越"的理解。超越者乃是那实行着超越的东西,而诸物作为客体是绝对不可以实行超越的。说诸物仿佛一开始在主体之内,由于主体的某些行为而越过主体之边界,这是不可能的。所以,真正的超越者只能是此在自身。

此在如何是超越的呢?"由于被在—世界—之中—存在构成,此在就是一个在其存在之中**超**出了自己自身的存在者。"[②]此在是超越者,意思不是说此在先有一个自身(Selbst),然后为了到达他人或者现成存在者而超出自身。而应该理解为,"生存的意思一向已经是:'超过',或说得更好些,'已然超过'"[③]。也就是说,此在的生存就是"超越着"的。而所谓的自身,反而要植根于此在的超越性。因为对于海德格尔来说,此在的超越性是这样来解释的:**"从一个世界出发领会自己。"**[④]上文已经对"世界"和"领会"的概念加以厘清了,所以现在对"超越性"的概念就能更好地加以体会了。

那么此在的超越性与作为其基本建制的"在—世界—之中—存在"之间又是什么关系呢?海德格尔解释道:"超越性之本源的本质自显于在—世界—之中—存在之基本建制中。"[⑤]这如何理解呢?因为此在不是现成的,而是对……敞开的。这种敞开就在于此在的"此"(Da)。从此在在世的各种打

---

① 海德格尔:《现象学之基本问题》,丁耘译,上海:上海译文出版社,2008年,第403页。译文有改动。

② 海德格尔:《现象学之基本问题》,丁耘译,上海:上海译文出版社,2008年,第410页。

③ 海德格尔:《现象学之基本问题》,丁耘译,上海:上海译文出版社,2008年,第411页。

④ 海德格尔:《现象学之基本问题》,丁耘译,上海:上海译文出版社,2008年,第410页。

⑤ 海德格尔:《现象学之基本问题》,丁耘译,上海:上海译文出版社,2008年,第411页。

交道的方式来说，此在自为地在“此”，与他人共同地在“此”，上手者和现成者也是在“此”上才来照面。这个“此”展示了此在的超越性。“此在本身乃是向一自己一存在，同他人共在，即上手者与现成者而在。在‘**向一自己**’‘**同一他人**’与‘**即一现成者**’这些结构环节中，贯穿着‘**超过**’**这个特性**，也就是超越性。”[①]正是这个超越性的“此”，使得此在能够对自身、他人和世内存在者有所施为。“返回存在者之所以可能，乃是超越性使然，以至于对存在之先行领会植根于超越性之中。”[②]所以，无论是行为还是包含在行为中的存在领会，都植根于此在的超越性之中。

到这里，此在的超越性与行为的意向性之间的关系已经很明显了。“意向性以此在之特殊的超越性为前提，而不能反过来从（迄今为止一直被流俗地阐释的）意向性概念出发阐明超越性。”[③]这句话与上文所引的《论根据的本质》一文中那句话是一致的，这在不严格的意义上可以看作对胡塞尔用意向性来规定对象的超越性的理论的一个颠倒式的改造。[④] 而本文开头所引的伽达默尔的话的含义至此应该也得到了令人满意的揭示。

然而，海德格尔仍旧不满足，现象学还原的道路还得继续向前推进。此在的超越性不是终点，因为它还不足以构成一个理解存在意义的境域。在做了上述的艰难的也富含创建的工作后，他并没有停歇，紧接着就提出一个问题：此在自身之超越性又植根何处？这将我们引向了一个最为艰难的话题——时间。

---

① 海德格尔：《现象学之基本问题》，丁耘译，上海：上海译文出版社，2008年，第412页。

② 海德格尔：《现象学之基本问题》，丁耘译，上海：上海译文出版社，2008年，第411页。

③ 海德格尔：《现象学之基本问题》，丁耘译，上海：上海译文出版社，2008年，第233页。

④ 我们其实可以从这里很明白地看出，既然胡塞尔与海德格尔的“超越”概念有如此大的差异，而两人关于意向性与超越性之关系的讨论是不可能处于同一平台上的。因此在笔者看来，海德格尔的观点谈不上是对胡塞尔的理论的颠覆，而只是在存在论的（ontologisch）维度上为胡塞尔的意识现象学奠基。

四、第三步还原:时间性的"绽出—境域"特征

时间问题向来是困扰西方哲学家的问题。奥古斯丁的名言至今刻骨铭心:"时间究竟是什么?没有人问我,我倒清楚,有人问我,我想说明,便茫然不解了。"[①]这位拉丁教父的叹息暗示了:我们日常中对时间有所领会,但当我们要对时间进行专题地把握时,则手足无措了。奥氏之后,时间问题的艰深使得对这个问题的追问沉寂千年。直到近代的康德才又重提时间问题。到了20世纪,胡塞尔和柏格森都对这一问题进行了突破性的研究。但在海德格尔看来,从亚里士多德到柏格森的时间观念都是流俗的时间观,真正的本源的时间从未映入眼界。

据目前可见的文献,海氏最早对时间问题进行专题研究是在1916年在弗莱堡的教师资格演讲"历史科学中的时间概念"[②]。但此时,海德格尔只是在区分自然科学中的量性的时间与历史科学中的质性的时间,与《存在与时间》中的时间思想还没有直接关系。后来,"时间性"一词也只不过是用来与康德的"超时间"的先天形式相对抗。[③] 直到1922年的"那托普手稿"中,"时间性"才与此在的生存联系起来:"只有根据这个现象(指'悬临着的死亡'——引者注),人类此在的特殊的'时间性'才能够得到明确的突显。"[④]然而并没有对时间问题加以展开论述。第一次集中讨论时间问题的是1924年7月为马堡神学院学生所做的讲座"时间概念"中,已经明确提出"在其最极端的存在可能性中被把握的此在就**是时间本身**,此在不**在**时间**之中**"[⑤],"此在就是时间,时

---

① 奥古斯丁:《忏悔录》,周士良译,北京:商务印书馆,1962年,第242页。

② 参见高田珠树:《海德格尔——存在的历史》,刘文柱译,石家庄:河北教育出版社,2001年,第144页。

③ 参见 Theodore Kisiel, *The Genesis of Heidegger's* Being and Time, University of California Press, 1993, p.510.

④ 海德格尔:《形式显示的现象学》,孙周兴译,上海:同济大学出版社,2004年,第87页。

⑤ 海德格尔:《海德格尔选集》,孙周兴选编,上海:上海三联书店,1996年,第19页。

间是时间性的。(更应该说,)此在不是时间,而是时间性。”[①]这标志着海德格尔的时间观基本成型了。

(一)此在的超越性植根于时间性的“绽出”特征

在我们日常的时间领会中,时间是由一个个同质的“现在”时间点组成的均匀的“流”,“现在”成了时间流的中心,“过去”被定义为“不再—现在”,将来则意味着“尚未—现在”。时间于是被看作无限的流淌物,外在于世内的存在者。

这种日常时间领会肇始于亚里士多德。亚里士多德在《物理学》中专门有五节论述了关于时间的见解。他说:“时间同等地出现于一切地方,和一切事物同在。”[②]这里阐述了一种同质的时间。又说:“‘现在’是时间的一个环结,连结着过去的时间和将来的时间,它又是时间的一个限:将来时间的开始,过去时间的终结。但这种情况不像固定不动的点的情况那样明显。它是潜在地能分开时间。……作为起连结作用的‘现在’……是永远同一的。”[③]这样,“现在”就被作为一个时间点而赋予了优先的地位,“过去”和“将来”都由“现在”来加以规定。这种肇始于古希腊的流俗时间理解支配了西方人的思想两千年,奥古斯丁、牛顿、康德等人都没能脱其窠臼。

那么本源的时间理解应当是怎样的呢?在海德格尔看来,这必须在此在的存在论分析上才是可通达的。《存在与时间》就是遵循这一路径来通往时间问题的。

本真的向死存在展露为先行的决心,在这先行的决心中,此在朝向最本己的整体能在而存在。这种情况如何可能呢?因为此在根本上就能够在其最本己的可能性中来到自身,并在这样“让自身来到自身”之际把可能性作为可能性来保持住。“保持住别具一格的可能性而在这种可能性中让自身来到

① 海德格尔:《海德格尔选集》,孙周兴选编,上海:上海三联书店,1996年,第24页。

② 亚里士多德:《物理学》,张竹明译,北京:商务印书馆,1982年,第123页。

③ 亚里士多德:《物理学》,张竹明译,北京:商务印书馆,1982年,第132页。

自身,这就是**将来**的源始现象。”[①]在这里,“将来”不再是“尚未—现在”的意思,而是指“此在借以在最本己的能在中来到自身的那个‘来’(Kunft)”[②]。这在德文词的将来(Zukunft)中比较好理解。前缀 zu-表示一种朝向,zu-kunft 则表示“朝向……而来”之意。这种对“将来”的理解颠覆了流俗时间观,流俗的时间理解反而必须奠定在这种此在的时间性的基础之上。“先行的决心”中的“先行”,也只有植根于此才可以得到理解:“只有当此在**作为存在者层次上的此在**根本总已向着自身到来,亦即在其存在中根本是将来的,先行本身才成为可能。”[③]

在这里,海德格尔运用了自己擅长的构词学方法来讨论“将来”的本源含义,但对于曾在(Gewesenheit,对应于流俗时间领会中的“过去”)和当前(Gegenwart,对应于流俗时间领会中的“现在”)却无法依法炮制。虽略失其精彩,但意思还是很明显的:“曾在”的原始含义是“**如其一向已曾是**的那样本真地**是**此在”[④],生存上的被抛状态或者说“已经在……之中”(Schon-sein-in)就奠基于“曾在”。而“当前”的本源含义则是“当前化”(Gegenwärtigung),即“下决心寓于处境中的上手事物的存在,亦即有所行动地让周围世界**在场的东西**来照面”[⑤],只有在这种意义上的“当前”之上,才有此在的“寓于……存在”(sein-bei)。就这样,“牵挂”(Sorge,或译作“操心”)或者说“在—世界—之中—存在”的诸环节(先行于自身、已经在……之中、寓于……存在)便奠基在

① 海德格尔:《存在与时间》,陈嘉映、王庆节译,北京:生活·读书·新知三联书店,2006年,第370页。

② 海德格尔:《存在与时间》,陈嘉映、王庆节译,北京:生活·读书·新知三联书店,2006年,第371页。参读 Martin Heidegger, *Sein und Zeit*, Tübingen, 1967, S.325.

③ 海德格尔:《存在与时间》,陈嘉映、王庆节译,北京:生活·读书·新知三联书店,2006年,第371页。

④ 海德格尔:《存在与时间》,陈嘉映、王庆节译,北京:生活·读书·新知三联书店,2006年,第371页。

⑤ 海德格尔:《存在与时间》,陈嘉映、王庆节译,北京:生活·读书·新知三联书店,2006年,第371页。

此在时间性的诸环节(将来、曾在、当前)之上了。①

于是,本源意义上的时间就不再是一种纯粹的、无始无终的现在序列,而是显示出了一种“绽出”(Ekstase)的特征。这种“绽出”或者说“出离”并不是说时间性先是一个存在者,然后从自身中走出来,而是说“它自身作为时间性便是**本源的外于一自己**”②。作为将来的东西,此在向着其本己能在出离;作为曾在的东西,此在向着其曾在性出离;作为行当前化(Gegenwärtigen)的东西,此在向着另一个存在者出离。这种“出离”或者说“绽出”构成了时间性的本己特征,将来、曾在和当前是时间性的三重绽出。

Ekstatikon[绽出]这个“平常的希腊词”意指一种“出离自身”,与“生存”(Existenz)这个术语有关联。海德格尔以绽出特性来阐释生存,“从存在论的角度看,生存乃是‘走—向—自己’、‘回归—自己’、‘当前化地外于—自己—存在’之本源统一。具有绽出的规定的时间性乃是此在之存在建制之条件”③。由此,此在生存的超越性就奠基在本源时间性的绽出特性之上了。“**时间之绽出特性使此在之特殊的超出特性得以可能,使超越性可能**,因而也使世界可能。”④

从意向性到超越性,再到绽出的时间性,层层奠基,步步还原,路途不可谓不艰辛。然而,海德格尔还是没有止步,因为终点——存在——还没有到达。海德格尔提出一个新的概念:时态性(Temporalität)。

---

① 海德格尔:《存在与时间》,陈嘉映、王庆节译,北京:生活·读书·新知三联书店,2006年,第373页。《存在与时间》一书在①本源时间诸环节与“牵挂”诸环节之间的奠基关系的分析工作完成之后,转而开始②分析作为整体的时间性如何为作为整体的“牵挂”奠基。作为其姊妹篇的《现象学之基本问题》并没有具体地展开工作①,而是直接在《存在与时间》的工作①的结果之上开始分析此在的超越性与时间性的奠基关系问题,这对于本文的论题来说是更为重要的。所以下文的分析又主要依据《现象学之基本问题》。

② 海德格尔:《现象学之基本问题》,丁耘译,上海:上海译文出版社,2008年,第365页。

③ 海德格尔:《现象学之基本问题》,丁耘译,上海:上海译文出版社,2008年,第365页。

④ 海德格尔:《现象学之基本问题》,丁耘译,上海:上海译文出版社,2008年,第413页。

（二）时间性绽出的境域与存在的时态性

所谓时态性（Temporalität），海德格尔这样来解释："就时间性作为前存在论的以及存在论的存在领悟发挥作用而言，我们将时间性称为**时态性**。"①"时间性"与"时态性"两个术语的区分——更准确地来说，是"此在的时间性"（Zeitlichkeit des Daseins）与"存在的时态性"（Temporalität des Seins）的区分——在"时间与存在"这一计划中是极为重要的。其实，Zeitlichkeit 与 Temporalität 仅仅是语源上的不同，后者原是拉丁词汇，前者是用以翻译后者的德文词汇，二者在日常意思上并无差别。即使在海德格尔那里，这二者都是同一个本源时间的两个不同的作用维度而已。简单说来，Zeitlichkeit 指时间之为超越性，Temporalität 作为存在领会的境域则指时间之为有限性。在《现象学之基本问题》中，对"存在的时态性"的阐释是围绕时间性绽出的"境域"（Horizont，又译作视野、地平线）和时间性的绽出—境域之统一性来展开的。所以我们现在先来分析时间的境域特征。

对于时间的境域特征，《存在与时间》第 69 节的第三小节"世界之超越的时间性问题"中只有简略的涉及，并没有展开研究。相比而言，《现象学之基本问题》的研究就详细得多。然而，也仅限于对"当前"的境域"当场呈现"的深入探讨而已。所以，我们也就只能对这一问题做有限的讨论。

上文已经探讨了时间性之绽出特征。但在海德格尔看来，时间性的三重绽出并不是单纯地出离，仿佛出离到虚无之中。毋宁说，这些不同的绽出特性都拥有一个由自身的出离样态所规定的、属于绽出自身的"境域"。这个境域标示了"绽出之何所向（Wohin）"，即往哪里绽出。"境域乃是绽出本身向之外于自己的**敞开幅员**。"②海德格尔将这个境域完整地表述为"绽出之境域图

---

① 海德格尔：《现象学之基本问题》，丁耘译，上海：上海译文出版社，2008 年，第 375 页。Temporalität 一词，在《存在与时间》中译本中被译为"时间状态"。笔者此处跟随《现象学之基本问题》的中译将之译作"时态性"，以与"时间性"（Zeitlichkeit）相对应。

② 海德格尔：《现象学之基本问题》，丁耘译，上海：上海译文出版社，2008 年，第 366 页。

型(Schema)"[①]。每一个绽出都在其自身之内有一种特定的图型,诸图型对应了时间性之绽出的统一性。"'在—世界—之中—存在'之超越性植根于时间性之本源的绽出—境域性统一之中。"[②]超越总有其"何所向",如果超越性奠基在时间性的绽出特性之上,那么超越及其"何所向"就整个地奠基在时间性的绽出—境域特征之上。如果超越性使存在领会得以可能,而超越性又植根于时间性的绽出—境域性建制,那么这个建制就是存在领会的可能条件。

在"境域"概念得以厘清之后,我们开始着手来探索如何"将存在时态地阐释为上手存在"。我们日常就逗留在诸存在者之中,逗留在器具的关联网络之中。当这些器具切近地来照面时,我们称这些器具的存在方式为"上手存在"。此在对这种上手存在"时态地"有所领会。对于这种领会的时间境域图型,海德格尔用了一个拉丁语来标示:*Praesenz*(出场呈现),以与德语的表达 Gegenwart(当下)和希腊语的 nun(流俗时间理解的"现在")相区分。"出场呈现"是比"现在"更为本源的现象。"出场呈现"也不同于当下,毋宁说,作为当下之绽出的境域图型,"出场呈现一同构建了当下之完整时间结构"[③]。

无论是何种意义上的"当前化","**都把它所当前化的东西**(也就是可能在一种当下之中且对这种当下来照面的东西)**筹划到了出场呈现之类的东西上去**"[④]。所以,当下作为一种绽出是向着照面者敞开的,该照面者于是就向着"出场呈现"得到了领会。基于这一"出场呈现",在当前化之中来照面的所有东西都会被领会为在场者,也就是说,被向着在场性(上手存在)来领会了。就这样,对上手存在的领会就植根于当下—出场呈现的时间性绽出—境域图型了。

---

① 海德格尔的Schema概念出于康德。在《纯粹理性批判》中,十二范畴都有十二图型来对应。图型用以沟通感性与统觉,而这些图型实际上就是十二种不同的时间状态(参见《纯粹理性批判》中"纯粹知性概念的图型法"一章)。《存在与时间》中译本将之译作"格式",似未将康德和海德格尔在此处不可忽略的关系体现出来。所以本文采用"图型"这一译法。

② 海德格尔:《现象学之基本问题》,丁耘译,上海:上海译文出版社,2008年,第414页。

③ 海德格尔:《现象学之基本问题》,丁耘译,上海:上海译文出版社,2008年,第420页。

④ 海德格尔:《现象学之基本问题》,丁耘译,上海:上海译文出版社,2008年,第418页。

这时海德格尔又转向了上手性的反面—非上手性，或者说不应手性。非上手性是上手性的一个变样。当我们与诸物打交道时会对诸物有所“预期”，譬如我们在写字时会无意识地“预期”着手中的钢笔是能流畅书写的。而当忽然发现这钢笔中的墨水用完时，“预期”就没得到充实了。发现不应手性的是“惦记”(Vermissen)[①]。“惦记”就是没有找到我们在使用器具时所需要的东西。这种“惦记”是一种“无当前化”(Ungegenwärtigen)，是“当前化”的一种变样。所以并不是根本没有一个境域图型对应着“惦记”，毋宁说，对应着“惦记”的是“当场呈现”的一种变样。海德格尔将这种变样命名为“缺席”。“缺席”使得对非上手性的领会得以可能。“如果此在并不是一种时间性的东西(这个时间是在本源的意义上说的)，那么此在就决不能找到缺失的东西。”[②]这样，通过正反两方面的阐释，对上手存在领会的时态性就能更为清楚地得到呈现。

海德格尔总结道：“存在领悟之可能性包含于如下情况，当下作为使(与存在者)打交道得以可能的东西，作为当下，作为绽出，具有出场呈现之境域。时间性一般无非就是绽出的境域性自身筹划，此在之超越性基于该筹划才得以可能；此在之基本建制，‘在—世界—之中—存在’或者说牵挂(Sorge)根植于此在之超越性之中，而牵挂在它那方面又使意向性得以可能。”[③]这一段话可以作为本文线索的一个提示，尽管只是一个表层上的提示。

至此，对存在的领会才从其时间根基上得到了阐明，可是，那只是对其中一个状态的示范性的阐明。我相信，无论是读者还是海德格尔本人，对此都是不满意的。整个时态性阐述的还只是刚刚起步，只是阐明了某种存在领会

---

① 海德格尔：《现象学之基本问题》，丁耘译，上海：上海译文出版社，2008年，第425页。参读 Martin Heidegger, *Die Grundprobleme der Phänomenologie*, Frankfurt am Main: Klostermann, 1975, S.441. 在《存在与时间》中，海德格尔称这类不上手状态为“窘迫”(Aufdringlichkeit)，与这里的表述略有不同。参见海德格尔：《存在与时间》，陈嘉映、王庆节译，北京：生活·读书·新知三联书店，2006年，第86页。参读 Martin Heidegger, *Sein und Zeit*, Tübingen, 1967, S.73.

② 海德格尔：《现象学之基本问题》，丁耘译，上海：上海译文出版社，2008年，第426页。

③ 海德格尔：《现象学之基本问题》，丁耘译，上海：上海译文出版社，2008年，第427页。译文有改动。

的时态性，而《存在与时间》中对时态性阐述的任务——“从时间出发来规定存在的源始意义或存在的诸性质与诸样式的源始意义”①——还远没有完成。如果说这一探索被中断的原因仅仅是课时上的限制，那是缺乏说服力的，因为我们知道海德格尔终其一生都没有继续完成这一工作。所以，工作被中断只能因为存在问题的困难。而对于前期的海德格尔来说，存在问题的困难，多少是因为时间问题之困难。海德格尔在多年以后反思道：“《存在与时间》中被称为绽出-境域的(ekstatisch-horizontale)时间性绝非已经就是已找到的适合于存在问题的时间的最本己的东西。”②

时间问题是如此的困难，以至于直到30年以后，海德格尔还在感叹着：

“什么是时间？人们或许会认为，《存在与时间》的作者不会不知道。但这本书的作者确实不知道，以至于他至今仍在追问。”③

结语：现象学还原的方法——在通往存在的途中

现象学还原的方法，在《现象学之基本问题》的“导言”中被提及过之后，便消隐在整部讲稿的行文之中了。然而，从施为的意向性到此在的超越性，再到时间性的绽出—境域，再回过头来就时间来阐明存在领会——整部讲稿，甚至早期海德格尔的整个工作，都可以看作在进行一种现象学还原的努力。当然，这种还原跟胡塞尔的还原非常不同。这种还原的手段不是对自然态度的悬搁和在纯粹意识中对意向对象进行构造，而是另一种意义上的现象学的解构和建构——解构传统存在论对存在问题的遮蔽，同时将存在筹划进目光之中，建构存在及其意义。海德格尔那里的现象学还原，就是通过步步奠基，走入时间性的绽出—境域图型，然后回过头来从此境域图型出发阐释

① 海德格尔：《存在与时间》，陈嘉映、王庆节译，北京：生活·读书·新知三联书店，2006年，第22页。

② 海德格尔：《海德格尔选集》，孙周兴选编.上海：上海三联书店，1996年，第1274页。译文有改动。

③ 海德格尔：《思的经验》，陈春文译，北京：人民出版社，2008年，第108页。

存在领会。[①] 然而正是在这里，海德格尔显得步履蹒跚，而且最后停了下来，即使是依靠对康德的阐释[②]也于事无补。很可能因为这一困难，海德格尔的思想才发生了所谓的转向（Kehre）。[③]

"道路（Wege），而非著作（Werke）！"这是海德格尔在他临终时对自己的全集所说的话。[④] 通往存在的途中充满了艰辛和曲折，《存在与时间》以及同时期的讲稿仅仅是此途中的路标，现象学的方法也应作如是观。在海德格尔的后期，他很少再提及现象学，然而这并不意味着现象学的方法成为历史之尘灰。正如他在1964年说的："仅从现象学的最本己的方面来说，现象学并不是一个学派，它是不时地自我改变并因此而持存着的思的可能性，即能够符合有待于思的东西的召唤。"[⑤]

所以，不能简单地说现象学是失败的方法，不能简单地说《存在与时间》以及同时期的讲稿是失败之作。作为路标，它们点缀着林中之路，使我们无法忘怀。正如他自己所说：

"运伟大之思者，行伟大之迷途。"

作者简介：谢裕伟（1988—　），男，广州人。南京大学哲学系2007级本科生。2011—2013在南京大学哲学系外国哲学专业就读硕士研究生，导师为王

---

① 张祥龙先生认为这一单线递进、层层奠基然后再回转的思路正好是形而上学式的，这是海德格尔探索的失败在思维方式上的根源。所以海德格尔后期转向了一种成对的双方相互牵引、缘构发生的思路。笔者认为这一看法有其独到之处，可备一说。参见张祥龙：《海德格尔传》，北京：商务印书馆，2007年，第230—231页。

② 对康德的解释的努力集中体现在1929年出版的《康德和形而上学问题》（全集第3卷），一般简称"康德书"（Kantbuch）。

③ 海德格尔思想的"转向说"是由威廉姆·理查森在其巨著《海德格尔：从现象学到思》中提出，并成为今日解读海德格尔的基本框架。对于这一"转向"，海德格尔予以承认，但坚持认为这转向不是"反转"，前后期思想之间是紧密关联的。他说："我一直按照在《存在与时间》（第39页）中在'时间与存在'这个标题下所指明的看法追问不休。"参见海德格尔：《海德格尔选集》，孙周兴选编，上海：上海三联书店，1996年，第1275—1276页。

④ 参见全集第一卷的编者后记：Martin Heidegger, *Frühe Schriften*, Frankfurt am Main: Klostermann, 1978, S.437.

⑤ 海德格尔：《面向思的事情》，陈小文、孙周兴译，北京：商务印书馆，1999年，第98页。

恒教授。2013 年至今,在德国海德堡大学哲学系就读博士研究生。

南哲感悟:能在南大哲学系开始我的哲学道路,这对我而言是一种幸运。南大哲学系名师云集,在本科教育上更是有良好的建制。这不仅体现在其课程设置上,也体现在其密切的师生关系中——这可能是其他院系所不具备的。在四年的本科学习中,使我受益的不仅仅是丰富的哲学知识和严谨的思维训练,更是哲学上的宽广视野:不固守于个别的思潮和领域,而是借助不同思想之间的对话来深入每一种思潮的问题起源和思维方式。随后在哲学系读研的两年里,我在各位老师更为细致的指导下,又有了更深一层的收获。在国外读博的这几年里,在南大所收获的东西,帮助我克服了很多学术上的困难。我相信这一切都会在将来的道路上继续伴随我前行。

“符号政治经济学批判”中的“拜物教”

——差异的死亡与再造*

邵奇慧　刘一哲

摘　要：鲍德里亚早期的著作展现为一种复调式结构，融汇着作为20世纪60年代法国理论之典型的符号学、结构人类学以及重心渐从德国法兰克福学派转向巴黎的西方马克思主义理论等多重话语。鲍德里亚的“符号政治经济学批判”正是在这些力量的牵拉中建基于巴黎的“消费社会”之上，并在各理论的内在冲撞下走向对“生产之镜”的批判，而最终通往了真实(差异)之死亡与伪(差异)世界的再造。本文试图以“差异的死亡与再造”为主要线索解读“符号拜物教”的逻辑进路，展露鲍德里亚早期理论的内在张力，以理解这一开端的深刻意味。

关键词：鲍德里亚；差异；物体系；消费社会；符号政治经济学批判；拜物教

导论：法国的鲍德里亚

查尔斯·列文在其著作《鲍德里亚形而上学研究》(*Jean Baudrillard: A Study in Metaphysics*)中称鲍的理论为“文化形而上学”，并向我们提出疑问：鲍德里亚究竟如何——在对文化的研究中——将一种本质上为社会学的视角转变为那种为后现代理论学习者所熟知的所谓“虚无主义”的哲学形而

* 本文选自《林间路》第十三期。——编者

上学视角呢?[①] 列文通过其严谨的学术考察再现了这一通往文化形而上学及其后现代立场的较为完整的路径。而本文所希望做的,则更侧重于发掘鲍德里亚在典型的20世纪中期法国理论的话语复调的潜流上[②]所开展的——在通往"文化形而上学"的——批判路径的开端所蕴含的复杂意味:不仅在这一开端对差异之生灭的同一性批判叙述中看出导向其后期"超真实"(hyperreality)概念的陈仓暗度;同时要阐明鲍德里亚之批判理路本身与社会现实共振的那重推进及其造成的他不得不发起的具有独特视角的对马克思的异议。可以看出,虽然鲍德里亚的主题在一定程度上与西方马克思主义一脉相承,都提出了对现代社会异化的批判;但是在马克思处,乃是对社会关系之历史性的抽象化及物化过程的追索;在法兰克福学派,则是对抽象同一毁灭具体个体的运作加以"反祛魅",并期待以对具体意义的审美反抗来超越抽象性的贫乏空洞。鲍德里亚则在这一基础上,将焦点放在物的抽象化所带来的更深层的符号—体系化,以批判消费意识形态,并试图通过颠覆整个形式化体系以恢复具体的内容性意义。

从方法来看,他采用了由索绪尔(Ferdinand de Saussure)开启的、在罗兰·巴特处得到更新的具有社会批判性的符号学成果;同时,借用列维-斯特劳斯(Claude Lévi-Strauss)对弗洛伊德充溢着自然性的生物学气息的"无意识"理论的结构主义重构,鲍德里亚最后将消费体系指认为一个排除了那处于生物自然水准的"需求—使用价值"意识形态的客观交流体系,从而使自己对这一交换体系的文化性结构分析得以合法化,由此而完成批判范式的转换并超越以往的文化批判理论。而就内容而言,物与人的关系始终是其批判语境的焦点,对物的独特看法构成了其话语生发的根本动力,也规定了其符号

---

① Charles Levin. *Jean Baudrillard: A Study in Metaphysics*. London, New York, Toronto: Prentice Hall, 1996: 1.

② 之所以称其为"潜流",并非因为彼时"法国理论"不是"显学"或其在鲍德里亚的理论中用武之地甚少,而恰恰是其理论始终透露出他在法国思想中的潜移默化。当然,本文并不试图通过各种暗示或线索来一一指认他所借用的观点或所受影响的思潮;不过鉴于这种指认所具有的辨明语境的价值,本文还是在导论中以概要方式提示这一整体语境的主要线索。

拜物教理论的基调。一方面是我们所熟知的鲍德里亚对作为当代人类学鼻祖的莫斯(Marcel Mauss)的数个原始社会人类学概念的多次运用。另一方面所暗含的与对物体的海德格尔式诗意看法的契合[①],也包括查尔斯·列文提出的,鲍德里亚所论及的“仿真”(simulation)的“超真实”(hyperreality)之物与后期海德格尔技术批判中的“座架”(*Gestell*)概念有某种“主题性关联”(a thematic connection)。[②] 正是这些从根源上就不同于马克思的方法论旨趣及对物的独特看法,使鲍德里亚的批判展现出独特的力量,而导向了对富含形而上学意味的现代性“生产之镜”的批判以及对“象征交换”的召唤。

不过,对鲍德里亚的繁复庞杂的理论背景,笔者并不打算在正文中再做过多的专题性展开,而愿将笔触集中在对其早期文本的分析及“符号政治经济学”之发展线索的捕捉上,为我们理解其后来看似极端的理论提供入口。

一、物的“解放”与新文化帝国主义

如果说马克思的批判主题在于以人与人关系的历史性抽象为线索去透视资本主义这一绝对精神的自我达成,那么鲍德里亚的一贯主题则是物与人的关系的现代性变迁。从《物体系》开始直到《生产之镜》及《象征交换与死亡》,他无不在呈现现代社会中物的变迁所带来的意识形态后果,亦即意义丰

---

① 例如林志明在其《物体系》中译本的一个小注释中以不太确定的口吻提示出鲍德里亚与海式的虽不明朗却意味深长的理论亲缘关系,尤其是当其直接使用到“Stimmung”(氛围)这个德语词,参见布希亚:《物体系》,林志明译,上海:上海人民出版社,2001 年:29—30。Baudrillard, *Le système des objets*, Paris: Edition Gallimard, 1968, p.34.

② 例如,早在《消费社会》和《符号政治经济学批判》(以下简称《符号》)中,鲍德里亚就通过颠倒性地借用麦克卢汉理论,提出了“媒介即信息”的观点,并在后来清晰阐明了当代数码技术对真实的“解构”(deconstructive)与“再筑”(reconstructive)能力,以及此种能力所造成的万物皆“透明、可见、暴露于冷酷无情的信息之光”下的“超真实”境况;而这最终展露为海德格尔所批判的——源始存在沦为抽象理性下的存在者——这一西方形而上学堕落场景的现实版本。参见 Baudrillard, *The Ecstacy of Communication*, trans. Bernard and Caroline Schutze, New York: Semiotext(e), 1988, pp.21 - 22; Charles Levin, *Jean Baudrillard: A Study in Metaphysics*, London, New York, Toronto: Prentice Hall, 1996, pp.273 - 274.

饶的传统拟人物(anthropomorphique)被解放为(实际也是堕落为)元素化的、深度贫瘠的现代符号物。《物体系》首先是从分析作为人之对象的物(objet)开始的。

不过,与传统批判理论不太一致的是,他提到的现代技术对物的功能化洗白只是一个引子,毕竟,对于因工具化、合理化所导致的有机性丧失的问题,在由卢卡奇"物化"理论肇始的西方马克思主义传统中早已是一个反复出现的主题了。而在鲍德里亚看来,把物当作技术元(或技术要素,technème)①而进行物的客观科技结构分析,这固然是本质的(essential)、呈现本义(dénotation)的,或者说呈现能指—所指关联的一个直接的层面。但是,这恰恰重拾了巴特在其"神话学"中已经抛弃的索绪尔的单层次符号的分析方法。鲍德里亚所研究的关于物的经验在根本上是文化的(或亚文化、超文化的②),是真实生活中的物品在迈向文化体系的实践过程中所获得的引申意义,或用巴特的话来说,是物的"内涵"(connation)系统③,亦即"技术被实践卡住(en-rayage)的模式"④。

所以,在《物体系》中,鲍德里亚描述了物的数次"解放"。第一次是从象征性的传统物朝向被技术所"解放"⑤了的功能物的转换,这形成了物的功能

① Baudrillard, *Le système des objets*, Paris: Edition Gallimard, 1968, p.12.

② 布希亚:《物体系》,林志明译,上海:上海人民出版社,2001年,第2页。

③ "引申意义"(connation)也是罗兰·巴特在一系列文本中所持续关注的主题,从《神话学》中对初级意指系统中意义丰满的符号(signe)被抽空为层级结构中的能指(signifiant)的过程的"解神话"(démystification)分析(参见 Roland Barthes, *Mythologies*. ed. Jacqueline Guittard, Paris: Seuil, 2010, pp. 226 - 228, "le mythe comme système sémiologique"),到《流行体系》中对"元语言"(métalangage)与"引申意义"(connotation)共同运作中流行服饰之虚像的意识形态建构等(参见 Roland Barthes, *Système de la Mode*, Paris: Edition du Seuil, 1967, pp.38 - 52)。也可参见仰海峰:《走向后马克思》,北京:中央编译出版社,2004年,"引论"(二)中对巴特符号学理论的一个概括说明。

④ 布希亚:《物体系》,林志明译,上海:上海人民出版社,2001年,第8页。

⑤ 必须注意这里的"解放"的含义,"套用马克思的话来说,此一'功能化'演变只是摆脱束缚(émancipation)而不是真正的解放(Libération),因为这只代表解放了物的功能,而不是物的自身"(布希亚:《物体系》,林志明译.上海:上海人民出版社,2001年,第16页)。这就好像资本主义对劳动者的解放不过是在将其解放为可以自由买卖的劳动力而已。鲍德里亚后来在《消费社会》中所提及的身体、性及时间等的解放也都是在这一意义上说的。

性系统。这一层批判看似只是对于卢卡奇的“物化”及法兰克福学派理论的重新表述，但我们马上可以发现，即使同样是对物品的工具化的抨击，鲍德里亚的重点却并不只在于工具“理性”——以数学的可计算性与抽象性为代表的对物的具体质性的蒸发[①]；而是从一开始就是从物体的功能性集合或系统而非单个物出发的。于是，从在场(présence)[②]的象征物所形成的布尔乔亚室内的有机整体中所解放出来的，仍然还是一个整体——不过，是一个由丧失了灵魂与个性的作为技术要素(technème)的功能物所形成的、可以被随意组合与布置的物体系，“象征价值、使用价值，在此皆为组织价值所掩盖”[③]。必须注意到，这里的物之变迁一开始就并不强调其工具性(使用价值)的实在层面，而是从体系到重组体系的结构化过程，于是，“接替家具的社会学而来的，是一个**摆设的社会学**(*une sociologie du rangement*)”[④]。

然而，正如上文提及的，这次解放仅仅是一个引子，鲍德里亚马上过渡到了他更擅长也更重视的对“引申意义”(connotation)的分析。首先是与“摆设”(rangement)的技术要求构成对立的“气氛”(ambiance)的文化要求。以“自然的”色彩和木材为例，它们看似从功能性中摆脱而又重新回到独立个性中，但从体系的角度而言，却早只是作为区分性要素的符号。它们“只不过是对天然率真的状态一个永远不可能成功的回唤”[⑤]，已然脱离真正的象征之“束缚”

---

① 当然，我们会发现，在卢卡奇的《物化和无产阶级意识》一文中，还特别引用了马克思·韦伯对管理系统和法律体系的合理化分析，由计算性而涉入了系统化，但这仍然是在有机物的合理化意义上所做的批判，并不同于鲍德里亚所强调的体系及体系中元素的“排列组合性的操纵”(manipulation combinatoire)。

② 注意到这一语汇以及《物体系》A篇第一部分的海德格尔意味则可以理解，鲍德里亚对物的看法，从一开始就显然更加倾向于并非技术—使用价值的象征—在场意涵，那么其后来对需求—使用价值的反对也就不仅仅是出于揭露消费—符号体系之本质的需要，而的确是有其根本不同于马克思的哲学形而上学的根源。

③ 布希亚:《物体系》，林志明译，上海:上海人民出版社，2001年，第18页。

④ 布希亚:《物体系》，林志明译，上海:上海人民出版社，2001年，第23页。Baudrillard, *Le système des objets*. Paris: Edition Gallimard, 1968: 36.

⑤ 布希亚:《物体系》，林志明译，上海:上海人民出版社，2001年，第35页。

而仅仅解放为可组合的文化记号罢了。"文化始终在扮演这个具有意识形态功能的安慰角色:将功能、权力世界带来的紧张,升华到一个在真实世界的物质性及冲突之外、可在形式上辨识存在的世界……它的需要,在技术文明中,无疑更为紧急。只是,正如它所反映的现实同时也被否认,这个形式在今天被系统化了,回应系统化的技术性,正是系统化的文化性。而在物的层次,这个系统化的文化性,便是我们所称的'气氛'。"①

于是,在这一角色上定位了的文化,看似是某种逃逸于"功能性"的传统世界之劫余,但根本上是对传统性、自然性、文化性②的重新编入。这里仅仅以作为非一工具性的边缘物(l'objet marginal)的古物和收藏为例。古物(l'objet ancien)之所以有价值,是因为它以"真迹"的身份出现在系统中,而"取回"(récupère)了现代功能物体系所缺失的东西。亦即,功能物在空间上固然可以任意延伸转换,但也仅限以此"平面延展方式"(en étendue)展开,在时间维度上,它只能存在于现时当下;并且其基本的组织方式乃是一个通过差异性而相互确认的形式体系,于是它仅仅作为一个相对项而存在,自身并不具备存在意义。换言之,"功能物是存在之缺席(absence d'être)"③,那么古物恰恰以其历史性(historialité)和神圣性(sacralité)弥补了人对起源、时间的渴望,且带来了一个虽无功能却意涵丰厚的真切在场。尽管这一弥补恰恰悖论性地暗示着时间与存在已然匮乏,但它们仍不失恰当成为缺场时的替补,尽职的源起神话中的演员,而这所有神话学物品的无用之大用。

---

① 布希亚:《物体系》,林志明译,上海:上海人民出版社,2001年,第47—48页。

② 必须注意,按鲍德里亚的说法,这里的传统性(traditionnalité)、自然性(naturalité)的概念,最重要的"语尾"——表示抽象性质的"性"(亦即法语的-a/el,乃至名词的-lité),它们是过渡到抽象的引申意义和记号层次的标志。参见布希亚:《物体系》,林志明译,上海:上海人民出版社,2001年,第73页,注释1。

③ 布希亚:《物体系》,林志明译,上海:上海人民出版社,2001年,第92页。

在此，笔者不打算对鲍德里亚所描述的物体系之数个"地质层次"做更多探讨[①]，而建议读者将注意放到鲍德里亚的一个基本思路上[②]，即一个矛盾系统中的对立项往往只作为第一类元素项——往往是正统的、中心的、显明的——的"边缘化"补偿项，或者说，作为一种"超越"与"拒斥"的失败尝试而存在，其实并无法维系任何独立的异质性象征意涵。用巴特的符号学理论来说，它实际也正是一个抽空和夷平原有象征性符号、从而将其建立为次级系统中的空洞能指的过程。而正是这种"零度"状态的能指重新又被意识形态内容填充与收编。只不过巴特似乎更从历史唯物主义的角度来揭露"去政治性"(dépolitisée)之神话将偶然性永恒化、自然化的不轨图谋[③]，而鲍德里亚则注意到这一物体系作为能指集合，它如何不断扩张而形成强大的同化作用——于是，溢出体系的企图、对立界限的牵引，却都悖反性地成为体系之完美状态的不在场证明。这不仅仅在《物体系》中被多次运用于从摆设到气氛和边缘物之间的过渡，还延续到后来对消费社会的符号拜物教批判，由此而揭露作为差异性编码体系的意识形态黑洞。乃至，当进展到鲍德里亚后期理论中，他提出，"仿真"(simulation)通过对真实的裹挟而形成了自我指涉之封闭的"超真实"体系，而其中的所有界限都发生了"内爆"。关于这一点，笔者将在下文中具体阐明。总之，一切"补偿性"的安慰背后都是一而再对体系无远弗届之整合潜能的见证，所有特立独行的自恃实际不过是早就被掏空一切

① 对鲍德里亚在此书中对物品论述结构的更详尽的探讨，林志明的译后记是很好的参考。参见林志明：《译后记——一个阅读》的第四部分"《物体系》的体系"，布希亚《物体系》，林志明译，上海：上海人民出版社，2001年，第244—248页。

② 不过，这一思路实际上也并非完全是鲍德里亚的原创(尽管笔者认为确实是鲍氏将此思路发挥到了极致)。林志明在《译后记——一个阅读》中就提到，鲍德里亚的老师列斐伏尔在分析当代社会时使用了两个诠释策略，一是共时性层面的，相对的次体系之间互为"不在场的无罪证明"(alibi)，譬如精英文化与大众文化之间的互与合法性；二则是历时性层面的，某一项的出现乃是作为失去之物的模拟性(simulation)补偿(无而为有的代替)。当然，这两个策略实际上是一体两面，例如古物与收藏就既是功能体系的共时性无罪证明，又同时是一种对失散传统的模拟补偿。参见林志明《译后记——一个阅读》，布希亚《物体系》，林志明译，上海：上海人民出版社，2001年，第237—238页。

③ Roland Barthes, *Mythologies*, ed. Jacqueline Guittard, Paris: Seuil, 2010, pp.240 - 241, "La mythe comme une parole dépolitisée".

既定深意的能指——“符号逻辑通过内在的差异化以及一般的同质化而得以运演”[①]——从而走向一个抹除了所有不可还原的象征性差异的同质体系。鲍德里亚称之为“新文化帝国主义”。

二、消费—符码批判：差异的死亡与再造

如前文提出的，鲍德里亚所关注的并非一个纯粹的符号性物体系之建构，而恰恰是要在对此一社会程序的阐述中人与物的相互回应，亦即“物体系的描述，一定要伴随体系实践的意识形态批判”[②]。而更重要的，他研究的这一迈向引申义体系的文化性实践，从一开始便不是一个空泛的概念，而是集中了社会关系之主要矛盾的“消费”实践。那么其在《物体系》的后半部开始的消费社会意识形态批判就并不是一个令人意外的话题转向。当然，从更深远的背景来看，消费成为社会批判理论的中心话题，这本身就伴随着一个复杂的社会现实与理论逻辑的发展过程，它向来与文化—意识形态批判的主题及同一性批判的逻辑发展牵绊纠缠。从前者看，卢卡奇由反对经济决定论而开创对主体向度之阶级意识的召唤，历经福特制的洗礼，在法兰克福学派处凝化为对文化工业的批判——物质的丰盛与需求的满足使得马克思式的“阶级革命”成为过时的字眼，工人处于舒适安然的物质条件中，聆听与观看被商品化、标准化了的温情脉脉的文化产品，并进一步地在虚假需求的导引下进行消费——看起来，如果没有什么“意外”的话，这一个生产—消费的资本主义自我维系的恶的循环将持续进行下去。那么，当我们发现，这里的消费乃是透过文化与意识形态领域的意义生产的中介而维系着的，则要打破这一循环就必须从这个角度入手。也就是说，消费社会批判从一开始就与文化意识形态主题结合在一起。而另一方面，从批判逻辑看，法兰克福学派对启蒙“祛魅”(disenchantment，désenchantement)后的工具理性批判伴随着极权主义

① 参见鲍德里亚：《符号政治经济学批判》，夏莹译，南京：南京大学出版社，2008年，第89页。

② 布希亚：《物体系》，林志明译，上海：上海人民出版社，2001年，第8页。

与"奥斯威辛之后"的时代问题域(problematic)而推进为对整个西方理性精神的同一性批判,而消费中虚假需求的制造在马尔库塞等前辈看来,恰恰是"发达工业社会"单向度同一化的重要表现之一。

总之,就对文化及同一性批判这一一体两面的理路而言,法兰克福学派将对文化的同质性特点与来源的阐述奠立于对启蒙理性之神话的揭示上,而马尔库塞更进一步意识到,被他们视作主体性之拯救的、曾经疏离于商品世界的高层艺术,在愈加强大的社会整合能力中已逐步失却其"对立的、异己的和超越性的因素"①。但无论如何,这种对价值内容加以超越的描述,其矛盾在于,如果工具理性真正是普遍化的,则文化审美层面在原则上甚至无法独立存在,但如果承认仍然能够存在某种超越性、审美性的高雅文化,则就无法解释何以它们实际上也不断被纳入消费意识形态、成为资本的同谋?

那么,尽管从对同一性和消费文化的大方向看,鲍德里亚与马尔库塞等的"单向度"思路还是契合的;但在具体的理论建构上,1968 年前后的状况使人们看到,面对同一性整合的强大力量,以往所强调的精英文化、审美感性与大众文化、工具理性这样的内涵上的对立并不能超越同一性,甚至马尔库塞的"大拒绝"在现在看来亦成了一个补偿性姿态,变成了体系中的游戏话语,甚至自其开端便是体系之共谋(complicité)。鲍德里亚以结构主义符号学为方法而揭示出这种批判实已沦为批判游戏(ludisme critique)②,他恰恰反对马尔库塞(以及里斯曼、加尔布雷恩等人)认为消费之问题在于虚假需求的"异化论"观点。他认为,意识形态运作的焦点,并非在于"人的需求—物的功用"的自然秩序被抽象,而从一开始就发生在基于结构主义人类学原则上的物品/符号的差异区分体系的文化秩序中。

笔者以为,这一秩序可以概括为差异死亡与再造的运作。我们已经看到,物体通过两次解放,形成的是一个引申意义的文化系统,所有企图逃逸的

① 马尔库塞:《单向度的人》,刘继译,上海:上海译文出版社,1989 年,第 53 页。

② 参见 Baudrillard, "le ludique et le policier", *Utopie*, No. 2/3, 1969, pp.3 - 15。转引自布希亚:《物体系》,林志明译,上海:上海人民出版社,2001 年,第 260 页。

边缘物都被化约为体系中的符号。那么，必须要提问的是，这种向文化性的意义生产体系的转化过程究竟如何被推动？物体系朝向引申义的发展——无论补偿或替代——似乎总是与人的心理投注对深沉的意义的渴望密切相关，亦即要完成一个具有独特意义的主体。可吊诡的是，看起来反映着人的心理与欲望对物的投射性操弄，却反过来成为物对人的操弄，成为一个主动之被动的活动。功能性当然已然在某种意义上是个别物同质化了，那么个性似乎还可以在“非本质必要的部分”(l'essentiel)完成——于是边缘性的、无关紧要的、然而表面上却又是真实的差异出现了，以供我们选择，以凸显自身的独特。“在我们的工业社会里，‘先验’地被赠送了一种东西，它仿佛是集体性地荣宠和形式自由的记号，那便是选择。”[①]恰恰是这种“选择”强迫人们进入一个社会文化体系中从而被整合。“个性化和整合程序完全可以携手同行。这便是体系的奇迹。”[②]在此，一切真实的差别与独特性已然(被)死亡，而“个性化着的”(实质是能指系统内部的)差异却通过符码化的扩散不断被再造出来，“对差异的崇拜正是建立在差别丧失之基础上的”[③]，鲍德里亚称之为“差异生产的垄断性集中化”[④]。

这一个性化与前文提到的“自然性”“文化性”的出现等实际上是同一个逻辑，亦即，原初的真实差别被取消(正如原初的自然与文化象征已经消失)，但在同质化的体系中个性(自然、文化)又作为体系的一分子被制造出来。所以，个性化自我与边缘差异的出现同样也是一种上文所提及的“补偿”与“替代”的逻辑，是“在现实中把自然扼杀后再把它当作符号来重建”，或者说，将“本义”抹除而使得空的能指被不断注入“引申义”。但是，这与前文中描述的自然而然地失去了物以后的模拟性补偿所不同的在于，现在体系更加倾向于通过模拟(simulation)而对一切有个性的原象进行暴力压制与消灭(包括接下

---

① 布希亚:《物体系》,林志明译,上海:上海人民出版社,2001年,第162页。

② 布希亚:《物体系》,林志明译,上海:上海人民出版社,2001年,第166页。

③ 鲍德里亚:《消费社会》,刘成富、全至钢译,南京:南京大学出版社,2008年,第72页。

④ 鲍德里亚:《消费社会》,刘成富、全至钢译,南京:南京大学出版社,2008年,第71页。

来将提到的身体、性、时间等),乃至最终根本就不存在一个原象,变成了纯粹的拟象(simulacra)。

更重要的是,鲍德里亚并不以为这是一个主观偶然的过程,是人对物的自然需求被搅扰后的不自然结果。恰恰相反,“假如我们承认需求从来都不是对某一物品的需求而是对差异的‘需求’(对社会**意义的欲望**),那么我们就会理解永远都不会有圆满的满足,因而也不会有需求的确定性”[①]。换句话说,在鲍德里亚处,消费同列维-斯特劳斯之洗涤了生物学气息的乱伦禁忌一样,有着一个无意识的象征结构,它从根本上乃是一种与语言相当的交流体系。故而,必须以结构分析取代内容分析,将注意力放到物/符号在其相对差异的相互指涉中如何进行意义生产。正是因为“首先有一种区分的逻辑结构,它将个体生产为‘**个性化**’的,也就是相互区别的,但是根据某些普遍范例及他们的编码,他们就在寻找自我独特性的行为本身中**互相类同**了”[②]。从而,“在分配层面上,财富及物品同话语及以前的女性一样,构成了一个全面、任意、缜密的符号系统,一个**文化**系统,它用一种分类及价值的社会秩序取代了自然生理秩序”[③]。由此,消费绝非——至少在部分“真实需求”的程度上——是对属于生产年代的清教伦理的伟大超越,仿佛“这个年代终于能够正视人及其欲望”[④]。恰恰相反,消费乃是在社会文化之无意识层面运作的“新生产力的征象”,制造了在使用价值面前人人平等的“民主”意识形态幻想,仿佛解放了需求、个体、身体、时间等,却无论如何都仅仅是将它们解放为只有相对性存在的编码体系的一个区分性符码而已,这一个世界乃是由赝品

① 鲍德里亚:《消费社会》,刘成富、全至钢译,南京:南京大学出版社,2008年,第59页。

② 鲍德里亚:《消费社会》,刘成富、全至钢译,南京:南京大学出版社,2008年,第76页。

③ 鲍德里亚:《消费社会》,刘成富、全至钢译,南京:南京大学出版社,2008年,第61页。

④ 鲍德里亚:《消费社会》,刘成富、全至钢译,南京:南京大学出版社,2008年,第64页。

主导的真实缺席了(manqué)的伪性世界[①]。

那么在这个意义上,当代社会的消费无非是这种区分系统在“需求—使用价值”等被自然化了的观念形态遮掩下对个体的吸收。在这里仅仅以身体为例,可以看到的是:首先,身体早已不是一个拥有深层欲望的自然事实,而是一个与其他能指物没有差别的消费品,不过是“心理所拥有的、操纵的、消费的那些物品中最美丽的一个”[②]。这一点尤其体现在女性身上——当女人们频繁进出美容院让脸蛋美白除皱,每周去一次瑜伽中心以保持苗条体型,用“照顾自己孩子的那种温情去照料它”,并且在这些活动过后陶醉地说,“人们都发现我更美丽、更幸福了”[③]的时候——身体早已成为用以表现幸福、健康,得意扬扬的可见符号。而其“原初”容貌已经被“拟象”取代,当使用流行词“白富美”的时候,肤色白不白在此更多是社会地位的能指罢了,其本义是被驱除的——很简单,换作在欧美国家,却恰恰是古铜色的肌肤更表征着时间、金钱的充裕,因而拥有去海滩日光浴的机会。当然,男性的身体也会蜕变为表达健美、高大、力量的符号,但和女性相比——后者甚至可以成为和男性的其他消费物(如汽车、手表等)并列的表征物,一个举止优雅、皮肤光滑、身材高挑、打扮入时的女友成为男性用以在朋友间炫耀的物品之一。更甚者,在“医疗”领域,如果说身体的健康原先是一个“与活下去息息相关的生理命令”,而今却随着成为名望的符号,健康与医疗都成了“与地位息息相关的社会命令”[④],作为众多表征着安逸与地位的符号中的一个被消费。甚至性亦是

---

① 在这一层次上,已然可以看出“拟象”及“超真实”概念从何而来。鲍德里亚在《消费社会》中指出,伪事件、伪历史、伪文化的世界,乃是“产自编码规则要素及媒介技术操作的赝象”,“正是这个,而非其他任何东西,把一切意义,无论它本该如何,**规定为可消费的**”。这也是为何鲍德里亚在另一个层面上重新解释了麦克卢汉的“媒介即信息”,因为媒介的信息生产本身就是一种编码亦即伪造现实之替代品的过程。而进一步的,通过广告面向消费者的编码话语,广告所制造的预言性的符号化的伪事件便“通过消费者对其话语的认同而变成日常生活的真实事件”,乃至于超越真伪,消灭原型。参见鲍德里亚:《消费社会》,刘成富、全至钢译,南京:南京大学出版社,2008年,第113—120页。

② 鲍德里亚:《消费社会》,刘成富、全至钢译,南京:南京大学出版社,2008年,第123页。

③ 鲍德里亚:《消费社会》,刘成富、全至钢译,南京:南京大学出版社,2008年,第123—124页。

④ 鲍德里亚:《消费社会》,刘成富、全至钢译,南京:南京大学出版社,2008年,第132页。

如此。可是，在鲍德里亚看来，性与健康及身体本身一样，本来都是具有深层象征性欲望的颠覆与超越者——在这里暂且借用马尔库塞的“爱欲”(eros)或“感性”——然而通过对性的象征功能的分解与模拟化重现，性被限定在“一大堆不再留有丝毫冲动作用痕迹的、僵化”的幻象/性符号(生殖器、裸体、第二性征、并扩展到一切物品上的色情含义)中[①]。于是，看似是色情广告和性玩偶的泛滥，实则是为了更好地去除利比多和象征功能。在鲍德里亚看来，那些送给儿童的玩偶，都被人为地赋予性征——“在这里，本来在这方面什么都不用做的父母们，出于良好意愿并以性教育为借口，通过性符号的过度展示，对孩子实施了一种真正的阉割。”[②]

概而言之，这是一个驱除原初欲望与意义的过程，是深度潜隐而表层呈现的过程，符号秩序正是通过在表层的运作而形成了一个封闭的同质体系。正是在对这一过程的分析中，鲍德里亚称，社会完成了“从冶金术(metallurgic)社会向符号创衍术(semiurgic)社会”的过渡。也就是说，眼下，谁掌握符号创造(最典型的当然是媒介，鲍德里亚曾以1968革命为例对此进行过分析[③]，而在其后期的著作中“媒介”/“内爆”更是成为一个重要主题)，谁就掌握社会控制的力量。那么，显然，尽管消费社会的理论起初还试图在马克思的资本再生产循环的框架下进行，似乎消费仅仅作为生产—消费这一整体中的、因福特制兴起和广播媒介出现而日益重要的环节(我以为这也是以法兰克福学派为代表的传统西方马克思主义的文化/消费批判的思路)，仅仅是“作为新生产力的征象和控制”——故而解放之根本仍然在于生产之突破。可实际上，既然意识形态的揭露离不开对物品—符码的差异/意义生产功能的指认，既然批判框架的开展离不开对消费这一交流/交换(communication)的客观结构的分析，那么，要使得此批判获得根本性的完成，就必须重新界定“物”的“本性”及使用价值，更必须将交换/交流置于社会基本架构的根基地

① 鲍德里亚：《消费社会》，刘成富、全至钢译，南京：南京大学出版社，2008年，第143—144页。

② 鲍德里亚：《消费社会》，刘成富、全至钢译，南京：南京大学出版社，2008年，第146页。

③ 参见鲍德里亚：《符号政治经济学批判》，夏莹译，南京：南京大学出版社，2008年，第171—175页。

位，由此才能凸显出鲍德里亚式“拜物教”批判较之于马克思理论、对当下现实剖析的深刻性。此任务的有意识开展要到《生产之镜》及《象征交换与死亡》中才真正完成，而《符号政治经济学批判》这一文集恰恰起到了一个总结既有成果及探寻理论出路的作用。

三、拜物教批判："文化—交往"还是"实践—生产"

由上文我们看到，在《消费社会》之后，鲍德里亚事实上面临着新的理论任务。通过对消费的符号学结构分析，他已经指出了传统需求—使用价值理论的不足，即没有考虑到社会区分的逻辑。上文提到，鲍德里亚认为需求—使用价值（功用）乃是经济学乃至一般社会学的人类学公设，也就是说，如果说经济学与一般社会学比起来，前者那种对需求合理性的假设显得虚假可笑，那么一般社会学中对所谓不必要的、由生产而激发的虚假消费的揭露也不过是一种更高级的“同义反复”。就结构主义的目光来看，需求（当然还包括历史上各种形形色色的概念如玛那（Mana）、有用性、选择、刺激等）是在将主体—客体镜像性（speculaire）分裂后又企图弥合之的产物，故而“主体、物、需要：这三个概念的神话学（mythologique）结构是完全相同的”[①]。

他认为，这里首先涉及对物的“功能性”的误认，亦即以为使用价值是真正的逃脱社会历史建构了的自然性，是物的“本真”。但这恰恰是被鲍德里亚称为“大写的形式/物”（FORME/OBJET）[②]的东西，也就是说，正如在物的同质化符号体系中看到的——使用价值同样是一个抽象，正是“物的功能性使其成为符码”，从而确认了商品/形式（forme/marchandise）在交换价值和使用价值上的双重抽象的完成。在鲍德里亚看来，“只有在象征交换中，那些独特的、个性化的行为（赠予、礼物交换等）所涉及的物以及商品才是真正不可比

① 鲍德里亚：《符号政治经济学批判》，夏莹译，南京：南京大学出版社，2008年，第52页。
② 鲍德里亚：《符号政治经济学批判》，夏莹译，南京：南京大学出版社，2008年，第126页。

的"[①]。我们回溯鲍德里亚对物性的看法，其实从一开始就带着海德格尔式的将物作为"天地神人"四方(Vierung/Geviert)游戏之聚的在场/象征存在的意味，所以也不奇怪他对马克思——将交换价值作为抽象产物并由此推出使用价值是一个非抽象的具体这一反题——并不十分感冒了。而这种对物性的界定最终是通过是回顾莫斯人类学中描述的原始社会中的"库拉"(kula)与"夸富宴"(potlatch)所展现出物的不定性的象征性"耗费"而完成的。

但这仅仅是一个开端，毕竟，关于物的人类学界定实际上不能单独存在，而必然与整个理论架构本身相关。[②] 也就是说，鲍德里亚的真正难题并不在此，所以我们可以暂不追究这一"耗费"究竟是在莫斯所说的"夸富宴"那种竞赛、炫耀意义上的抑或是巴塔耶那种祭祀献礼的神圣性的、纯粹的反功利意义上的。重要的是，可以看到，对物性这般破坏的"消费"已经不仅仅是对满足需求的那种意义上的行为了，而根本地——如我们在符号消费中同样看到的——是一种消费着区分性"意义"的文化性的特殊形式的交换。这些人类学的行为及其非生产性的原则为理解"消费"打开了另一个入口，从而提供了否弃作为政治经济学的(当然在鲍德里亚看来也是马克思之政治经济学批判的)理性人类学之使用价值的根本假设。也就是说，在鲍德里亚那里，"以生产为视角的分析一开始就伴随着那种礼物与耗费(dépense)的消费(consumption)的人类学视角的分析"[③]，那么，对实际上作为一种特殊交换/交流体系的当代消费的象征结构的分析——如同列维-斯特劳斯在《亲属关系的基本结构》中所做的——必须成为对所有其他如"需求"这样的有意识层面进行诠释的前提，它"言说着一种个人的意愿"[④]。

① 鲍德里亚：《符号政治经济学批判》，夏莹译，南京：南京大学出版社，2008年，第126页。

② 这正如在政治哲学当中，原初状态的设定往往争论纷纭，在这里具有根本重要性的不是所谓历史事实的问题——因为如何设定、设定什么是由整个社会契约及其原则的建立之需要所决定，亦即存在着一种所谓的"反思性的平衡"(reflective equilibrium)。我以为，关于社会本体论的架构隐含着这样一种平衡。

③ Mike Gane (ed.), *Baudrillard Live: Selected Interviews*, London and New York: Routledge, 1993, p.20.

④ 鲍德里亚：《符号政治经济学批判》，夏莹译，南京：南京大学出版社，2008年，第58页。

可以说，在这个意义上，鲍德里亚的“符号政治经济学批判”从一开始就已经超出政治经济学，而是文化的。并且，正如上文中指出的，如果符号拜物教批判真正要具有批判社会的穿透性，就必须将社会得以结构的框架重新建立在产生意义的交换/交流（communication）体系而不再是生产体系上，亦即必须“重建整个社会逻辑”[①]——也就是必须不仅仅在“物性”层面上，而更深层的是从整个本体论架构上反对马克思。否则，这种对虚假需求——不是部分地虚假，或部分地由社会—文化决定的需求——的抨击也马上会沦为与一般“单纯而无害”的社会学/心理学一样仅限于为以需求、理性、平等为口号的经济科学的织锦添一朵“病理学的”、非理性的（如个人对在一般需求之外对地位、名誉的需求）鲜花。亦即，**问题不在于增加一种社会—文化视角，而是这一视角本身才是一切社会变革得以在其上展开的无意识领域**，正如马克思发现生产是资本的秘密乃至资本的生产关系确定了资本主义这一社会形态；那么鲍德里亚必须说明，交换/交流体系变化如何呈现为社会变化的归根结底力量、并且当代消费是一种历史的异化，损毁了原先那种由馈赠、接受、回馈的义务性（obligatoire）[②]交换的所建构的主体之间的关系的透明性与不定性（ambivalence），“物成为符号，从而就不再从两个人的具体关系中显现它的意义”[③]——从而并在此基础上完成其导师列斐伏尔所提出的“日常生活批判”意义上的文化革命。于是，“文化革命不再同经济—政治革命联系在一起。它以特定理性化和神秘化的方式，将经济—政治革命划分为局部革命话语……文化革命必须使自身反对经济—政治革命”[④]。那么也无怪乎他马上在《生产之镜》中从哲学形而上学的根本层面开始直接地反对马克思。

也就是说，如果此前对马克思生产本位主义的人类学及社会学批判早已是一种潮流了的话——可以认为，从卢卡奇在相反意义上借用韦伯“合理化”以批判生产过程之物化开始，以及1920年代后莫斯社会学逐渐成为法国理论

---

① 鲍德里亚:《符号政治经济学批判》，夏莹译，南京：南京大学出版社，2008年，第55页。

② 莫斯:《礼物》，汲喆译，上海：上海人民出版社，2001年，第3页。

③ 鲍德里亚:《符号政治经济学批判》，夏莹译，南京：南京大学出版社，2008年，第47页。

④ 鲍德里亚:《生产之镜》，仰海峰译，北京：中央编译出版社，2005年，第138页。

的一个生长点以来，生产的人类学—形而上学就已开始走上了衰落的命途。鲍德里亚无非也是这一话语潮流中的一员，那么他的批判的一针见血力量就在于，以“消费社会的批判”为起点，借用具有反对使用价值和生产本体双重作用的“象征交换”颠覆马克思的整个理论。《生产之镜》中，他提出的马克思陷入了概念帝国主义、人类中心主义、种族中心主义等[①]形而上学之窠臼的观点，无一不建立在对生产（方式）这一基本框架的批驳上。总之，就是要用以具体物之非等价交换（如仪式、夸富宴等）为典型特征的**产生意义**的交流/交换的人类实践体系，取代以产生等价抽象的[②]功用性物品/使用价值为特征的生产的实践本体论地位，因为在他看来，马克思以生产批判资本主义历史的同时却将生产本身变为最强大的意识形态，让人误以为解放就在于生产的解放。[③] 而实际上，资本主义的真正问题不在于它“不能将自己经济地和政治地再生产出来”，却在于“在社会关系直接生产的层面”的脆弱性，亦即“它不能将自己**象征地**再生产出来”，“无法为浪费、礼物、牺牲的复活提供空间，因此也无法为象征交换的可能性提供空间”[④]——鲍德里亚认为，这才是对资本主义之最恰当的诊断。

但是，这恰恰带来了一个关于“文化—交往”和“实践—生产”之间关系的最重要问题。在马克思那里，我的理解是，这实际上表现为生产关系与生产力之间的辩证关系问题，只不过马克思始终以生产力作为推动以生产关系为代表的社会—文化结构变迁的归根结底的力量——在这个意义上，显然生产绝不仅仅如鲍德里亚以为的（也是大部分生产力批判者所认为的）仅仅是自然—物质层面的，因为生产的同时产生新的社会文化的结构形式，而在后一

---

① 参见鲍德里亚：《生产之镜》，仰海峰译，北京：中央编译出版社，2005年，第29,36,69页。

② 注意，这里尤其是指鲍德里亚多次论证了的**功能物**的抽象同质实质，而暂不考虑（交换）价值之抽象。

③ 当然，关于马克思的解放是否仅仅是生产的解放，其实并不是这么简单。笔者认为，在生产关系之拜物教化的意义上，生产作为推动生产方式变迁的力量，事实上提供了走向更自由的社会关系的可能性。这当然伴随着生产力在新的生产关系中的解放，但又绝不仅仅是生产力的解放，而更涉及新的社会中人的全面发展的解放维度。

④ 鲍德里亚：《生产之镜》，仰海峰译，北京：中央编译出版社，2005年，第129—130页。

个层面上依然可以展开独立的有效批判。

但是,在此我并不能完全否认马克思这种从资本主义的人体中抽象出来的作为资本之命脉所在的“生产”,在猴体中成为“第一个历史活动”时所带来的越界之嫌,毕竟关于“归根结底的力量”的论证,在某种意义上已经脱离政治经济学而成为一个形而上学问题。可是同样的问题也存在于鲍德里亚所青睐的“文化—交往”本体论中,也就是说,哪怕可以认为,鲍德里亚对于象征交换的发现和消费社会的批判的确更适合分析当下社会的一些现象,但既然马克思揭露资本秘密的同时产生了“生产之镜”的问题,那么我们是否可以说,鲍德里亚事实上也陷入了“象征交换之镜”了呢?这岂不是又将某种“本义的”交流体系作为非历史的超越存在了呢?作为新的意识形态呢?毕竟,“镜子并非天然地矗立在那里,作为一种社会结构(形式),它是历史地形成并不断转换的”①。

然而最终要说明的是,笔者对于“文化—交往”和“实践—生产”之间的辩证关系也并没有一个确定的答案。更何况,即便在符号学的框架中,也可以从自然符号的角度来理解使用价值的符号意义。但可以肯定的是,对这一问题进一步探讨的方向很难回到一个纯粹形而上学—哲学的领域里去。毕竟,关于批判范式的转换从一开始就不是一个纯粹的哲学问题,而是——让我借用这一句,在归根结底的意义上——总是在回应我们所面对的、所切已感受到的问题与罪恶,无论是资本或奥斯威辛。

作者简介:邵奇慧(1990—),女,浙江人。南京大学哲学系2008级本科生,复旦大学哲学系外国哲学专业2012级研究生,现为巴黎高师在读博士,研究方向为近现代哲学中的身心关系问题。

刘一哲(1991—),男,江苏人。南京大学哲学系2009级本科生,复旦大学哲学系2013级研究生,现为南京大学政府管理学院在读博士。

① 胡大平:《象征之镜的生产和生产之镜的象征,或马克思和鲍德里亚》,《现代哲学》2007年第2期。

南哲感悟:这次有这样一个机会回头看一下本科时候的写作,非常感谢编辑老师。南大四年,我在写作上总体还比较青涩。但是觉得很珍贵的是,一方面是在不熟练的写作中所保留的一些灵感和文句,提醒着我当年投入哲学的初心,这是读研以后论文里多少消失掉的部分。另一方面是培养了广泛的兴趣,无论对于现象学还是马克思的资本论,都没有刻意限定自己。而且当时所感兴趣的问题,例如狄尔泰的表达问题,结构主义和资本主义社会拜物教批判的问题,科学社会学的问题,后来反观,都还一直像小火苗一样引导着我对哲学的热情。真的很感谢四年中老师们的付出,无论是指导我毕业论文、给我好多灵感的王恒老师,还是第一次带我学习如今已经作为我博士论文题目的梅洛-庞蒂的方向红老师,或是指导了我一整年创新计划项目的周嘉昕老师,还有一直那么真诚为学生着想、教导我做研究首先要忠于兴趣才能长久下去的唐正东老师,以及课程特别有趣的孟振华老师、刘鹏老师,还有其他的老师们,依然很清晰的形象,很多美好的回忆。

意识形态：从宏观建构到微观布展

——阿尔都塞意识形态理论的历史流变*

刘冰菁

摘　要：20世纪60年代初，阿尔都塞为了反对人道主义思潮，从传统的宏观角度提出了意识形态的一般学说和与科学相对立的意识形态问题式。而在60年代末，阿尔都塞在拉康的影响下转而从日常微观角度具体描述了意识形态国家机器等对个人的内在控制机制。所以，阿尔都塞的意识形态理论并不像是传统研究中假设的那样一贯到底、从无变化。从宏观的社会控制机制和认知问题式、到微观的对个人主体的内在建构，这是阿尔都塞在不同话语背景下生发的真实的思想语境。

关键词：阿尔都塞；科学与意识形态；认识论断裂；意识形态国家机器；质询

以往，我们对阿尔都塞的意识形态理论的研究中存在一种非历史化的倾向，仿佛阿尔都塞的意识形态理论从头到尾都属同一基调，并没有发生过变化。但是，阿尔都塞在20世纪60年代就先后提出了宏观建构和微观布展的两种完全异质的意识形态理论。这些理论，恰恰展现了他在不同思想背景中对意识形态的不同认识。

具体说来，他先沿袭了从马克思到曼海姆的传统意识形态理论线索，从宏观角度描述了作为人类社会客观结构的意识形态、与“科学”相对立的作为

* 本文选自《林间路》第十五期。——编者

总体认知构架的意识形态。而后在拉康“伪主体”的影响下,阿尔都塞开始转向具体分析意识形态对个人主体的微观控制,并且结合马克思主义传统的批判资本主义的线索,创立出独具特色的批判性的意识形态学说。本文便是遵循这一历史的真实发生过程对阿尔都塞的意识形态理论进行一个梳理。

一

阿尔都塞关于意识形态(idéologie)的集中描述最先出现在《保卫马克思》(*Pour Marx*)一书的《马克思主义和人道主义》(Marxisme et Humanisme)文中。其中,他主要以宏观的人类社会为研究主体,指认意识形态为社会不可缺少的客观组成结构,并对其社会历史的客观逻辑结构、无意识的再现功能机制进行了细致的考察。而阿尔都塞观察意识形态的这一宏观视角,是明显地接续了从马克思到曼海姆的阶级无意识、社会无意识的宏观意识形态线索,当然,阿尔都塞也提出了许多大胆独到的阐述。

首先,阿尔都塞明确地指出,“意识形态是具有独特逻辑和独特结构的表象(形象、神话、观念或概念)体系,它在特定的社会中历史地存在,并作为历史而起作用”①。可见,阿尔都塞并没有直接继承法国由特拉西提出的“观念学”的线索,也不完全赞同马克思的关于意识形态是阶级社会中特定的社会阶级无意识产生的、对现实的虚假反映的逻辑体系的界定。在当时法国风靡各界的结构主义思想影响下,阿尔都塞把意识形态看作所有人类社会不可缺少的客观组成结构,不论是资产阶级社会还是共产主义社会。“在任何社会中,尽管表现形式可以变化万端,但始终有一种基本的经济活动、一种政治组织和一些意识形态形式(宗教、伦理、哲学等)。意识形态因此是一切社会总体的有机组成部分。”②

进一步说,在阿尔都塞看来,作为社会历史客观结构的意识形态,就不是

① 阿尔都塞:《保卫马克思》,顾良译,北京:商务印书馆,2006年,第227—228页。

② 阿尔都塞:《保卫马克思》,顾良译,北京:商务印书馆,2006年,第228页。

单纯的二元认知结构的产物。意识形态本身就是人类与世界联结所必要的体验方式，是对人们现实的生存关系的体验关系。它在社会中的发生机制是一种自然和必需，它以想象的方式再现人们的生存关系，是人类真实生存条件的真实关系和想象关系的统一。人们只有通过意识形态的无形中介，才能体验并且依据具体的社会形态调整同世界的体验关系。即使在无阶级社会中，人们也需要依赖意识形态的调整去适应新的生存条件。所以，意识形态，就如同每个人依附着的空气一样，维系着人类社会的存续，"意识形态没有历史"(l'idéologie n'a pas d'histoire)①。这一点，汤普森曾指出这是阿尔都塞不同于传统研究路径之处："意识形态一直被传统地指认为意识的形式或是思想之域；但是，阿尔都塞认为这种看法是错误的。意识形态并不是真实关系变形了的再现(a distorted representation)，而它本身就是真实的关系，即人们生存在世界上所依赖的真实关系。"②

这一点。显然不再是马克思的看法。

如此，阿尔都塞去阶级性和去虚假性的意识形态，一跃成了跨历史的客观结构。他甚至强调，在马克思主义理论下，也不能设想共产主义中没有意识形态形式。当然，马克思从来就没有这样为意识形态辩护过。马克思很明确地指出，意识形态是有阶级历史性的，它会随着社会物质生产方式的变革而被扬弃。但是，在当时的结构主义思潮影响下，阿尔都塞将意识形态无限制地扩大到了与经济基础、上层建筑相并行的逻辑先在结构。不过，在进一步阐述意识形态的无意识作用机制时，阿尔都塞倒是开始接着马克思往后走了。

第二，从意识形态的运作机制来看，阿尔都塞认为，意识形态总是以"无意识"方式发挥作用。从传统的角度来看，人类依赖意识形态以体验世界的这些行动都属于意识的范围，但经过马克思的阶级无意识和曼海姆的群体无

---

① 阿尔都塞：《哲学与政治：阿尔都塞读本》，陈越编译，长春：吉林人民出版社，2003年，第350页。

② John B.Thompson, *Studies in the Theory of Ideology*, University of California Press, 1984, p.90.

意识思想的影响,阿尔都塞基本上继承了意识形态“无意识”“非故意”发生的线索,认为这一人类社会的再现体系总是“无意识”地释放威力。并且,这种“无意识”不仅针对被统治人民,也适用于统治阶层,具有明显的非工具性。“它们首先作为结构而强加于绝大多数人,因而不通过人们的‘意识’。它们作为被感知、被接受和被忍受的文化客体,通过一个为人们所不知道的过程而作用于人。……意识形态根本不是意识的一种形式,而是人类‘世界’的一个客体,是人类世界本身。”①

可见,意识形态是作为一种社会的客观结构作用于人,这一作用过程是在人们无意识的状态下实现的。人们正是在这种意识形态的无意识场境中,才能构筑和改变他们同世界的体验关系。这也就连接着阿尔都塞上面对意识形态的分析,意识形态不是由人创造的主观系统,而是社会本身具有的客观结构,它在逻辑上先于人类社会发挥作用。

所以,人们不能选择或是抛弃意识形态,而只能成为意识形态功能的承担者,即使资产阶级本身也受到理性、天赋人权、自由等意识形态的支配。“占统治地位的意识形态是统治阶级的意识形态。但统治阶级并不同占统治地位的意识形态保持一种功利性的或纯粹策略性的外在关系,尽管这种意识形态是它自己的意识形态。”②阿尔都塞承认,意识形态是对被统治阶级的欺骗,但是使用意识形态为其效劳的统治阶级也屈服于意识形态。意识形态不是作为统治阶级的工具,它才是支配着所有人的逻辑先在结构,这就是意识形态的非工具性。

第三,意识形态虽然是以“无意识”的形式作用于社会全体的人,但在它实际发挥作用时,是以统治阶级的利益为导向的,这也是阿尔都塞认为意识形态与科学的不同之处。虽然阿尔都塞强调,统治阶级本身与意识形态之间并不是一种纯粹策略性的功利关系,但阿尔都塞仍然继承了从马克思开始确立的对资产阶级意识形态批判的态度。“在阶级社会中,意识形态是统治阶

① 阿尔都塞:《保卫马克思》,顾良译,北京:商务印书馆,2006年,第229页。

② 阿尔都塞:《保卫马克思》,顾良译,北京:商务印书馆,2006年,第231页。

级根据自己的利益调整人类对其生存条件的关系所必需的接力棒和跑道，在无阶级社会中，意识形态是所有人根据自己的利益体验人类对其生存条件的依赖关系所必需的接力棒和跑道。”①

由此可见，意识形态在不同的社会中都是凸显了利益的需求，只是在阶级社会中，意识形态具有明显的自利和掩盖矛盾的倾向。但是对此，阿尔都塞并没有花太多的笔墨来描述，而是有意识地承接了对当时党内意识形态式的人道主义思潮的批判。其实这是阿尔都塞前期意识形态理论的一个重要指向——明析意识形态的非科学性和马克思主义思想的科学性。“作为表象体系的意识形态之所以不同于科学，是因为在意识形态中，实践的和社会的职能压倒理论的职能（或认识的职能）。”②这就直接连接着阿尔都塞在《读〈资本论〉》（*Lire le Capital*）中作为宏观认知结构的意识形态的重要内容了。

二

在上文中，阿尔都塞分析，意识形态是人类社会的客观结构、是人们体验世界的必要的中介，这是他对意识形态作为一般社会结构的揭示。但是，在其师巴什拉（Bachelard Gaston）的科学认识论的影响下，阿尔都塞认为，意识形态不仅在社会历史一般中发挥作用，它是一种客观的总体认知结构，是一种与“科学”相对的、资产阶级的问题式。值得注意的是，这里的认知结构既不是具体到个人主体的认识过程，也不是我们传统的主客体的二元认知构架。阿尔都塞正是从反对这一二元认知怪圈出发，揭示出西方哲学史传统认识论中的意识形态问题式，以完成“认识论断裂”（coupure épistémologique）而走向科学的问题式。

首先，让我们认识下阿尔都塞的问题式概念。在法文中“问题式”（problématique）的原初意义是提问方法或可疑的，阿尔都塞是从他的好友雅

① 阿尔都塞：《保卫马克思》，顾良译，北京：商务印书馆，2006年，第232—233页。

② 阿尔都塞：《保卫马克思》，顾良译，北京：商务印书馆，2006年，第228页。

克·马丁那里借用了这一概念,“以指出理论形态的特殊统一性以及这种特殊差异性的位置”[①],也就是用来指认问题生成背后的主导隐性构架。值得注意的是,这个问题式,绝不是在个人主体的具体认识过程中,而是在宏观历史总体上指认的客观的认知结构。它发生在客观的历史的思维过程中,而不是发生在个人主体的思维中,这显然是阿尔都塞受到结构主义和巴什拉科学认识论影响的结果。所以,阿尔都塞强调的思维,不是单个个体的意识活动,不是超验主体的绝对能力,而是具有客观结构的现实体系。“‘思维’是特有的现实体系,它是在同自然保持着一定关系的一定历史社会的现实世界中产生和形成的,它是一种**特殊的**体系,它是由它的存在条件和它的实践条件所规定的,也就是说是由**特有的结构**规定的。”[②]

如此一来,不论是思维活动,还是认知过程,在阿尔都塞的结构主义思想下都是客观生成的宏观结构,个人主体及其具体的认识活动都如同历史中的小波澜可以忽略不计,真正发生决定作用的是社会历史背后的宏观结构。所以,在阿尔都塞看来,意识形态问题式是一种宏观的认知构架,并且,整个西方哲学的认识内容背后就是意识形态的问题式,其问题式的秘密就藏在传统的主客体二元认识结构中。

“认识就是把现实对象的本质抽象出来。因此,主体对本质的占有就是认识……从一定**现实**对象抽象出本质的经验抽象是**现实的抽象**,这种抽象使主体占有**现实**本质。”[③]这是我们传统经验认识论的意义上对认识的解释,认识就是通过对现实对象的本质抽象来认识对象,这似乎是无疑的。但是,阿尔都塞对此进行了深刻的反思。他尖锐地指出,在这样的主客体的认识过程中,其实已经隐性地、逻辑先在地假设了两点:一是现实对象中存在本质的部分和非本质的部分,非本质的部分包裹着内在的本质部分;二是主体抽象出

① 阿尔都塞:《保卫马克思》,顾良译,北京:商务印书馆,2006年,第15页。

② 路易·阿尔都塞、艾蒂安·巴里巴尔:《读〈资本论〉》,李其庆、冯文光译,北京:中央编译出版社,2008年,第30页。

③ 路易·阿尔都塞、艾蒂安·巴里巴尔:《读〈资本论〉》,李其庆、冯文光译,北京:中央编译出版社,2008年,第24页。

的认识对象与现实对象的本质是同一的，即主体可以通过认识的抽象过程直达现实对象的本质。所以，“实际上，整个认识都存在于现实对象中：不仅是认识的对象，也就是被称作本质的现实部分，而且还有认识的活动，也就是现实对象的两个部分之间实际存在的区别和互相设定，其中一个组成部分（非本质部分）是隐藏和包裹着另一个部分（本质或内在部分）的外在部分”①。

在这个意义上，阿尔都塞指出，西方哲学的认识史理论就是意识形态问题式的展开：“意识形态哲学史上以‘认识问题’或者‘认识论’的名义提出问题……我之所以说认识‘问题’的这种提法是**意识形态的**，是因为这个问题是从它的‘答案’出发的，是作为它的答案的确切的**反映**提出的。”②正是在这个意识形态的二元镜子式的反映中，认识对象通过思维被生产出来，却被反向地指认为现实的客观对象，预设好的答案总是无意识地“反客为主”成为我们面对的观察对象。笛卡尔的理性、黑格尔的绝对精神、胡塞尔的本质直观等均是意识形态式地将认知对象转化为现实对象的“实在”，所以，阿尔都塞说，“从著名的‘笛卡尔圆圈’到黑格尔或胡塞尔的理性的目的论的圆圈”③，全部西方哲学史就是受到这样的意识形态的解答的支配，意识形态的认知结构必然是预设好了答案的封闭圆圈，“在意识形态的理论生产方式（在这一方面与科学的理论生产方式完全不同）中，**问题**的提出只是这样一些条件的理论表述，这些条件使得在认识过程之外有可能存在着已经生产出来的**解答**，因为这种解答是超理论的要求（宗教的、伦理的、政治的等等的‘利益’）所强加的，以便在人为的问题中得到**再认识**”④。

这就是阿尔都塞所说的认知结构上的意识形态的运行机制。这种隐秘

---

① 路易·阿尔都塞、艾蒂安·巴里巴尔：《读〈资本论〉》，李其庆、冯文光译，北京：中央编译出版社，2008年，第26页。

② 路易·阿尔都塞、艾蒂安·巴里巴尔：《读〈资本论〉》，李其庆、冯文光译，北京：中央编译出版社，2008年，第40页。

③ 路易·阿尔都塞、艾蒂安·巴里巴尔：《读〈资本论〉》，李其庆、冯文光译，北京：中央编译出版社，2008年，第41页。

④ 路易·阿尔都塞、艾蒂安·巴里巴尔：《读〈资本论〉》，李其庆、冯文光译，北京：中央编译出版社，2008年，第40页。

地设定了回答的理论认识方式就像是“镜子式的再认识”。这是阿尔都塞对拉康镜像理论的挪用,在后面我们将看到拉康的伪主体等思想将直接改变阿尔都塞对意识形态的整个研究方向。

面对这样的意识形态的“坏的循环的圆圈”①,阿尔都塞指出只有通过彻底建立新的科学的问题式,才能够提出不被意识形态问题式扭曲的现实问题。科学的问题式“不是一个由回答预先封闭了的问题,也不是一个有保证的问题,相反,这是一个开放的问题”②。它拒绝主体和客体的二元认知构架,拒绝镜子式的反映机制,拒绝意识形态式的封闭保证,总而言之,科学的问题式是开放的生成性的认知结构。在阿尔都塞看来,以《资本论》为代表的马克思主义正是这样的科学,它是与过去西方意识形态哲学史(包括 1845 年以前的马克思的思想)的彻底断裂。这就是阿尔都塞著名的“认识论断裂”。

这样,无论是社会一般结构的意识形态还是资产阶级宏观认知构架的意识形态,对阿尔都塞来说,它始终是一种忽略个人主体的宏观构架。意识形态之下是没有传统的个人主体可言,即使有,此时也只有被边缘化的作为意识形态支撑物的类主体。这其实也是法国当时结构主义思潮下的必然,在结构主义的强大背景下宏大主体早已经从人们视野中消失。只有在阿尔都塞受到拉康的影响后,他才开始关注意识形态微观布展下的真实存在的个人“伪主体”。

三

1960 年代早期阿尔都塞是从宏观的角度去界定意识形态的,个人的主体性是被漠视的。而 60 年代末,在拉康的伪主体思想的直接影响下,阿尔都塞

---

① “un cercle vicieux”在李其庆,冯文光译的《读〈资本论〉》中翻译为“坏的圆圈”,“vicieux”在法文中有不同的含义,在语言中表示有语病的、不正确的,在逻辑上表示循环论证的,在这里使用有一字双关的意义,所以在此自译为“坏的循环的圆圈”。

② 路易·阿尔都塞、艾蒂安·巴里巴尔:《读〈资本论〉》,李其庆、冯文光译,北京:中央编译出版社,2008 年,第 43 页。

转而关注意识形态对日常生活中的个人主体的微观建构，“原先的阿尔都塞式的将独立于阶级意识/经验的认识论基础赋予历史唯物主义的做法已经被抛弃了”①。他开始将意识形态在日常生活中的实践作为分析的重点，明确赋予了意识形态具体的物质形态，并且提出了质询(interpellation)、意识形态复制的镜像结构(la structure spéculaire redoublée de l'idéologie)等思想，攀上了他的意识形态理论的巅峰。

总的说来，阿尔都塞对意识形态建构主体的分析主要集中在他的《意识形态和意识形态国家机器》(Idéologie et Appareils Idéologiques d'Etat)一文中。他从葛兰西手里接过了分析国家机器(Appareil répressif d'Etat, ARE)和意识形态国家机器(Appareils Idéologiques d'Etat, AIE)的接力棒，特别强调了作为私人领域的意识形态国家机器的隐蔽作用。因为它几乎涵盖了人们日常生活的各个方面，教会、工会、媒体、学校、体育比赛，等等，都是隐蔽在资产阶级社会中使人都心甘情愿地服从的意识形态国家机器。在阿尔都塞看来，20世纪中叶资本主义统治的手段已经不仅是一种外在显性的强制灌输，而是转为内在隐形的微控手段，它通过对主体意识的潜在的绝对影响，成为构建现代资本主义社会个人主体的源头。日常生活中的每个人具备的所有技能和观念都是由各种意识形态国家机器所建构的，每个人都不可避免地落入了资产阶级意识形态之中却不自知：**“他的观念就是他的物质的行为，这些行为嵌入物质的实践，这些实践受到物质的仪式的支配，而这些仪式本身又是由物质的意识形态机器来规定的——这个主体的观念就是从这些机器里产生出来的。”**②

也就是说，通过这样的国家机器，意识形态就不仅是不可视不可触的宏观结构，还具有了一种物质存在，每个主体通过日常的物质实践臣服于意识形态国家机器。那么，意识形态国家机器是如何使每个个体甘愿地臣服在它

① Gregory Elliot, *Althusser: The Detour of Theory*, Koninklijke Brill NV, Leiden, 2006, p.194.

② 阿尔都塞：《哲学与政治：阿尔都塞读本》，陈越编译，长春：吉林人民出版社，2003年，第359页。

脚下的呢？阿尔都塞接着说，这就是“意识形态把个人传唤为主体”的功能机制在起作用。

“传唤”“质询”，即法语中的“Interpeller”一词，原来最基本的含义是日常生活中为了询问而发出的呼喊，在具体的议会中是议员向政府的质问，在法律方面是警方发出的质询。所以，这个词在阿尔都塞这里既有指向日常生活的维度，更有偏向政治法律的意味，以此来彰显主体与意识形态之间的一触即发的臣服与统治的紧张关系。阿尔都塞用“Interpeller”来表示，意识形态的运行机制在日常生活中是通过对个体的传唤、质询的方式完成的，其功能就在于“把具体的个人‘构成’为主体”①。具体说来，质询的过程包括两个环节：

一是意识形态通过在日常生活的实践仪式的指认过程把个体传唤为主体。最为明显的是，在大街上被人呼唤“嗨！叫你呢!”的时候，被呼唤的个人就会转过身来，他这就承认了被呼唤的正是他自己。通过打招呼、握手等这样互认的日常生活实践，每个人都互相确认也相信自己就是一个独特的、不可替代的主体，这就是最简单也最隐秘的意识形态质询。而后，阿尔都塞进一步指出意识形态质询对主体建构的原初作用，认为质询的实践可以追溯到个体未出生之时。在孩子出生之前，周围的人都会对他/她给予莫大的期待，给他/她具体的性别和名字，他/她一出生便注定了会成为被期待的那个人。“甚至在出生之前，孩子从来都是一个主体。它在特定的家庭意识形态的模子里被认定为这样的主体，从被孕育开始，就有人按照这个模子来‘期望’它了。”②这与拉康的婴儿时期的镜像阶段是基本一致的，后来这种镜像结构还直接扩展成为阿尔都塞对大写的意识形态运行机制的全部内容。

在微观的日常生活之中，虽然取名字、打招呼、握手等质询似乎是发生在意识形态之外的，主体却从没有反抗这种质询，总是把它当作自然而然的日

---

① 阿尔都塞:《哲学与政治：阿尔都塞读本》，陈越编译，长春：吉林人民出版社，2003年，第361页。

② 阿尔都塞:《哲学与政治：阿尔都塞读本》，陈越编译，长春：吉林人民出版社，2003年，第366页。

常生活活动。这种不自觉的状态表明，意识形态的质询绝不是简单地直接介入个体的生活，而是深入了主体的意识、无意识之中，这就是意识形态的误认功能，也就是意识形态质询的第二个环节。“每一个被赋予了‘意识’的主体，会信仰由这种‘意识’所激发出来的、自由接受的‘观念’，同时，这个主体一定会‘按照他的观念**行动**’，因而也一定会把自己作为一个自由主体的观念纳入他的物质实践的行为。”①个体接纳并且信仰这种观念，并且自认为自己是拥有自由的主体，这就是意识形态质询的误认功能所起的作用，也是资产阶级意识形态的可怕之处：人是戴着镣铐跳舞的主体，都认为在自由之中，却都在自由之外。

随即，阿尔都塞举出了经典的基督教意识形态的传唤机制来引出意识形态完整的运作体系。上帝这个大写的主体，通过宗教的仪式、典礼等实践把个人传唤为主体。而这个小写的主体不仅自动承认自己是主体，还完全臣服于上帝的主体，“上帝是主体，而摩西和无数是上帝百姓的主体则是主体的传唤对象，是他的**镜子**、他的**反映**”②。上帝通过把这些臣民传唤为主体来实现自己，无数小写的主体只不过是大写主体的镜像复制而已。意识形态就是上帝这一绝对主体，它占据着独一无二的中心位置，它通过把个人传唤为主体和主体间互相承认的双重反射镜像结构，构建起了意识形态统治下的整个人世间。不过，“这是对拉康的有一种奇怪的改写。拉康眼里仅仅发生在早期个人主体建构中的镜像作用，有些已变成整个意识形态的运作的内部机制”③。由此，阿尔都塞认为，所有的意识形态结构都是这样的意识形态复制的镜像结构，它保障了意识形态传唤机制的实现，保障了个人与主体、主体自身、主体之间的稳固体系：“1. 把‘个体’传唤为主体；2. 他们对主体的臣服；

---

① 阿尔都塞：《哲学与政治：阿尔都塞读本》，陈越编译，长春：吉林人民出版社，2003 年，第 358 页。

② 阿尔都塞：《哲学与政治：阿尔都塞读本》，陈越编译，长春：吉林人民出版社，2003 年，第 369 页。

③ 张一兵：《问题式、症候阅读与意识形态：关于阿尔都塞的一种文本解读》，北京：中央编译出版社，2003 年，第 185 页。

3. 主体与主体的相互承认,主体间的相互承认,以及主体最终的自我承认;4. 绝对保证一切都缺失是这样,只要主体承认自己的身份并做出相应的行为,一切都会顺利:阿门——'**就这样吧**'。结果是,主体落入了被传唤为主体、臣服于主体、普遍承认和绝对保证的四重组合体系。"①

更可怕的是整个意识形态镜像结构运转的自动性,当然,这依靠的是意识形态质询下个人主体的自动。具体说来:在意识形态的镜像结构中,主体在绝对臣服于意识形态结构的前提下,完全自动地行动起来。"你"与"我"之间互相承认,自身成为自由的主体,一起生活在这个巨大的意识形态体系之中不自知也不自觉。最终,所有的主体都自动自发地臣服于意识形态的绝对主体。而这一自动机制的最终的目的就是使社会中的每个人都能扮演好他的社会角色,成为资本主义链条上自动自主的一环,使资本主义社会关系和社会生产得以有序地延续,稳定地支撑起资产阶级剥削关系的再生产。

这是一张多大、多广、多隐蔽的意识形态之网!覆巢之下岂有完卵!那要如何唤醒所有的人、如何推翻现在的资本主义生产关系呢?阿尔都塞在揭示了资产阶级社会下人们被欺骗、被利用而不自知的悲惨状态后,并没有提出解决或是超越的方法。实际上,阿尔都塞在写作时就曾自嘲过说,无论是作为作者的自己,还是作为读者的观众,都是意识形态的主体,都自然、自发地生活在意识形态之中。在此种意义上,阿尔都塞称人天生就是意识形态的动物。这一认知的必然结果是,传统意义上的主体被彻底地谋杀了。对主体的这一彻底的悲观态度,是阿尔都塞从拉康的伪主体走向的极端。

总的说来,阿尔都塞从《保卫马克思》《读〈资本论〉》开始,撇开社会历史过程的类主体,将意识形态看作一般社会结构和客观认知机制,从宏观角度分析意识形态的功能机制。而当他接受了拉康的"伪主体"思想时,意识形态就成了自为地控制日常个人的微观物质机制,意识形态下被质询建构起来的主体也就不再是之前的抽象类主体,而是资本主义日常生活中有血有肉的个

① 阿尔都塞:《哲学与政治:阿尔都塞读本》,陈越编译,长春:吉林人民出版社,2003 年,第 371 页。

人主体，虽然只是伪主体。在这个转变之中，阿尔都塞始终对主体抱有否定和悲观的态度，类主体只不过是结构的承担者，现实的个人则是悲哀地从出生开始就是被意识形态机制传唤的结果，哪里看得到希望呢？所以，阿尔都塞也只能感叹——阿门，就这样了吧！

作者简介：刘冰菁（1990— ），女，江苏苏州人。南京大学哲学系2008级本科生，马克思主义哲学专业2012级硕士生，马克思主义哲学专业2014级博士生。现为南京大学马克思主义学院助理研究员，研究方向为马克思主义哲学与国外马克思主义。

南哲感悟：从2008年入学到2018年毕业参加工作，我的青春时光都是在南京大学哲学系度过。在这里，我们不仅在书本中俯拾哲学思想的吉光片羽，也在各种实践活动中体验生活的辛酸苦辣。南哲人之为南哲人，不止在我们学习到的哲学概念与思维方式，更在于我们从老师到学生一脉继承的传统，严肃学术、认真做事、踏实做人。每一位南哲人，都将携着这份独特精神，行走在广阔天地中；化为清新拂面的风、化为润物无声的雨、化为漫山遍野的花，把这份精神融入祖国的万里河山！

齐泽克是如何把马克思变成拉康的?
——基于齐泽克拜物教理论的分析*

黄玮杰

摘　要:齐泽克将马克思拜物教理论纳入意识形态批判的视域下并以“镜像”和“符号”接管“拜物误认”机制,用剩余快感替代剩余价值,从而完成了“马克思拉康化”历程。实际上这个过程的内在线索是齐泽克依托拉康所做的自身拜物批判逻辑的展开,即“拉康理论的社会化”。由此,在齐泽克视域下,社会变革的可能也就告别历史进化的视野而走向了循环重复的实在界之“世界之夜”。

关键词:拜物教;三界说;幻象;对象 a;误认

2002 年,《意识形态的崇高客体》首次翻译成中文出版,拉开了中国学界对齐泽克左派政治理论研究的序幕。十年来,各领域的学者从不同的角度切入对齐泽克的研究,将其打扮成了精神分析师、影评者、左派政治领袖,甚至是马克思主义者。有趣的是,这些门类各异的研究却都在同一个问题上给予了焦点式的关注:**拜物教**。这就提示我们,齐泽克拜物教批判理论和方法构成了我们准确把握这位当下学术界明星的根本和关键。然而,尽管既有研究已经对齐泽克“拜物教理论”进行了较为全面的追踪和述评①,然而,借用齐泽

* 本文选自《林间路》第十六期。——编者

① 回顾既有研究,一方面,拜物教理论直接切中了当今资本主义社会新阶段的意识形态现实,不少学者针对拜物教问题进行着“文本翻译”式的研究,即围绕着齐泽克的拜物概念重述其理论;另一方面,由于齐泽克的拜物教理论直接涉及对马克思拜物教理论的改造,这显然引起了哲学界相关学者的关注并致力于对二者理论进行比较式的研究。

克自己的句式"我知道,但是……"来说,当下这一研究的现状并不令人十分满意:"我知道齐泽克的拜物教理论不过是以拉康理论嫁接了马克思的拜物教批判,但是其内在的运作机理以及方法论本质依然模糊不清"。为了说明齐泽克拜物教批判的方法论本质及其同马克思之间的理论关系,笔者基于齐泽克相关著作的文本解读,着力阐明齐泽克运用拉康精神分析理论重释马克思拜物教批判,或者说"将马克思变成拉康"的三个理论步骤。具体说来:第一,在意识形态批判的语境下将马克思拜物教理论纳入齐泽克的拉康式批判语境;第二,用镜像与符号秩序理论对马克思拜物教理论进行全面接管;第三,以拉康"对象 a"的逻辑延续马克思拜物教批判精神,对当下拜物教新形态展开批判。在这个过程中,拉康的"想象界""符号界""真实界"理论扮演着重要的角色。更进一步,所谓"马克思拉康化"不过是齐泽克使用的一个幌子,实际上暗含的是齐泽克依托拉康所做的自身拜物批判逻辑的展开。与其说是"马克思拉康化"了,还不如说是"拉康社会化"。而在这个基础上,社会变革的可能也就告别历史进化的视野而走向了循环重复的实在界之"世界之夜"。

一、意识形态批判:齐泽克与马克思拜物教理论的相遇

在齐泽克的理论视域下,拜物教是以批判对象的身份出现的,在这一点上,齐泽克的理论是与马克思的批判精神同质的。事实上,齐泽克的批判理论所指认的是更为宽泛的范畴,即整个意识形态领域。从理论源泉上看,拉康理论中的"无意识是他者的话语"论断以及"幻象转喻"机制显然为齐泽克的批判展开给予了核心的启发;而更为重要的,20 世纪 50 到 60 年代以及 80 到 90 年代两股影响广泛的"意识形态终结论"风潮让许多学者做出了"后意识形态"的时代特征指认。福山更是强调"自由民主制度也许是'人类意识形态发展的终点'和'人类最后一种统治形式',并因此构成'历史的终结'"①,而后

① 福山:《历史的终结及最后之人》,黄胜强、许铭原译,北京:中国社会科学出版社,2003 年。

现代主义则直接逃避了意识形态的问题转而将话题引入微观政治,如多元民主策略以及民族、种族、性别斗争等问题,从而以转喻的形式回避了资本主义意识形态合理性的讨论。正是基于这种所谓的处于“后意识形态”阶段的社会现实,齐泽克的意识形态批判理论的展开获得了现实的使命感。齐泽克指出:“我并不认为我自己复兴了意识形态的观念,我认为其实今天我们仍然处在意识形态、而非后意识形态中。但是意识形态不再是大的政权方案或哲学方案,而是非常琐碎、微小、不足道的个人体验,遍布在你的日常生活以及你与他人的互动之中。”[①]正是在这个意义上,齐泽克承袭了马克思批判资本主义批判的精神。在《实在界的面庞》一书中,齐泽克明确地提出了这种理论态度:“其一是以马克思主义批判资本主义,其二是在精神分析的层面上揭露资本主义左右公众想象的方式。”[②]

在对当今意识形态进行彻底的批判之前,齐泽克首先对意识形态的形式样态进行了梳理。在此,他将历时性的意识形态概念发展纳入一个共时性体系中,借用黑格尔对宗教教义、信仰和仪式三个因素的划分,意识形态的自在、自为以及自在自为的三种样态结构:

“人们因此会受到吸引以这三点为轴心排列众多与意识形态相关的概念:作为观念复合体的意识形态(理论、信念、信仰和论证过程)、客观形式的意识形态(意识形态的物质性、意识形态国家机器)和在社会现实之心脏起作用的‘自发’的意识形态。……(意识形态概念发展)大致上符合黑格尔式的自在—自为—自在自为的三组合。”[③]

显然,当今的意识形态现状已不仅仅局限于自在与自为的两种简单的幻象颠倒与构建,此两种意识形态式样分别对应着马克思在《德意志意识形态》中以及阿尔都塞在《意识形态和意识形态国家机器》中的意识形态指认,即意识形态依然不再是虚假空洞的颠倒信念,也不是以物质形式存在(机构、仪式

① 蒯乐昊:《我们仍然需要马克思主义——专访齐泽克》,《南方人物周刊》,2007(17),第63页。

② 齐泽克:《实在界的面庞》,季广茂译,北京:中央编译出版社,2004年,第2页。

③ 齐泽克、阿多诺等:《图绘意识形态》,方杰译,南京:南京大学出版社,2006年,第10页。

和给予其实体的实践),而是隐含的、准自发的假定和看到难以捉摸的网络形成“非意识形态”(经济的、法律的、政治的、性的……)实践的一种不能复归的瞬间再生产。这里齐泽克借用了黑格尔的“否定之否定”逻辑对自在自为的意识形态进行了确证,这种意识形态是经过对物质形态意识形态概念的直接否定中介,达到观念复合体的意识形态概念的否定之否定而呈现为“观念”形态的高级返回,在保持着观念样态时获得了普遍的实践意义。

因此,马克思的拜物教作为自在自为的意识形态,“它指的不是一种(资产阶级)的政治经济理论,而是一系列决定市场交换的‘真实’经济实践结构的假定”①。它作为一个共时性结构中逻辑进化的高级形态承担着齐泽克批判当今资本主义意识形态的使命,从而回应了“后意识形态”论断所构建的社会幻象。正是在这一节点上,齐泽克找到了马克思的拜物教理论,从而完成了“马克思拜物教拉康化”的第一步。

二、镜像与符号对马克思拜物教理论的接管

在一番背景铺垫后,齐泽克终于开始以拉康的结构改造马克思的拜物教理论。作为精神分析学派的学者,他首先抓住了“**误认**”这一关键概念(马克思对拜物教的重要归纳:“将人与人之间的关系误认为物与物的关系”),从精神分析的视角将“拜物误认”划分为镜像关系的误认与符号秩序的统治。由此,齐泽克“理所当然”地认为“马克思发明了拉康的症候概念”②。

1. 误认:齐泽克重释马克思的起点

正如上文所述,在齐泽克的语境下,马克思拜物教的拉康式改造的关键契机正是对马克思所说的“对商品的**误认**”新的阐释。正是在这个意义上,齐泽克认为:“远甚于什么是马克思主义仍然活着的东西、马克思的什么东西在

① 齐泽克、阿多诺等:《图绘意识形态》,方杰译,南京:南京大学出版社,2006年,第14页。

② 齐泽克:《意识形态的崇高客体》,北京:中央编译出版社,2002年,第15页。

今天对我们有意义这些问题,我们感兴趣的是:在马克思的眼中,我们当今世界自身意味着什么?”①

在《资本论》中马克思曾指出:“商品形式的奥秘不过在于:商品形式在人们面前把人们本身劳动的社会性质反映成劳动产品本身的物的性质,反映成这些物的天然的社会属性,从而把生产者同总劳动的社会关系反映成存在于生产者之外的物与物之间的社会关系。”②齐泽克首先抓住的正是“商品形式”之“形式”性质。事实上,马克思也强调了商品形式的谜一般的性质。然而,在《资本论》的拜物教批判中,“形式”贯穿着拜物教批判过程,但它本身并不构成拜物教批判的核心线索,而承担这个批判使命的正是唯物史观的逻辑,它的最终结局必然是现实颠倒的社会的崩溃以及自由王国的来临。看清这一点,齐泽克对马克思拜物教理论所做的改动也即不难浮现在眼前。在齐泽克那里,生产方式的内在张力的社会发展推动力被一种结构性的驱力替代,“形式”背后的“内容”被“形式本身”的帷幕所掩盖,社会的运转方式告别了螺旋上升的乐观期望而完全变成了在一个永恒的不可能性内核驱动下的拉康式的重复。

进一步,齐泽克将商品形式阐释为网络化的结构及其误认,从而使拜物教批判脱离简单伦理批判,成为复杂的结构性误认机制的分析。正是从“**误认**”出发,齐泽克必然涉及两个网络结构:**镜像关系**与**符号秩序**。

2. 从商品关系到镜像关系

齐泽克强调商品拜物教的误认可以发生在资本主义物化关系中,也可以于人与人之间的关系内。在此,马克思文本中的镜像比喻(“在某种意义上,人很像商品。因为人来到世间,既没有带着镜子,也不像费希特派的哲学家那样,说什么我就是我,所以人起初是以别人来反映自己的”③)与拉康的小他

---

① 齐泽克:《快感大转移——妇女与因果性六论》,胡大平等译,南京:江苏人民出版社,2004年,第238页。

② 马克思:《资本论》,北京:人民出版社,1975年,第88页。

③ 马克思:《资本论(第一卷)》,北京:人民出版社,2004年,第67页。

者理论(“只有通过在另一个人之中的反映,即只有这另一个人提供了其形象的统一性,自我才能达到自身的同一性。因此,同一和异化严格地互相关联”[①])是同构的。在齐泽克看来,二者共同指认了认同与异化密切关系。如同在商品交换过程中,商品A不能实现自己的价值,只能通过商品B来实现,商品B成了商品A的价值表现形式。但是这里出现了拜物教特有的颠倒,人们往往把商品B误认为是商品A本质上的等价物,这种等价性似乎摆脱了商品B与商品A的关系,成为它们关系之外的某物。商品B作为等价物仿佛成了它的自然属性。但是如果脱离了商品交换,这种等价形式是不能实现的。货币也是如此,货币作为一般等价物,它的价值是社会关系网络结构化的结果,但是人们往往把货币的价值误认为货币本身的自然属性,把货币看成社会财富的象征。

依照拉康的镜像理论,个人主体是在对镜中统一影像即小他者的误认中才辨识自己的同一性,又在众他者的链条式映象中强化这种误认。在此,齐泽克又找到了马克思另一个比喻,即《资本论》中关于国王与臣民的主体相互身份认同的例子。就此,他顺利地将身份认同从人与人之间转化到物与物之间:“作为国王”是“国王”与他的“臣民”之间的社会关系网络的效应,但是(拜物教的误解便在于此)对这一纽带的参与者来说,这种关系必然表现为颠倒的形式:他们以为他们是臣民,应给予国王以皇家的待遇,因为国王在自身之中、在与他的臣民的关系之外已经是国王了,似乎“作为国王的规定是国王这个人的‘自然’属性”[②]。

3. 从资本秩序到符号秩序

在完成镜像世界对马克思拜物教理论的接管后,“误认”的展开必然转向一个更宏大的符号体系。齐泽克认为,现实的维度下所谓的个人行为如若可产生巨大的后果,则“必然意味着一个符号秩序在运转,这种秩序是纯粹‘虚

---

① 齐泽克:《意识形态的崇高客体》,季广茂译,北京:中央编译出版社,2002年,第33页。

② 齐泽克:《意识形态的崇高客体》,季广茂译,北京:中央编译出版社,2002年,第34页。

拟'的(它并不在任何地方'真正存在'),然而它却决定着事物的命运"[①]。从某种程度上来说,符号秩序概念的介入回应了直接把马克思拜物教仅仅简化为"将人与人的关系误认为物与物的关系"的错误。因此,对马克思《资本论》中"他们虽然对之一无所知,却在勤勉为之"的理解就不仅仅是人们对物化颠倒的"无知"。相反,一个平常的资产阶级主体不仅将金钱理解为魔法般的神圣物品,在他的意识中,他非常清楚金钱仅仅只是一个保证它的主人拥有任意处置一部分社会产品的权利标志。

实际上,齐泽克这番论述背后涉及了一个隐藏的语境,即拉康的无意识理论。在拉康那里,无意识呈现为一个结构,并以各种方式影响人类主体的言行。因此,无意识是一种语言,它避开了主体的操作和影响,然而它并不是一系列无组织的冲动。主体所体验的无意识就是拉康所谓的"他者的话语"。主体是由他者来居住的而精神分析则是言语的异体。当我们融入这样一种前经验后,商品拜物教所构建的**幻象**就不仅仅是在认知层面上的虚假意识,它恰恰就是现实本身。因此,幻象实际上存在于"行"的层面,因为此时的主体已然被一种他者的话语所侵凌,拜物教成了作为"他者话语"的无意识而呈现于人们的具体行动中,认知在此成了一种徒劳,这也正是现代犬儒式的主体的关键秘密。

再次以商品拜物教为例,人们在日常生活中很清楚,货币只是一个简单的记号,本身并没有任何价值,可是经过拜物教的倒置,人们在实际行为中都把货币看作财富的直接体现。因此,在他们的实际行为中,他们已经被拜物教的幻觉所支配。经过这样的颠倒,具体的、特殊的事物成了普遍的事物的表现形式,抽象的价值仿佛成了真正的实体,化身于一系列具体的商品之中。这和事物的真实状态是背道而驰的,也是难以理解的。这种拜物教的倒置所产生的幻象并不是反映在人们的思想中,而是主要体现在人们的实际行为中,已经成了他们实际行为的一部分。从这个角度来理解马克思所说的"他们虽然对之一无所知,却在勤勉为之",我们可以清晰地找到齐泽克的阐释理

---

① 齐泽克:《幻象的瘟疫》,胡雨谭、叶肖译,南京:江苏人民出版社,2006年,第122页。

路：他们所忽略和误认的，并非现实，而是幻觉在构建他们的现实，他们真实的社会行为。他们明明很清楚事物的真实面目是怎样的，但他们依然我行我素，仿佛他们对此一无所知。正是在这个维度上，齐泽克认为："幻觉是双重性的：它寄身于对幻觉的视而不见之中，这样的幻觉正在建构我们与现实之间的真实、有效的关系。而这一被忽略了的无意识幻象，可能正是被人称为意识形态幻象的事物。"①

也正是由于这样一种拉康式的语境，齐泽克认为，马克思对商品形式的分析和弗洛伊德对梦的解析存在着基本的同宗同源性。不论是商品还是梦，它们的秘密就存在于形式之中。因此，"在这两种情形下，关键在于避免对假定隐藏在形式后面的'内容'的完全崇拜性迷恋：通过分析要揭穿的'秘密'不是被形式（商品的形式、梦的形式）隐藏起来的内容，而是这种形式自身的秘密"②。也就是说，商品形式的展开所涉及的幻象并不是简单地以虚幻的方式实现欲望，而是构成了欲望，为欲望提供坐标系。因此，幻象的位置正好处于形式结构和日常生活事物之间，从而提供了一个图示，据此，现实中的实证事物得以发挥其欲望客体的功能，填补如符号结构的空间。

4. 余音：镜像与符号接管所未完成的线索

至此，齐泽克从"**误认**"这一关键性概念切入，通过将拉康"**镜像**"以及"**符号秩序**"理论引入对马克思拜物教理论的阐释中，已然完成了拉康理论接管拜物教理论的**第二步**，即精神分析化地重述论马克思拜物教批判。然而，第二步的嫁接依然留下了两条悬而未决的线索：

第一，就现实层面而言，齐泽克发现："今天，有一种强烈的倾向，它想要弃绝拜物概念，宣称它的基本机制（其结果是模糊了生产过程）在我们的新'虚假透明性'的时代不再有效……对生产机制的洞察远远不是破坏'拜物'

---

① 齐泽克：《意识形态的崇高客体》，北京：中央编译出版社，2002年，第45页。

② 齐泽克：《意识形态的崇高客体》，北京：中央编译出版社，2002年，第15页。

幻象,反而增强了它,因为它使内部原因和它们的表面效果之间的沟壑变得明显。"[①]这样的例子在目前的现实生活中比比皆是,如电影制作花絮的曝光、魔术的揭秘以及政治竞选中候选人对自己丑闻刻意的揭露。正如齐泽克所说:"今天,失败本身已经失去了它们的弗洛伊德式颠倒潜力,正是越来越多地成为主流娱乐的话题。"[②]这样一种特征表现在拜物领域则是后现代中拜物的物质化本身逐渐消失,即拜物的幽灵化。

第二,就逻辑思路而言,完成了拉康理论之想象界与象征界与马克思拜物教理论的话语拼合后,符号秩序自身的运作驱力机制并没有得到充分的论证,如若缺乏这一点,齐泽克的拜物教理论也就仅仅是对法兰克福学派社会批判理论的简单重述。以前文所述的"国王"的例子为说明,齐泽克认为"我们并不因为一个人'本身'(因为他的魅力特征或者类似因素)是一个国王而与这个人形成对'国王'的关系,而是因为他在社会符号关系中占据着国王的位置"[③],恰恰是在国王何以占据着崇高的位置这个问题上齐泽克的思想区别于以往的社会批判理论,这就是关于**对象 a** 的理论。

三、拜物幽灵化——剩余快感对剩余价值的坐驾

在完成拉康镜像与符号理论对马克思拜物教的嫁接后,齐泽克亟须完善的是通过对拉康的对象 a 理论的社会性阐发来完成镜像与符号接管所未完成的两条线索。这也构成了拉康嫁接马克思拜物教的最后一步,即作为充满批判资本主义精神的"马克思的幽灵"在全球化资本主义背景下的复活。在完成这一步的过程中,齐泽克又抓住了拉康与马克思理论中一对具有同构的概念,**剩余快感与剩余价值**。

① 齐泽克:《幻象的瘟疫》,南京:江苏人民出版社,2006 年,第 123 页。
② 齐泽克:《幻象的瘟疫》,南京:江苏人民出版社,2006 年,第 123 页。
③ 齐泽克:《幻象的瘟疫》,南京:江苏人民出版社,2006 年,第 128 页。

1. 溯源:拉康对象 a 理论

拉康的剩余快感正是对象 a,齐泽克认为拉康发明剩余快感概念是受马克思剩余价值理论的启发,进而将剩余价值和剩余享乐两者之间的相似性对比联系起来。那么对象 a 的运作机制到底如何,它又是在何种意义上与剩余价值的运作规律同构的?在此,有必要对拉康的对象 a 理论进行溯源。

拉康把主体对父法(此处为比喻)的认同称作是父法对主体的一种阉割,在阉割中被切割的是想象的菲勒斯(主人能指),即一方面,主体可以通过认同父亲功能而在他者秩序中获得一个象征性的位置,可另一方面,主体是要为此付出代价的,那就是接受父法的阉割,压抑对母亲的欲望,放弃想要成为母亲的想象菲勒斯的愿望。因此,在拉康那里,主体总是意味着失败的尝试,因为父法的侵凌总是存在着剩余。换从认同和阉割的角度说,主体对他者的认同不可能完满,他者的欠缺总让主体陷入无尽的欲望压迫,同样地,父法的阉割也不可能彻底,对母亲的欲望并不会因为受到压抑而彻底熄灭,反而会有一个剩余在那里运作。把主体引入幻象的结构中,幻象公式“$〈〉a”就表达了分裂的主体与这个剩余的结构关系,在此,“a”指的就是能指链的那个意义剩余、那个从象征的菲勒斯能指中滑落的对象残余,它将以幻象的形式呈现在主体的面前。在这里,“对象 a”正是主体借以命名自己的东西,通过它,主体可以在想象的层面把象征的切割象征化,把自己对母亲的原初欲望象征化,把自己的失败象征化,把原初的失落对象象征化,因为对象 a 在幻象结构中被视作是那一切的替代。所以,所谓“对象 a”,就是你总是在欲望它但并不知道它到底是什么,你总是在它的替身中来寻唤它但在面对面中又总是与之错失,你在它的面前总是遭遇失败,但这个失败使你对它更为执着。

拉康认为,对象 a 作为欲望之因的功能是通过驱力的机制实现的。驱力的来源并不是躯体某一部分的生物链机能,而是来自所谓的“动情带”。拉康以一种隐喻的方式描述说,动情带就处于身体的洞孔和裂隙中,它有一种类似圆环的结构,驱力就是在这里围绕着某个对象运转的,其四个要素以悖论

的方式构成了一个“蒙太奇”式的组合,一旦其中一个要素被启动,其他要素就会跟着运转:

> 驱力的蒙太奇首先是一种无头无尾的蒙太奇——是人们在超现实主义的拼贴中谈论的那种蒙太奇。如果我们把刚刚在驱动力的层面、在对象的层面、在驱力的目的层面界定的那些悖论组合在一起,我认为所获得的形象可以显示出跟一个活气塞联结在一起的动力机的运作,一只孔雀开屏了,逗弄着正躺在那里欣赏美景的美少妇的肚腹。确实,这个事实使事情变得饶有趣味了,驱力——弗洛伊德看来——规定了人们翻转这种机器的种种形式。①

因此,对象 a 驾驭这驱力,它朝向实在界的原质之物却又无法抵达物,它总是与这个物失之交臂,驱力与实在界或物、对象 a 的这一错失的相遇使得主体的欲望过程变成了在象征界的一种强迫重复。

2. 绽开:拜物新形式与黑格尔逻辑

齐泽克认为,后现代的拜物新现象正体现了象征秩序中的主人能指到**对象 a** 的转移。在传统社会中,主体的身份是由主人能指(象征头衔)来担保的,这一能指确定着主体的道德尊严。因此,“对主人能指的认同很容易导致背景的模式:主体竭力保持他对主人能指的忠诚。一直到最后,但由于抵制主人能指的参与,他的努力最终失败了”②。在后现代的社会中,主人能指被资本等众因素所解构而失去了过去主体所赖以生存的可靠性,此时,主体的“连贯性是通过与纯粹的剩余物/垃圾/过剩,与一些不体面、天生喜剧的、小块的真实域的关系而维持的”③,其理论可能性正源于对象 a 驾驭着驱力而不断转

---

① Jacques Lacan. *The Four Fundamental Concept of Psychoanalysis*, p.169.

② 齐泽克:《易碎的绝对》,蒋桂琴等译,南京:江苏人民出版社,2004 年,第 40 页。

③ 齐泽克:《易碎的绝对》,蒋桂琴等译,南京:江苏人民出版社,2004 年,第 40 页。

喻着的欲望致使人不断在失败中反向增强着执着的追求力。

这样一种机制在拜物教中也同样发挥着作用。随着拜物的幽灵化，它失去了它崇高的物体性实在，然而拜物教却在当今世界上更富有压迫性。因为拜物教的客体占据着对象a的位置，它处于自身的缺乏与他的大他者的缺乏之间。齐泽克在此以对象a的理论补充了之前未完成的符号秩序对拜物领域的线索。回到“国王”问题的情境，此处的拜物显然存在着一个形式级差结构即“当我们是拜物幻象的牺牲品时，我们错误地将客体在这个结构中的位置而施加给这个客体的东西理解为拜物客体的直接自然属性”①，而这个崇高客体的秘密正在于它在两种匮乏的交界点出现。齐泽克指出：

> 拉康的基本矛盾正在于此：在符号秩序内部（基于极端匮乏的不同关系的秩序），一个客体的确定性并不是在匮乏被填满时出现，而是正相反，在两种匮乏相交时出现。拜物同时作为他者的难以抵达的深度的代表和它的反面，即他者本身的匮乏的替代物发挥作用在最本质的层面，拜物是一个遮蔽了他者的无能的极限经验的屏障。②

因此，对象a存在着一种背反性的机制，一方面，作为能指所永远无法捕捉的那个剩余，它一直站在彼岸担任着欲望之客体成因；另一方面，它总是在现实符号界中寻找着自己的转喻对象并寄居于他处，并由此搭建出主体的幻象，从而使主体免于直面原质快感的空无。在驱力的牵引下，这样的结构态势总是重复地进行并维持着人乃至社会主体的正常运作。从这个角度出发，我们也可以补全幻象的运行线索，即幻象不仅仅是一个主体借以投射其欲望的场所，它还是一种防御方式，是主体面对父法的阉割、面对存在的匮乏和他者之欠缺而采取的一种相对固定的防御措施。

正是由于幻象的存在，主体避免了原质快感的洗刷而从本质上远离精神

---

① 齐泽克：《幻象的瘟疫》，南京：江苏人民出版社，2006年，第128页。

② 齐泽克：《幻象的瘟疫》，南京：江苏人民出版社，2006年，第126页。

病的主体。可以说,拉康理论背景下的符号运作结构是一个几乎封闭的循环,人只是在对象 a 的不断转喻中追寻着自己的身份认同,因此,作为剩余物、排泄物出现的对象 a 的喻体并没有削弱主体对崇高客体的执着,反而形成了一种"加倍"效果,增强了客体的崇高感。也正是在这样一种机制下,齐泽克理解的黑格尔逻辑告别了黑格尔本人的理论框架,他的"否定之否定"的辩证法历程完全变成崇高客体自身设立其对立面的转喻对象从而加倍了自己的理论的"理性的狡计"。

按照这种方式解读马克思的拜物教,则拜物之物显然成了"崇高的空无",以资本拜物教为例,资本仅仅以幽灵的形式存在于世,却不断地在现实中寻找着自己的喻体,而发现这种秘密显然是一种徒劳,因为它所搭建起来的社会符号秩序已然成了人们的幻象图示借以抵御原质快感的侵袭,因此主体剩下的也只有在对象 a 重复的过程中加倍自己的信仰。在完成了这一环节后,马克思所说拜物教显然已经在精神分析的逻辑下永恒化了。

3. 剩余快感对剩余价值的坐驾

回到**剩余快感与剩余价值**这个问题上,剩余快感正是对象 a,所以这种快感当你越想克制它,它反而越强大,弗洛伊德的超我原则也有类似的特征。它既是欲望的对象又是欲望的原因,而且是永远无法获得的对象,而这正是促成欲望的原因。齐泽克认为拉康发明剩余快感概念是受马克思剩余价值理论的启发。我认为,齐泽克此处抓住的一个隐含的马克思理论的渊源,即《资本论》中,马克思所指出的,使用价值不是资本家的直接目的,"他的目的也不是个别的利润,而是牟利行为和无休无止的运动"①。按照马克思的理解,此处的资本家不过是资本的人格化,而齐泽克恰恰抓住了这个重要概念契机,并与已然论述的作为对象 a 的资本运作理论相结合,因此,用拉康的话来翻译这段马克思的原文无疑则变成了"对象 a 的目的不是个别的欲望,而是无休止的欲望运动本身"。

---

① 马克思:《资本论(第一卷)》,北京:人民出版社,2004 年,第 41 页。

在此基础上，齐泽克推论出的依旧是社会形态进步之不可能性。因为，从拉康精神分析理论的观点来看，没有了对象 a 就没有了欲望，因此马克思的超越剩余价值追求的共产主义社会是企图营造一个"全透明的社会"，是一种难以实现的意识形态幻象。在这样一个基础上，齐泽克所理解的社会必然具有后现代的"不可能性"。它不过是一个拥有着原质快感地位的来自实在界的剩余快感(齐泽克认为在当代是资本)在不同领域的转移。而在主体方面，社会中的主体完全是"述行性"的，"在通过说话而完成一个行为的姿态本身中，我被剥夺了作者身份；'大他者'(符号机构)通过我说话"①。因此，信仰从一开始就对他者持"去中心化"的信念，从一开始，主体就将他的信仰通过纯粹表现置换到大他者之上，因此齐泽克认为主体从来不曾"真正相信它"而是仅仅通过他者来相信。这就是齐泽克所谓的当代犬儒式的意识形态态度："我知道，但是……"，这样一种意识形态的操作模式是："为了让信仰得以运转，并不需要直接相信的主体存在：预先假定这个主体的存在就够了，也就是说，相信它的存在——或者以并非我们的经验现实领域的神话般形象为伪装，或者以非人的'有人'为伪装。"②这样一种机制下，主体纯粹成了快感转移的牺牲品，在资本主义消费社会的"淫秽的超我"面前，它仅仅执行着"必须享受"的命令，承担着资本这个客体主体化的使命。

四、结论：拜物的终结？——实在界革命的神话

通过以上三个步骤，齐泽克不但在意识形态批判的话语下找到了马克思拜物教理论并以拉康的理论顺利地接管拜物教批判；而且，齐泽克更是把这样一种马克思批判精神幽灵化，在彻底的精神分析语境下解剖了当今资本全球化社会背景下犬儒式的意识形态的鬼脸。实际上，"马克思拉康化"仅仅是齐泽克使用的一个幌子。不难发现，在这三个步骤背后实际存在的是齐泽克

① 齐泽克：《幻象的瘟疫》，南京：江苏人民出版社，2006 年，第 126 页。

② 齐泽克：《幻象的瘟疫》，南京：江苏人民出版社，2006 年，第 126 页。

对拉康“三界”的相继呈现，即从想象（镜像）界到象征界，再到实在界（对象 a）的逻辑展开过程。也就是说，齐泽克的拜物教批判理论实际上是拉康理论的社会化产物。

这样一种新的社会理论尽管在一定程度上合乎逻辑地对现实拜物现象给予了解释。然而，当齐泽克仅仅抽出马克思拜物教理论的几个契机作为理论阐释时，他不可避免地抛弃了马克思自身的理论思路。这就意味着，在马克思的批判结构中，这种仅仅作为历史发展一定阶段上而终将被扬弃的拜物教现象，在齐泽克这里获得了永恒化的魔力。因为在拉康那里，主体总是以不可能性的形态出现的，而精神分析的历史观则无疑是对象 a 的驱力指引下幻象更替的循环论历史观。

所以，如果仅仅依靠这样的批判逻辑，齐泽克所谓的批判则将落到康德的意义上（在康德那里，批判意味着划界）。与其说批判，则不如说齐泽克从更深的立场上为资本主义永恒化理论做辩护。因此，当齐泽克欲图为革命开辟新的理论可能时，他只能脱离自己原本的论证而投身于霸权与“行动”。这时齐泽克又与马克思不期而遇了。正如西方学者亚历克斯・柯林尼克斯所评论的：“齐泽克的激进化是知识分子普遍地转向左翼的一种象征。在发达资本主义国家这个步骤似乎不断加快。皮耶・布尔迪厄（Pierre Bourdieu）以抵制新自由主义面孔的出现，或许就是此种过程最重要的事例了。这或许也是政治巨变的一种征兆——从不同的理论出发点，齐泽克和布尔迪厄应该引领相同的反资本主义的方向。但是，无论他们采取何种方法，到最后他们会发现马克思在等待他们。”①

作者简介：黄玮杰（1992—　），男，广东佛山人。南京大学哲学系 2009 级本科生，伦敦大学学院（UCL）文学硕士，南京大学法学博士。现任职于南京大学哲学系，主要致力于研究马克思主义理论、国外当代激进思潮。

南哲感悟：初来南京大学哲学系学习，首先感受到的是质朴清新、追求卓

① 亚历克斯・克林尼克斯：《评齐泽克的激进左翼政治理论》，《现代哲学》2008 年第 2 期。

越的学风。而在之后的深化研究历程里,南京大学哲学系教师团队所展示出的并行不悖的创造性与实在性一同塑造着我们的工作习惯——在入世与出世之间寻找支点;既保持个性,又不失规范;依托文献,而又不滞于物——此中韵律一直是我们奋进路上的指引。

科学确证的贝叶斯网络模型*

张　顺

摘　要:对于科学确证的逻辑理论研究是科学哲学的一个重要主题,历史上最具代表性的有假说—演绎模型和贝叶斯确证模型两种。前者是关于单个假说的、定性确证的研究,后者是关于多个假说的、定量确证的研究。贝叶斯确证理论中的贝叶斯方法一直受到概率逻辑学家们的重视,在确证理论中也扮演着重要的角色。将此方法与图论相结合产生的贝叶斯网络在科学确证方面有很高的诠释力,并且相对于前两种确证模型有其自身优点和潜力。

关键词:科学确证;假说—演绎模型;贝叶斯确证模型;贝叶斯方法;贝叶斯网络

亨佩尔(C. G. Hempel)在《自然科学的哲学》中明确将科学发展与科学检验作为科学探索的两大任务,并且在著作中详细探讨了假说检验的基本步骤、逻辑关系以及证据的作用等问题。在亨佩尔等人的影响下,科学理论的检验问题一直受到科学哲学界的广泛关注。1980年代初开始,关于科学检验的探讨主要集中围绕理论确证解释模式的研究,至今尚未结束。其中以传统的假说演绎模式以及现代概率归纳逻辑背景下的贝叶斯确证模式最具代表性。在这些不同的模型中,科学哲学家们对证据给予假说一定支持的考察与研究,经历了由确定性证实到弱证实性确证、由定性确证到定量确证、由二元

* 本文选自《林间路》第十七期。——编者

确证关系到三元确证关系、由逻辑分析到逻辑与经验统一分析的过程。①

贝叶斯网络是为了处理人工智能研究中的不确定性问题而发展起来的，是图论、概率论与贝叶斯方法相结合的产物。它把图形理论的表达和计算能力与概率理论有机结合在一起，不仅可以形象直观地描述变量之间的相互关系，也能清晰地反映因果和概率性语义。鉴于此，本文试图在贝叶斯确证模型和贝叶斯网络的启发下探索科学确证的贝叶斯网络模型，虽然只是初步性的尝试，但已经能够体现这一模型在科学评价的定量化、处理多个竞争假说关系、处理多个证据对假说的确证问题等方面的积极作用。

一、科学确证及其传统模型

现代科学哲学的一大主题在于对科学知识的意义的考察及其合理性程序、原则与标准的研究。如果从科学知识的生命过程来看，对科学知识的研究可分为科学发现(scientific discovery)、科学检验(scientific test)、科学发展(scientific development)三部分内容。② 科学检验或科学证明是对已构建理论(或假说)的考察、验证和评优，联系着科学发现与科学发展，决定着科学发现的成果是被接受还是被拒斥，决定着科学假说能否被接纳进科学理论大厦。它包括两个方面：一方面，它考察科学理论或假说对相关事例的解释力与推测力；另一方面，它衡量证据对理论或假说的支持度。

当我们在使用"确证"这一科学哲学术语的时候，一般是指经验证据相对于辅助理论给待检验的科学理论(或假说)的一定强度的支持、辩护。这一内涵大致在20世纪50年代确立，经历了石里克(M. Schlick)的确定性证实(affirmation)、波普尔(K. R. Popper)的验证(corroboration)到卡尔纳普(R. Carnap)的弱证实性确证(confirmation)的讨论和变化。卡尔纳普在1934年

① 张大松：《科学辩护的沉思：科学确证与科学接受的方法论辩护》，北京：科学出版社，2008年，第2页。

② 张大松：《科学确证的逻辑与方法论》，武汉：武汉出版社，1999年，第3页。

发表的《可检验性和意义》一文中明确提出以"确证"代替"证实":"如果证实的意思是决定性地、最后地确定为真,那么我们将会看到,从来没有任何(综合)语句是可证实的。我们只能够越来越确实地验证一个语句,因而我们谈的将是确证问题而不是证实问题。"①在这一解释之下的确证概念不仅仅有质的内涵,即定性的确证,表现为证据给假说提供了可靠性,假说 h 被证据 e 所确证;也包含有量的内涵,即定量的确证,表现为 h 被 e 所确证的程度,即确证度。

科学确证是由背景知识、证据、假说、确证方法、确证推理等要素所构成的系统,有其内在的逻辑程序,对理论确证的内在要素及其关系以及确证程序的深入探讨,就形成了理论确证的逻辑理论,即科学确证的系统方法与模型。假说—演绎模型(Hypothetico-Deductivism)是科学哲学中最早成熟起来的理论确证模型,而最古典的往往也是最经典的,格莱莫尔(C. Glymour)曾这样评述过:"如果证据能够以某种合适的方式从一个理论中演绎出来,那么该证据确证这一理论。就我所知,它依然是最流行的一个版本。"②

确证理论的假说演绎模型起源于科学发现的假说演绎法,现代经验主义者将其改造为一种科学确证的方法,其基本思想是:从一个假设演绎地推出一个预测,通过对这个预测进行检验而对这个假设做出评价。惠更斯(C. Huygens)在《光论》的序言中对作为确证理论的假说演绎法的本质给了一个很清晰的表述:"这里的原理是由它们引出的结论来检验的;这些东西的本性不允许以其他方式论证。因此,问题有可能达到常常比完全证明的程度几乎低不了多少的某种盖然度。即,当用假定的原理论证了的东西与观察中的实验所产生的现象完全一致时;……当我们发现我们的预见与事实在那点上相符时。……所有这些都如我认为的那样得到盖然性的证明,那么,这当是对我探究成功的强有力的确证。"③假说演绎法历经近 300 年的历史,而作为理论确证模式的假说—演绎模型也在 19 世纪末最早成型:

① 洪谦:《逻辑经验主义》,北京:商务印书馆,1989 年,第 69 页。

② C. Glymour, *Theory and Evidence*, Princeton: Princeton University Press, 1980, p.12.

③ 惠更斯:《光论》,蔡勖译,北京:北京大学出版社,2007 年,序。

观察证据 E 确证假说 H，当且仅当，(1) E 为偶然真；(2) $H \vdash E$。

当然这一模型还有很大缺陷，面临诸如非相干合取问题、非相干析取问题、事例确证问题等疑难，艾耶尔(A. J. Ayer)[①]和亨佩尔[②]针对这些问题分别提出了自己的改造方案，然而仍然无法摆脱证据的相干性问题。20 世纪 80 年代，格莱莫尔对假说—演绎模型提出激烈批评，甚至主张 H－D 是无希望的，应当抛弃，由此引发了持续近 20 年的论争。质疑与辩护成为假说—演绎模型发展的新动力，人们提出了各种各样的 H－D 重构方案，包括内容相干策略、严密后承修正方案、自然公理化模型等。[③]

这些重构方案虽然各自存在着不同程度的缺陷，但他们的努力使我们得到更多的反思：H－D 作为经验自然科学理论的确证思维过程的重构，一方面必须保证形式上的必要性，逻辑的简单性；另一方面也要反映出内容的相干性，反映理论确证的实际情形，追求形式与内容的统一。再者，假说—演绎的逻辑表征是一种似然推理，本身存在着如何提高其可靠性程度的各种约束条件，也必须要处理确证概率问题，做到对证据的质与量的完整刻画。

相对于假说演绎模式而言，贝叶斯模式是一种理论确证的定量分析模式，试图借助概率的数学理论以确证度的刻画来提高确证程序的逻辑可靠性。这一理论模式的确立与现代概率归纳逻辑的发展紧密相连，是数理方法及概率理论的发展与归纳逻辑相结合的产物。

二、概率归纳逻辑与贝叶斯确证理论

概率论是研究随机事件及其规律的数学理论，其完善的标志之一就是苏联数学家柯尔莫哥洛夫(A. N. Kolmogorov)于 1933 年构建的概率公理系统。

---

① A. J. 艾耶尔：《语言、真理与逻辑》，上海：上海译文出版社，2006 年，第 8 页。

② C. G. Hempel, "Studies in the Logic of Confirmation," in *Aspects of Scientific Explanation*, New York: The Free Press, 1965, p.26.

③ 顿新国：《理论确证的假说—演绎模型及其问题》，《哲学动态》2008 年第 8 期。

在这个系统中，有如下三条公理：1. 任意事件 A 的概率 $P(A)\geqslant 0$；2. 必然事件概率为 1；3. 对于两个互斥事件 A 和 B 有：$P(A\cup B)=P(A)+P(B)$。在这三条公理的系统内，给定基本概率之后就可以推导出其他有关的概率。

概率论从数学领域进入自然科学领域是从物理学开始的，19 世纪中叶物理学家在对热现象的研究中把概率方法引进物理学，建立起以分子运动论为基础的统计力学。也是从那个时候开始，人们意识到在科学领域中存在着两类规律——因果性规律和统计规律，人们开始重新思考科学与哲学领域中的因果性到底意味着什么。尤其是现代量子力学的发展使人们开始相信“上帝是掷骰子的”，我们对客观世界的描述只能是对随机事件的描述，只能是统计性地描述。而对于休谟问题的思考使人们重新认识归纳逻辑的或然性，将归纳推理的前提与结论之间的或然性联系作为研究对象。人们曾一度认为“因果关系成了两股具有深远影响的理性革命（量子论和逻辑实证论）思潮的牺牲品”①。而随着更加深入的思考，人们开始把两种因果理论统一在一起来思考，“随机性并不排除因果关系，只是改变了因果关系关联的形式”②。正如罗素所说，“因果关系的统计性表明因果关系已不再是从前旧式哲学家的书里的因果关系了”③，统计因果性的发展，对于因果观来说是一次观念上的革命。它在哲学上最直接的影响就是逻辑学家们开始把概率论引进归纳逻辑的研究（就像自然科学家们将概率的数理机制引进许多自然科学学科一样），将古典因果决定论的归纳逻辑发展为现代的概率归纳逻辑。④

概率论使得逻辑学家们找到了从量上刻画归纳推理的或然性的方法，而数理逻辑的发展为归纳推理的形式化提供了工具。于是将柯尔莫哥洛夫的概率系统稍加改造，将其中的事件替换为命题，就得到了命题概率逻辑系统

---

① M. Bunge, “The Revival of Causality,” *Contemporary Philosophy*, 1986(2), p.134.

② M. Bunge, “The Revival of Causality,” *Contemporary Philosophy*, 1986(2), p.134.

③ 罗素：《我的哲学的发展》，温锡增译，北京：商务印书馆，1982 年，第 180 页。

④ 对于因果论与概率论的关系，在顿新国教授的《因果理论的概率论进路及其问题》（《哲学研究》2012 年第 7 期）中有系统而深入的探讨，并得出结论：概率依赖关系既不是因果关系的充分条件也不是其必要条件。

Pr。在将这一系统应用到归纳逻辑乃至确证逻辑之前，首先要解决的是对于概率的解释问题，也即“$Pr(\ )$”究竟意味着什么。对这个问题的不同回答形成了概率归纳逻辑的不同流派。其中现代归纳逻辑学派中最具代表性的是同样推崇贝叶斯方法的逻辑贝叶斯派和主观贝叶斯派。

逻辑贝叶斯派最主要的代表是卡尔纳普，他将命题之间的归纳逻辑关系称为部分蕴涵、归纳确证、归纳支持，可以表示为 $C(h,e)=r$，也就是说 h 相对于 e 的确证度为 r。卡尔纳普将这种概率称为逻辑概率，这是一种类似于演绎逻辑中前提与结论之间的逻辑蕴涵关系，不同的是这里的蕴涵不是完全蕴涵，而是有一个蕴涵的测度值。他提出状态描述和结构描述的概念，用来构造所谓的“逻辑域”，这类似于后来的可能世界的概念。按照他的方法描述出世界之后，状态世界中的每个语句都会有一个确定的概率，并且可以计算一个语句对另一个语句的归纳确证度。他的方法其实是用一阶形式逻辑的方法来研究归纳逻辑，构建一套清晰而严格的语义理论，这些有很大的逻辑学价值，然而在科学实践和日常思维中影响并不大。

另一种对概率的解释是主观贝叶斯派的置信度解释，最主要的代表人物是拉姆齐(F. P. Ramsey)和德菲耐蒂(B. de Finetti)。他们将概率定义为某人对于某个命题为真或某个事件发生的实际的相信度，这种解释看上去有太强的主观性和私人性，主观贝叶斯派正是以主体在不确定行为下的主观行为和主观置信度为基础，允许不同主体对同一假说根据自己的知识情况合理地赋予不同的先验概率，同时允许根据新信息不断调整后验概率，贝叶斯定理就是这样的计算工具。但是这种主观标准不是随意的，一方面，随着证据的增加，人们之间不同的主观置信度最终将趋于一致，也就是“意见收敛定理”使得“主观”向“客观”靠拢，这一定理的要求被称为主观贝叶斯主义的动态合理性原则。另一方面，主观的置信度有某种客观的可测度性，即所谓的“公平赌商”[①]。理性的人要想在一组赌博中避免必输的局面，就必须要求他的信念

① 陈晓平：《贝叶斯方法与科学合理性——对休谟问题的思考》，北京：人民出版社，2010 年，第 146 页。

系统满足概率演算公理,即是“大弃赌定理”,这是静态合理性原则,这使得人们的主观置信度是一贯的、和谐的。

对于两个学派而言,贝叶斯定理都是他们方法的核心,这一定理是系统 Pr 中的重要定理,它的一般表达式为:在 $Pr(e)>0$ 和 $Pr(h_i)>0$ 的条件下,如果 $h_1,h_2,\cdots,h_n$ 是互斥且穷举的,那么,

$$Pr(h_j/e)=\frac{Pr(h_j)Pr(e/h_j)}{\sum_{i=1}^{n}Pr(h_i)Pr(e/h_i)}(1\ll j\ll n)$$

如果将这里的 $h_1,h_2,\cdots,h_n$ 看作 n 个竞争假设,e 代表检验结果即证据,那么 $Pr(h)$ 就表示假说的验前概率,在主观贝叶斯的概率解释下,验前概率也就是主体对于假说的验前置信度,主要取决于假说与背景知识的相容性、解释力与简单性;而 $Pr(h/e)$ 在概率逻辑中是条件概率,即 h 相对于 e 的概率,在这里就表示假说的验后概率,即给定事实 e 后假说 h 的概率。在上述解释的基础上,我们添加一些条件就可以让贝叶斯定理应用于科学假设的检验。这些条件包括:至少有两个竞争假设,并且这些假设中至少有一个为真并且至多有一个为真;任何一个竞争假设的验前置信度大于 0 而小于 1;证据的无条件置信度大于 0。[①]

要构造以贝叶斯定理为核心的确证逻辑,还应当注意到应当为概率逻辑系统增加一条关于假设被确证或被否证的标准,即确证标准。一般人们采用如下正相关标准:

如果 $Pr(h/e)>Pr(h)$,则 e 确证 h;

如果 $Pr(h/e)<Pr(h)$,则 e 否证 h;

如果 $Pr(h/e)=Pr(h)$,则 e 无关于 h。

当考虑有且仅有两个竞争假设的情况时,我们得到简化的贝叶斯定理:

---

① 陈晓平:《贝叶斯方法与科学合理性——对休谟问题的思考》,北京:人民出版社,2010 年,第 95 页。

在 $Pr(e)>0$、$Pr(h_1)>0$ 和 $Pr(h_2)>0$ 的条件下，如果 h_1 和 h_2 是互斥（对于科学假说而言，这里的互斥并不是指的逻辑上的必然互斥，而是指两者相对于一定背景知识而言，两者必然不同真，这相当于哈金所谓的“私人必然性”）且穷举的，那么，

$$Pr(h_1/e)=\frac{Pr(h_1)Pr(e/h_1)}{Pr(h_1)Pr(e/h_1)+Pr(h_2)Pr(e/h_2)}$$

同时也得到关于竞争假说的确证定理：在 $Pr(e)>0$、$Pr(h_1)>0$ 和 $Pr(h_2)>0$ 的条件下，如果 h_1 和 h_2 是互斥且穷举的，那么，e 确证、否证或无关于 h_1，当且仅当，$Pr(h_1/e)$ 大于、小于或等于 $Pr(h_2/e)$。

与假说—演绎模型不同，贝叶斯确证模型是处理两个或两个以上竞争假说的确证关系问题的，而且相比而言，这一确证模型在形式表达、定量刻画等方面都有优势，很符合我们直观认识和应用。伽伯（D. Garber）曾这样评述：“贝叶斯模式是、至少部分是我们常以直观水平使用的那种形式化和系统化的推理。贝叶斯方法的显著特征之一就是看起来容易和优雅，它是解决科学中假说确证的典型案例的技巧。由于采用了概率的数学理论的机制，贝叶斯理论能够显示出依据我们的最好直觉所获得的证据如何能导致对假说信仰的增强。”①

三、贝叶斯网络及科学确证的贝叶斯网络模型

在人工智能领域，人们很早就注意到不确定性推理与归纳逻辑的关系，在 20 世纪 60 年代初将贝叶斯定理引入人工智能研究，这些可谓是早期的贝叶斯系统，这一系统的思路与卡尔纳普对概率的逻辑解释和他的可能世界语义类似。一方面，系统获取巨大的概率数据表，进行存储运算；另一方面用原子事件和全联合分布的概念来描述世界，命题或事件被表示成为若干原子事

① D. Garber, “Old Evidence and Logical Omniscience in Bayesian Confirmation Theory,” in J. Earman, *Testing Scientific Theories*, Minneapolis: University of Minnesota Press, 1983, p.99.

件的析取，而全联合分布则是一个概率表，通过对命题中的原子事件的概率求和得到命题的概率。然而正如卡尔纳普所遇到的困难一样，这种全联系分布面临着计算复杂困难，对于二值随机变量，如果逻辑域中有 n 个随机变量，那么概率表中的原子事件为 2^n 个，更别说要对这些原子事件进行联合运算，要计算的数目将达到一种惊人的程度，类似于“指数爆炸”。

有没有一种方法或者说找到某种独立性原则来将全联合分布分解为较小的联合分布呢？1986 年佩尔（J. Pearl）提出了作为专家系统的贝叶斯网络[①]，这一网络将贝叶斯定理与图论相结合，通过概率模型中的条件独立性原则和图型论中的 d-separation 标准将概率联合分布处理成更加简洁的形式。

贝叶斯网络由两部分构成：有向无环图（directed acyclic graph，简称 DAG）和条件概率分布表（conditional probability distribution，简称 CPD）。有向无环图中的节点表示随机变量，节点之间的有向线段表示变量之间的依赖关系。两者共同构成贝叶斯网络的定性部分，可称之为网络结构。在此结构中，有向箭头形象直观地表达了节点与节点间的依赖关系或者独立关系。对于直接依赖关系，我们一般可以赋予它因果解释或者概率解释（前文已经提到因果性与概率论之间的关系）；对于独立关系，在网络中相对于父节点独立的节点间也满足概率的条件独立性。条件概率分布则是对节点相对父节点的依赖关系的概率刻画，从定量的层面上讲，可称之为网络参数。在贝叶斯网络中，全联合概率分布得到了一定程度的分解，降低了概率模型的复杂度，只要给每个节点一个条件概率表，这个概率表分别表明在它的父节点所表示的情况成立和不成立的条件下，该节点所表示的情况出现和不出现的条件概率。利用这些条件概率表，根据网络图中给出的条件依赖性和独立性的信息，用链式规则，可以计算出该领域中每个原子事件的概率，从而给出全联合概率分布。

显然，用图形的方法描述变量之间的相互关系，形象直观，语义清晰，易

---

① J. Pearl, "Fusion, Propagation, and Structuring in Belief Networks," *Artificial Intelligence*, 1986(29), pp.241 - 288.

于理解。图形化的知识表示方法便于保持概率知识库的一致性和完整性。另外,贝叶斯网络使用的概率是主观概率,反映个体的知识状态和主观信念,能够很好地说明条件概率和条件独立。而且这种网络结构具有学习功能,贝叶斯方法本身具有因果和概率性语义,使得网络自身的结构学习和参数学习成为可能。基于以上优点,贝叶斯网络在专家系统、故障诊断、学习、分类等领域有着广泛应用。

贝叶斯网络模型是一个包括定性知识(结构关系、因果关系)和定量知识(概率、条件概率)的系统模型;它的推理原理基本是依据贝叶斯概率理论,贝叶斯方法是其计算的核心方法;它在结构上、数据上都能够表达因果性或概率支持语义。结合前文对定性的假说-演绎模型及定量的贝叶斯确证模型的考察,我们可以尝试构建一种科学确证的贝叶斯网络模型,来更好地处理多个竞争假说的确证问题,甚至还可以处理多证据条件下假说的确证问题。

我们从最简洁的入手,用贝叶斯网络来刻画假说 H 与证据 E 之间的关系,根据确证的正相关标准,E 确证、否证或者无关于 H,当且仅当 $Pr(H/E)$ 大于、小于或等于 $Pr(H)$。在贝叶斯网络中,H、E 作为确证域中的两个变量,H 作为 E 的父节点,这类似于假说 — 演绎模型中"$H \vdash E$"的刻画。两个变量是二值的,H 表示假说为真,$\bar{H}$ 表示假说为假。相应的,E 也有两个值,E 与$\bar{E}$。

图 1 表示假说 *H* 与证据 *E* 关系的贝叶斯网络

下面只要设定相关的概率参数就可以构造一个虽简洁却完整的贝叶斯网络。在贝叶斯网络中,一方面要设定所有根节点的边缘概率,另一方面要设定所有节点相对于其父节点的条件概率。在这个案例中,对应的是 $Pr(H)$、$Pr(E/H)$ 及 $Pr(E/\bar{H})$。这样一来,关于单个假说与证据的贝叶斯网络模型就构建起来了，只要运用贝叶斯方法计算出其他相关概率再依据确证标准就可以得到确证结果。

对于多个假说，甚至多个证据，依据同样的原理也可以构造假说确证的贝叶斯网络，以历史上对于光的本质的两种假说波动说（H_1）和微粒说（H_2）为例，我们选择一些与两种假说相关联的证据，波动说可以用来解释光的交叉 E_1、双缝干涉实验 E_2 以及光的反射 E_3，它们三者之间彼此无关；而微粒说则可以解释光的反射 E_3、影子 E_4、光粒子 E_5 和光的直线传播 E_6，它们彼此之间也无关联。用全联合概率分布来表达它们的关系也就是：$Pr(H_1, H_2, E_1, E_2, E_3, E_4, E_5, E_6) = Pr(H_1)Pr(H_2)Pr(E_1/H_1)Pr(E_2/H_1)Pr(E_3/H_1, H_2)Pr(E_4/H_2)Pr(E_5/H_2)Pr(E_6/H_2)$。

根据佩尔的方法，构造的相关贝叶斯网络如图：

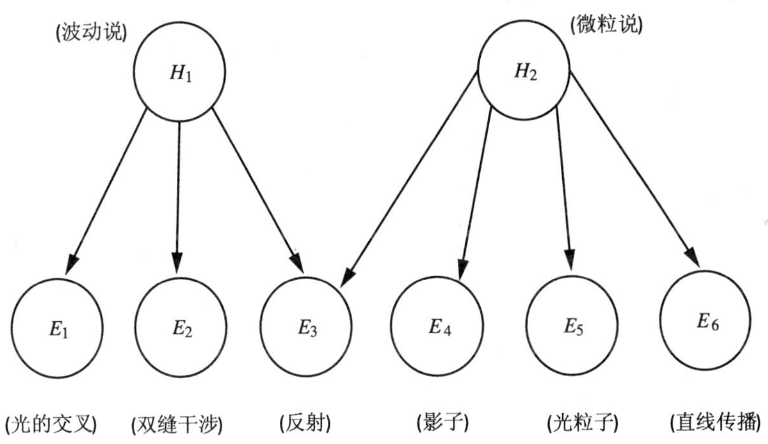

图 2　光的本质两种健说及其相关证据的关系的贝叶斯网络

类似地，在给定边缘概率和条件概率的前提下，通过贝叶斯定理便可以得到 $Pr(h_1/e)$ 与 $Pr(h_2/e)$ 的值，不过这时的 e 实际上应当是证据集$\{E_1, E_2, E_3, E_4, E_5, E_6\}$。所以这个模型已经能够处理多证据条件下竞争假设的确证问题，而且具有直观简洁、语义清晰的特点，不仅清晰地表达了确证的逻辑结构与过程，也符合我们在实践中的直观理解与实际运用。

四、结　语

作为概率论、因果推理、图论相结合的科学成果，贝叶斯网络确有其独特的魅力与包容性。本文的结构建模只是初步性的尝试，是基于确证理论知识的两种基本结构形式，对于更加复杂多元的确证问题，可能还需要构建更加有效的网络结构。但通过这样的工作已经不难看出，将贝叶斯网络注入科学确证理论的新鲜血液会给确证理论带来深远蓬勃的生命力，给确证理论的表示方式和推理模型带来极大的更新。相比于之前的确证理论模型，贝叶斯确证网络模型有不少优点和潜力。

首先是图形表达方式带来的可视化、模型化效果。确证理论中的知识与变量本身是多元且互动的，数据结构也有一定的复杂度，在文字语言中很难被简单化处理。确证网络通过有向无环图的形式把这些知识、数据统一在网络模型中，自然而贴切地蕴涵了结点变量之间的确证关系。

其次，确证网络还解决了不确定性知识处理与复杂性的问题，使得确证理论的模型不仅具有确证推理的能力，还揭示了科学解释、推断的逻辑；同时可以利用独立性原则分解全联合分布，根据网络参数进行局部模块处理，降低了系统的复杂度，使得网络可以处理诸如多假说多证据之类的较复杂问题。

再次，确证网络不仅具有科学检验的语义，也具有一定的因果和信念度语义，使得网络可以基于专家知识和新增信息对网络的结构和参数进行学习，也保障了确证的结构和数据随着科学检验的实践而不断修正。

最后，确证网络的构建使得确证理论的形式化进入一个新阶段。它在图论和贝叶斯定理框架下具有规范的建模方法和推理算法，可以通过计算机技术实现程序化。也就意味着我们可以用更精确的形式化方法来刻画确证知识的表达和推理，不仅能借此处理大型确证问题，也为这一确证网络的应用提供了可能。

作者简介：张顺（1992— ），男，重庆黔江人。南京大学哲学系2010级本科生，逻辑学专业2014级硕士生。现为逻辑学专业2017级博士生，指导老师为张建军教授，研究方向为现代逻辑与逻辑哲学。

南哲感悟：目前看来，我的整个大学乃至研究生阶段都是在南大哲学系度过，这里已经成为我精神栖息的一处重要家园。在这里感受最深的是百年南哲沉淀下来的独特“诚”“静”气质。从本科阶段就相当注重的专业性学术锤炼当然令你我感恩；但在师长们的讲授、学友们的研讨、书本中的沉思乃至系楼中一砖一石、师友们一言一行的熏陶下，会让那些即使不志在学术的同学也在潜移默化中习得些许“哲人风范”。“君子之德风”，南哲恰是我们探求星空与道德律的最佳场域！

科学实在论与反实在论之争的实验实在论解答

——哈金早期实验哲学思想研究*

黄秋霞

摘　要:传统实在论与反实在论之争的焦点在于理论能否反映某种外在的根基,从而纠缠于理论与实在之间的关系而无法自拔。哈金认为解决这场争论的关键在于将考察视角从表征转向干预,于是,实验开始进入实在论争论的核心。哈金认为在实验中,对相关仪器的"操作"产生的现象,可以确保理论实体存在的确证性,从而为解决科学实在论与反实在论的争论提供新的实验哲学进路。但尽管哈金发起了科学哲学的实验转向运动,其实验哲学思想还是为很多人所诟病,这些质疑推动了哈金的后期转型,从基于实验的实在论转向科学实验室,以图实现认识论与本体论的统一。

关键字:科学实在论;反实在论;哈金;实验哲学

伴随着近代自然科学的发展,特别是培根以来,实验成了探究科学知识的有效途径,科学家的研究视域开始转向原子、电子等微观领域,由此出现了理论实体是否存在的问题,这对大多数科学家所持的"科学理论是对自然界的真实描述"的观念提出了巨大的挑战——这些在实验室中"创造"出来的理论实体在现实世界无法找到。由此,引发了关于科学实在论与反实在论的旷

* 本文选自《林间路》第十七期,为 2013 年国家大学生创新创业训练计划(项目编号:G1310284107)和 2013 年国家社会科学基金重点项目"科学实践哲学与地方性知识研究"(13AZD026)的成果。——编者

古持久的争论，并逐渐成了科学哲学中的基本问题之一。但随着争论的发展，实验这个诱因逐渐为人所遗忘，而仅停留在理论的层面加以论证或者辩驳。在这样的背景之下，1983 年哈金的《表征与干预》面世，标志着科学哲学开始逐步重视于对实验的研究[①]，开始了从"表象科学观"到"干预科学观"的研究视角的彻底转变。所以，《表征与干预》作为新实验主义的开山之作，使科学哲学界转向了对实验的关注，并使实验、仪器等进入了科学哲学的研究视域之中。

一、争论：从理论实在论到实体实在论

科学实在论与反实在论的思想有着悠久的历史渊源，"是一个古老的、也是一个持续发生和发展着的课题"[②]。哲学源起本身就蕴含着实体论思想，无论是古希腊、中世纪，抑或是近现代，关于世界本源的实在论与反实在论的争论就从未终止过。特别是随着科学技术的兴起，科学成为哲学思考的新主题，关于科学实在性的争论也开始越演越烈，成了科学哲学发展中最激烈与持久的争论之一。20 世纪 60 年代以来，逻辑实证主义、历史主义、相对主义等思想与科学实在论遭遇，各种科学实在论与反实在论思想蜂拥而至，其既是以往传统实在论与反实在论的继承与延续，更是与时代背景相结合的产物。

普遍意义上，科学实在论者认为真理与现实世界相对应，其所描绘的实体、过程等都是真实存在着的；反实在论者认为理论实体并不在世界中真实存在，只是一种帮助和制造现象的思维工具。但是，哈金并不简单地将整个纷繁复杂的争论划分为其两者，而将其更深入地划分为两个维度：实体实在论与理论实在论。在实体实在论维度，实在论者认为理论实体确实存在，反实在论者认为理论实体是虚构的思维工具；在理论实在论维度，实在论者认

① 哈金之前的科学哲学家们也没有完全忽视实验这个维度，也有人提出过以实验的视角看待科学哲学，只是他们的研究都没有引起像哈金这样的社会反响，一部分是因为哈金所处的特殊环境——科学实践转向的时代背景，而更为重要的还是其所取得的实质性突破。

② 张之沧：《当代实在论与反实在论之争》，南京：南京师范大学出版社，2001 年，第 22 页。

为科学理论独立于主体而存在，作为真理而存在的科学，反映了世界的本来面目，反实在论者认为："理论最多是由根据的、充分的、好用的、可接受的，但是不可信的，诸如此类。"[①]故传统实在论与反实在论之争基于两个维度可以划分为：

第一，朴素唯物主义及因果论者坚持实体实在论而反对理论实在论。

唯物主义者认为并非所有的理论实体都是实在的，但至少还存在着一些实在的理论实体，当且仅当其作为宇宙的构建材料；而**因果论者**，强调实在事物的因果力量，认为当事实上能用某类现象制造另一类现象，那么此现象就是存在着的。如电子之所以存在，是因为我们知道它与其他的现象之间存在着因果的关系，然后设计相关的实验去验证，使实验产生某种效应，弥补了唯物论对于忽略个别理论实体的缺陷。尽管，两者在逻辑进程上略有不同，但都是实体方面的实在论者，理论方面的反实在论者：现象的产生并不是因为所谓的真的定律，而是电子及类似的东西——理论实体。

第二，实证主义、建构主义、实用主义等坚持实体与理论双重维度的反实在论。

实证主义者坚持除了观察到的，没有任何东西是真的，更不能从可观察的对象推演到不可观察的对象，即从现象推演出的本质——理论实体是不存在的，同时理论解释、说明及预测的成功，都不能解释理论是真的，是与现实经验的吻合。**建构主义者**所坚持的不可通约性的思想大大强化了反实在论。他们认为很多在一个领域中的相互竞争的理论都是在不同的思维维度"讲"自身的话，其相互之间是不可比较、不可翻译的。由此，没有绝对为真的世界真理，也不存在着独立于思想之外的理论实体，如提出不同电子理论的科学家用"电子"意指的是不同的东西，故其没有明确的指称固定的理论实体。**实用主义者**则认为普遍抽象意义上的理论实体不存在，当且仅当我们不怀疑理论实体对我们的价值时它才有可能是存在的，故其视域中的理论实体及其理论等都只是满足"有用"这个尺度的外在工具而已。

---

① 哈金：《表征与干预：自然科学哲学主题导论》，北京：科学出版社，2010年，第121页。

第三,后期争论对实体实在论的维护及对理论实在论的反驳。

普特南[①]认为意义的成分包括语法、语法标记、定型、外延。故无论理论是否发生变化,其所谈论都是同一个东西——词的稳定外延,这个词的意义外延可能包含了各种理论的观点,但它们都指向一个指称对象。也就是说,意义不可通约性表示不同科学家所观察或测定的电子是不同的,由此电子根本不真实存在,而普特南认为虽然他们关于电子的理论不同,也有不同的定型,但其指称的外延确保了他们谈论的是同一个东西。而且确定并命名一自然类,并不是一定要"指着"这一自然类的具体例子,而只需要通过实验测定这些超原子的质量和电荷就可以确定这一自然类的实在性,所以不可观察的理论实体是存在着的。**拉卡托斯**更试图用知识增长本身的本性代替真理,以此在反对理论实在论的同时确立科学的客观性,反对真理实在论。一方面,真理并不存在,各理论仅是合理性的假说或猜想,其需要实践诸如观察、实验等的判定;另一方面,进步的研究纲领确保了历史与科学的客观性、合理性。

在哈金看来,关于科学实在论与反实在论的争论本身就存在着问题,大多数学者都在一定意义上反对或远离理论实在论,但是问题就在于很多学者将理论实在论与实体实在论混为一谈,以真理等的无法确定性来反对理论实体的存在,由此成为反实在论者。所以,该场争议关键是要认识到理论实在论与实体实在论的不同,然后远离所谓的理论实在论而转向实体实在论。探究理论与现实世界是否具有对应关系、理论是否会通向真理等问题是没有结果的,无意义的,只会走向表象主义的死胡同,因为目前为止人们还无法论证那些属于思维方面的理论或真理与外在的客观世界的对应性,也无法在理论层面论证何者更为优越、更先进,只会各执己见而无法获得相互认同,所以我们能做的仅仅是通过对外在世界的改变来确保促使其改变的因素的可能存在性,通过实验操作产生的现象或效应来寻找无可辩驳的合理性和实在性。所以,我们需要从说明世界是什么样子的"表征"转变到用实验及其随之而来

---

① 这里所指的是普特南之于意义不可通约性等思想,是对实体实在论的维护,当然后来普特南转向内在实在论,将实在约束在信念系统之中,逐渐成为实用主义者和实在与理论的反实在论者。

的技术改造世界的"干预",这是哈金进行科学实在论与反实在论探究的主要目的,科学实在论与反实在论之争仅仅构成哈金实在论思想的逻辑前提,其更大的追求还在于通过远离理论实在论转向实验实在论的逻辑过程,破除表象主义的危机,实现干预主义的突破,从而正视实验在科学、科学哲学中的地位。

二、实验:从表征主义到干预主义

培根之后,实验方法曾一度成为科学方法的代名词。但随着时代的变化,科学哲学家们更热衷于纯粹的思维理论研究而非注重于实际操作的实验,科学哲学的发展变成了一部理论史,实验、实践、干预被排除在科学哲学的视域之外,更无法成为科学实在论与反实在论的判定基础,由此该场争议被表象久久束缚,仅仅关注实体实在性的维度,无法突破理论实在论的维度转向,实现实验意义上的科学实践转向。哈金就是试图树立实验在科学哲学中的基础地位,为实验科学的发展奠定基础,使其更好发展,更为现在饱受批判的科学哲学的未来发展指明道路。哈金早期的实验哲学思想主要分为三个层次:

第一,"实验有自己的生命"①。

传统意义上的科学活动是实验活动与理论活动的结合,但哈金认为实验与理论的关系相当复杂,并不简单地是理论先于实验或者实验先于理论等具有一定确定性的时空关系。首先,实验与理论两者分别具有多样性。实验本身包含了很多内容:实验对象、实验主体、实验工具、实验活动、实验现象,如各种探测仪器、数据制造器等,是一个由各种因素相互作用的复杂性整体;理论也具有多个层面,包括假说、类比、数据表达式、物理模型、解释及分析等,每个层面与实验的关系都是不同的,所以不能简单地谈论其关系。其次,实验有自己的生命。很多科学哲学家认为理论必定先于实验,即必须有一个有待验证的理论,实验才具有意义。但是很多时候进行实验根本没有任何的先

① 哈金:《表征与干预:自然科学哲学主题导论》,北京:科学出版社,2010年,第121页。

行的理论，如每天早上对着郁金香吹喇叭，这一无意识的行动根本没有所谓的理论作为前提，仅仅是这样做了。所以，理论未必先于实验，实验本身可以独立存在着。然后，理论与实验的关系在不同的发展阶段是不同的。也就是说，有时理论和实验结合，有时理论先于实验，有时实验先于理论，关键在于其所处的环境，而且不容忽视的是不仅理论会推动实验现象，有时实验现象也会推动理论的发展。或者说，实验本身需要理论的支撑，理论需要实验的论证，两者会相互影响。所以实验与理论两者之间的关系是各种各样的，我们不需要给出一个明确的普遍陈述，不然就是片面的实验观，是对实验的错误认识。最后，哈金认同于培根的实验和理论的结合，并将其扩张为思辨、计算、实验的有效合作，思辨指通过理性实现对世界的普遍性的认识，计算则是对思辨的计算或换算，使其与现实相对应，实验强调通过自身的生命力产生影响，思辨与实验通过计算活动这一中介得以相互联系、相互作用，这个分类立足并发张了理论与实验的关系。不过，科学活动的复杂性或多样性并不是最终论证目的，其最大的意义在于多样性背后实验自身所具有的生命力。

第二，实验注重操作性。

哈金将观察、现象、发明、判决性实验、测量等都纳入了讨论范围，目的就在于阐述实验的操作性而不是理论性，由此强调“干预”属性。对于“**观察**”，有各种观点：有认为忽略观察注重观察语句的语言学看法，有认为每一个观察语句都负载理论的观察渗透理论，还有认为可观察的实体与不可观察的实体间并不存在重要的区分的保守看法，等等。但就观察本身而言，其在科学或实验活动中的地位是被高估了的，由于实证主义和现象学思潮的影响，“看”成了判断的基础和知识的来源，但是观察仅仅只是科学活动的一个部分，并不是那么重要，在很多的实验操作中，我们会通过仪器来观察对象，其重要的不是观察本身，而在于利用各种仪器设备来展示现象或产生新现象，甚至于“实验会取代原始的观察”①，就像对于显微镜的“看”而言，真正的“看”

① 哈金：《表征与干预：自然科学哲学主题导论》，北京：科学出版社，2010 年，第 135 页。

不是所谓的单纯观察显微镜的事物，而是拥有“样本与成像辐射之间的互动映像”[①]，故在实验中相互的作用及其操作性是最为重要的。对于“**创造现象**”，首先，哈金所讲的现象是值得注意的、具可分辨的规律性的现象，其是在实验室之中产生的，而不是在自然世界中客观存在着的固定不变的现象。其次，因为现象的规律性，实验结果往往是可以重复的，所以实验中产生的现象具有一致性。最后，实验就是为了创造现象，而创造现象是必须要通过实验操作，使用一定的实验仪器及实验材料通过一系列工程化的操作产生新的实验现象，由此就有了以理论实体这并不能观察到的物质影响其他物质产生现象，比如发射电子改变了铌球上电荷的现象。所以，实验的真正含义在于操作，在于产生现象。

第三，实验中的理论实体的存在。

首先，“实验工作为科学实在论提供了最强有力的证据。这不是因为我们检验了关于实体的假说。而是因为我们能规则地操作原则上不可‘观察的实体’以产生新的现象，并探究自然的其他方面”[②]。只有在实验中，使用以理论实体为依据制造出来的仪器或理论实体，操纵、改变各种情况或产生新的现象，理论实体才是真正存在着的。所以，在我们与理论实体的不断互动之中，理论实体成为操作工具，并获得了实在性。其次，不同的理论模型，不同的仪器设备，不同的实验操作，会产生相同的实验现象或记录相同的数据，而其相同的原因就是理论所假设的理论实体是真实存在的，其促使了相同的实验现象的产生，并不是因为先前的理论才使其相同的。最后，对于实验科学家而言，其必须是实在论者，有可能会是理论实在论者，但其不应该关注理论实体。实验实在论与理论实在论不一样，理论实在论注重于科学指向真理，其本质上是一个信仰问题，即通过自身的信仰来建构其自身视域中的理论，一起来祈求他人的信赖来接受自身的思想论述。所以在理论层面论述科学实在论或反实在论都仅仅是相互观念的交流及相互信仰的祈求，其最终约束

---

① 哈金：《表征与干预：自然科学哲学主题导论》，北京：科学出版社，2010年，第166页。

② 哈金：《表征与干预：自然科学哲学主题导论》，北京：科学出版社，2010年，第208页。

在表象的世界中，永远也无法摆脱表现观念主义的束缚，反实在论的思想也无法破除。而实验实在论不同，其建立在当下所"做"的基础之上，实验以多种方式与思辨、计算、模型、发明、仪器等发生互动，操纵电子等理论实体，实现效应，为科学实在论提供最有力的证据。

所以，"对于假设或推论的实体的实在性，最好的证据是我们能够开始测量它，或者理解它的因果力量。而证明我们有这种理解的最佳证据，是我们能够从零开始，利用这样或那样的因果联系，制造运转相当可靠的机器。因此，实体实在论的最佳证明是工程，而非理论"[①]。也正是在这个意义，哈金认为"如果你能发射它们，那么它们就是实在"[②]。电子可能看不见，但是我们可以通过发射电子来增加或减少电荷，由此当我们把它作为工具使用，改变其他的东西或产生新现象时，其本身就是存在着的。原则上不能观察理论实体，但是可以通过操作该理论实体产生新现象，通过探索可观察的外在现象来判定它的存在。比如对于电子，我们能系统地发射电子、改变电荷，以操纵自然界的其他事物，其就不再是假设的、推论的、理论的，而是实验性的。所以，在哈金的实验实在论看来，反实体实在论、反对理论实体的存在是行不通的，也是愚蠢的，科学实在论与反实在论之争也获得了一定意义上的解决，从而为该争论的解决提供了一种新的方法途径，丰富了科学哲学的内涵。

三、后续及转折：从实验实在论到实验室科学

作为 20 世纪末著名的科学哲学家，哈金已公认地成为当代最有影响力的科学哲学家之一，其极富革命性与创新性的科学哲学思想受到了国内外科学哲学界的广泛关注，有不少学者对其实验哲学思想进行研究。学术界对哈金实在论思想的研究主要分为两大阵营：大部分哲学家认为哈金为我们思考实在论问题提出了一条新的研究进路，具有不可磨灭的积极意义；也有不少哲

① 哈金：《表征与干预：自然科学哲学主题导论》，北京：科学出版社，2010 年，第 217 页。

② 哈金：《表征与干预：自然科学哲学主题导论》，北京：科学出版社，2010 年，第 18 页。

学家认为哈金早期的实验哲学思想存在着不可忽视的逻辑缺陷，对其思想发出质疑：

大部分哲学家认同于哈金从实验的视角为科学实在论所提供的辩护，认为其开阔了科学理论研究的范畴，转变了科学哲学中将过多的研究集中或浪费在理论的一成不变的格局，使很多科学哲学家转向区别于理论的“实验”研究，为实验哲学的兴起奠定了基础。而另一方面，哈金的科学实在论思想在科学实在论与反实在论之争的视域之中的，是对该争论的一次较为关键的转折，开创、完善了一种新的科学实在论的论证方式，是每一位科学实在论的推崇者都不得不关注的。所以，哈金早期的实验哲学思想从表征到干预，有利于寻找一条新的解决科学社会建构困境的可行出路，带动科学实验理论研究的转折。例如，贾勒特·莱普林(Jarrett Leplin)认为哈金最具独创性及刺激性的贡献，就在于对“理论优位”的科学哲学的攻击及建立了一个理论实体实在性的实验标准[①]。马里森(Margaret C. Morrison)认为哈金的实验室哲学代表了实验主义的兴起，他的研究进路提出了很多新的研究议题，如仪器操作、计算与测量、实验室内对实体的操控等[②]。贝尔德(Davis Baird)将哈金提高到库恩的地位上，认为哈金的工作会像库恩提出其历史主义时一样，充满着争议，同时也会为科学哲学的发展塑造全新的发展方向[③]。所以，尽管哈金的实验哲学思想存在着这样或那样的问题，其集中在《表征与干预》中的实验哲学思想仍在科学哲学界注入了一股新的活力，实验成了科学哲学思考的新的维度。

哈金此时的实验哲学思想遭受了很多人的诟病，受到了很多的质疑。第一，很多哲学家认为哈金过于强调实体实在论与理论实在论的区分，过于忽视理论层面，将不可观察的理论实体与理论完全割裂开来，在现实的科学实

① Jarrett Leplin, “Representing and Intervening: Introductory Topics in the Philosophy of Natural Science by Ian Hacking”, *Philosophy of Science*, Vol. 52, No. 2 (Jun., 1985), pp. 314 - 315.

② Margaret C. Morrison, “Experiment”, in *Routledge Encyclopedia of Philosophy*. London and New York: Routledge, 1998, p.2668.

③ Davis Baird, “Not Really About Realism”, *Noûs*, Vol.22, No.2 (Jun., 1988), pp.299 - 307.

验室中，随着理论的深化必然会引起理论实体内涵的扩张，缺乏理论的维度会无法解释通过干预所确证的理论实体自身的发展以及新的理论实体的出现，或者说很难说明科学理论的发展。仅仅依靠于外在的干预、实验、实践等来解释科学，科学的稳定性和发展如何保证；当实在与理论不相符合时，理论怎么发展，依据什么发展，这些问题在哈金的实验实在论中都没有提到。第二，哈金的实验实在论对于理论实体的界定并不具有明确性，仅仅停留在一个含糊的定义层面，如国内有人认为哈金一方面忽略了那些未来可以操作的可观察的但目前还未知的实体，另一方面又将每一个成功的实验都看作理论实体的验证①，由此理论实体还是无法确定，或者说一个理论实体的确定相当麻烦。既然理论实体很难确证，那么又如何准确的操作以产生新现象呢？第三，哈金对于理论与实验的讨论并不够深入，其强调理论与实验的复杂关系却没有对其关系进行更为深入的探讨，仅仅停留在“存在”复杂关系的存在性上，而没有探讨理论与实验两者在现实的科学实验活动中到底是怎样相互联系、相互作用的，甚至于针对科学活动中的具体因素本身也没有明确的概念或者划分，其强调实验，却没有深入分析整个实验活动包含的要素及其过程，从而使其实验哲学思想显得空洞，没有内涵。第四，哈金的实在论思想仍然等同于“最佳说明推理”(inference to the best explanation，简称 IBE)。例如，理查德·莱纳和罗伯特·皮尔逊指出，哈金试图通过对科学研究中科学家“所做”(doings)的研究，取代对“所言”(sayings)的研究，避免理论实在论诉诸最佳说明推理的悖论，进而提出一种新的实验实在论，但实际上，哈金的实验实在论仍然是最佳说明推理的一个变体②。霍华德·斯坦利特同样认为，哈金的实验实在论仍然可以归结为最佳说明推理的一种表现形式，“科学的成功”或用普特南的话说“奇迹论证”，即以能够产生实验结果来断定某些不可

① 成素梅：《试论哈金的实体实在论》，《科学技术与辩证法》2009 年第 2 期。

② Richard Reiner and Robert Pierson, “Hacking's Experimental Realism: An Untenable Middle Ground”, *Philosophy of Science*, Vol. 62, No. 1 (Mar., 1995), pp. 60 - 69.

观察实体的存在，这仍然是对实验室成功实践的最佳说明①。

然而，正是这些质疑推动了哈金的后期转型，他开始重新考虑实验哲学问题，并将理论与实验结合起来，提出了实验室科学及其活动的相关内容，实验、实验室空泛的逻辑内涵得到充实，由观念、事物、标记这三个方面组成的15个要素促使"实验室成为包含许多实验要素的系统，而这要素之间的相互作用促使了实验室科学的稳定"②。即实验室的各种要素以自我辩护的方式自我调节实现相对稳定，从而使科学走向成熟、发展，早期的实验哲学思想在后续的批判中导向其后期实验室科学研究，实现实验哲学思想的转折③。最终，哈金基于对实验室的哲学考察，实现认识论与本体论的统一，成了科学实践学派的重要代表性学者之一。

作者简介：黄秋霞（1991—　），女，浙江嘉兴人。南京大学哲学系2010级本科生，科学技术哲学专业2014级硕士生。现为科学技术哲学专业2016级博士生，指导老师为蔡仲教授，研究方向为科学哲学研究。

南哲感悟：过去八年的时光，我留在了南哲。回首本科四年，师长的教诲似乎仍在耳畔，我却从伊始对哲学的茫然无知，到终了义无反顾地踏上学术之路。究其缘由，或许是南哲浓厚的学术氛围，让我消除浮躁，静下心来做学问；或许是师友对专业孜孜以求、百忙之余仍笔耕不辍的治学态度，让我领略到真正的学术精神，心生向往；抑或许是师长不厌其烦的悉心指导，让愚笨而懒散的我备感温暖，鞭策着自己励学敦行。我也许稚气依旧，南哲却为我留住了一份淳朴的坚守。

---

① Howard Sankey, "Scientific Realism: An Elaboration and A Defence", in *Knowledge and the World: Challenges Beyond the Science Wars*, Berlin: Springer Berlin Heidelberg, 2004, pp.55－79.

② 哈金：《实验室科学的自我辩护》，载于皮克林编著的《作为实践和文化的科学》，北京：中国人民大学出版社，2006年，第56页。

③ 由于篇幅所限，本文不详细讨论哈金的科学实验室等后期实验哲学思想。

从笛卡尔与亚里士多德第一哲学的比较看近代哲学的转向*

雷环捷

摘　要：亚里士多德的第一哲学是形而上学的真正创始，而笛卡尔的第一哲学虽然看似效仿亚里士多德，但是这种表面上的相似并不能掩盖二者质的不同。笛卡尔的第一哲学实际上是其表达新认识论的载体，这种新的认识论最终导向了近代哲学的转向。

关键词：第一哲学；形而上学；笛卡尔；亚里士多德；认识论

一、亚里士多德的《形而上学》和第一哲学

1.1　形而上学的来源和先哲的贡献

无论是笛卡尔的第一哲学还是亚里士多德的第一哲学，我们都可以将其理解和统一为形而上学。“从某种意义上说，一部西方哲学史就是一部形而上学形成、繁荣、衰落、演变的历史。”②

毫无疑问，亚里士多德是公认的形而上学的创始人。他所称的“第一哲学”，其思想来源就是他的著作《形而上学》。在西方哲学中，形而上学指“最

* 本文选自《林间路》第十六期。——编者

② 张志伟：《形而上学读本》，北京：中国人民大学出版社，2010 年，第 1 页。

基本的哲学原理”[①]。

但是，亚里士多德在生前并未使用“形而上学”这个概念。“metaphysics”是后来罗马时期安德罗尼柯在整理亚里士多德手稿时加上的名字，当时为“ta meta ta phusika”，意为“在物理学之后”。

亚里士多德形而上学思想的背景主要有巴门尼德的存在哲学、苏格拉底哲学思想和柏拉图的理念论。

巴门尼德提出了哲学探索的两条道路：一条是以“非存在”为对象的“意见之路”，另一条是以“存在”为对象的“真理之路”。他认为自然哲学家们走的都是“意见之路”，而哲学只有以“存在”为对象才能实现追求真理的目标。而且，巴门尼德也提出了思维与存在的同一性问题，他主张“只有思维能提供真理，对存在的真理性认识是与感知无关的纯粹思维的事”[②]。

到了苏格拉底，他把神和心灵作为哲学的对象，又“研究各种伦理方面的品德”，亚里士多德评价说：“有两样东西完全可以归功于苏格拉底，这就是归纳论证和一般定义。”[③]柏拉图和苏格拉底一样，把哲学研究的重点集中在了探索事物“是什么”的问题之上。他在苏格拉底的基础之上建立了自己的理念论，把世界划分为可感世界和理念世界，认为只有理念世界才是哲学思考的对象。

1.2　对先前哲学的批判创新哲学

从《形而上学》第一卷开始，包括后面的第十三、十四卷，亚里士多德即批判总结先前的希腊哲学，其中的一个重点就是批判柏拉图的理念论，并且集中于“分离学说”。

首先，理念源于苏格拉底的普遍性定义，目的本是寻求事物的普遍本质

---

① 姚介厚著，叶秀山、王树人总主编：《西方哲学史(学术版)》，南京：凤凰出版社、江苏人民出版社，2005年，第742页。

② 强以华：《存在与第一哲学》，武汉：武汉大学出版社，2005年，第18页。

③ 北京大学哲学系外国哲学史教研室编译：《西方哲学原著选读》，上卷，北京：商务印书馆，1981年，第58页。

和共同原因。而柏拉图却把普遍性定义和具体事物相分离，这种“理念”的设定是无用的，只会造成世界的二重化。

其次，“理念”的设定理由是难以解释清楚的，也说不清“理念”和具体事物的关系，“我们可以想象不存在的事物或已经消失的事物，但不能据此肯定与之相对应的外部现实存在”[①]。反之，我们感觉到的对象也不全对应于相应的“理念”。

更严重的是，理念论还容易陷入为解释两个概念的相似性而设定第三个概念的无限倒退之中。而为了避免这种悖谬所提出的“分有”和“摹仿”理论也是无济于事的，亚里士多德说它只是“诗意的比喻”而已。

1.3 第一哲学的展开

在总结了先哲们的得失之后，亚里士多德指出了第一哲学是以研究“作为存在的存在”为根本任务的。他说：“有一门科学，专门研究‘有’本身，以及‘有’借自己的本性而具有的那些属性。这门科学跟任何其他的科学不同，因为在各种其他科学中，没有一种是一般地来讨论‘有’本身的。它们从‘有’割取一部分，研究这个部分的属性。”[②]这里的“有”和本文中的“存在”，都翻译自“being”，相同的还有“是者”等用法，它们都包含了“本原”“本质”“善”“真理”等研究对象。姚介厚先生还认为其“兼有是、在、真三重含义”[③]。总之，这样一来，亚里士多德就将第一哲学与第二哲学以及其他学科区分开来了。

对存在的分析是亚里士多德第一哲学的核心。亚里士多德在《形而上学》第五卷中把“存在”分为偶然意义上的存在和本然意义上的存在两种。而偶然意义上的存在只是一种偶性，只有本然意义上的存在才是事物实质性的存在方式。他又说：“本然的存在的种类正好是各种范畴所表述的一样多。

---

① 赵敦华：《西方哲学简史》，北京：北京大学出版社，2001年，第77页。

② 北京大学哲学系外国哲学史教研室编译：《古希腊罗马哲学》，北京：商务印书馆，1961年，第234页。

③ 姚介厚著，叶秀山、王树人总主编：《西方哲学史（学术版）》，南京：凤凰出版社、江苏人民出版社，2005年，第749页。

因为范畴的种类有多少，存在的意义就有多少。”[①]他在早期的著作《范畴篇》中曾将范畴分为十类：实体、数量、性质、关系、地点、时间、姿态、状况、活动、遭受。[②] 这十类范畴就是十类存在，其中，“实体在定义上、认识顺序上、时间上都在先”，是存在中的那个中心点、起点，其他范畴都被归结为属性。实体作为最根本的存在，不依赖于其他东西而独立存在，属性则虽然是一个东西，但必须依附于实体才能存在。

亚里士多德在《范畴篇》中还对实体进行了分类，他认为具体事物是第一实体，种、属、一般是第二实体。但在《形而上学》中，他改变了看法，认为形式是第一实体，具体事物是第二实体。这是怎么发生的呢？为了解答这个问题，我们必须从质料和形式、潜能和现实说起。

在《物理学》中，亚里士多德提出了四因说，他经常使用“原因”(aitia)来代替“本原”一词，以更好地解释宇宙万物的产生、存在和归宿。这四因分别是：“质料因，事物构成的根基；形式因，事物何以是的原因；动力因，运动自何处来；目的因，事物何所为的原因。”[③]到了《形而上学》之中，他认为形式因、目的因和动力因是同一的，将四因归结为质料因和形式因两种原因。

潜能和现实是亚里士多德用以阐释质料和形式的关系的一对范畴。简单地说，潜能是指事物未实现自己的本质和目的的事物。质料和形式的统一就是潜能向现实转化的动态过程。直到本体的“实现”、完全的“实现”(entelecheia，即隐德来希)[④]，这是一种最完满的存在。

至于亚里士多德对第一实体和第二实体看法的转变，我们就可以进行解释了。形式和现实不仅在逻辑上先于质料和潜能，而且在时间上和本体上也先于质料和潜能。因此，他对第一实体和第二实体才有了新的分类。

---

① 苗力田、李毓章主编：《西方哲学史新编》，北京：人民出版社，1990年，第85页。

② 亚里士多德：《范畴篇　解释篇》，方书春译，北京：商务印书馆，1959年，第33页。

③ 苗力田、李毓章主编：《西方哲学史新编》，北京：人民出版社，1990年，第81页。

④ 姚介厚著，叶秀山、王树人总主编：《西方哲学史(学术版)》，南京：凤凰出版社、江苏人民出版社，2005年，第759页。

另外，亚里士多德在《形而上学》中又提出了三类实体构成的世界等级。[①]第一类是可朽的运动实体，第二类是永恒的运动实体，第三类是永恒的、不动的实体。其中前两类是天地之中可感的、具体的物理实体，而第三类实体却不是感觉对象，也没有质料，他不属于经验世界，而是“神”。

1.4 理性神思想

亚里士多德的“神”，是理性神而非人格神。理性神也是“努斯”(nous)，是思想的思想，是不动的动者，是永恒的实体，是善。

“神”作为形而上学的最高原则和首要原因，其实是为了解释前两类可感的、具体的物理实体的合理性而做出的理论设定，也是为了避免陷入无限后退而推导出来的逻辑结论。

但是，从长远的角度来看，这种理性神思想也有其矛盾之处。一方面，理性神扮演着比较超脱的角色，并不直接干预万物，人与理性神之间并无友谊可言。这种理性神与一般宗教意义上的人格神是大不相同的，而且还可以兼容科学理性；另一方面，亚里士多德还是把形而上学归结为神学，“在物理领域之外设立了一个超自然的神圣领域，为形而上学与各种宗教(基督教、伊斯兰教、犹太教)的神学的同盟开辟了道路”[②]。这两种特性，也是亚里士多德哲学受到教父哲学家们和经院哲学家们不同对待的重要原因。

二、笛卡尔的《第一哲学沉思录》和形而上学

2.1 从“我思”到“上帝”

近代哲学和经院哲学的差异是不言而喻的，但我们主张返回到更久远的

① 赵敦华:《西方哲学简史》，北京:北京大学出版社，2001年，第82—83页。

② 赵敦华:《西方哲学简史》，北京:北京大学出版社，2001年，第83页。

亚里士多德时代去，因为，“近代哲学的出发点是古代哲学最后达到的那个原则”[①]。这种令人惊讶的连贯性和相似性，将有助于我们将它的面目辨认得更为清楚。

笛卡尔第一步也像亚里士多德那样，划分了第一哲学和第二哲学。他的第一哲学也是以传统的本体和现象区分为前提的。那个“出发点”就是“现实自我意识的立场”，是“呈现以自己面前的精神”的原则，用笛卡尔自己的话来说，就是“我思故我在”(cogito，ergosum)。

笛卡尔得出“我思故我在”，依靠的方法是怀疑。简单地说，就是人可以怀疑一切信以为真的东西，却绝对不可能怀疑我在怀疑这件事情本身，也就是说，我在思想，即可推断出“我思故我在”。显然，他把“我思”提高到了这种高度，就同中世纪基督教的那一套对立了起来。这有着深远的意义，黑格尔说这是“转移近代哲学兴趣的枢纽”[②]。

接下来，为了能从自我的思想的领域过渡到思想以外的实在的领域，笛卡尔确立了一条衡量的标准，就是“我们极清楚、极明白地想到的东西都是真的”[③]。他又把观念分为三类：天赋的、外来的和虚构的。其中，虚构的观念是自己制造出来的，是不真实的。天赋的和外来的观念是由外部原因造成的，其中前者是由上帝造成的，是真实的。后者是由可感事物造成的，是不真实的。这就是笛卡尔的“天赋观念论”。

对上帝存在的证明也是笛卡尔所不能避免的。在《第一哲学沉思录》的第三个沉思中，他论述道，“上帝”的观念是我所清楚明白地领会到的无限完满的观念，而一个因怀疑着而有限完满的“自我”不可能是它的原因，必然有某种无限完满的存在是它的原因，并将观念给予我，这个无限完满的存在就是上帝。这样，笛卡尔就顺利地从其形而上学的逻辑起点通达到了最高原则。

---

① 黑格尔：《哲学史演讲录》，第四卷，贺麟、王太庆译，北京：商务印书馆，1981年，第63页。

② 黑格尔：《小逻辑》，北京：商务印书馆，1980年，第157页。

③ 北京大学哲学系外国哲学史教研室编译：《西方哲学原著选读》上卷，北京：商务印书馆，1981年，第369页。

2.2 形而上学建构的完成

这是继安瑟尔谟之后关于上帝存在的另一种形式的本体论证明,但笛卡尔还有新的目的。他继续论证说,“天赋观念”有三个标志:来自上帝、明白清楚、与实在相符合。“上帝”的观念和“自我”的观念都具有这三个标志。另外,广延的观念也是如此,他在第二个沉思中提及的蜡块的例子也说明,“一切外物的本质不是它们的可感性质,而是与我们的天赋观念相符合的广延”。“这个以广延为它的本质属性的实体就是物质。”[①]这样,笛卡尔就从“上帝”“自我”和“广延”三个观念中推导出了三个实体:上帝、心灵和物质。

根据笛卡尔在《哲学原理》中对实体的定义:“所谓实体,我们只能看作是能自己存在而其存在并不需要别的事物的一种事物。”我们可以发现,他得出了二元论的结论:作为两个独立存在的实体,心灵和物质之间没有相互作用。然而这种二元论与现实情况并不相符合。于是,他提出了“松果腺”这一假设以摆脱困境,它是身体和心灵的交接点。“心灵并不是从形体的一切部分直接接受印象,而只是从大脑接受,也许甚至是从大脑的一个最小的部分,亦即那个称为‘共同感觉’的能力在活动的部分接受的,每当这一部分以同样的方式受到刺激时,就使心灵感觉到同样的东西。”[②]这样,笛卡尔完成了他的整个形而上学体系的建构。

三、从两种第一哲学的比较看近代哲学的转向

3.1 第一哲学和物理学的区别

按照这个形而上学体系的建构,“我思故我在”是我们认识的起点。所以

① 赵敦华:《西方哲学简史》,北京:北京大学出版社,2001年,第218页。

② 北京大学外国哲学史教研室编:《十六—十八世纪西欧各国哲学》,北京:商务印书馆,1975年,第181—182页。

第一哲学应该为物理学提供第一原理和理论基础，但在亚里士多德那里，第一哲学是以“作为存在的存在”为研究对象的，是研究永恒的实体、最高的实体的。而物理学，在《形而上学》第十二卷的表述中是研究永恒的天体和具体事物的。因此，在亚里士多德那里，第一哲学和物理学的区分是“建立在本体、存在意义上的”。而笛卡尔的第一哲学和物理学的区别则是“认识上、逻辑意义上的”[①]。

由此我们还可以看出，亚里士多德的那个作为“不动的动者”的理性神，既是一切事物运动的最高目的，也是其运动的第一原因。而笛卡尔的“我思故我在”，从它可以推论一切事物的知识，它不是事物运动的第一原因，而是认识的第一原因。

3.2 对实体的分类

亚里士多德和笛卡尔都将实体分为三种，但是，前者的三种是可朽的运动实体、永恒的运动实体和永恒的、不动的实体，后者的三种则是上帝、心灵和物质。另外，亚里士多德在对实体进行分类之前还对存在进行了分类。不仅如此，他还在论述质料和形式、潜能与现实等的关系转变了对第一实体和第二实体的看法。如此种种体现出来的亚里士多德第一哲学的特征，“是他在建立百科全书式的知识体系的基础上概况得出的普遍哲学原理”[②]。这种实体更具有形而下的特征，也反映了古希腊哲学较原朴的风貌。而笛卡尔的实体和第一哲学，站在前人的肩膀上，更具有形而上的特征。

另外，亚里士多德也忽视了人本身的精神性。他的前两类实体，可朽的运动实体和永恒的运动实体都是物质的事物，永恒的、不动的实体却是理性神，是人和万物所追求的最高目的，而与人本身的精神无关，他把他的灵魂学说归入了自然哲学之中。笛卡尔却不是这样，他把物质实体合成起来，并交

---

① 冯俊：《开启理性之门：笛卡尔哲学研究》，北京：中国人民大学出版社，2005年，第128页。

② 姚介厚著，叶秀山、王树人总主编：《西方哲学史（学术版）》，南京：凤凰出版社、江苏人民出版社，2005年，第742页。

给物理学去研究，把精神性的实体分成了上帝和心灵两种。

3.3 理性神和上帝

亚里士多德的理性神和笛卡尔的上帝都不是一般神学意义上的人格神。而且，这也都是他们构建自己的第一哲学的需要。但笛卡尔比起亚里士多德还多了一个目的，他对上帝的论证也是“为了解决二元论的难题，借此证明物质世界的实在性”①。

亚里士多德的理性神也要比笛卡尔的上帝超脱得多。理性神“只以自然的内在目的方式规范世界事物”，而上帝却还要行使“天赋观念”的职能。笛卡尔的上帝仍具有着较强烈的神学色彩。

虽然理性神和上帝的思想都带着一些理性的色彩，但从历史的角度来看，亚里士多德的理性神被后来人所看重更多的是“神”的一面，而笛卡尔却把之前基督教神学的上帝纳为己用，让后人注意到其所想要表达的非上帝的一面。

3.4 认识论的转向

亚里士多德的第一哲学所关注的仍是世界的本原是什么的问题，笛卡尔则不同。“亚里士多德的本体论是以自然本体为中心的本体论，而笛卡尔的本体论是以精神本体为中心的本体论。”②前者的重点在本体论，后者却以“我思故我在”的起点去逐渐认识不同的存在、实体、观念，其重点已转移到认识论。

笛卡尔和亚里士多德的第一哲学的最大不同就在于：笛卡尔只是借古代本体论的形式来表达其认识论。“他把‘我思故我在’作为哲学的第一原则，把心灵实体作为最先确定的认知对象，把天赋观念作为知识的基础，这些认

---

① 张志伟：《形而上学读本》，北京：中国人民大学出版社，2010 年，第 73 页。

② 冯俊：《开启理性之门：笛卡尔哲学研究》，北京：中国人民大学出版社，2005 年，第 130 页。

识论的观点被称为唯理论。”[①]这是一种全新的认识论。从这一点上说，笛卡尔开创了哲学的新时代。

四、二者第一哲学留下的问题

4.1 回到柏拉图

关于亚里士多德的第一哲学、神学和本体论三者的关系，从19世纪末以来就不断被学者讨论着[②]，但相比较而言，他对第一实体和第二实体看法的转变看起来漏洞更大，更易受人攻击。

亚里士多德曾经批评柏拉图的理念论造成世界的二重化。但是，他在对第一实体和第二实体看法的转变中使得形式取代了具体事物而成了首要的实体。这样他就能导向“普遍形式”“纯粹形式”，然后他又导出了“普遍质料”“纯粹质料”。在具体事物中，形式和具体事物是不可分的。但在“纯粹形式”和“纯粹质料”时，形式和具体事物是分割的。[③] 柏拉图之前将不易计数的东西扩大了一倍，而亚里士多德自己也添加了一倍，是典型的“实在二重化”[④]。因此，这无异于又回到柏拉图那里去了。

4.2 唯理论的发展

笛卡尔的《第一哲学沉思录》书后已附有六组反驳，分别来自神学家、机械论立场的霍布斯和古代原子论的伽桑狄。虽然如此，笛卡尔仍在哲学界赢得了一批追随者和继承者，其中以斯宾诺莎和莱布尼茨最为重要。

笛卡尔的第一哲学中，最难克服的矛盾就是心灵和物质实体，尤其是心

① 赵敦华：《西方哲学简史》，北京：北京大学出版社，2001年，第219页。

② 姚介厚著，叶秀山、王树人总主编：《西方哲学史（学术版）》，南京：凤凰出版社、江苏人民出版社，2005年，第742页。

③ 强以华：《存在与第一哲学》，武汉：武汉大学出版社，2005年，第40页。

④ 陈康：《论希腊哲学》，北京：商务印书馆，1990年，第326—345页。

灵和身体的二元论。斯宾诺莎为此提出了一元的“心物平行论”，认为广延和思想是属于同一实体的两种属性，两者有对应关系。人的身体和观念分别属于广延属性和思想属性，同样有对应关系，这种对应就是因果序列之间的对立。其结论就是“发生于身体内的东西无一不被心灵所知觉”[①]。莱布尼茨则提出了多元的“单子论”，以其“预定和谐”的思想来解释身心何以一致的问题。这种“预定和谐”就是上帝的“预定和谐”。他说：“上帝对于精神，不仅是发明家和机器，而且是君主和臣民，父亲和子女的关系。”[②]他们还发展了笛卡尔的唯理论，使其走向成熟。他们的努力取得了很大的成效，莱布尼茨学说还成为康德以前德国哲学的主流。

五、结　语

笛卡尔模仿亚里士多德的第一哲学构建了自己的第一哲学，然而这是一种改了装的认识论。通过两种第一哲学的比较，我们可以发现，笛卡尔的第一哲学最终导向的是整个近代哲学转向的发生。其哲学理论对后来哲学产生了巨大影响，其思想精神直到今天仍然具有深刻意义。

作者简介：雷环捷（1992—　），男，浙江龙游人。2010—2014 年，南京大学哲学系哲学专业，本科；2014—2016 年，中国人民大学哲学院科学技术哲学，硕士；2016 至今，中国人民大学哲学院科学技术哲学，博士在读，研究方向为中国近现代科技史。

南哲感悟：

旧作难免贻笑大方，但没想到能以这种特别的方式与南哲重逢，令人尤其感动

① 北京大学外国哲学史教研室编：《十六—十八世纪西欧各国哲学》，北京：商务印书馆，1975 年，第 283 页。

② 北京大学哲学系外国哲学史教研室编译：《西方哲学原著选读》上卷，北京：商务印书馆，1981 年，第 491 页。

早已离开又离不开的南京，时常回去又回不去的仙林

本科四年，一半是学习，一半是成长

毕业又四年，时间过得匆匆，回忆却还鲜活

还会上小百合，会留意母校和哲学系的新闻动态，会看到大牛们又发了文章

朴实无华的系楼，我们必定会有再见面的那一天

胡塞尔与笛卡尔:绝对自身负责的哲学理念何以可能*

张宇杰

摘　要:笛卡尔与胡塞尔都是试图寻求最彻底的哲学反省,以期回返真正哲学"理念"的"开端哲学家"。笛卡尔的哲学方法及理念对胡塞尔先验现象学的启发和指引作用显而易见,但我们同时必须区分胡塞尔在思想不同阶段对笛卡尔哲学不同层面的吸收和批判。胡塞尔在《小观念》中借助笛卡尔引出了"绝对被给予性",在《观念Ⅰ》中通过类比"普遍怀疑"提出了"现象学悬搁"的方法,在这两个文献中,胡塞尔已明确拒绝了笛卡尔在二元论背景下的心理主义以及演绎方法。除此之外,笛卡尔的"第一沉思"中提出的"恶魔的假设"暗示了代现论自身的明见性难题,这亦是先验现象学自身发展所必须克服的困难。胡塞尔的《沉思》中明确提出了非立义—代现论的"普遍的自身思义"的方法,从而基于"本我我思"的新的奠基含义,重新确立了绝对自身奠基的哲学的全新可能性,这种可能性使得胡塞尔可以重新直面古希腊所开启的"绝对自身负责"的哲学理念。

关键词:胡塞尔;笛卡尔;我思;现象学还原

一、胡塞尔的"笛卡尔主义"?

笛卡尔与胡塞尔,作为先验哲学的最初的起点与最后的高峰,在西方哲

---

* 本文选自《林间路》第十八期。——编者

学史上占据着重要地位。他们二人也都是试图寻求最彻底的哲学反省以期回返真正哲学"理念"的"开端哲学家"。正是在对笛卡尔哲学进行积极"扬弃"的意义上,胡塞尔的先验现象学实现了先验哲学的自我更新与对古希腊所开启的哲学理念的真正回返。胡塞尔以此彻底告别了笛卡尔以来的近代哲学的主观主义与客观主义的对立。因此,澄清胡塞尔与笛卡尔的关系,既是理解胡塞尔现象学及其特殊哲学史地位的关键,亦是理解先验哲学乃至整个西方哲学理念的关键环节。

作为近代哲学开创者的笛卡尔为了给科学打下真正牢靠的基础,而采取了普遍怀疑的方法,最终获得不可怀疑的"我思"(cogito)—"我是"(ego sum),并把"凡是我们领会得十分清楚、十分分明的东西都是真实的"定为总则,试图在此基础重新建立起科学的大厦。同笛卡尔一样,胡塞尔的先验现象学也希望实现"哲学作为严格科学"的理想——这同时也意味着一种对"明见性"的最终诉求。与笛卡尔通过普遍怀疑而获得不可怀疑的"我思"相类似,胡塞尔通过"先验还原"试图赢得一个"作为先验主体性的本我我思(ego cogito)"①的绝对存在领域。胡塞尔本人甚至在《笛卡尔式沉思》中说:"人们几乎可以把现象学称之为新笛卡尔主义,纵使恰好由于笛卡尔哲学主题的彻底发展,人们不得不摒弃其中几乎所有为人所知的教条。"②

这种思想外观上的相似性,也引发了学者们对胡塞尔思想的"笛卡尔主义"的长期争论。由于胡塞尔生前发表的、讨论先验现象学的著作极其有限:除了内容与结构都尚不完善的《纯粹现象学的观念和现象学哲学(第一卷)》(《观念Ⅰ》),还有就是仅以法译本出版的简要导论《笛卡尔式沉思》,以及主要讨论逻辑学的《形式逻辑与先验逻辑》,在胡塞尔生前及生后一大段时间里真正具有影响的恰恰是前先验现象学的《逻辑研究》,加之海德格尔的思想又早早地占据了欧陆现象学界的话语统治地位,这使得胡塞尔的先验现象学并

---

① 在《观念Ⅰ》中,胡塞尔对现象学事态的表述还仅仅是"纯粹意识",而非"先验主体性"或"本我我思"。

② 胡塞尔:《笛卡尔沉思与巴黎讲演》,张宪译,北京:人民出版社,2008年,第38页。

未产生巨大的思想影响,相反淹没在基于海德格尔立场的近代主体意识哲学的误解和批评中。此外,包括来自社会批判理论、结构主义,以及分析传统中的现象学的思想家们,也基本上把胡塞尔的现象学理解为"与认识论的内在主义、方法论上的唯我论、存在论上的唯心论联姻的新笛卡尔主义"[①]。这种批评显然是认为胡塞尔思想实质上是作为近代主体意识哲学的笛卡尔主义,"新笛卡尔主义"的"新"仅仅是就其具有新的思想形式或外观而言。

然而,随着胡塞尔手稿在20世纪50年代以后的不断整理出版,这种胡塞尔的"标准解读"逐渐遭到了挑战。这其中最重要的一篇文章就是胡塞尔的学生及助手兰德格雷贝(Ludwig Landgrebe)在1967年写作的《胡塞尔告别笛卡尔主义》[②]。兰德格雷贝在该文中认为胡塞尔在《第一哲学》第二部分中就已经透露出"作为无历史性之先天主义的和作为近代理性主义之完成的先验主体主义之瓦解"或海德格尔所说的"形而上学的终结"("Ende der Metaphsik")。一方面,他认为作为现象学还原之结果的先验本我或先验主体性实际上是"绝对先验经验的'场域'"或"整全的先验经验场域",因此有别于笛卡尔式的"空洞的点性之意识","我—在经由还原而获取'绝对的'基础,这个基础不仅涉及正被执行的自我行动之点性的明见性而已,而是随之还赢取了一个先验经验的场域"。另一方面,兰德格雷贝认为胡塞尔后来基本不使用"第一哲学"这一术语,并且在《危机》中最终放弃了"绝对奠基之科学"的理想,取而代之的是"现象学的历史哲学之奠基"。在较早些时候,博姆(Rudolf Boem)也曾表达了类似的观点,不过博姆在《第一哲学》下卷的"编者导言"(1958)中更强调先验还原的"笛卡尔式道路"与"第一哲学的理念"及"笛卡尔主义"的紧密关系。所谓的"笛卡尔式道路"指的是《观念Ⅰ》第二编第三章,通过区别"超越物的纯现象存在"与"内在物的绝对存在""内在感知的不可怀疑性"与"超越感知的可怀疑性"并对超越物与超越感知进行"排斥",而得到纯粹意识

① 参见威尔顿:《另类胡塞尔:先验现象学的视野》,靳希平译,梁宝珊校,上海:复旦大学出版社,2012年,中文版序言。

② 兰德格雷贝:《胡塞尔告别笛卡尔主义》,《面对实事本身:现象学经典文选》,北京:东方出版社,2002年。

的“现象学剩余”的通向先验还原方式。胡塞尔在《危机》中对这种“笛卡尔式道路”进行了自我批评，博姆在此基础上认为“除了这种‘笛卡尔式的道路’之外，从20年代早期起，有一些通向先验现象学的‘新道路’向胡塞尔呈现出来。在《第一哲学(1923/24)》中就已经明确地给予这些‘新道路’以比笛卡尔式的道路更优越的地位，而笛卡尔式的道路则清楚地显露出其缺欠”，进而间接地指认出一种“告别笛卡尔主义”，“如果笛卡尔式的道路的原初的必然性要求失效了，那么因此事实上这条道路本身也就从原则上被放弃了。不仅如此，随着通向超越论现象学的笛卡尔式道路失效，那种必然性要求以及按照这种要求走上笛卡尔式的道路的企图从中产生出来的第一哲学的理念本身也就瓦解了”①。

继承兰德格雷贝与博姆的思路，许多学者针对先验还原的“笛卡尔式道路”对胡塞尔的“非—笛卡尔主义”做了澄清。比如耿宁(Iso Kern)认为胡塞尔的“笛卡尔式道路”和“心理学的道路”都是有缺陷的，而“本体论的道路”则由于其反思的彻底性，因而能够把握因而能够把握“完全的”先验主体性。胡塞尔的“笛卡尔式的道路”的缺陷体现在三个方面：(1) 这种先验还原道路具有“排斥”及“剩余”的特征，而构造的课题并非自然附属于该道路；(2) 这种先验还原道路不能引向“完全的”主体性，既不是具有时间性的完全的本己主体性，亦不是完全的交互主体性；(3) 这种先验还原道路意味着寻找哲学的绝对开端，但这种笛卡尔式的观念本身就是虚妄的。②马尔巴赫(Eduard Marbch)与耿宁强调“本体论的路线”的观点有所不同，他更强调“描述性的、意向性的心理学路线”③。戴维·卡尔(David Carr)则认为现象学存在着“历史的路线”，但与此同时，他并不认为这构成了胡塞尔的另一条现象学道路，历史反思仅仅是构成了现象学进路的一种必要的前研究。威尔顿(Donn Welton)的

① 博姆：《编者导言》，《第一哲学》(下卷)，北京：商务印书馆，2006年，第31—32页。

② Kern I. *Husserl und Kant*. Den Haag: Nijhoff, 1964.相关段落的中译，参见耿宁：《心的现象》，商务印书馆，2012年，第1—58页。

③ 贝尔奈特等：《胡塞尔思想概论》，李幼蒸译，北京：中国人民大学出版社，2011年，第61—69页。

《另类胡塞尔:先验现象学的视野》第五、六章[①]更是对胡塞尔与笛卡尔的思想亲缘关系以及笛卡尔式道路的局限做了详细考察。

尽管这种对胡塞尔的"非—笛卡尔主义"的澄清,较之对胡塞尔的"标准解读"显然更具文本依据以及运思深度,但是我们仍然需要警惕一种矫枉过正的解读,如兰德格雷贝认为在《危机》中最终放弃了"绝对奠基之科学"的理想,甚至对"作为严格科学的哲学"的观念发生了根本动摇,"无疑,直到于撰写《危机》时的关联中,胡塞尔才对此完全清楚过来。在出自1935年的一个重要反思中,我们读到:'哲学作为科学、作为严肃的、严格的、甚至绝然之严格科学——此梦想已被醒悟。'"[②]当然,我们联系该引用的上下文就可以发现,胡塞尔在说这句话的时候完全是出于对当时现状的不满与调侃。胡塞尔本人从未放弃"哲学作为科学的、作为严肃的、严格的、甚至绝然之严格科学",甚至哲学作为"绝对开端"或"绝对奠基之科学"的"笛卡尔式"的理想,只不过这种"绝对开端"与"绝对奠基"的含义绝不是笛卡尔哲学意义上"现成的"第一原理及其演绎系统。

此外,还需要注意的是学者们对于《笛卡尔式沉思》的通常误判,即认为《沉思》中仍然基本延续了《观念Ⅰ》中"笛卡尔式道路"的基本思路,因此是对《第一哲学》中显露的"反笛卡尔主义"创见的倒退。细心的读者会发现《沉思》中所给出通向先验还原的道路,实际上与《危机》中的"生活世界的道路"十分相似——如果我们把《沉思》中从绝然明见性的要求而导出的"作为先验主体性的本我我思"正确地理解为"并非像在简单的心理学反思中那样已经存在于一个完成了的世界之中,而是把一切使这个世界能够形成的这些作用当作可能的作用在自身中承担起来并实现出来"[③],或者说具有"本我—我思(能思)—所思"(ego cogito cogitatum)[④]结构的"普全的先验经验场域",那么

① 道恩·威尔顿:《另类胡塞尔:先验现象学的视野》,上海:复旦大学出版社,2012年。

② 兰德格雷贝:"胡塞尔告别笛卡尔主义",《面对实事本身:现象学经典文选》。

③ 胡塞尔:《经验与判断》,邓晓芒、张廷国译,北京:生活·读书·新知三联书店,1999年,第67页。

④ 胡塞尔:《笛卡尔沉思与巴黎讲演》,第12页。

它也就基本等同于作为一切谓词与非谓词明见性基础的先验“生活世界”[①]。正是由一种“笛卡尔式”的动机或理想出发，胡塞尔在《沉思》中倒向了与《观念Ⅰ》第二编第二章“笛卡尔式道路”相迥异的通向先验还原的道路——如果我们将这种动机引发的重要性考虑在内，我们甚至可以称之为通向先验还原的“新笛卡尔式道路”或“修正意义上的笛卡尔式道路”。

胡塞尔对先验现象学的探索与发展是一个漫长而艰难的过程。在此过程中，笛卡尔的哲学方法及理念对胡塞尔的启发和指引作用是显而易见的，但同时必须区分胡塞尔在思想不同阶段对笛卡尔哲学的不同层面的吸收和批判。这种递进式的吸收和批判，与胡塞尔对先验现象学自身的修正与推进也是同步的。正是在对笛卡尔哲学进行积极“扬弃”的意义上，胡塞尔的先验现象学描绘出了笛卡尔式理念的真正可能性，由此我们才能真正理解胡塞尔为何将先验现象学称之为“新笛卡尔主义”。

二、《现象学的观念》中的“绝对被给予性”

早在1907年的《现象学的观念》(《小观念》)五次讲座文稿中，胡塞尔就已经提出了“现象学还原”的说法，并且“似乎”触摸到了某种“笛卡尔式道路”。这篇文稿具有很明显的过渡色彩，甚至我们可以看到胡塞尔对“现象学”理解的某种变化的孕生。

“绝对被给予性”概念是《小观念》中最为重要的概念，而这一概念恰恰是通过叙述“笛卡尔的怀疑考察”而被“引出”的。胡塞尔说：“笛卡尔的怀疑考察为我们提供了起点：在体验的过程中和对体验的素朴反思中，思维(Cogitatio)和体验的存在是无可怀疑的；直观地直接把握和获得思维就已经是一种认识，诸思维(Cogitationes)是最初的绝对被给予性。”胡塞尔在《小观念》中提出的“现象学还原”就是为了还原到真正的“绝对被给予性”：现象学还原“不是排除实项的超越之物(完全在心理学—经验论意义上)，而是排除

① 胡塞尔：《经验与判断》第10—11节。

作为一种仅仅是附加实存的一般超越之物,即所有那些不是在真正意义上的明见的被给予性,不是纯粹直观的绝对被给予性的东西"[①]。从而,胡塞尔得到了"明见的绝对被给予性"的领域。胡塞尔在这里意图将"绝对被给予的"与"实项内在的"区别开来,并把"现象学还原"明确地理解为一种向绝对被给予性的还原,鲜明地区别于"心理学—经验论意义上"向实项被给予物或"相即的自身被给予之物"[②]的还原,进而在还原后仍然可以保留"绝对地被给予,而不是实项的内在"的"一般之物"[③]。"绝对被给予性"也就是"在明见性中构造着的自身被给予性"[④],同样意味着"纯粹的直观"的被给予性,纯粹的或绝对地被给予性与"纯粹的明见性""纯粹的直观"是同义的[⑤]。显然,这种"绝对被给予性"概念也与"笛卡尔对明白清楚的感知的考察"密切相关[⑥]。

另一方面,在《小观念》中,胡塞尔已经明确表达了自己的思想与笛卡尔之间的"间距"。他说"笛卡尔的思维就需要现象学的还原",他仅仅停留"在心理学的统摄和客观化中的心理学现象",这"并不真正是一种绝对的被给予性,只有还原了的纯粹的现象才是绝对的被给予性"[⑦]。"笛卡尔怀疑考察的历史意义就在于发现了这种明见性。但是发现和放弃在笛卡尔那里是一回事。"笛卡尔那里的"明白清楚的感知"仅仅是一种"心理主义对明见性所做的感觉解释"[⑧]。此外,"希望使认识成为明见的自身被给予性,由此而直观到认识的成效的本质,这并不是指演绎、归纳、计算等方式,这并不是指:从已被给予的或被当作有被给予的事物中合理地推导出新的事物"[⑨]。胡塞尔在此无疑暗指了笛卡尔所采取的从第一原理出发的演绎方法。

---

① 胡塞尔:《现象学的观念》,倪梁康译,北京:人民出版社,2007年,第10页。

② 胡塞尔:《现象学的观念》,第6页。

③ 胡塞尔:《现象学的观念》,第10页。

④ 胡塞尔:《现象学的观念》,第6页。

⑤ 胡塞尔:《现象学的观念》,第9页。

⑥ 胡塞尔:《现象学的观念》,第9页。

⑦ 胡塞尔:《现象学的观念》,第8页。

⑧ 胡塞尔:《现象学的观念》,第11页。

⑨ 胡塞尔:《现象学的观念》,第8页。

并且,《小观念》中已经潜在地隐含了《沉思》中对“相即明见性”与“绝然明见性”区分。正如前面所指出的,向绝对被给予性的现象学还原,不同于向实项的或相即的被给予物的还原,前者看上去接近于“绝然明见性”,“一切的根本都在于把握绝对被给予性的意义,把握排除了有意义的怀疑的被给予性的绝对明晰性的意义,一言以蔽之,把握绝对直观的、自明的明见性的意义”①,而后者看上去接近于“相即明见性”。胡塞尔在《小观念》中明确指出了两种非相即或实项被给予但是绝对被给予的事态:一是前面提到的“一般之物”,二是“声音持续的已过去的阶段现在还是对象性的,但不是实项地被包含在显现的现在点中”②。同时期胡塞尔的内时间研究中也已经显露出了对实显意义上实项的“相即感知”之局限性的清晰认识。因此,胡塞尔理应不会在内在感知相对于外感知在相即性的优先性的意义上确认思维存在的绝然明见性。但遗憾的是,在《小观念》中,“在进行任何智性的体验和任何一般体验的同时,它们可以被当作一种纯粹的直观和把握的对象,并且在这种直观之中,它是绝对的被给予性”③,这样的表述丝毫不能把“绝对被给予性”与一种相即感知意义上的明见性区别开来,甚至在《观念Ⅰ》的第二编第二节(尤其是第44节)中我们恰恰看到胡塞尔是在相即明见性的意义上,得出了纯粹意识的绝对存在。由此可见,胡塞尔并未对“绝对被给予”进行更深入的讨论,并且他虽然意识到实项或相即被给予性与绝对被给予性有所不同,但仅仅是默认相即被给予性完全包含于绝对被给予性之中,“实项的内在(或超越)只是一般内在这个更广泛概念的一个特殊情况”④,因此,相即的被给予性也属于一种绝对被给予性。“诸思维”或“思维活动的‘实存’”⑤的绝对被给予性,对此时的胡塞尔而言是毫无疑问的。

---

① 胡塞尔:《现象学的观念》,第11页。

② 胡塞尔:《现象学的观念》,第12页。根据胡塞尔时间现象学研究的进展,这种表述仍不成熟。

③ 胡塞尔:《现象学的观念》,第31页。

④ 胡塞尔:《现象学的观念》,第10页。

⑤ 胡塞尔:《现象学的观念》,第9页。

三、《观念Ⅰ》中的"现象学悬搁"与"纯粹意识"

《观念Ⅰ》(1921)通常被视为胡塞尔完成先验现象学转向的标志。如果说,胡塞尔在《小观念》中提及笛卡尔仅仅是为了引入"绝对被给予性"的概念,那么在《观念Ⅰ》中胡塞尔则进一步将笛卡尔的怀疑与现象学的还原或悬搁进行主题化的类比,从而得出了一条通往先验还原的"笛卡尔式道路",并且把《小观念》中所表述的笛卡尔式的哲学理念明确放置于"先验"的标题之下。

胡塞尔在"导言"中如此概括《观念Ⅰ》的"最主要任务":"我们将从自然观点,从面对着我们的世界,从在心理经验中呈现出来的意识开始:然后将发展一种现象学还原法,按照这种还原法,我们将能排除属于每一种自然研究方式本质的认识障碍,并转变它们固有的片面注意方向,直到我们最终获得被'先验'纯化的现象的自由视野,从而达到在我们所说的特殊意义上的现象学领域。"[①]按照正文中的说法,现象学还原的结果是"一个本质上独特的存在区域",更具体地说是"'纯粹'意识"或"先验意识"的区域[②]。

严格意义上,胡塞尔在《观念Ⅰ》中提出的"笛卡尔式道路"包含两个组成部分:一是(第二编第一章)类比笛卡尔的怀疑而提出"悬搁"的方法,从而在实施"现象学悬搁"过后"使我完全隔绝于任何关于时空事实性存在的判断。因此我排除了一切与此自然世界的相关科学"[③];二是(第二编第二章)通过对意识领域的本质分析,在感知的相即明见性的意义上,排除了超越物或物质存在,从而得到作为现象学剩余的"纯粹意识"或"先验意识"。

胡塞尔在第一章第30节对"自然态度的总设定"进行了总体描述,并在第31节提出"建议彻底地改变它"。第31节的小标题"自然设定的彻底改变。

① 胡塞尔:《纯粹现象学通论》,李幼蒸译,商务印书馆,1992年,第42页。

② 胡塞尔:《纯粹现象学通论》,第100—102页。

③ 胡塞尔:《纯粹现象学通论》,第98页。

‘排除’、‘置入括号’”是容易使人误解的，因为纯粹普遍意义上的“排除”或“置入括号”并不能直接带来“自然设定的彻底改变”，在这一节中，胡塞尔只是把“排除”或“置入括号”引入进讨论而已。在这里胡塞尔明确区别了“怀疑”与“试图怀疑”，“试图怀疑”与“怀疑”最大的区别在于：通过“试图怀疑”“我们并未放弃我们的设定，我们并未在任何方面改变我们的信念”，“然而设定却经历着一种变样，虽然它本身始终是其所是，我们却可以说，‘使其失去作用’，我们‘排除了它’，我们‘将其置入括号’”①。换句话说，“试图怀疑”既不可能代表肯定，也绝不代表否定，简而言之即“中止判断”。不过胡塞尔也意识到，试图怀疑也可能会产生某种“非存在的‘假定’”，“非存在的假定因而构成了试图怀疑的补充基础”。胡塞尔随即说道：“对于笛卡尔来说，这一基础具有如此支配性的地位，我们可以说，他的普遍怀疑企图严格来说即普遍否定的企图。我们在此却忽略这个基础，我们不关心经分析可察觉的怀疑设想的每一部分”，而“只选出‘加括号’或‘排除’现象”。可见，胡塞尔在这里有意识地将自己的“悬搁”（“排除”，“置入括号”，“中止判断”，作为某种“试图怀疑”）与笛卡尔的普遍怀疑（作为“试图否定”的“怀疑”）明确区别开来。

胡塞尔在第32节才进入了“现象学悬搁”的讨论。在31节中讨论的“悬搁”是“完全自由”的，而非特定的“现象学悬搁”，“我们可以试图怀疑任何东西，不论我们可能多么坚定地相信它们，甚至在相即明见性中肯定它们”。但到了32节，胡塞尔明确说“我们出于正当理由限制了它的普遍性”，否则“如果它是如此尽可能地无所不及，那么每一种设定或每一种可完全自由地去变样的判断，每一种可判断的对象，均可被置入括号中了，那么也没有未被变样的判断的领域了，更不必说一个科学领域了”。而胡塞尔所谓的“正当目的”恰恰就是“要去发现一个新的科学领域，这个领域应通过加括号方法得到，它因此只应是一种被明确限制的领域”。换而言之，真正具有现象学功能的是受限制的“现象学悬搁”。胡塞尔对于这种被明确限制的“现象学悬搁”是如此表述的：“我们使属于自然态度本质的总设定失去作用，我们将该设定的一切

① 胡塞尔：《纯粹现象学通论》，第95页。

存在性方面都置入括号：因此将这整个自然世界置入括号中，这个自然界持续地‘对我们存在’，‘在身边’存在，而且它将作为被意识的‘现实’永远存在着，即使我们愿意将其置入括号之中。”换而言之，胡塞尔把“现象学还原”限制于“使属于自然态度本质的总设定失去作用”，它使我们“完全隔绝于任何关于时空实时性存在的判断”[①]。至此，胡塞尔完成了“笛卡尔式道路”的第一部分。

学者们对胡塞尔“笛卡尔式道路”的第二部分颇有微词。利科就认为胡塞尔在随后的第二章、第三章“重又降到所发现的悬搁水平以下，这两章具有笛卡尔风格：为了分离出意识‘区域’，把它描述为不可怀疑的(参照46节的标题：‘内在知觉的不可怀疑性，超越知觉的可怀疑性’)；通过‘世界消除’，意识作为‘剩余’出现，这是一种明显的笛卡尔式的步骤”[②]。胡塞尔在此处的确犯了严重的错误，与《小观念》中相似，胡塞尔仍然默认内在感知的(非视域性的)相即明见性具有某种绝然明见性的地位。这也正是众多学者反对胡塞尔的“笛卡尔式道路”，甚至认为“纯粹意识”并不能作为严格科学之绝对开端或绝对基础的最重要理由。

至于那些最浅显的误解，即认为“现象学还原”排除(实在的排除，而非悬搁意义上的排除)了世界，胡塞尔早就强调：“严格地说，我们并未失去任何东西，而只是得到了整个绝对存在，如果我们正确理解的话，它在自身内包含着、‘构造着’一切世界的超越存在。”[③]利科也认为大多数对于还原的误解是出于“对构造的误解：先验主体根本未在世界之外，反之，它是世界之基础。这就是胡塞尔的这个坚定的断言的意义所在：世界是绝对意识的相关项，现实是意识的根本构造的标志。发现先验主体正是为世界信念奠定基础”[④]。不过，在“构造”问题上，《观念Ⅰ》也仍然还有明显的局限性：在静态现象学中，先验领域内部的发生构造并未被课题化，更确切地说，在静态现象学中，

---

① 胡塞尔：《纯粹现象学通论》，第87页。

② 胡塞尔：《纯粹现象学通论》，第509页。

③ 胡塞尔：《纯粹现象学通论》，第134页。

④ 胡塞尔：《纯粹现象学通论》，第483页。

我们对于被现象学还原所揭示出来的领域，基本上只能停留在静态的意识结构的本质分析。

另外，胡塞尔在《逻辑研究》中开始明确反对"观念表象（或代现）实在"，而采取了"立义内容—立义"模式，但这种模式亦仅仅是把代现的难题移入内部。[①] 胡塞尔在《观念Ⅰ》中试图揭示出能意—所意（noesis-noema）的流形体，它是一种非立义的意向为主要特征的意向性的关联体[②]，因此这也意味着胡塞尔在思想最基底处对于实显的立义模式以及代现（表象）论的根本拒绝。[③] 但遗憾的是：这种非立义的意向关联体只能深入绝对流中才能得到恰当的解释，而《观念Ⅰ》中意向分析却并未"下降到组成一切体验时间性的最终意识的晦暗深处，而是把体验看作内在反思中呈现的统一的时间过程"[④]。

四、二元论与代现论：笛卡尔《第一哲学沉思集》中的困境

胡塞尔在《欧洲科学的危机与先验现象学》中的第二部分，借助"近代物理学主义的客观主义"与"先验主观主义"的对立，重构了欧洲近代哲学史的叙事。在这种新的哲学史叙事中，伽利略与笛卡尔扮演着重要的角色：伽利略将自然世界数学化，并由此出现了"作为实际上自身封闭的物体世界的自然的理念"，从而"很快引起了关于世界一般的理念的完全改变。世界可以说是分裂成两个世界：自然和心灵的世界"——这种二元论在笛卡尔那里充分

---

① 本文在两个意义上使用"代现"（Repräsentation，representation）：一是狭义的"代现"，即胡塞尔《逻辑研究》中的"代现"，《逻辑研究》中的"代现"与"立义"基本同义，参见倪梁康：《胡塞尔现象学概念通释（修订版）》，第416页。但是这种"立义—代现"模式与传统哲学的"观念代现实在"，在本质上共享了对代现关系的默认，因此可以把它们统称为广义的"代现"。

② 马迎辉：《意向性，绝对流与先验现象学》，《江苏社会科学》2014年第4期。

③ 与此相关的是"意向性"概念的拓展。我们可以大致区分为"立义意向性"与"流形意向性"（或意向流形体），前者强调明确指向性，而后者则意指关联性。内时间讨论中的"横意向性"与"纵意向性"，以及交互主体性讨论的"交互意向性"都是在后者的意义上。

④ 胡塞尔：《纯粹现象学通论》，第143页。

地表现出来。[①]“笛卡尔构想出了普遍哲学的新理念,并且立即着手系统地运用它。这种普遍哲学的新理念具有数学的理性主义的,或更确切地说,物理学主义的理性主义的意义”,不过另一方面,笛卡尔在他的沉思中创立了一些思想“注定要通过揭示其隐蔽的背理之处而摧毁这种理性主义”,因而“又是冲破这种理念的先验动机的创立者”[②]。因此可以说,笛卡尔站立于“近代物理学主义的客观主义”与“先验主观主义”对立的源头之处。

胡塞尔在《危机》中明确把笛卡尔在《第一哲学沉思集》中的困境明确归结为“世界的二元论”标题下的两个错误:一是笛卡尔把由悬搁所获得的纯粹本我做了心理学主义的歪曲[③],即“用自己心灵的‘自我’(Ich)代替本我(ego),以心理学的内在性代替本我学的自身知觉”[④],自然物则完全处于这种自身封闭的全域之外,从而错失了某种彻底的先验主观主义;二是笛卡尔试图把心理学自我视为某种意义上的公理,在此基础上演绎出一种作为“普遍数学”的哲学,显然,这种方法本身就是一种自然数学化背景下的物理学主义的理性主义。

我们可以明显看到胡塞尔早在《小观念》时期就已表达了这两点对笛卡尔二元论基础的批评。因此,仅仅基于这两点批评,我们难以理解胡塞尔从《小观念》到《观念Ⅰ》再到《沉思》《危机》的先验现象学的自我更新,以及相应层面对笛卡尔的反思。不过,在直接跳跃到胡塞尔的《沉思》之前,我们可以在笛卡尔的《第一哲学沉思集》中寻找到一些蛛丝马迹。

笛卡尔在“第一沉思”中明确了其“普遍怀疑”的方法:笛卡尔是通过“怀疑”的方式,“把我历来信以为真的一切见解统统排除出去”[⑤],从而接近真正“确然可信”的东西,或者用胡塞尔的术语来说就是“明见性”。笛卡尔认为这是“在科学上建立起某种坚定可靠、经久不变的东西”的前提,在这个意义上,笛卡尔试图接近的应该是真正的“绝然明见性”。不过,笛卡尔在这里所谈及

① 胡塞尔:《欧洲科学的危机与超越论的现象学》,王炳文译,2006年,第76—77页。

② 胡塞尔:《欧洲科学的危机与超越论的现象学》,第92—93页。

③ 胡塞尔:《欧洲科学的危机与超越论的现象学》,第98页。

④ 胡塞尔:《欧洲科学的危机与超越论的现象学》,第101页。

⑤ 笛卡尔:《第一哲学沉思集》,庞景仁译,北京:商务印书馆,1986年,第14页。

的仅仅是一种素朴的明见性。笛卡尔通过不断的怀疑，建立起了一个明见性序列：首先是感官得来的东西(A)，这里有区分了“不明显和离得很远的东西”(A1)，“我就在这里，坐在炉火旁边，穿着室内长袍，两只手上拿着这张纸”(A2)，以及“这两只手和这个身体是属于我的”(A3)三类具有不同明见性的事态。A2与A3这两种事态似乎是不可怀疑的，“除非也许是我和那些疯子相比”[①]。但是，笛卡尔又通过睡梦的例子，说明上述事态仍然是可怀疑的。进而明见性也就推进到了“构成感官的一般之物”(B)，这里的一般之物也可分为两类：构成事态的要素，“比如眼睛、脑袋、手等等”(B1)，即使这些一般之物也是幻想出来的，还有些“更简单、更一般的东西”，比如“构成这种东西的颜色”，“一般的物体性质和它的广延，以及具有广延性东西的形状、量或大小和数目……还有所处的地点，所占的时间，以及诸如此类的东西”(B2)。就素朴的观点看，这些一般之物(B)应该是真实的、存在的，而且显然比感官得来的东西(A)要来得更为真实(更具明见性)。不过，笛卡尔进而引入了一种新的怀疑方式，区别于上述的“认识论的怀疑”，我们可以称之为“假设的怀疑”[②]。“我要假定有某一个恶魔，而不是真正的上帝(他是至上的真理源泉)，这个恶魔的欺诈和欺骗手段不亚于他本领的强大，他用尽了他的来骗我”[③]，以至于所有经受了“认识论的怀疑”的“真实的、存在的”或明见的东西或事态也都是可以在原则上被怀疑的。因为，“如果我反过来千方百计地来骗我自己，假装所有这些见解都是错误的，幻想出来的，直到在把我的这些成见反复加以衡量之后……那我就做得更加慎重了”[④]。

经过这种“假设的怀疑”，我们看似失去了任何可靠的东西。在“第二沉思”中，笛卡尔进而试图寻找一个能够经受“假设的怀疑”的“阿基米德点”，“如果我有幸找到哪管是一件确切无疑的事，那么我就有权抱远大的希望了”。笛卡尔所找到的这个“阿基米德点”，就是“有我，我在(ego sum, ego

① 笛卡尔：《第一哲学沉思集》，第15—16页。

② Flage and Bonnen, *Descartes and Method: A Search for a Method in Meditations*, pp.114-128.

③ 笛卡尔：《第一哲学沉思集》，第20页。

④ 笛卡尔：《第一哲学沉思集》，第20页。

existo)这个命题"[①],"必须把它当成确定无疑的……每次当我说出它来,或者在我心里想到它的时候,这个命题必然是真的"[②]。这基于两个理由:(1) 我不能说服我连自己也不存在,因为"如果我曾说服我自己相信什么东西,或者仅仅是我想到过什么东西,那么毫无疑问,我是存在的"。(2) 哪怕存在"第一沉思"中提到的骗人的恶魔,"如果他骗我,那么毫无疑问我是存在的"(2.1),并且无论他怎么骗,"只要我想到我是一个什么东西,他就总不会使我成为什么都不是"(2.2)[③]。

"可是我还不清楚,这个确实知道我存在的我到底是什么"[④],笛卡尔排除了"有理性的动物""身体""吃饭、走路、感觉"等[⑤],将"思维"(cogito)视为"我的一个属性"[⑥],并且笛卡尔意识到"有我,我存在这是靠得住的;可是,多长时间?我思维多长时间,就存在多长时间;因为假如我停止思维,也许很可能我就同时停止了存在"[⑦],"因此,严格来说我只是一个在思维的东西"[⑧]。笛卡尔随后又明确了"在思维的东西"就是指"一个在怀疑,在领会,在肯定,在否定,在愿意,也在想象,在感觉的东西"[⑨],并且通过领会蜡块以及"从一个窗口看街上过路的人"的例子,指出理智功能是任何领会或认识的根本方式。在此

① ego sum 与 ego existo 严格意义上有所区别。根据马利翁的观点,前者所指的是认识序列最先的,却只能在被思的瞬间才能把握的无持存性的自我,而后者则是由上帝存在作为保证的,使得自我之持存得以可能的精神实体。因此,这里实际得到的应该仅仅是 ego sum。参见吴童立:《对"Ego cogito, ergo sum"的两点看法》,《哲学研究》2009 年第 12 期。Marion, *Cartesian Questions*: *Method and Metaphysics*, p.28.

② 笛卡尔:《第一哲学沉思集》,第 23 页。

③ 笛卡尔:《第一哲学沉思集》,第 23 页。

④ 笛卡尔:《第一哲学沉思集》,第 23 页。

⑤ 笛卡尔:《第一哲学沉思集》,第 24 页。

⑥ 笛卡尔:《第一哲学沉思集》,第 25 页。

⑦ 笛卡尔:《第一哲学沉思集》,第 25—26 页。这里已经涉及了我的持存性(ego exito)问题,对比马利翁认为 ego existo 是以上帝存在作为保证的观点,我们似乎可以看到另一种与 cogito 相关的、讨论 ego existo 原初持存性的可能。

⑧ "Cogito, ego sum"这一命题实际上出现在早些的《谈谈方法》。笛卡尔并不认为这是一个三段论的论证,参见《第一哲学沉思集》,"著者对第二组反驳的答辩"中的第三点,第 144 页。

⑨ 笛卡尔:《第一哲学沉思集》,第 27 页。

基础上，笛卡尔说："我对我自己认识得难道不是更加真实、确切而且更加清楚、分明吗？"①

基于前两个沉思的成就，"在这个初步的认识里，只有我认识的一个清楚、明白的知觉"，笛卡尔将"凡是我们领会得十分清楚、十分分明的东西都是真实的"定为总则，这是因为"假如万一我认识得如此清楚、分明的东西竟是假的，那么这个知觉就不足以使我确实知道它是真的"②，笛卡尔此处的论证显然有些牵强。在第二沉思中，笛卡尔确实使"我是(ego sum)"，同时也包括"我思"(ego cogito)经受了"假设的怀疑"，但是对于"所思"(cogitatum)，我们是否也能如此确定呢？在这里，我们需要适时地指出"假设的怀疑"或"骗人的恶魔假设"的更深层含义。

"骗人的恶魔假设"是如此描述的："这个恶魔的狡诈和欺骗手段不亚于他(上帝)本领的强大，他用尽了他的机智来骗我。我要认为天、空气、地、颜色、形状、声音以及我们所看到的一切外界事物都不过是他用来骗我轻信的一些假象和骗局。我要把我自己看成是本来就没有手，没有眼睛，没有肉，没有血，什么感官都没有，而却错误地相信我有这些东西"③，甚至"让我每次在二加三上，或者在数一个正方形的边上，或者在判断什么更容易的东西上弄错"④。在通常的认识论理解中，代现者总是在代现被代现者(无论是笛卡尔意义上的观念代现实在，还是康德意义上的表象代现物自体，等等，甚至《逻辑研究》中的"立义—代现")是"凡是我们领会得十分清楚、十分分明的东西都是真实的"成为可能的最终前提。"骗人的恶魔假设"或"假设的怀疑"恰恰质疑了这种被默认的代现关系的真实性。这也是笛卡尔的认识论需要证明上帝存在的根本原因，如果有一个至善的上帝，那么就可以保证代现者总是能够"真实地"代现被代现者。笛卡尔本人在"著者对第二组反驳的答辩"中

① 笛卡尔：《第一哲学沉思集》，第 32 页。

② 笛卡尔：《第一哲学沉思集》，第 35 页。

③ 笛卡尔：《第一哲学沉思集》，第 20 页。

④ 笛卡尔：《第一哲学沉思集》，第 18 页。

明确说道:“一个无神论者能够清楚地认识三角形三角之和等于二直角,这我并不否认;不过我认为他的认识并不是一种真正的知识,因为凡是可以怀疑的认识都不能叫作知识;既然人们假定他是一个无神论者,我以前已经指出过,他不能肯定他在他认为非常明显的事情上没有弄错……如果他不承认上帝,他就永远不能摆脱有怀疑的危险。”①

然而,尽管笛卡尔在“骗人的恶魔假设”中触及了代现关系真实性的怀疑,但我们可以怀疑他本人是否清醒地认识到这个问题,至少“第三沉思”对上帝存在的证明很大程度上依赖于晚期经院哲学所预设的代现关系:“一个观念之所以包含那样一个客观实在性,这无疑是来自什么原因,在这个原因里的形式实在性至少同这个观念所包含的客观实在性一样多”②,“如果我的某一个观念的客观实在性使我清楚地认识到它既不是形式地,也不是卓越地存在于我,从而我自己不可能是它的原因,那么结果必然是在世界上并不是只有我一个人,而是还有别的什么东西存在,它就是这个观念的原因”③,因此笛卡尔认为上帝的观念也意味着可以断定上帝存在。笛卡尔的错误似乎在于“客观实在性”“形式的实在性”等经院哲学术语本身,就已经暗含了观念与实在之间的代现关系。

既然上帝存在的证明中已经预设了代现关系的真实性,那么我们也就不能借助笛卡尔的思路来真正排除一种“假设的怀疑”。于是,我们不得已又退回到笛卡尔的“第二沉思”:唯有 ego sum-ego cogito 是不依赖于任何代现关系而可以被确认的事态,并且笛卡尔论证 ego sum 的理由已经提示了我们判断的明见性与意识自身的紧密关系。仅仅借助于此(从而拒绝任何二元论或代现论),我们是否能重新通向某种真正绝对被奠基的认识呢?

---

① 笛卡尔:《第一哲学沉思集》,第 144 页。

② 笛卡尔:《第一哲学沉思集》,第 41—42 页。

③ 笛卡尔:《第一哲学沉思集》,第 42—43 页。

五、《笛卡尔式沉思》中的“绝然明见性”与“普遍的自身思义”

如上文所述，胡塞尔在《观念Ⅰ》中已经给指出了能意—所意（noesis-noema）的先天流形体以及区别于实显立义、相即感知或代现论的某种新的现象学反思的可能性，但囿于缺乏对更深层的时间性问题的把握，胡塞尔在《观念Ⅰ》中也体现出其明显的缺陷。《观念Ⅰ》中的“笛卡尔式道路”显然是有意顾及绝对被奠基的笛卡尔式哲学理念，而“笛卡尔式道路”自身的缺陷，甚至危及了这种哲学理念。然而，在《笛卡尔式沉思》与《欧洲科学的危机与先验现象学》中，胡塞尔基于先验现象学的自身发展，明确给出了一种非代现论、非相即感知的、在全新意义上绝对被奠基的普遍哲学可能性。

与《小观念》与《观念Ⅰ》不同，胡塞尔在《沉思》的一开始并未默认这种绝对被奠基或绝对论证的科学观念的无可置疑性，甚至对于它是否是一种“合理地最终观念，即某种通过实践而可能达到的目标”，胡塞尔也认为“我们也不应该预先做设定”①，我们也不必对“绝对的科学论证这个一般的目标……的可能性预先做出判定”，尽管“在我们的沉思过程中，这个目标会逐渐具体明确起来”②。对于这种绝对论证或奠基的目标而言，首先需要明确“什么是正在做出的判断行为，什么是判断本身——实际上就是区分开直接的判断和间接的判断”，“间接判断……依赖在判断意义中的直接判断的那种表明。具体地说，它包括在直接判断的奠基活动中”③。由此，胡塞尔也引出了明见性（Evidenz）的观念。

胡塞尔在此明确区分了“相即明见性”与“绝然明见性”，从而根本上深入了《小观念》中笼统的“绝对被给予性”概念。“明见性的相机性和它的绝然性

① 胡塞尔：《笛卡尔沉思与巴黎讲演》，第 44 页。

② 胡塞尔：《笛卡尔沉思与巴黎讲演》，第 44—45 页。

③ 胡塞尔：《笛卡尔沉思与巴黎讲演》，第 46 页。

不必相提并论。”[①]与完备性的观念相关的是相即明见性的观念,与此相比,绝然明见性“具有更高的品格”,“这正是科学家所要求的那种一切原则都应具备的绝对无可置疑性。同时,科学家力图通过回到这些原则,并在更高程度上为这些本身已经清楚明白的基础再次进行奠基,由此使它们获得绝然性的最高品格”[②]。胡塞尔把绝然性的根本特征描述为“任何明见性都是对某个存在者或应然存在者的自身把握。就是说,在这种存在中‘自己本身’完全确定的把握,没有任何可疑之处”。“绝然明见性不仅仅是在其中清楚明白的实事或事态的绝对地存在确定性,而且,通过批判的反省,同时也表明本身决不可想象又是不存在。”[③]因此绝然明见性的特点可以被概括为两点:一是“自身把握”,二是“不可能设想其不存在的清楚明白的存在确定性”。前者暗示了这种明见性区别于任何代现论或相即感知(仍然是对象化的方式)意义上的明见性,后者则标示出了这是一种笛卡尔意义上可以经受“假设的怀疑”的绝不可能被怀疑的明见性。

胡塞尔随后通过先验悬搁或现象学还原,使所有“前给予的客观世界的见解”普遍失效,从而“作为一个正在沉思的我才获得了我的伴随着纯粹体验和所有纯粹意谓性的纯粹生活——即现象学意义上的现象整全”,“只有从这样的我思活动出发,世界才获得了它的普遍的和特殊的意义,才是有效的”[④],这样的表述显然是遵循严格意义上的“现象学悬搁”,而不包含《观念Ⅰ》第二编第三章中基于相即明见性的对世界的排除。胡塞尔显然更为谨慎了,他问道:“这种还原是否可能使先验主体性的存在成为绝然明见性?”“先验主体性难道不是与当其时只有通过回忆才能得到的过去紧密连在一起吗?但是,对于这种过去,人们能要求一种绝然的明证性吗?”[⑤]这都是胡塞尔在《观念Ⅰ》中未曾考虑的问题。先验自身经验不仅包括了“一个核心部分,即活生生的

---

① 胡塞尔:《笛卡尔沉思与巴黎讲演》,第 59 页。

② 胡塞尔:《笛卡尔沉思与巴黎讲演》,第 52 页。

③ 胡塞尔:《笛卡尔沉思与巴黎讲演》,第 52 页。

④ 胡塞尔:《笛卡尔沉思与巴黎讲演》,第 57 页。

⑤ 胡塞尔:《笛卡尔沉思与巴黎讲演》,第 59 页。

自身当下这种活生生的自身当下表达了本我我思这个句子的语法意义”,此外还有“一种不确定地一般的、预先设定的视域”,“不仅多半已完全模糊不清的自身过去属于这个视域,而且,那个我具有的先验反省能力和当其时本来习惯如此的东西也都属于这种限界域”[①]。先验经验的视域性,也意味着先验我在的视域性,因此,“只有当先验的自身经验是绝然的时候,它才能作为绝然判断的根基”[②]。

因此,如果要贯彻一种真正的彻底主义,那么唯一的途径就是彻底考察普全的、无限的先验经验领域——亦即作为“本我—我思—所思”(ego cogito cogitatum)[③]之完整意义的先验主体性,胡塞尔把这种区别于对象化的相即感知的新的现象学反思方法[④]称为“自身思义”(Selbstebesinnung),更确切地说是“普遍的自身思义”。由此,我们才真正获得了一种新的奠基观念:作为本我我思的先验主体性“不是作为奠基的公理,而是作为奠基的普遍的经验范围和存在范围”[⑤]。“普遍的自身思义”则意味着对先验主体性的普全领域进行自身批判——“首先是单子的,然后是交互单子的自身思义”[⑥]。

至此,我们由此也获得了一种“新笛卡尔主义”亦即“一种出于绝对奠基的普遍科学的哲学的笛卡尔观念的具体可能性”[⑦]——“不是基于本我我思这个公理,而是基于一种普遍的自身思义,研究相互有关联的课题”[⑧],因此它也是在“一种无限作业的形式中”[⑨],“现象学哲学作为自己认识的观念的最普遍具体的实施,它不仅是所有真正认识的本源,而且自身也致力于研究所有真

---

① 胡塞尔:《笛卡尔沉思与巴黎讲演》,第 59 页。

② 胡塞尔:《笛卡尔沉思与巴黎讲演》,第 58 页。

③ 胡塞尔:《笛卡尔沉思与巴黎讲演》,第 12 页。

④ 关于胡塞尔现象反思方法的自身发展,参见马迎辉:《反思,拆解与自身思义——一种以时间性为线索的考察》,《南京社会科学》2010 年第 9 期,以及马迎辉:《意识,反思与自身觉知——胡塞尔意识结构探赜》,《江海学刊》2014 年第 4 期。

⑤ 胡塞尔:《笛卡尔沉思与巴黎讲演》,第 194—195 页。

⑥ 胡塞尔:《笛卡尔沉思与巴黎讲演》,第 191 页。

⑦ 胡塞尔:《笛卡尔沉思与巴黎讲演》,第 186 页。

⑧ 胡塞尔:《笛卡尔沉思与巴黎讲演》,第 191 页。

⑨ 胡塞尔:《笛卡尔沉思与巴黎讲演》,第 186 页。

正的认识”[①]。

六、绝对自身负责与哲学的理念

胡塞尔在《沉思》中明确了现象学的“普遍自身思义”方法与一种新意义上的“绝对奠基的普遍科学的哲学”的无限作业的可能性。这种认识理性意义上的“自身思义”与“绝对奠基”紧密地联系于胡塞尔对原初哲学生活的更基本理解,亦即一种“绝对自身负责”的理念。正是在这一点上,我们能够看到胡塞尔现象学与笛卡尔哲学之间更深层的内在关联。

胡塞尔的《第一哲学》及附录的增补文章,就已明显表现出了他晚年对于哲学的理念史的充分重视与关注。《第一哲学》上卷名为“批判的理念史”,胡塞尔将西方的哲学理念的起源追溯到苏格拉底与柏拉图,并且肯定了笛卡尔在哲学理念史中的独特地位。在《第一哲学》的增补文章中[②],胡塞尔对于西方的哲学理念做了进一步勾勒:

(1) 由苏格拉底与柏拉图所开启的哲学理念始终要求认识领域的绝对自身负责(绝对自身奠基),并且它既包含对于彻底开端的要求,又隐含着一个终极目的,它既是“原创建”,又指示着一个“最终创建”。

(2) 而这种认知领域的绝对自身负责的哲学理念的要求,实际上来自对实践生活的自身负责的要求,“认识的理性是实践的理性之功能,知性是意志的仆从”。但另一方面,实践理性只能依赖认识理性的引导作用,“仆从在自己本身中执行指向认识构成物本身的意志之功能,而认识构成物正是到处引导意志,为它指出正确的和道路的必要的手段”,因此认识的意愿“具有最高

① 胡塞尔:《笛卡尔沉思与巴黎讲演》,第 198 页。

② 文章分别题为“哲学文化之理念——它最初在希腊哲学中的萌芽”“关于严格科学的理念之不是历史的生成,而是理想的生成的问题”“关于处于绝对自身负责之中的个人的生活和共同体生活之理念的沉思”“作为活动的沉思——关于对普遍科学之目的进行沉思的现象学”。参见胡塞尔:《第一哲学》(上卷),第 265 页以下、第 363 页以下,《第一哲学》(下卷),第 267 页以下、第 278 页以下。

的价值形式"①。

(3) 在胡塞尔看来,笛卡尔哲学正是近代对"绝对自身负责"的古希腊哲学理念的一次重新激活,而胡塞尔自己也正是试图通过先验现象学来承继这种哲学理念与精神。

在胡塞尔最后的著作《危机》的结束语中,胡塞尔将这些表达得更为清楚:先验现象学"再一次采用笛卡尔的发现,即再一次采用对于必真性地根本要求的重新开始……形成对必真性(作为根本问题的必真性)的真正的永恒的意义进行彻底的思考,指明了必真地建立起来的,必真地向前发展的哲学的真正方法"②,当达到了真正的先验哲学领域后,"接下来,是人最终将自己理解为对他自己的人的存在负责的人:即它将自己理解为有责任过一种具有必真性的生活的存在……将自己理解为理性存在的人",并且最终理解"这种由最终的对自身的理解而来的认识不可能有别的形态,而只能是按照先验原则的对自身的理解,只能是具有哲学形式的对自身的理解"③。

正是借助于先验现象学,胡塞尔最终实现了对笛卡尔所开启的近代先验哲学的彻底自我更新,同时也达成了对笛卡尔所重新激活的"绝对自身负责"的古希腊哲学理念的真正回返。

作者简介:张宇杰(1992—),男,上海人。南京大学哲学系2011级本科生,中国人民大学哲学院2015级硕士生,现为北京大学哲学系2018级博士生,主要研究方向为欧陆哲学和现象学。

南哲感悟:在离开南哲的几年,我一直都特别怀念在这里学习生活的岁月,怀念这里自由的学术氛围,怀念南哲的师长和学友们。在我看来,南哲的特别之处,不仅仅在于院系本身,而且也在于她是"南京大学"的哲学系、打着"南京大学"烙印的哲学系——诚朴雄伟而又自由开放。在这里,我不仅仅是

① 胡塞尔:《第一哲学》(下卷),第276页。

② 胡塞尔:《欧洲科学的危机与超越论的现象学》,第323页。

③ 胡塞尔:《欧洲科学的危机与超越论的现象学》,第324页。

单纯地接受哲学专业教育,还能触及其他专业学术领域,与此同时,深受老师们一言一行的身教言传。南哲向我敞开的是一个广阔的、充满魅力的学术世界,一个又一个值得尊敬的人格榜样。如果有人要学航海,那么最好先带他领略大海上的美景,让他对大海心向往之,而南哲就是让我开始对学术海洋心向往之的那个起点。

论医学不确定性与医患关系的处理*

王　聪

摘　要:探究在医学不确定性之下,如何处理医患冲突。医学不确定性造成的医患冲突有两种:医疗意外和医学自身的困难。因此,处理医患冲突时,应当首先定性医患冲突事件是否是医疗事故,医疗意外还是医学自身的困难。处理医患冲突时应当做到知情同意,应当及时如实告知患者,取得同意。同时,对医学的不确定性进行分类:风险、不确定性、无知和非决定性,针对每一类不确定性,提出一些改善医患关系的方法。

关键词:不确定性;医患关系;医患冲突;知情同意

近年来,中国医患关系日趋紧张,许多医患冲突事件见诸报端,引起了全社会的广泛关注。由医患冲突引起的冲击医院、干扰医疗秩序的恶性事件处于呈逐年上升趋势,据统计,从2002年到2006年,此类事件从5000多起增至1万起①。

与此同时,医患之间的信任也受到了极大的挑战,患者对医生不信任.医生同样对患者也不信任。"据中国医师协会2004年《医患关系调研报告》显示:将近3/4的医师认为自己的合法权益不能得到保护,认为当前医师执业环

---

* 本文选自《林间路》第十七期。——编者

① 李正关、冷明祥:《医患关系研究进展综述》,《中国医院管理杂志》2009年第3期,第40页。

境‘较差’和‘极为恶劣’的达60%之多。”①

上述问题不仅仅成了社会的焦点话题，也渐渐成为妨碍我国医疗卫生事业健康发展的绊脚石。因此如何解决这一问题成了当前的首要问题。

一、医学的不确定性

要解决医患冲突，首先我们要认识到医学的复杂性，医学相比于其他科学来说有自身的复杂性，对于医学本身来说，首先，医学是科学，与其他科学一致，有着科学的共性——不确定性。科学的不确定性是自然现象本身的随机性、模糊性，是自然界偶然性的客观表现，其中，模糊性是指一种判断上不确定性，这是因为客观事物本质一定使你无法进行确切的判断，这也是人们在原则上无法克服的。而随机性则是指在条件不充分的情况下而对结果预测的不确定性。② 这两点在医学中也得到了集中体现。医学具有模糊性，许多疾病的成因和本质并没有被人类所认识，因而对于许多疾病，即使医生也无法做出准确的判断。医学也具有随机性，虽然医学科技不断进步，但是对于疾病的探究始终不能达到百分之百的充分，因而对于疾病成因和治疗方案也存在着一定的不确定性。其次，医学也是一种救助手段，是提供给人们减轻病痛的手段，人们希望每一种治疗手段都能确定无疑地解除自己身上的病痛。人类对于医学都给予了极高的期待，不仅期待能够消除病痛，而且希望通过医学能够使人们的寿命得到延长。

然而对于医学的这两个层面，大多数人们缺乏非常清醒的认识。“医学的两个层面经常相互冲突。冲突的一个方面是紧迫性：作为‘科学’的医学必须想方设法得到正确答案，不管花费多长时间；而作为‘救助手段’的医学必须当下就给出答案。另一个相关的方面是‘受苦的个体’……它依旧可以作为我们每一个体在备受煎熬的时刻能够获得的救助手段，在这种意义上，它

---

① 李正关、冷明祥：《医患关系研究进展综述》，《中国医院管理杂志》2009年第3期，第41页。

② 柳延延：《科学世界图景中的不确定性》，《哲学研究杂志》1993年第5期，第59页。

是完美的。”①

医学作为科学，完完全全的确定无疑是不可能做到的，因为在“哲学上和科学上寻求绝对确定知识的努力已经一再被表明是不可能的。任何知识都具有确定和不确定的双重性质。确定和不确定只具有相对的性质”②。因此，医学是有不确定性，只是对于不同疾病的治疗手段而言，这种不确定性的大小不同而已。例如，青霉素的发明使得人类能够高效治疗细菌性感染且它的副作用较小，但是青霉素并不能完全保证没有任何副作用。在生活中，青霉素过敏的事件也是屡见不鲜。而医学的不确定性同时也是推动医学不断发展的一大动力，人类为了能够找到更好的治疗方法而不断地努力。

二、当前的医患关系

其次，为解决当前的医患冲突，我们应当进一步了解当前医患关系的模式。当前中国的医患关系已经逐渐变成了一种“商业交易”(commercial transaction)③。看病就医被视为一种等价交换，即患者花费金钱，而医生必须要治愈疾病。

这种关系的成因与近年来医疗费用不断上涨不无关系，“据第三次全国卫生服务调查的数据显示，2003 年城市居民次均就诊费用为 219 元，次均住院费用为 7606 元，分别比 1998 年增加了 85%和 88%；农村居民次均就诊费用为 91 元，次均住院费用为 2649 元，比 1998 年分别增加了 103%和 73%。”④。与此同时，“20 世纪 90 年代以来，城镇和农村居民人均医疗费占生

① 哈里·柯林斯、特雷弗·平奇：《勾勒姆医生——作为科学的医学与作为救助手段的医学》，雷瑞鹏译，上海：上海科技教育出版社，2009 年，第 2 页。

② 哈里·柯林斯、特雷弗·平奇：《勾勒姆医生——作为科学的医学与作为救助手段的医学》，雷瑞鹏译，上海：上海科技教育出版社，2009 年，第 78 页。

③ Cai-Yue Liu, Xin-Yao Wang, Hua-Jiang, “Which future for doctors in China”. *The Lancet*, 2013(9), p.937.

④ 康永军、张洪彬、徐昌青：《当前医疗费用上升的原因和对策》，《中华医院管理杂志》2005 年第 4 期，第 220 页。

活消费支出比重呈逐年上升趋势,就医消费支出成为继家庭食物、教育支出后的第三大支出”①。

因此,在医疗费用逐渐成为个人和家庭一大负担的情况下,患者希望自己所花的每一分钱都能够得到有效的利用,如果没有得到预期的效果,患者会感到被欺骗了,钱白花了。因此患者对医生和医院有着极高的期待,对自身疾病的治疗和痊愈也抱有极大的期待。这种期待有时甚至是不合理的,许多患者和家属认为,“无论他们所患的疾病是什么,只要他们到医院就医,他们的疾病就能得到显著的疗效或者是被治愈。而如果治疗的效果并没有达到预期,患者和家属则可能将他们的不满发泄到医生身上”②。

而事实上,由于缺乏医学知识和对医学的了解,绝大部分的患者对何为合理的期待并没有任何概念,对合适的医疗手段也缺乏了解。许多患者用购买商品的思维方式衡量医疗,认为一分价钱一分货,出了适当的价格就应该得到与之相对应的治疗。一方面,许多经济条件良好的患者,往往不惜一切代价地追求全新的和所谓的高科技的治疗手段,但是这些治疗手段的稳定性并不那么令人满意。有三起针对医生的暴力事件的起因正是因为高科技医疗手段而导致的医疗事故,而这些医疗事故的根本原因则是医院迫于患者想要尝试全新而昂贵医疗手段的压力。③ 另一方面,也有许多患者也质疑医院开出了高价药和使用不必要的治疗手段来赚钱。④

三、医疗意外与医学不确定性

不确定性在现代科技中普遍存在,这种不确定性意味着风险,许多现代

---

① 康永军、张洪彬、徐昌青:《当前医疗费用上升的原因和对策》,《中华医院管理杂志》2005 年第 4 期,第 220 页。

② “Chinese doctors are under threat”, *The Lancet*, 2010(8), p.657.

③ Cai-Yue Liu, Xin-Yao Wang, Hua-Jiang, “Which future for doctors in China”, *The Lancet*, 2013(9), p.937.

④ Cai-Yue Liu, Xin-Yao Wang, Hua-Jiang, “Which future for doctors in China”, *The Lancet*, 2013(9), p.937.

科技带来的不仅仅是方便快捷，也可能是人们意料之外的伤害。随着科技的发展，科学的不确定性也受到了人们广泛的关注，这“不仅因为它直接关系到个人和社会的健康与发展，更在于它同公共决策密切相关：由于缺乏可靠的、清晰的知识，专家之间和科学与公众之间往往纷争不断”[①]。因此，了解医学的不确定性有助于我们理解医患冲突的成因，同时也为更好地处理医患关系提供一种思路。

医患冲突的成因有多种，由医学不确定性引起的医患冲突主要有两种：医疗意外和医学技术自身的限制。正如中国科学院院士、协和医科大学校长曾益新在国家卫计委新闻发布会上谈及医患纠纷问题时所说，医疗意外不等于医疗差错、医疗事故。[②] 医疗意外是由于病人的个体差异、疾病的治疗难度和疾病的发生概率等多种原因引起的，并不是由于医生或医院的人为失误造成的。例如，曾经在网络上引发巨大争论的湖南湘潭市“8·10”产妇死亡事件[③]，产妇的死亡原因为肺羊水栓塞所致的全身多器官功能衰竭，经过调查之后这次事件被认定为医疗意外，而非医疗事故。尽管羊水栓塞事件的发生概率非常低，但是现代医学并不能完全杜绝类似情况的发生，医疗意外因而难以避免。因此，在处理医患冲突的时候，应当首先明确事件的性质，究竟是属于由医学不确定性造成的医疗意外，还是由于医护人员差错或程序不当造成的医疗事故。

第二种由医学本身不确定性所造成的医患冲突，是由于医疗技术还不能完全满足人们的要求，在具体的医疗过程中，医患双方都期待达到某种特定的结果，这种愿望是美好的，但是医学发展总是有它的局限性，并不总是完全达到理想化的结果。理想化期待与非理想化现实的差距是客观存在的。我们只期待这种差距越来越小。由于许多患者对医疗技术的发展不甚了解，而对于疾病的治愈抱以盲目乐观的心理，最后却没有得到预想中的良好效

① 马雷：《论理论创新的经验确定性指标》，《自然辩证法研究杂志》2005年第8期，第39—40页。

② http://politics.people.com.cn/n/2014/0911/c70731-25644163.html

③ http://big5.news.cn/gate/big5/www.fj.xinhuanet.com/news/2014-09/12/c_1112454600.htm

果，从而产生怨怼情绪。这也是医患冲突激化的一大原因。例如，2011 年 8 月 16 日东莞长安医院伤医事件[①]，该院患者卢德坤于 2011 年 1—5 月因患面瘫前往长安医院医治，不料病情持续恶化，其主治医生刘某建议他去其他医院就诊。随后，卢德坤举债前往陕西、北京等数家大型医院问诊，但病情非但没有好转还花光了借来的 3 万元债务，求医期间卢德坤妻子向其提出离婚。在双重打击之下，卢德坤迁怒于主治医生刘某，认为其病情恶化、家庭破裂是刘误诊所致，遂决定对刘实施报复。于是连夜坐火车回到东莞，并在案发当天从超市买来菜刀，冲到医院 3 楼的 9 号诊室将刘某砍死。以此事件为例，面瘫的起因很多，由于病人个体差异，治愈的概率也不尽相同，轻者甚至在数周内自行痊愈，重症患者可能久医无效。因此，病情得不到改善而迁怒医生，继而发生伤医事件，是对医学自身的技术困难缺乏了解，对现代医学的治愈率报以过高的期待甚至是绝对的期待。

然而，现代医学自身面临的困难可能远大于公众的设想，国际著名的病理生理学家韩启德曾在《对疾病危险因素控制和疾病筛查的思考》的报告提出一组数据[②]：我国 40 岁以上高血压人群，10 年心肌梗死和脑卒中发生率，最高统计为 15%左右，通过服用降压药，降为 10.5%，也就是说，100 个 40 岁以上的高血压人，服用降压药物控制血压后，只有 4 至 5 个人受益，还要忍受药物副作用和服药的经济负担。与此同时，他还给出了美国一项涉及 7.6 万例病人的研究：55 岁至 74 岁的男性，一半人每年做一次前列腺癌的筛查，一半人不做，筛查组发现前列腺癌每 1 万人中有 108 人，非筛查组有 97 人，通过筛查，确实发现了更多的病人，但是 13 年以后，检查和不检查的两组人，死于前列腺癌的没有任何差别。由此可以看出，现代医学在技术和理论方面都比之从前有了长足的进步，然而面对疾病，这一伴随人类历史的梦魇，依旧没有达到药到病除的理想状态。事实上，现代医学在疾病的成因、治疗手段和治疗

---

① http://www.ycwb.com/ePaper/ycwbdfb/html/2012-02/10/content_1317761.htm

② 韩启德：《对疾病危险因素控制和疾病筛查的思考》，《科技创新与品牌》2014 年第 6 期，第 13 页。

效果上都只能达到一个不确定的结果，无法为病人做出绝对化的保证。

四、在医学的不确定性下如何做到知情同意

“知情同意”(informed consent) 是医学伦理学的一条基本原则，2002 年 9 月 1 日开始实施的《医疗事故处理条例》明确规定：“医疗机构及其医务人员当将患者的病情、医疗措施、医疗风险等如实告知患者，即‘知情同意’。”①知情同意，包括知情与同意两个方面，同意必须以知情为前提。根据《履行知情同意原则的指导意见》第一条“患者的知情同意权，是指患者有权享有知晓本人病情和医务人员要采取的诊断、治疗措施以及预后和费用方面的情况，并自主选择适合于自己需要和可能的治疗方案的权利”②。我们可以看到，在履行知情同意的时候，首先要做到患者知情，患者应当对自己的病情和医务人员要采取的治疗措施知情。但要真正做到以上的知情，并不是一件容易的事情。例如，2011 年 4 月 18 日，患者李桂珍因“双耳流脓伴听力下降 30 年，加重 1 月”到重庆主城某医院治疗③。4 月 20 日，李桂珍在医院提供的慢性化脓性中耳炎手术知情同意书和医患沟通记录上签名。2011 年 4 月 21 日，李桂珍在全麻下行左耳鼓式探查术，术中发现患者自身情况不宜适用原定手术方式，医院决定改行左耳乳突根治手术。术后李桂珍左侧嘴角歪斜。李桂珍于 2011 年 4 月 27 日出院，用去医疗费共计 2.3 万余元。尽管医院在此事件中并不存在误诊，但是在手术过程中因手术方式的变更可能造成的损害，重庆某医院并未对李桂珍的家属尽到充分告知的义务，没有能够做到知情同意，因而造成医患纠纷。

公众对于医学的不了解和医学知识的欠缺，造成了医生与患者沟通困

① 胡硕、贺达仁、胡成平：《浅谈患者及其亲属知情同意与医生的责任》，《医学与哲学杂志》2003 年第 1 期，第 14 页。

② 《履行知情同意原则的指导意见》，《医学与哲学杂志（人文社会医学版）》2008 年第 10 期，第 2 页。

③ http://www.chinacourt.org/article/detail/2013/11/id/1142868.shtml

难。“中国成年人的医学知识需要提高。因为公众对医疗缺乏理解也是很重要的方面，它造成了医生和患者之间沟通的困难。”[①]对于医学的缺乏了解，并不仅仅只是一些低学历和低收入人群，许多高学历高收入人群同样对医学缺乏了解。这是因为“作为专门领域的医学科学信息其专业性极强”[②]，所以，当医生告知患者关于病情方面的信息以及治疗方案的时候，患者无法做到完全的知情。患者缺乏足够的医学知识，不了解医疗行业的特点，同时也不理解医疗行业的高风险性和不确定性。例如，2012 年 5 月 4 日，38 岁的贾先生骑自行车不慎摔倒，头部受伤，被送往北京市朝阳区桓兴肿瘤医院住院治疗，经诊断为额叶脑挫裂伤、枕部头皮挫裂伤。[③] 为预防外伤性癫痫，桓兴医院为贾先生开具了一种抗癫痫药物——卡马西平。5 月 6 日开始，贾先生开始服用该药，一次一片，一日两次。5 月 14 日，其开始出现低烧症状，感觉全身不适并出现红色斑点，随后两日斑点加重体温升高，最高体温达 46 度，并伴有眼睛出血、肿大、流泪、看不见东西等症状。5 月 21 日协和医院皮科会诊后诊断贾先生患有“中毒性表皮松解坏死症 TEN(卡马西平可能性大)”。次日，贾先生被协和医院收治入院，经抢救治疗后病情好转，并于 5 月 30 日出院。此次患病造成贾先生全身遗留广泛点状细小瘢痕，大于体表面积的 5%，且造成其左眼视力达到低视力一级。经鉴定，贾先生的损害后果构成九级伤残。卡马西平是一种常见的精神性药物。尽管预防性应用抗癫痫药物在医疗实践中尚存争议，但是目前多数人均主张，对颅脑损伤后有发作高危风险的病人应立即给予预防性抗癫痫治疗。同时，在卡马西平的说明书中记明，“服用卡马西平可产生 TEN/SJS 两种致命性皮肤反应，该反应与 HLA－B＊1502 等位基因之间存在相关性，而亚洲人群由于携带该基因概率高于欧洲群体，建议首次用药前进行 HLA－B＊1502 等位基因筛查”。然而，国内各大医院目前罕

---

① Xueqiang Wang, Xiaotong Wang, Jiejiao Zheng,“How to end violence against doctors in China”, *The Lancet*, 2012(8), pp.647－648.

② 单清、戴春阳、朱启发、刘晓丹:《从医患纠纷看医疗市场的信息不对称现象》,《中国医院管理杂志》2002 年第 8 期,第 1 页。

③ http://society.people.com.cn/n/2014/0917/c136657－25677863.html.

有开展 HLA－B＊1502 等位基因筛查的检验项目，服用卡马西平前进行基因筛查的要求，目前已经超越了我国现有医疗技术条件及水平。

因此，要做到知情同意，首先要做到知情，由于医学自身的复杂性和不确定性，完全的知情几乎是不可能的。那么在医学不确定性之下，如何才能让患者最大限度的知情？

首先，做到知情同意，医生应当做到及时告知。在医学不确定性的情况下，治疗方案或是药物选择可能出现变更，在变更时候应当及时告知患者新的治疗方案或药物选择可能出现的后果。其次，在医学不确定性的情况下，医院和医生都应当对患者如实告知。现代医学在众多疾病的治疗上没有绝对把握，不存在百分之百的治愈率，不应当使用虚假的言辞，给予患者不切实际的期待，最终造成患者人财两空，患者家属悲愤不已，加剧医患冲突。例如，震惊网络的“魏则西事件”，除了百度等搜索引擎制造的混乱之外，还应当看到其中存在由于没有如实告知而造成的悲剧。魏则西罹患“滑膜肉瘤”晚期。据魏则西生前描述，该疾病为“一种很恐怖的软组织肿瘤，目前除了最新研发和正在做临床实验的技术，没有有效的治疗手段”。而他接受的癌症免疫疗法，是一项全国几乎所有三甲医院都在开展的癌症疗法，但对于治疗晚期“滑膜肉瘤”的疗效是不确定的。魏则西在他生前的知乎问答中曾提道：“见到了他们一个姓李的主任，他的原话是这么说的，这个技术不是他们的，是斯坦福研发出来的，他们是合作，有效率达到百分之八九十，看着我的报告单，给我爸妈说保我二十年没问题，这是一家三甲医院。”医院过度的治疗宣传，给予患者希望，重症患者如同抓住最后一根救命稻草一样，然而结果却与之前的宣传完全不符，打破患者的生存希望，进而产生的巨大的心理落差和激愤，造成医生与患者之间尖锐的矛盾，甚至导致杀医伤医事件的发生。因此，医院和医生在做到知情同意的时候，应告知患者实情，不应虚假夸大，不应为了利益而不顾医学的不确定性，欺骗患者进行过度治疗。

第三，医学应当对自身的不确定性进行分级，这不仅方便医生处理病症，同时也有利于患者对医学和自身疾病的了解。在相对统一的标准之下，医患之间的沟通能够更顺畅，更有利于双方理解彼此，也更有利于医患双方做出令双方都满意的治疗方案，也更加有利于知情同意的实现，因为“患者的知情同意权，包括知情权、选择权、同意权和拒绝权。选择权包括诊断与治疗措施的选择、对医师和医院的选择、对健康状况（治疗和恢复的水平）的选择、对医疗保险种类的选择”[①]。根据对于不确定性的分类，不确定性可以被分为四类：风险、不确定性、无知和非决定性。具体来说，“‘风险’表明人们了解对象系统的行为和可能的后果，且可以用概率值表示。‘不确定性’则是知识系统的主要变量，也是知识可能的后果的范围，但是出现某种后果的概率不能被可靠地定量化。比如人类对动物饲料中的抗生素的耐受性，再如对温室效应的预期。‘无知’指人们甚至不确知系统的一些主要变量，以及一些可能的结果，即其特征是‘我们不知道我们不知道什么’(we don't know what we don't know)。‘非决定性’出现在包含了社会或人类因素的‘开放系统’中，即‘问题、条件和因果链条都是开放的，其结果依赖于(非决定性的行为过程中的)中间行动者的行为’”[②]。

医学的不确定性亦可用这四类进行分类，对待不确定性不同的病症，采取不同的方式处理医患关系。

第一，对于“风险”类的疾病，医学对其已经有了相当多的了解，其治疗方法也相对成熟，对各种治疗方案之间存在的风险值也能够做出恰当的估计。因此，在医患关系的处理上，医生应当将治疗方案的不同风险值都明确地告知患者，让患者自身可以根据这些信息并且根据自身情况选择，然后与医生进行沟通交流，最终找到医患双方认为最为满意的治疗手段。除此以外，医院更应该将重点放在医院管理和医生医德品质提升方面。例如，医院加强自身管理，规范操作，提高医疗服务的质量，防范医疗事故的出现。医生自律，做到不收红包，不故意开高价药品等。正如卫生部部长陈竺在“2007 国际医院交流与合作论坛”开幕式讲话中强调的，要坚持质量第一，加强质量控

① 《履行知情同意原则的指导意见》，《医学与哲学杂志(人文社会医学版)》2008 年第 10 期，第 2 页。

② 徐凌：《科学不确定性的类型、来源及影响》，《哲学动态杂志》2006 年第 3 期，第 48 页。

制，要重视过程控制，着重环节管理，建立健全的医疗安全防范措施，重视医疗质量”①。

第二，对于“不确定性”类的疾病或是治疗方式，由于其可能出现的后果的概率并不能被可靠地量化，因此，医生在与患者的沟通中应当首先告诉患者关于不确定性的分类，同时告诉患者该疾病或是治疗方案存在的风险无法被量化，存在不可知的危险性，并且应当由患者自行选择治疗方案。例如，医治艾滋病的实验药物之一 AZT 对抑制病毒有一定的效果，但是“AZT 可以中止病毒 DNA 的合成，那么也有充分理由相信，它对健康细胞的 DNA 合成也会造成负面影响”②。然而这种负面影响尚未被人们了解，所以依旧有众多艾滋病患者愿意尝试 AZT 的治疗。

第三，对于“无知”类的疾病，在这个分类当中，人们对该疾病的存在应是无疑的，却无法了解其产生的根源、发作的方式，因而无法对其进行准确的分类和评估，精确的治疗方案更是无从谈起。因此，在医患关系的处理上，医生应当首先告诉患者关于不确定性的分类，同时应告诉患者该疾病在这种分类中所处的位置，即无法提出准确的治疗方法，所能够提供的治疗方式都带有一定试验性质。最后由患者自行选择他认为适合的治疗方案。

第四，对于“非决定性”类的疾病，人们对这类疾病的存在与否都有争议，或是对某种治疗手段是否有效存在很大争议，因此医生并不能轻易认定某疾病是否存在，或是并不能轻易否认或承认某一种治疗有效或是无效，例如某些替代医疗手段。但医生不应当对这些未知事物保持坚决抵制的态度，“因为我们对身体知之甚少，对心灵和身体的相互影响确确实实也知之甚少，以至于不能说‘不’”③。在医患关系的处理上，应当对这些病症或是治疗方法保

---

① 杨同卫、路文涛：《国内外医患冲突研究综述》，《中国医学伦理学杂志》2006 年第 2 期，第 47 页。

② 哈里·柯林斯、特雷弗·平奇：《勾勒姆医生——作为科学的医学与作为救助手段的医学》，雷瑞鹏译，上海：上海科技教育出版社，2009 年，第 157 页。

③ 哈里·柯林斯、特雷弗·平奇：《勾勒姆医生——作为科学的医学与作为救助手段的医学》，雷瑞鹏译，上海：上海科技教育出版社，2009 年，第 212 页。

持一种存疑但不坚决否认的态度，在医患沟通中充分理解患者，尽量做到换位思考。

作者简介：王聪（1991— ），女，四川成都人，南京大学2010级哲学系本科生，南京大学2014级科学技术哲学硕士研究生。现为University of Warwick博士研究生，指导老师为Steve Fuller教授和Alice Mah教授，研究方向：科学技术与社会（STS）。

南哲感悟：在南大哲学系度过的七年时光，是我最美好也是最重要的回忆。在南哲，我第一次进入哲学的大门，也第一次迈入学术的殿堂。在本科阶段，在老师们的带领下，我领略了学术大家们的风范；而在研究生阶段，在老师们的帮助下，我开始探索独立的学术精神。南哲为我提供了一个非常宽广的学术视野和国际平台，同时它也提供了一个最坚实又深厚的基础，足以让每个人在此基础上向更广阔的空间生长。

社会何以建构科学

——布鲁尔科学知识社会学思想研究*

史　晨

摘　要：科学与人文两种文化的分裂由来已久，为了解决这一“斯诺问题”，布鲁尔将科学知识作为研究对象建立起科学知识社会学，认为科学知识的形成过程普遍包含着社会因素的作用，并在此基础上概括四条强纲领原则作为理论核心，试图以社会学研究和认识科学知识的本性，使两种文化得以互通有无。布鲁尔虽尽力弥合科学与人文的分野，但其认识论的相对主义无法保证科学的有效性，自身理论也存在诸多矛盾之处，要解决“斯诺问题”任重道远。

关键词：科学；社会；强纲领；布鲁尔；科学知识社会学

从西方思想的希腊黎明期开始，人类知识就分成了不同的领域，二战后著名的“斯诺问题”指出科学与人文两种文化、两个群体间几乎没有沟通，互相存在偏见，共同点之少就像中间隔着一个太平洋。发展到现在，以“索卡尔事件”为导火索的“科学大战”又将科学和人文的分裂逐渐拉大并使其进入白热化阶段。

康德给自然立法后，自然与社会二分，主客二分的研究进路由此确定，并一直影响着之后的科学哲学。逻辑实证主义位于自然一极，以绝对主义的方法论进行研究；而社会建构主义则处于另一极——社会，主张用相对主义重

* 本文选自《林间路》第十八期。——编者

新建构科学知识，这一分歧导致了科学卫士与社会学家之间又一场旷日持久的科学大战。为了在科学哲学领域解决“斯诺问题”，科学知识社会学(Sociology of Scientific Knowledge，简称 SSK)，又称社会建构主义应运而生。不惧科学权威，将科学视为一种社会现象研究，这种新的研究方法很快普及，研究领域迅速得到扩展，并逐步占领了科学哲学研究的主战场。自 20 世纪 70 年代诞生于爱丁堡大学，科学知识社会学对科学、哲学、社会学，乃至整个世界文化都产生了巨大影响。

作为 SSK 的奠基性著作，布鲁尔的《知识和社会意象》一书确立了科学知识社会学的研究框架：把科学作为一种知识，依照四条强纲领原则，将对科学的关注点从结果转向过程，布鲁尔认为科学知识的核心在于社会利益和社会建构，其突出的特征是强调科学知识形成原因的社会方面，因而他的主要目标就是打开科学的黑箱，阐明这一社会建构过程。

一、SSK 的理论架构

1. SSK 研究对象："科学知识"的社会学研究

著名生物学家道金斯曾质疑，如果科学是一种社会建构，那么我们为什么还要坐飞机而不是魔毯出席学术会议呢？在布鲁尔看来，这位生物学家犯了一个错误，他不清楚科学知识社会学的研究对象，SSK“不是在讨论事物，而是在讨论我们讨论事物的方式”①，简单来说社会建构主义者们讨论的不是观察的对象，而是观察陈述。以飞机为例，科学知识社会学不是指向飞机这个实物，而是它背后的关于飞机的知识，SSK 是关于知识的一门学科。

之所以称之为科学知识社会学，布鲁尔是要将其与曼海姆的知识社会

① Gooding，*Pinch and Schaffer*，1989a；*Gooding*，1990；*Pickering*，1991.转引自巴里·巴恩斯、大卫·布鲁尔、约翰·亨利：《科学知识：一种社会学的分析》，南京：南京大学出版社，2004 年，第 96 页注释。

学、默顿的科学社会学区分开，研究科学知识的本性。以曼海姆为代表的知识社会学主张利益等社会因素决定着除数学与自然科学以外的知识，而以默顿为代表的科学社会学强调社会因素影响的是科学的起源、发展速度、方向而非科学知识本身，将科学作为一种建制来研究。布鲁尔成功解决了二者存在的问题，以库恩的范式理论、科学共同体等为主要思想来源，以社会因素解释科学知识的产生，认为社会不仅影响到科学作为一种体制的运行，也会影响到科学内容本身，尤其针对科学社会学以精神气质、道德规范的制度等"弱纲领"考察科学的方法，布鲁尔批评默顿"从来没有系统地把描述扩展到科学研究本身的专业活动"①，强调科学知识也是社会产物，进一步完善其社会建构主义的理论，从而在研究内容和研究方法上都实现了创新，脱离了传统的科学社会学，并由此建立了科学知识社会学。

在《知识和社会意向》的开篇，"知识社会学能够研究和说明科学知识特有的内容和本性吗?"②，一句话便道出科学知识社会学的研究对象——知识。"社会学家关注的是包括科学知识在内的、纯粹作为一种自然现象而存在的知识。"③由此也可以看出对于"知识"的定义，布鲁尔有着不同于以往将知识等同于真理、实在的独特观点，他指出知识是一种自然现象，一种得到集体认可的信念。而且布鲁尔不主张对知识进行分类，对于社会学家来说，应当把所有知识，无论是经验科学还是数学、逻辑学方面的知识都当作调查研究的对象，并深入探讨其本性而不是仅仅局限于自己的研究范围，否则便是对自己学科立场的背叛。所有信念无论真假都应该成为社会学的解释对象，社会学家的任务不单单是辨明信念的真，同样也不能忽视信念的假，"知识的力量成分是一种社会性成分，它是真理所不可或缺的一种组成部分，而不仅仅是一种关于错误的指号(sign)"④。另外，布鲁尔也指出知识是不断变化的，并根

① 巴里·巴恩斯、大卫·布鲁尔、约翰·亨利:《科学知识:一种社会学的分析》，南京:南京大学出版社，2004年，第142页。

② 大卫·布鲁尔:《知识和社会意象》，霍桂桓译，北京:中国人民大学出版社，2014年，第1页。

③ 大卫·布鲁尔:《知识和社会意象》，霍桂桓译，北京:中国人民大学出版社，2014年，第3页。

④ 大卫·布鲁尔:《知识和社会意象》，霍桂桓译，北京:中国人民大学出版社，2014年，第18页。

据知识的这一特性和后期维特根斯坦语言哲学的启发提出了有限论思想。正如一个概念不能永远适用，知识是随着社会变化而不断更新发展的，它的未来应用是开放式终结的，没有一种知识永远正确、不用修改，并且知识的相继使用也不是孤立的。布鲁尔的有限论思想否认了知识的逻辑强制性，偶然性在知识的形成发展过程中意义重大。

2. SSK 理论基础：社会建构主义

二战后，科学确立起霸权地位，“大科学”观念形成，不仅巩固了自启蒙运动以来根深蒂固的科学主义信念，而且在科学应用与理论发展上同样获得高速突破，科学技术的逐渐兴盛与人文学科的相对式微加剧了二者的分裂。然而到了 20 世纪五六十年代，科学“双刃剑”的观点逐渐扎根于饱尝军备竞赛与环境危机苦果的世人心中。相对主义思潮泛起，科学主义这种对科学的极端崇拜日益受到人们的质疑，对科学霸权的反思使得众多人文学者重新审视知识与社会的关系，随着后现代主义向科学领域的渗透，人们开始反思和批判长期占主导地位的科学绝对主义，怀疑科学研究的价值和真理，认为科学中并不存在神圣不可撼动的标准，将科学作为一种需要研究的知识加以社会学说明正顺应了这一潮流。

科学知识社会学就是在批判传统科学哲学即逻辑实证主义的基础上产生的。在科学认识活动中，观察是获取直观材料的重要手段，也是检验科学理论真理性的有效途径。作为认识活动的基础，观察的客观性历来都是科学家和哲学家讨论的焦点。而逻辑实证主义是以经验为根据、以逻辑为工具、以科学语言为分析对象捍卫科学拒斥形而上学的研究方法，它否认一切凌驾于经验世界之上的企图。认为只要将理论建立在严格的经验观察基础之上，并辅之以严密的逻辑分析就能保证科学理论的真理性，因而逻辑实证主义认为建立在纯客观的证据之上的科学知识是理性的、必然的、无错的。简言之，这一派别强调证实，主张科学研究始于观察，科学是从事实中推导出来的知识。实证主义意义上的“事实”是合格的和中立的观察者通过感官直接获得的，在理论之前且独立于理论，从而为科学知识构建了一个牢固可靠的基础，对可证实性的强调表明科学研究的一个特点是需要现实即观察和实验的支持。然而疑问产生于此，所有的观察都是客观的或中立的吗？观察真的孑然一身没有理论的渗透吗？对此，美国科学哲学家汉森曾提出这样的问题："黎明时分，开普勒和布拉赫所看到的太阳是同一个东西吗？"对逻辑实证主义的怀疑暴露了固若金汤的科学堡垒的缺口。然而汉森没有停留在怀疑，他主张"看"不仅仅是与眼球的接触，人的大脑不是洛克所说的白板，提出观察渗透理论试图消解逻辑实证主义将科学客观化的基础；库恩进一步推进，主张以范式间不可通约反驳普遍有效的科学；布鲁尔则在此基础上建立了科学知识社会学，明确指出包括科学知识在内的所有知识其成因都包括社会这一非理性因素，从而将科学请下神坛，指明科学并非与社会因素无涉的、中立的超然存在，也使已膜拜科学数十年之久的世人得以一窥其容颜。

首先，布鲁尔明确了知识在其理论中的定位，提出"知识即信念"。被人们视为理所当然的科学知识实际上是一种群体制度化的信念，特征在于得到集体的认可。在这里，布鲁尔区分了知识和纯粹的信念，在他看来，二者是集体与个人之间的区别。任何一种知识的形成都有社会因素的作用，科学知识也不例外。知识是社会产物，因而需要集体或者说共同体的协商与认同，这一点是与库恩的科学共同体思想相通的；而纯粹的信念是指与集体相对的具有个人特征的观点，简单来说，二者的区别就是"我怎么认为"还是"我们共同认为"，更深层次地指出科学知识的社会属性。

其次，布鲁尔尤其强调了在曼海姆的努力失败的地方——数学和自然科学这样明显带有自主性的主题时外部因素的作用，政治、经济、科学家的社会阶级、心理需求等，都与科学难解难分地纠缠在一起。由此看来，科学与其他文化事业一样受社会因素影响，不应具有特权地位。即使是像数学和逻辑学这样最专业化最刚性的学科，这种具有崇高神圣地位的高深学问在SSK看来也都是可研究的社会现象，是由社会约定影响而形成的，以传统的逻辑学为例，诸多符号、定义、原理、判定都源于约定俗成的惯例，否则我们又怎么会接受"如果 2+2=4，那么月亮是鲜奶酪做的"这种奇怪的、背离我们日常生活的蕴涵关系？因此，在布鲁尔看来，逻辑学作为一门有着悠久约定历史的学科，其强说服力实际是从习俗和约定中产生的，因而它的权威也是社会性的。

另外，从证据对理论的不充分决定性角度，与库恩一致的，一般情况下，一个证据无法充分决定一个理论，因而当证据同时与两种或更多不同的理论相吻合时，选择其中一个的理由在哪里？拉卡托斯认为这里的选择是有理性标准的，并且注重考察科学理论体系内部，强调内部史而非外部史。而库恩和布鲁尔则认为没有理性标准，并分两个层面解释：一方面正如以上谈到的，最基础的证据无法充分决定理论，这一点大家都承认；另一方面，布鲁尔认为理论的选择标准在于社会、社会权利、社会结构，受汉森影响，观察渗透着理论，而布鲁尔本人将此理论向更深层次推进，认为理论渗透着社会利益，"标准的可接受性是共享和认同"[①]。总之，在布鲁尔看来，虽然两种或多种理论针对的是同一种现象，但对观察进行的解释都融入了各自的传统因素，这里的"传统"包含的内容很多，社会因素是必不可少的一部分。

3. SSK 核心观点：强纲领

如果说社会因素的作用贯穿布鲁尔理论始终，那么强纲领就是其理论的核心部分。"纲领"二字不难理解，这里的"强"是相对于曼海姆的弱纲领而言的，目的是要突破曼海姆最初为自然科学和数学所设立的研究禁区，具体体现在他继承了曼海姆知识社会学的研究方法和因果框架，并将之扩展到了科学社会学的研究对象之上，从而将"弱纲领"的知识社会学发展为了"强纲领"的科学知识社会学。除了这一层意味，强纲领的"强"还表现在它对"真"知识的社会学解释权的强烈诉求，而这种话语权过去是被哲学家垄断的。布鲁尔明确地指出"社会学如果不能彻底地运用于科学知识，那就意味着科学尚未科学地认识自身"[②]。

使爱丁堡学派著称于学术界的强纲领，是由布鲁尔在 1973 年的一篇论

① 巴里·巴恩斯、大卫·布鲁尔、约翰·亨利：《科学知识：一种社会学的分析》，南京：南京大学出版社，2004 年，第 19 页。

② 大卫·布鲁尔，《知识和社会意象》，霍桂桓译，北京：中国人民大学出版社，2014 年，第 57 页。

文——“维特根斯坦与曼海姆的数学社会学”中首次明确提出的，三年之后的《知识和社会意向》一书中提出的四条原则则被认为是强纲领的标准表述，让我们先来回顾一下这四条纲领：

1. 它应当是表达因果关系的，也就是说，它应当涉及那些导致信念或者各种知识状态的条件。当然，除了社会原因以外，还会存在其他的将与社会原因共同导致信念的原因类型。

2. 它应当对真理和谬误、合理性或者不合理性、成功或者失败，保持客观公正的态度。这些二分状态的两个方面都需要加以说明。

3. 就它的说明风格而言，它应当具有对称性。比如说，同一类原因类型应当既可以说明真实的信念，也可以说明虚假的信念。

4. 它应当具有反身性。从原则上说，它的各种说明模式必须能够运用于社会学本身。和有关对称性的要求一样，这种要求也是对人们寻求一般性说明的要求的回应。它显然是一种原则性的要求，因为如果不是这样，社会学就会成为一种长期存在的对它自己的各种理论的驳斥。①

这四条原则分别可概括为因果性、公正性、对称性和反身性。首先是因果性原则，布鲁尔提出该原则来表达因果关系，对科学知识的研究涉及那些导致信念或各种知识状态的条件，除社会原因外还存在其他的原因类型，虽然布鲁尔更强调社会原因，社会因素普遍存在于一切知识的形成原因之中，但要注意他并未否认其他因素的作用。针对因果性，人们提出反对布鲁尔的学说，批判之一就在于认为“某些信念并不需要任何说明或者说并不需要某种因果性说明”②，科学的合理性方面是自主的，它们自我运动、自我说明、自然而然，以目的论反驳科学知识社会学。布鲁尔指出这种观点放弃了彻底的因果关系取向，如此一来，人们就只能为了对付错误而确定原因。

---

① 大卫·布鲁尔，《知识和社会意象》，霍桂桓译，北京：中国人民大学出版社，2014 年，第 6—7 页。

② 大卫·布鲁尔，《知识和社会意象》，霍桂桓译，北京：中国人民大学出版社，2014 年，第 7 页。

其次是公正性原则，要求对真理和谬误、合理性或不合理性、成功和失败保持公正客观的态度，即两方面都要说明，不可先入为主，应当去除偏见，以陌生人的姿态公正地介入。正如布鲁尔所看到的，哲学家一开始就拐错了弯，他们会在努力解释某信念之前试图决定信念是否合乎理性，然后根据评价结果采用不同的说明方法，这样先判定后说明显然有失公平。

接下来的对称性原则针对的是说明风格，同一些原因类型应该既能说明真实的信念，也能说明虚假的信念，否认曼海姆、拉卡托斯主张的“劳动分工”①——成功的属于理性，而失败的属于社会。他明确指出科学知识社会学的任务就是研究和说明科学知识特有的内容和本性，自己建立的是普遍的 SSK，而不是关于错误信念的社会学。一切事物自有其存在的意义，不应当简单地认为正确的、合理性的合乎逻辑的便是不成问题、不证自明的，只有涉及非理性的、错误的事件时才会用到社会学说明，难道只有可以使人们犯错误的事物而没有可以使我们正确的做事情的事物吗？辉格史学和内外史划分的做法并不可取。

最后是反身性原则：SSK 的各种说明模式必须能运用到它本身，这是一种原则性要求，布鲁尔通过提出这一点来避免 SSK 的自我反驳，尽管最终布鲁尔并未详细论证这一原则，而且事实上反身性对于 SSK 并不成立，但值得注意的是很少有学问能经受住反身性的考察，这丝毫不妨碍 SSK 成为一个新的不断反省自身并继续探索世界奥秘的思路。

以上便是布鲁尔科学知识社会学的主要理论，其颇富革命性与创新性的思想引起了国内外学术界的广泛关注，学者对 SSK 褒贬不一。赞成者认为布鲁尔提供了一条新的研究进路，其积极意义不可磨灭；当然也有不少反对者指出其理论存在逻辑缺陷，对其思想提出质疑。

---

① 拉卡托斯尽管承认社会因素的存在，但仅仅是“要由经验的外部理论作为补充以说明剩下的非理性因素”。拉卡托斯的科学史研究框架中，“合理重建或内部历史是首要的，外部历史只是次要的，因为外部历史的最重要的问题是由内部历史限定的。外部历史对根据内部历史所解释的历史事件的速度、地点、选择等问题提供非理性的说明；或者，当历史与其合理重建有出入时，对为什么产生出入提供一种经验的说明。但是，科学增长的合理方面，要完全由科学发现的逻辑来说明”。引文来自伊姆雷·拉卡托斯，《科学研究纲领方法论》，兰征译，上海：上海译文出版社，2005 年，第 150—151 页。

二、SSK 面临的批判与布鲁尔的回应

科学知识社会学的主张一经提出便招致多方批判，哲学家指责其强纲领过于激进，不少学者以唯心主义、相对主义批判 SSK，而科学家则因为布鲁尔的社会建构理论触犯、伤害了他们的情感，亵渎了科学神圣权威的地位而更加积极地进行讨伐。面对多方批评，布鲁尔一一予以回应，然而由于其理论尚未完善，不可避免地存在自相矛盾、无法自圆其说的地方。

1. 强纲领是一种激进的社会建构论

科学哲学家劳丹指责布鲁尔过分强调社会学进路，而忽视科学实用方面的成功；类似地，SSK 的实践者拉图尔认为强纲领的对称性原则把“所有的解释权重都放在社会上，而一点也没有放在自然上。也没有给非社会的事物和过程以恰当的权重，或承认它们对我们的社会安排的贡献”①；晚年库恩的思想集中代表了这一类观点：“强纲领（相对主义的建构论方法的别称）被广泛理解为，声称权力和利益便是存在的一切。自然本身，无论它是什么，似乎都不参与有关信念的形成。至于事实或者从此得出的见解的合理性，以及这些见解的真理性或者可能性，仅仅被视为修辞术，在修辞的背后，得胜者隐匿了其权力。于是，被认为是科学知识的东西，变成了仅仅是胜利者的信念。有人发现强纲领的主张是荒谬的，是一个发疯的解构实例，我就是其中的一员。”②

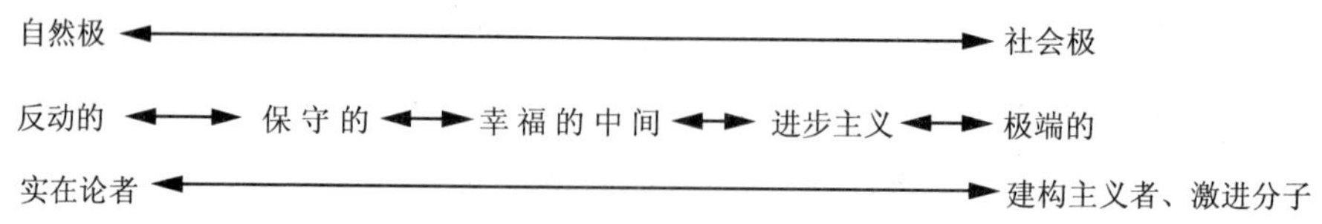

图 1

① 大卫·布鲁尔：《答复 B.拉图尔》，《世界哲学》2008 年第 4 期。

② 转引自 S.科尔：《巫毒社会学：科学社会学最近的进展》，刘华杰译，《哲学译丛》2000 年第 2 期，第 22 页。

科学知识社会学矫枉过正，以至形成社会极一极独进的解释趋向（如图1），对于此类理解，首先，布鲁尔在提出强纲领的因果性原则时似乎便已预见到了，因此他明确指出知识的形成除了社会因素以外不排除有其他原因在起作用。而且在科学知识社会学的代表作《知识和社会意象》正文中，布鲁尔十分谨慎自己的用词，他将社会的作用定义为“背景”“影响”“说明”一类的字眼，并且在“后记”中，布鲁尔更加坚定一种信念，那就是“知识完全依赖于诸如各种利益集团这样的社会变量。这样一种主张无疑是荒谬的，因而在本书中当然不会得到任何辩护”①，明确拒绝了此类误解。布鲁尔并不否认其他因素的作用，诸如“感觉经验”这样的偶然事件“既不会消除知识中的社会成分，也不会使这种成分变得无关紧要”，“我将要论证的是，把物质世界发挥作用的方式考虑在内，既不妨碍社会学说明所具有的对称性特征，也不妨碍社会学说明所具有的因果关系特征”②。甚至有的时候，布鲁尔还强调自然因素的基础作用，“如果各种神经系统的结构不存在，那么人们就不可能拥有任何社会结构”③，自然因素是我们对这个世界进行社会学说明时参照的某种“输入”。他明确地反对知识纯粹是社会的或完全是社会的，至于人们的困惑——强纲领的“强”表述的难道不是这个意思吗？布鲁尔的态度是社会因素不求唯一、只求普遍，社会成分始终是知识的构成成分而非唯一成分，在具体说明知识成因的过程中社会因素是背景，是预设的前提。

至于强纲领到底“强”在哪里，很多学者认为核心体现在对称性原则的提出上，“同一类原因类型应当既可以说明真实的信念，也可以说明虚假的信念”。“对称”则至少有两个，布鲁尔的对称性主要有以下几层内涵：一、对正确的信念和错误的信念一视同仁；二、同一类原因类型应当涵盖社会因素与自然因素。第一层内涵显然符合对称要求，其合理性在此不再赘述。至于第二层的自然因素则包括了生理结构、感觉经验等无论如何都会起作用的方

① 大卫・布鲁尔：《知识和社会意象》，霍桂桓译，北京：中国人民大学出版社，2014年，第218页。

② 大卫・布鲁尔：《知识和社会意象》，霍桂桓译，北京：中国人民大学出版社，2014年，第44页。

③ 大卫・布鲁尔：《知识和社会意象》，霍桂桓译，北京：中国人民大学出版社，2014年，第219页。

面。根据平行四边形理论，自然实在和社会因素分别为两边，由此合力形成对角线共同的信念即知识（如图 2），按照一般人对布鲁尔科学知识社会学的理解，社会因素是自变量，知识是因变量，自然实在被不自觉地当作实验中需要控制的不变量，但在布鲁尔那里，感觉经验也同样会在知识的形成过程中起重要作用，这是强纲领所没有忽略的而且也是非常重要的一点：同样的认知能力，同样的事实却会在不同的人所形成的不同的世界观下形成完全不同的理论解释；即便是在相同或极其相似的文化共识下，感觉经验的不同会造成甚至相反的结论，因而自然因素仍是起作用的，只不过在自然和社会因素的考量上更偏重于社会方面。至此仍有人抓住这种偏重来指责强纲领违背了自身规定的对称性，但这也是一种不成熟的观点，对称是指两方面，但并未要求完完全全的平均分配，而只是告知我们知识的说明模式是对称的。

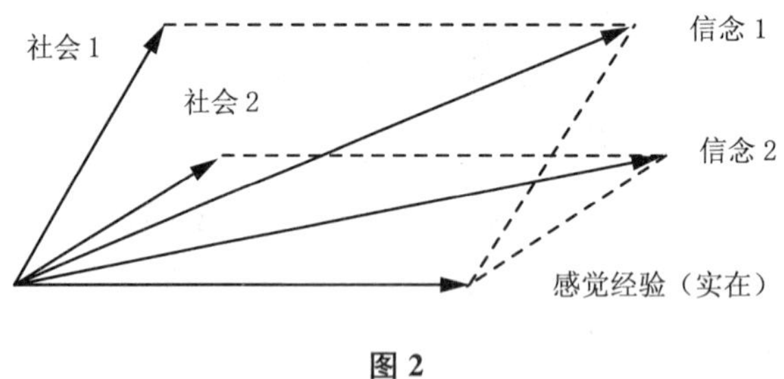

图 2

2. 批判 SSK 是唯心主义

"许多哲学家认为知识社会学家持有'反实在论'的观点。也就是说，知识社会学家认为对事物表象的信念与独立的实体没有任何关系，或者只有微弱的关系。这种指责归结起来就是：知识社会学家认为世界依赖于信念，而不是信念依赖于世界中事物的存在方式。换句话说，指责为一种唯心主义。"①对此，布鲁尔的解释是，"实体贯穿于我们的看、听、嗅觉和触觉等日常

① "Bloor D. Idealism and the Sociology of Knowledge", *Social Studies of Science*, 1996, 26 (4), pp.839 - 856.

生活的各个方面。但是，社会学家会说，问题的关键在于，这样经验的实体并不足以决定科学家如何思考实体。因为科学家对知识的理解和分析必须进一步假设来源于其他地方的组织原则和目标的角色。比如，我们需要考虑科学家的文化和关于文化的其他资源。我们需要研究传统、权威、共享的模型和范例、风格、科学家的兴趣和追求等”[①]。也就是说，SSK 强调人们的信仰、社会心理等因素对知识成因的影响。实体只是一个存在着的物质，这个物质并不能决定人们可以从中得到什么样的知识，是社会因素，而不是物质，决定了知识。这也同时印证了科学知识社会学的对象是对事实的语言描述而非各种事实、实际存在，从根本上来说，SSK 是关于知识的一门学科。

同时，布鲁尔也明确否认自己的学说是唯心主义的，“知识社会学以唯物主义和感觉经验的可靠性为预设前提，任何放弃这些假定的做法都是不能允许的”[②]，布鲁尔也曾反思，我们在谈论关于某种对象的知识时，能否以及在多大程度上不谈论这个对象本身？答案是不能，在布鲁尔那里，人的身体、声音、各种感觉器官都是物质世界的组成部分，是作为预设前提而存在的，我们不可能生活在一个梦的世界中，不可能将知识表达成一种与物质世界的经验毫无联系的幻想，因而以此为基础的 SSK 必然是唯物主义的。

尽管布鲁尔尽力对这种唯心主义的指责做出回答，明确指出自己的理论是唯物主义的，但是在一定意义上，布鲁尔“要把世界与人们对世界的描述分开”[③]，正是这种描述构成了 SSK 的研究课题，SSK“不是在讨论事物，而是在讨论我们讨论事物的方式”，简单来说讨论的不是观察，而是观察的陈述。举一个例子来说，科学知识社会学研究的是密立根观察到了电子实体还是只观察到了电子效应，这个区分意义是十分重大的，它直接决定了“电子”是否真实存在。这个结论应该由当事者也就是实验者密立根给出，而不应由科学史家或社会学家说出，以免造成某种诱导。而当密立根的结论一出，SSK 的争

① Bloor D., “Idealism and the Sociology of Knowledge”, *Social Studies of Science*, 1996, 26(4), pp.839 - 856.

② 大卫·布鲁尔：《知识和社会意象》，霍桂桓译，北京：中国人民大学出版社，2014 年，第 42 页。

③ 大卫·布鲁尔：《反拉图尔论》，《世界哲学》2000 年第 3 期。

论便集中于公布的58次观测数据，因为实际上密立根本人一共做过140次观测，而他在实验中通过预先估测去掉了那些他认为有偏差、误差大的数据。[①]我们知道从观察渗透理论的视角“真正看到”与“理论上能够看到”是有着本质差别的，前者是一种现象、观察，而后者则是一种解释和描述即SSK的研究领域。科学家说他们观察到了什么并非意味着真正“看”到了，而只是“相信”自己看到了自己想要看到的东西，他们的观察本身就渗透着理论，被科学家主观认定为错误的观察可能从来就没有见过天日，这也是弗朗西斯·培根反对科学实验的原因，“用未经证明的假设来辩护程序是非科学的”[②]。这里实际上已经不是理论与观察证据相吻合，而是理论与它自身相吻合，这不仅是观察渗透理论了，可以说观察的全是理论，即理论完全决定了观察，只有在这个理论的指导下它才是证据。这样看来理论自身就没有基础了，基础就成了理论自身，而每个人都有各自的理论背景，这就使得人们的观察不可通约，普遍的知识也就不存在了。这种强唯心主义的指责要怎么突破？布鲁尔认为理论的基础在于社会，是各自的社会利益关系、社会权力关系等决定了理论的成败，尽管回应了不可通约的刁难，但是同样地，在布鲁尔那里观察的对象又一次被晾在一边，不难发现电子“自身”不再参与此事，作为引起激烈争论的源头，它仅仅充当了开场的角色，随后便被抛诸脑后。从这个角度看，SSK选择“对世界的描述”作为研究课题，一定程度上是有其理论缺陷的，因为在很大程度上，作为实体的电子是这场争论的发端，是不可或缺的基础。

因此，对于“真理完全存在于信仰者的心灵之中，或者说它只不过是我们的集体态度的某种投射吧？”的这种质疑，再加上“密立根电子”所存在的本质上的弊端，布鲁尔在后记中不得不做出了妥协，“它可能是一种与发挥基础作用的唯物主义并不矛盾的‘唯心主义’形式”，但布鲁尔仍然强调SSK只是一

---

① Raymond A. Serway, John W. Jewett, *Physics for Scientists and Engineers* (*6th ed.*), Brooks/Cole. 2004.

② Felix Ehrenhaft, “The Microcoulomb Experiment. Charges Smaller than the Electronic Charge”, *Philosophy of Science*, 1941, 8(3), pp.403 - 457.

种很弱的唯心主义，充其量就是语义学维度而非本体论维度的唯心主义，而且，对物体所具有的社会地位的论述并没有否认它物质性的任何一个方面，或者说并没有否定这种物质实在反而是以这种实在为前提。虽然布鲁尔认为自己是唯物主义，认为对象是客观的，是存在的，但是这种本体论意义上的唯物主义没有多少价值，因为此时对象的存在与否对于我们对它的认识已经没有任何影响。

3. 批判 SSK 是相对主义

虽然在苏格拉底和一般人看来，相对主义的认识论导致诡辩论盛行，造成了社会的极端混乱，人们唯恐避之不及。但是布鲁尔丝毫不在意人们指责其学说的相对主义性，甚至指出自己的理论就是相对主义论，他的观点很明确，“我宁愿做个三万英尺高空的相对主义者，而不是在任何高度上的绝对主义者”①。之所以提出这一点是要和绝对主义区分开，“相对主义只不过是绝对主义的对立面，因而确实是更加可取的”②。普遍观点认为科学就是一种真理，像上帝般永恒存在，是一种让哲学家感到沮丧的认识论之谜，而布鲁尔的相对主义旨在说明即便最为刚性的科学知识也只是一种社会产物，一种偶然的社会行为的组织化结果，社会因素是导致科学知识不断变动的重要原因。相对主义指导我们认识到理解数据是有不同的方式的，因此，哥白尼替代了托勒密，拉瓦锡替代了普利斯特里，爱因斯坦替代了牛顿……

不仅在最初意义上否认相对主义，批评者和反对者经常将相对主义与唯心主义混淆，认为二者是一回事。这种观点犯了一个很低级的概念范围不清的错误：相对主义与绝对主义对立，属于认识论范畴；而唯心主义则与唯物主义对立，属于本体论范畴。将分属不同领域的概念人为地混在一起，在逻辑上说明不了任何问题。

---

① 大卫·布鲁尔：《社会建构拒斥科学吗？——三万英尺上空的相对主义》，《江海学刊》2007 年第 5 期。

② 大卫·布鲁尔：《知识和社会意象》，北京：中国人民大学出版社，2014 年，第 210 页。

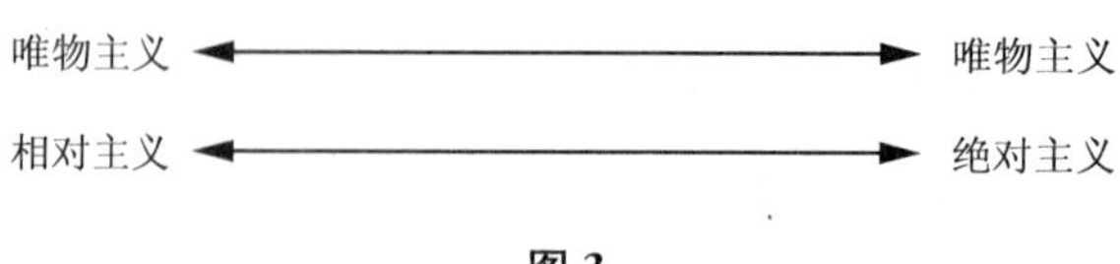

图 3

由上图(如图 3)可知,反相对主义即绝对主义,在布鲁尔看来,这些标榜自身是科学的拥护者的反相对主义者们恰恰是对现代科学的背叛。而与之相反,通常被人们视为科学对立面的相对主义持有的却是一种科学的态度。虽然作为一个相对主义者,绝对、相对的绝对二分是不合适的,但就目前来看,第三条道路的问世还有很多工作要做。

综上,SSK 是少有的公开承认自己的学术思想具有相对主义色彩的学科,主张用相对主义与持目的论的绝对主义对抗,这里有必要详述一下 SSK 的相对主义理论。其代表人物布鲁尔和巴恩斯指出科学知识社会学的相对主义学说有两个简单而又明确的出发点:"(1) 断定在一定的论题上会有不同的信念;(2) 确定在给定的范围内所发现的这些信念中哪一个取决于使用者的语境或与之相关。"①对应于这两个方面,SSK 的相对主义立场主要表现为认识论相对主义和社会学相对主义。

a. 认识论相对主义

首先,在事实与理论的关系上,布鲁尔坚持观察渗透理论,认为科学事实都是由理论创造的,不存在客观知识和合理性的标准,不同的理论产生不同的事实,理论间不可通约。在讨论燃素说时,布鲁尔指出理论在发挥作用时"不是理论与实在的符合,而是理论与它自身的符合"②,因为在任何一个阶段,实在的无法接近都使我们永远无法觉察、认识、运用这种符合,我们所拥有、所需要的,只不过是我们关于这个世界的理论和经验,只不过是我们那些实验结果和我们与那些可以操纵的对象进行的、感觉运动方面的互动而已。

① 巴里·巴恩斯、大卫·布鲁尔:《相对主义、理性主义和知识社会学》,《哲学译丛》2000 年第 1 期。

② 大卫·布鲁尔:《知识和社会意象》,霍桂桓译,北京:中国人民大学出版社,2014 年,第 48 页。

由此布鲁尔得出结论,实在在我们的思维过程中不发挥任何实际作用。这正是前面平行四边形理论所要论证的观点的极端变种,然而让我们换一种思维方式,在进行李比希与汤姆森二者的比较时,布鲁尔提到也许会有这样一种情境,“化学本身就是造成某种差异的原因”①。当我们将社会因素看作不变量,而将自然因素当作自变量时,一个新的平行四边形(如图 4)诞生了。

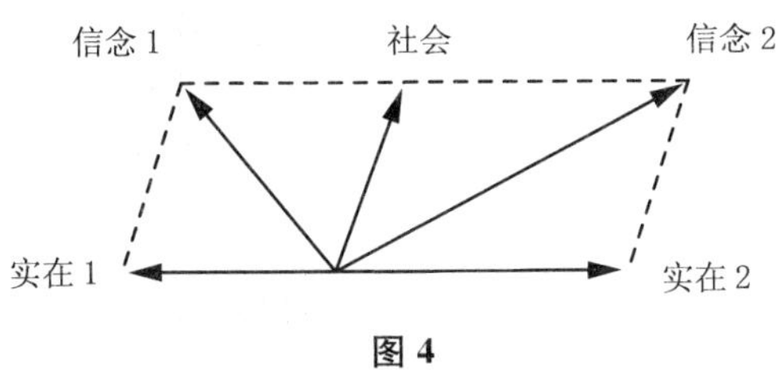

图 4

如图,布鲁尔认为当所有社会因素、心理因素、经济因素、政治因素都完全相同或者只有在很小的、不相干处有所不同的时候,“化学本身”才会成为原因,而且他强调即便是在这种情境中也不能放弃社会因素,此时的社会因素只是受到了控制或抵消,暂时处于无人问津的状态。而且另外一种解释如下:即便是我们对自然的认识也仍然带有社会的影子,更加极端的观点在于似乎任何自然与经验的因素最终均可归因于社会建构方面。如何界定化学本身? 比如我们对绿和蓝的判断,这两种颜色在最初是如何被定义的? 尽管离不开眼睛和大脑这些绝对客观的物质层面,但是还得靠共同体的认同与建构。社会学是一种总体性的说明,它将时刻发挥至关重要的作用。

b. 社会学相对主义

其次社会建构理论揭示了科学的意识形态本质,观察渗透着理论,而理论渗透着社会。布鲁尔进一步运用社会制度、心理状态等解释科学知识的形成原因。尤其是在知识的易变性方面,显示出了明显的相对主义倾向。借助库恩的范式转换,布鲁尔科学知识社会学中知识是不断变动的论点得到了很好的解释。现有科学的惯用语只是对有限的特定实例定义的一种约定,新情

① 大卫・布鲁尔:《知识和社会意象》,霍桂桓译,北京:中国人民大学出版社,2014 年,第 46 页。

况发生的不可事先确定性表明变动、发展依旧是可能的。在SSK的后续发展上，借助于后期维特根斯坦的意义有限论思想，布鲁尔将其在语言上的应用扩展到科学知识社会学领域，指明知识的变动是绝对的，与相对主义一起解释知识的易变性。另外，布鲁尔将自然科学与其他学科平等对待，利用自然主义方法和陌生人原则进行社会学研究，这种社会学相对主义实际上也是一种方法论上的相对主义。

在SSK思维的分析进路中，两种相对主义彼此关联，认识论相对主义打破了知识的客观性，而社会学相对主义进一步将知识推向信念，为其重新寻找社会学的判定标准，一方面成为认识论相对主义的原因，而另一方面又为其提供方法论来源。实际上不难看出这两种相对主义分别对应于反映论和建构论之争的双方，只不过二者在科学知识社会学中得到了有机的结合。

4. 来自科学家的批评

不仅部分哲学家质疑布鲁尔的理论，科学家更加难以容忍科学知识社会学。起初，人们批评弗朗西斯·培根是近代科学的首恶，因为他否认实验的作用，认为实验只是根据科学家的假说而形成的一种偏见，完全是人为性的控制条件决定着实验的结果。科学外行很少有机会进入那道神圣的科学大门，窥见其中隐藏的只有科学家才知道的秘密(如子虚乌有的N射线的“产生”)，科学的殖民主义无处不在。如今，贯彻培根理念并由此建立系统理论的科学知识社会学在科学家眼中更是被认作对自己的神圣的研究领域的亵渎。

SSK将批判的矛头直指科学研究中的理性主义。把科学中人与社会的维度置于首要位置，注重的是科学实验过程中实验者的心理因素，社会利益等，以社会建构主义对科学知识进行实证性的研究，并且在后记中，布鲁尔将科学与常识画等号，指出科学是“诉诸因果关系的、理论性的、价值中立的、时常是还原论的、在某种程度上是经验主义的”。对待真理，“社会学对真理的说明所能够提供的，归根结底是某种对它的地位的不敏感性”①，而这一点却

① 大卫·布鲁尔:《知识和社会意象》，霍桂桓译，北京:中国人民大学出版社，2014年，第230页。

遭到了科学家的质疑和“反科学”的骂名。

科学家们首先是为科学正名。自二战以来树立起的科学权威不容侵犯，尤其不允许受到社会学这样的人文学科的侵犯，科学至高无上，不科学便会被判死刑。科学家始终认为SSK反科学，是一种对科学的诋毁，实际上，只要仔细读过布鲁尔的书就会发现他在极力抬高SSK地位以使其能与科学平起平坐，“只要像研究其他科学那样研究社会科学，一切事情就都可以做好”①。尤其在后记中，布鲁尔时刻强调把社会学与其他科学建立在同样的基本原理和假定之上，社会学与其他科学同舟共济是令布鲁尔向往的命运，“科学就是我们的知识的存在形式”②。因此，对待科学，布鲁尔可以说是又爱又恨，体现出其理论的矛盾性。

其次便是对SSK研究对象的限制。在这一点上科学家同某些哲学家(曼海姆、劳丹、拉卡托斯等)结成了同盟，即认为社会学仅仅用于反常现象，只有出现背离合理性的反常情况才会需要社会学。对此，布鲁尔的回应十分明确，科学知识社会学的任务就是研究和说明科学知识特有的内容和本性，自己建立的是普遍的SSK，而不是关于错误信念的病态社会学。对于知识的自主性、自明性，布鲁尔反驳：“最热心地倡导科学的人，恰恰是那些最不希望把科学运用于科学本身的人。”③

然而，当反对者对强纲领使用反身性时，SSK再次陷入自相矛盾的困境，作为一种原则性的要求，科学知识社会学应当也必须接受反身性的考验，按照布鲁尔的想法，各种知识最终都归因于社会。如果对社会再进行反身性考察，那么理论的基础何在？如果一切信念都是由社会而非理性来确立，那么科学知识社会学的观点也无任何理性可言，本身无所谓真伪的论点却宣称自己为真，SSK也就没有充分的理由要求被接受。失去理论的基础使得这样一种以“崇尚科学”为出发点的理论最终招致了“反科学”的骂名，不仅对科学发

---

① 大卫·布鲁尔：《知识和社会意象》，霍桂桓译，北京：中国人民大学出版社，2014年，第208页。

② 大卫·布鲁尔：《知识和社会意象》，霍桂桓译，北京：中国人民大学出版社，2014年，第213页。

③ 大卫·布鲁尔：《知识和社会意象》，霍桂桓译，北京：中国人民大学出版社，2014年，第62页。

展产生了消极影响，也使自身陷入了理论和现实的双重困境。

不仅如此，针对布鲁尔注重理论建构而非实践的研究方法，科学家们指责自然、实践因素在布鲁尔理论中地位的缺失，他的著作中只是略略提及库恩的“筑模技艺”，自身并没有关于实践的观点。对此，虽然布鲁尔强调科学知识是一种社会产物，或者可以说是一种实践产物，但是他注重的是科学实验过程中实验者的心理因素，社会利益等，仍旧未能真正地从实践角度论证。当然，任何一种理论都不可能完善到毫无矛盾，正是因为这些矛盾的存在，SSK 才有了不断努力的目标，才能不断向前发展。

三、结　语

总的看来，面对“社会何以建构科学（SSK 何以可能）”的康德式问题，布鲁尔给出了较为系统的回答，他以科学知识为研究对象，提出强纲领原则，强调社会因素的普遍作用。尽管存在矛盾，但布鲁尔的科学知识社会学在科学的社会研究领域树立起了“爱丁堡学派”的旗帜，他们的理论主张和研究方法将科学知识理解成社会建构出的一种社会产品，在消解科学绝对主义的自我膨胀方面有一定的积极意义，其相对主义化的科学哲学观也为我们认识科学知识、认识世界提供了一种新的独特的世界观。但要注意的是，目前科学知识社会学的发展略显理论有余、实践不足。SSK 要实现跨越式发展不仅要描述行动中的科学，更要成为一门行动着的学科。不仅要去考察科学家如何在广泛的社会背景下“制造”知识，更要投身于实践，深入科学研究的第一现场。

从辩证法的观点看，科学理论是客观性的观察和主观性的建构相结合的产物。无论是绝对主义还是相对主义都不利于社会的发展，只有将科学与人文有机地结合才能走出两难选择的境地，一定程度上避免科学大战的再次爆发，实践为我们提供了开启“斯诺问题”大门的钥匙。20 世纪 90 年代开始，以《作为实践与文化的科学》为标志，当代科学哲学研究领域出现了以皮克林、拉图尔等人为代表的实践转向，研究者不再仅仅关注抽象的理论体系建构，而是尝试在实践层面更实在地把握科学知识，冲撞理论、行动者网络理论、常人方法论等创新理论的发展冲击着布鲁尔重视理论、忽视实践的理论主张，科学知识社会学进入了科学实践哲学阶段。

作者简介：史晨(1992—)，女，山东青岛人。南京大学哲学系2012级本科生，科学技术哲学专业2016级硕士生。现为科学技术哲学专业2018级博士研究生，指导老师为蔡仲教授，研究方向为STS与技术哲学。

南哲感悟：本硕都在南哲度过的我即将在这里开始博士生活，这里有和蔼可亲的师长，有团结友爱的同学，集体虽然不大却十分温馨。更重要的是这里有着浓厚的学习研究氛围：汗牛充栋的各类文献资料、多样化多渠道的国内外交流路径、从本科阶段就对学术高标准严要求的导师、课堂内外积极进行头脑风暴的同学，这些都为在南哲的学习提供了得天独厚的条件，志在研究的你在这里一定会感到如沐春风、如鱼得水。

先秦儒家伦理形态形成研究

——从周公到孔子*

张程业

摘　要:周公与孔子,是儒家早期伦理形态生成过程中自觉的文化创造者与转型指导者。周公在政教实践中,完成了信仰对象和信仰的主体意涵的转换。从此周人以"帝"为其民族保护神并将"天"视作最高之信仰,形成了"帝—天"的信仰结构。当伦理属性作为本质属性亦即存在属性而成为"天"意涵之后,相应地,"民"也因为与"天"之结构性的关联共属而首次进入历史性的思想视域的地平,周公并在礼教和人伦关系的阐述中开启了人文肇兴之光。而经过了春秋时期社会思想对周公文化意识形态的扬弃,孔子悬置神秘性的宗教概念阐释,以"如在"的世间划分确立鬼神和现世的界限。同时,孔子将周公的"天命观"以凸显主体性的方式改造为"天道观",清除掉了人在道德实践中对于结果的计算,从而把注意力集中放在对道德的终极价值来源的说明以及现实道德实践的落实,实现了神圣性寓于人文性,人文性仰赖于神圣性的人文转型;至此,先秦儒家伦理形态,以神圣性与人文性相互证实,道德的现实价值获得肯定以及将政治视为一种目的性之人性论的现实反映的方式,初步形成。

关键词:先秦儒家;伦理形态;周公;孔子

周公与孔子往往并称为"周孔",而在中国历史上享有盛名。在近现代中

---

* 本文选自《林间路》第十七期。——编者

华帝国向民族国家转型的过程中，周公与孔子作为标志性的文化人物常常受到传统型保守型学者的极力赞扬。史学家夏曾佑先生曾说："周公集黄帝、尧、舜、禹、汤、文、武之大成，其道繁博奥衍，毕生研之而不可尽，当别设专科，非历史科所能兼也。"[①]这样的观点不仅将周公的历史真实性加以肯定，以与当时流行的疑古派相颉颃，而且使周公的象征意义上升到无以复加的地步。钱穆先生更将这种想法表达得淋漓尽致："自有周公，而后有此人类之中国；自有孔子。而后有此人类之教化。"[②]

孔子作为儒家文化的代表人物，在儒家文化长期占主流的历史中国上获得如此之赞誉本属理所当然之事；周公在后世与孔子并称而获得美誉，亦可说是与儒家学者的自身心理认同与角色设定有关。而在孔子的历史世界之中，周公本身就是理想未来和人格的一个象征。《述而》："子曰：甚矣，吾衰也久矣。吾不复梦见周公也。"《八佾》："子曰：周监于二代，郁郁乎文哉！吾从周。"可见周公与他所处的时代是孔子个体精神性的历史源头和社会改造的理想型的制度典范。因此，在儒家学派的早期形成和发展的过程中，从周公到孔子所形成的历史脉络和思想架构在多大程度以及何种意义上催生了儒家思想的"原型"，这种思想力又是如何潜移默化作用于伦理形态生成的动态活动之中，是本文主要加以考察的重要问题。而这样的考察，将不涉及对于具体德目以及对这些德目相互间关系的认识。"伦理形态"，指的是一种穿梭于历史之中精神性动力结构，它以伦理思想为其呈现而紧密依托于文明于现阶段所具有之最高道德观念成就，其结构性便体现在结构之间的网状联系以及由这些联系所支撑的文明之动态生成。通过对结构的原生说明，我们才能理解具体之德目如何能够在一种关于人的道德性澄明之后获得其意指，并从这种关于人的道德性思想的终极关照中源源不断地催生着结构进行时代性更新的动力。

---

① 夏曾佑：《中国古代史》，北京：东方出版社，2012年，第32页。

② 钱穆：《周公与中国文化》；《中国学术思想史论丛》(一)，北京：三联书店，2009年，第94页。

一

“殷周之变”是民国学者王国维提出的一个重要观点，意在说明殷周时期中国在思想文化与典章制度上发生的道德化、理性化以及人文化的总趋向。这样的论点被新儒家代表人物徐复观加以深化，他用“周初道德的人文精神觉醒”以及“中国历史的黎明期”[①]的术语来指称发生于这一时期的历史变迁。而当代学者陈来于20世纪90年代将夏、商、周文化分别定位成“巫觋文化”“祭祀文化”和“礼乐文化”[②]。可以说，“殷周之变”作为一种思维模式和文化定位已经被相当多的学者所肯定。事实上，这样的断裂性划分与文明骤变论，其一以贯之的目的就在于将中华文明的早熟性的原因解释成在历史之中形成的有别于西方的人文理性，并直接建构了今天我们对于周公以及那个时代的总体判断——成熟文明的发展必然是由巫术与祭祀的神秘性向着道德与人文的理性进步，而推动这一进步的便是周公。所以杨向奎先生说：“没有周公就不会有武王灭殷后的天下；没有周公就不会有传世的礼乐文明；没有周公就没有儒家的历史渊源，没有儒家，中国的传统就可能会是另一种精神状态。”[③]在过去100年间，这种“殷周之变”的思维方式已经形成了一种标准方式，致使早期思想史上夏商周三代成了相互断裂和不相干的碎片。而打破这种静态模型，从纵向的发生过程以及横向的意义阐释中明晰这种思想的形成是我们面临的一个课题。因此，我将首先从文本出发，以周公的历史视角来考察此一时段思想的发生过程。

当还将帮助自己灭商的部落称为“友邦君”(《大诰》)，将自己称作“小邦周”(《大诰》)的周人灭掉商王朝时，面对着蠢蠢欲动“尔殷遗多士”(《尚书·

① 李维武编：《徐复观文集(第三卷)：中国人性史论·先秦篇》，武汉：湖北人民出版社，2002年，第40页。

② 陈来：《古代宗教与伦理：儒家思想的根源》，北京：生活·读书·新知三联书店，2009年，第10—19页。

③ 杨向奎：《宗周社会与礼乐文明》(修订本)，北京：人民出版社，1997年，第141页。

周书·多士》)，周公所欲解决的最大的难题就是安抚遗民，建立新制，巩固周本。这样的"政教实践"因为前代文明固有形态的惯性强塑力而首先以"信仰革命"的面目出现。就像陈来先生认为的那样："周公的这些思想既是对殷周的神授王权思想的具有历史性的修正，也就标志着宗教思想的一场变革。"①殷人是信仰"上帝"并具有高度发达巫文化的民族，在对"上帝"和祖先的崇拜以及祭祀活动中，商王确信自己深有"命"，而"上帝"也仅仅是将"命"给予商王一个人。因此，商王具有统治的不言而喻的合法性，而商民族也作为整体具有独大的地位，故而在《尚书·商书》里，会出现以下论述：

> 尔尚辅予一人，致天之罚，予其大赉汝。(《汤誓》)
>
> 嗟尔万方有众，明听予一人诰！(《汤诰》)
>
> 俾予一人，辑宁尔邦家，兹朕未知获戾于上下。(《汤诰》)
>
> 汝不忧朕心之攸困，乃咸大不宣乃心，钦念以忱；动予一人。(《盘庚》)
>
> 汝万民乃不生生，暨予一人猷同心，先后丕降与汝罪疾。(《盘庚》)

这种"予一人"的观念与对"上帝"的信仰密不可分，这是商王朝的政治神学的基本信念与基础架构。个人的神力来自神灵，而通过祖先从而与最高神——"上帝"建立关系则是商王权威的来源。所以，"上帝"是最神圣的信仰对象，但是祭祀仪式的最高标准给予了能够将人间信息传递给"上帝"的祖先。这一信仰对象具有喜怒无常的人格神的特点，即使对商民族本身也并不总是庇护福佑的。就像学者白欲晓所说的："在殷人的信仰中，祖先神是殷人祭祀的主要对象，祖先神也拥有'上帝'所不具有的对商人的庇护作用，相对于祖先神的有求必应来说，上帝显得既不近人情也缺乏赏善罚恶的理性。"②

面对这样具有民族保护色彩的信仰体系，周公不仅是要消化掉旧有的神

---

① 陈来：《古代宗教与伦理：儒家思想的根源》，北京：生活·读书·新知三联书店，1996年，第174页。

② 白欲晓：《旧邦新命：周人的"上帝"与"天"之信仰》，《宗教学研究》2011年第4期。

灵体系，还要在这种消化中延续信仰模式与政教合理性之间的本质关联。在这里，一场具有重大意义的“信仰革命”活动产生了。其中重要的一点就是将“帝”作为自己民族的保护神，这种对信仰对象的精心选择在歌颂文王的《诗经》中的《皇矣》《文王》《大明》等篇章中有着明确的体现。在这里无论周人所信奉的本民族的保护神“帝”是否具有与商人的“帝”同样的内涵，仅就周人选择用与前代统治王朝一样的民族至上神的名号来指称自己民族的保护神这种行径来看，则明显不是落后民族对先进民族文化的吸收这么简单。白欲晓教授一针见血地道出这种行为在信仰中意义：“在殷人那里，对‘上帝’的信仰仍然不及殷人对自己祖先的祭祀崇拜，周人将‘上帝’作为最高信仰，有助于打破殷周文化以祖先崇拜为中心的民族狭隘性。”[①]因此，对于周公来说，建立一个共同的信仰基点来打破在独一“上帝”护佑下的旧王权的威权和神性，便是非常必要的了。

在这场“信仰改革”的活动中，周公不仅仅是确立“上帝”为本民族的保护神，他还建立了对于更富有包容力和道德属性的“天”的信仰，并借以来说明商王朝的覆灭和周王朝的兴起。而这个“信仰革命”，被视为“殷周之变”最为重要的变革之一。坚持“殷周之变”思想范式的陈来先生更是直言：“周人所提出的新东西并不是一种新的宗教性，而是其所了解的天的道德意义。”[②]这是将周人视为具有高度人文理性的民族，并且是可以将这种人文理性自觉贯彻到文化建构之中的民族。

事实上，下文将要指出，周的文明形态从物质的层面看与商代相差未远，而“天命—民情”的政治诠释手段从来便和信仰紧密相连，离开信仰的历史实践而单纯只具有意义属性道德之天，是一种现代思想史的过度还原，这种存在意义与信仰实践的关联互构是由其“巫觋文明”的文化形态所决定的。如果不存在作为信仰仪式的祭祀和信仰实践的器物，那么这样的“道德之天”便

---

① 白欲晓：《旧邦新命：周人的“上帝”与“天”之信仰》，《宗教学研究》2011年第4期。

② 陈来：《古代宗教与伦理：儒家思想的根源》，北京：生活·读书·新知三联书店，1996年，第168页。

会落空为一种单纯的观念产物。反过来说，正是因为周公将对“天”的崇拜抬升到信仰实践的层面，并在此基础上对信仰事物进行具体的道德性阐释，才会在祭祀之风盛行的周代产生最为广泛的影响。

下面我们通过《尚书》来大略考察一下在周公的政治神学的诠释中这种对天之信仰的形成。

> 今商王受，惟妇言是用。昏弃厥肆祀，弗答；昏弃厥遗王父母弟，不迪。乃惟四方之多罪逋逃，是崇是长，是信是使，是以为大夫卿士；俾暴虐于百姓，以奸宄于商邑。（《牧誓》）①

这是武王伐纣时说的话，并无任何借“天命”来解释王朝兴替的意思，而仅仅是在朴素的经验层面总结了纣王所犯的罪恶，尽管这里面有“昏弃厥肆祀，弗答”这样充满祭祀文化色彩的产物。而在《大诰》这篇周初的文献，解释方法便发生了改变：

> 弗造哲，迪民康，矧曰其有能格知天命？
>
> 宁王遗我大宝龟，绍天明；即命曰：“有大艰于西土，西土人亦不静，越兹蠢。”
>
> 爽邦由哲，亦惟十人，迪知上帝命。
>
> 天命不僭，卜陈惟若兹。
>
> 已，予惟小子，不敢替上帝命。天休于宁王，兴我小邦周；宁王惟卜用，克绥受兹命。今天其相民，矧亦惟卜用。呜呼！天明畏，弼我丕丕基。

在这篇应该是广布于天下的诰文中，已经形成了朴素的对于“天命”的信

① 这种朴素的历史经验的总结一直持续到周公营造洛邑为止。如《酒诰》：“天降威，我民用大乱丧德，亦罔非酒惟行。越小大邦用丧，亦罔非酒惟辜”，“诞惟厥纵淫泆于非彝，用燕、丧威仪，民罔不衋伤心。惟荒腆于酒，不惟自息，乃逸”。或许直到那个时候，充裕的时间和丰富的资源仍可以使得周公进行自觉的“信仰改革”。

念,但是仔细阅读我们会发现这种对于“天命”的信仰与占卜和祖先崇拜仍紧密联系在一起,甚至竟然有“矧曰其有能格知天命”的谦辞出现。而在《金縢》这篇周公向神灵祈祷武王平安的文献中,有“乃命于帝庭,敷佑四方,用能定尔子孙于下地”这样的语句,这与商人的信仰十分相近。我们或许可以推论,这时候的周公,忙于处理实际的政治活动,强调“天命不易”以及对统治者“艰日思”的告诫而未自觉地进行“信仰革命”,这一方面可以归因于旧有的信仰体系所具有的强制惯性力,一方面说明了周人仍未脱离商的文明体系而独立出来。“天命”“大宝龟”“上帝”“宁王”(文王,代表祖先神)这些各自具有不同的信仰象征特色的符号被以一种几乎不加区别的方式加以运用,可见周人充斥着矛盾的思想结构以及暧昧的族群认同感。而与《大诰》在时间上应该相距不远《康诰》则突出地将“德”与“民”的观念发展出来:

> 德裕乃身,不废在王命。
>
> 天畏棐忱,民情大可见。小人难保;往尽乃心,无康好逸豫,乃其乂民。
>
> 若保赤子,惟民其康乂。
>
> 爽惟民,迪吉康。
>
> 今惟民不静,未戾厥心,迪屡未同。爽惟天其罚殛我,我其不怨。惟厥罪无在大,亦无在多,矧曰其尚显闻于天。
>
> 元恶大憝,矧惟不孝不友。子弗祗服厥父事,大伤厥考心;于父不能字厥子,乃疾厥子。于弟弗念天显,乃弗克恭厥兄;兄亦不念鞠子哀,大不友于弟。
>
> 惟命不于常;汝念哉,无我殄享,明乃服命,高乃听,用康乂民。

“用康乂民”作为政治规范的法则,其被尊奉的程度逐渐被提高到与“命”的得失据丧相一致的高度上,各种政治治理的具体规范在《康诰》中都得到了具体说明。家庭间的美德被视为统治的基础,而最大的罪恶就是对于这种家庭美德的背离。**如果我们说得具体一些,这种家庭美德就是形成于家庭最紧**

密关系中的社会规范和角色驯化，每个人因此具有其效法的模范，治理者依据这些形见的现实关系的规范而对民情进行切实掌握。道德不是个人的自我完善，而是对伦理关系的服从和遵命，是否做到在道德上的优长将视其是否做到尊重传统和服从角色，所以我们可见此时的"德"常常是指固定的伦理关系。而"治理者的美德"就是确保这种社会化的伦理关系不被破坏。原来传递讯息的祖先被那些可以直接上达于天的"民情"所取代。[①]

在这个大前提上，民情与"天"有了一种隐秘的联系，尽管在这里还是影影绰绰的。当这种联系必然地建立起来时，"惟命不于常"的结论便可顺理成章地得出了。[②] 不过"王命"这个提法或许是在提示对于此时的周人来说，"天命"的意义也仅仅是"上天的大令"，对于得到"天命"的周人来说，建立新国家是第一步，而"天命"与"民彝"之间是否有更加形而上或者启示性的意义，还未可知。

直到营造洛邑，也就是成王七年之后，在《召诰》《洛诰》《多士》《多方》才出现了成熟了"天命—民情"式的信仰—政治与社会—心理结构，"德"与"天"才真正建立起稳定与长效的联系。

> 天亦哀于四方民，其眷命用懋，王其疾敬德。相古先民有夏，天迪从子保；面稽天若，今时既坠厥命。今相有殷，天迪格保；面稽天若，今时既坠厥命。《召诰》
>
> 我不可不监于有夏，亦不可不监于有殷。我不敢知曰，有夏服天命，惟有历年；我不敢知曰，不其延，惟不敬厥德，乃早坠厥命。我不敢知曰，有殷受天命，惟有历年；我不敢知曰，不其延，惟不敬厥德，乃早坠厥命。

---

① 如"弗惟德馨香、祀登闻于天，诞惟民怨。庶群自酒，腥闻在上；故天降丧于殷，罔爱于殷：惟逸。天非虐，惟民自速辜"(《酒诰》)。人民的怨怒直接通达上天，致使天降大丧。这与后来的祭祀十分相像，祭祀者如果不具备美好的品德祭品便不会被祖先所享用，虽然祭祀本身就是美德的表现。

② "惟命不于常"来源于民情—天命的不稳定结构，却在事实上导致了人们背离于神秘主义的泥沼，而趋向于向现实。徐复观先生说："这样一来，天命渐渐从它的幽暗神秘的气氛中摆脱出来，而成为人们可以通过自己的行为加以理解、把握、并作为人类合理行为的最后保障。"见李维武编《徐复观文集(第三卷)：中国人性史论·先秦篇》，武汉：湖北人民出版社，2002年，第35页。

今王嗣受厥命，我亦惟兹二国命，嗣若功。《召诰》

我有周佑命，将天明威，致王罚，敕殷命终于帝。《多士》

天惟式教我用休，简畀殷命，尹尔多方。《多方》

在这里，商周的"天命转换"理论以成熟的面目出现，并实际上与人世伦理发生作用。王朝的兴替与统治者的上台，其依据就在于"绝对而超越"之"天"。**因其绝对，因此便具有信仰对象所要求的永恒不变；因其超越，因此作为信仰主体的"人"在祭祀实践和仪式崇拜中可以得到身心的净化和道德的超脱。这种"亦绝对亦超越""亦神秘亦神圣""亦宗教亦伦理"的信仰体系由此而在政治神学中得到建立**。同时，周公又屡次强调"天命"的来之不易及其变易性："不知天命不易、天难谌，乃其坠命，弗克经历嗣前人恭明德。"（《君奭》）

正在这种政治神学的解释中，"民"作为一个概念首次出现在历史视域之中，并与天发生了两层关系：一、"天命"以"民意"为转移而发生着政教革化的作用，"天亦惟用勤毖我民"（《大诰》）揭示了"天"与"民"的内在关联。统治者必须以此为镜鉴，故周得天下乃是由于"惟我周王，灵承于旅，克堪用德，惟典神天"（《多方》）以及"天惟时求民主"（《多方》）；"天"规定着具体的"民彝"，所以陈来先生说民彝"便成了西周人的'历史的上帝'主要内涵"[①]，这个"历史的上帝"的历史性就来自上帝与伦理生活之间的关联性。而王的任务体现的"不可不敬德"的绝对义务性中："王敬作所，不可不敬德。"（《召诰》）

至此，周初思想的发展脉络就整个地凸显出来：在信仰对象的转化上，周人使用"帝"的称号来指称自己民族的至上神，在心理认同和宗教制度上克服了商人信仰的排他性和政治的单一稳定性，就如台湾学者杜正胜所言："他们（指周人）并没有留恋褊狭的地方意识，反而积极经营更宽宏的'华夏意识'，领导中原文明的发展，使'西土意识'转化为'天下意识'，将神权气氛浓厚的

① 陈来：《古代宗教与伦理：儒家思想的根源》，北京：生活·读书·新知三联书店，2009年，第8页。

天命观转化为人道精神的天命观，善用既存的社会结构，创造新的政治模式。”[①]

其次，“天命”通过占卜的宗教仪式手段向周朝统治者预示王朝兴替的命运，并将这种解释强有力地加于崇信占卜的商民族。“用康乂民”的政治约束以历史经验的形态出现，普通治理者对“康民”的尊奉程度直接受到“王命”的制约，由此而产生了家庭美德和具有指向功能的民情概念。最直接体现这一观点的就是《康诰》：“汝亦罔不克敬典，乃由裕民；惟文王之敬忌，乃裕民。”“敬典”与“敬文王”构成了“裕民”的两个核心，其象征意味就是**合于规范的治理和顺乎传统的祭祀**。家庭美德则在《多方》中体现出来：“自作不和，尔惟和哉！尔室不睦，尔惟和哉！尔邑克明，尔惟克勤乃事。”《酒诰》：“用孝养厥父母。”“天命”与“民情”之间的互动在“惟命不于常”这个经典观点中被暗示出来，尽管从文献中我们首先能够看到的是“康民—民情—王命”的对应结构。但是，“民情”作为整体而被凸显，是在具有人文性和伦理性的“天”出现之前的必然的逻辑铺垫。而跨出这关键一步的是周公所发布的《召诰》《洛诰》这两篇诰令。

最后，当信仰的对象发生转变，那么伴随着一种新的信仰对象所具有的新的属性便一定会一同出现，而此种属性能否在文明演进中产生更加人文和理性的意蕴，则主要靠此民族能否有一克里斯玛式的伟大人物。因此，如果说“天”成为周人至高的信仰对象仅仅是信仰对象的转变，而这种转变是可能在任何原始民族中自然发生的，那么，“以德配天”——将伦理属性关联于至上的信仰对象之上，并将民情民意牢牢地与“天”相扭结在一起，这种程度的信仰的主体意蕴的转换背后所暗示的文化意识自觉已经充分说明了文明形态的进步。从此，信仰已经不仅仅隶属于宗教与政治的领域，而是更广泛地和现实生活（王的疾敬德与民彝都是处于一个共同的伦理世界，尽管关于两者各自的规范性伦理条目绝非一致，但是同属于一个伦理世界，这就为《大学》中“自天子以至于庶人，一是皆以修身为本”这种伦理世界中的道德平等

① 转引自韦政通：《传统与现代之间》，北京：中华书局，2011 年，第 16 页。

主义奠定了基础）发生关联，由此导致的结果，就是神圣性与神秘性发生分离，而逐渐成为世俗与神权政治的纽带。①

二

上文通过考察周初的经典文献而得出了结论：周人完成了在政治要求下的“信仰革命”，也就是信仰对象和信仰的主体意蕴发生了转化。“帝”这一名词开始指称周民族的保护神，而至上神仍然是“天”。“天”依照民情而将“天命”或者是“天之大令”降于世俗的君主，**伦理属性成为天的存在属性与本质属性**。

尽管我们得到了结论，然而，有两点常常为人所忽视，那就是周人的文明基底和周公的身份属性。当我们理解上述发生于社会层面的“信仰改革”时，如果忘记了这种改革所仰赖的文明基底和周公本人的身份特点，那么我们就会得出类似“殷周之变”的结论。恰恰是在20世纪的中国，这种阐释方式变得越来越流行。下面我们将对其中一些具有重大意义的批评进行一个大体的梳理。

“殷周之变”的思维模式在肯定周人的文明进步时，刻意地贬低商人的文

---

① 这一特点必须引起我们重视，因其揭示了中国文明和其他文明，尤其是西方文明的根本性不同。在中国，普遍的神圣性没有和世俗性相分离，并且往往因世俗性而得到印证，世俗性因为这种结合而没有被排斥。而在西方，经典的论述帝国与神性之间的关系的是：“上帝的归上帝，恺撒的归恺撒。”韦政通先生讲：“敬天祀祖与道德之间相互增强的关系，是使中国文化没有继续向宗教的超越性一面发展，反而向道德与社会的世俗化一面发展的最大关键。”（韦政通：《中国思想史》，长春：吉林出版集团有限责任公司，2009年，第30页）顾立雅就明确地说：“在古代中国，我们所定义的宗教和世俗的活动不是普遍分离的。实际上他们相互交杂，以致无法分离开来。”（顾立雅：《从孔子及其神话》，纽约：约翰·戴出版社，1949年，第114—120页。转引自《当代西方汉学研究集萃·思想文化史卷》，上海：上海古籍出版社，2012年，第98—99页）而当代西方汉学界在对儒家进行研究时，往往忽视了这一特点，依照其自身所具有之神学文化背景而对儒家文化进行了纯宗教性或纯世俗性的西方化解读。由此，美国汉学家魏伟森（Tomas A. Wilson）一针见血地说：“问题的症结是，在西方哲学和神学的视角下，我们是怎样解读《论语》的。”（魏伟森：《孔子祭祀与儒家的仪式思想》，《当代西方汉学研究集萃·思想文化史卷》，上海：上海古籍出版社，2012年，第101页）

明成就，从而将文明发展视为断裂性的进步。首先就有学者对所谓的商人的民族保护神“上帝”所具有的独一性和排他性产生了质疑。日本学者伊藤道治和林巳奈夫认为，商人的神祇系统在早期可以不断地扩大，吸收商人统治下的其他族群的守护神，这种广为包容的能力，使得多族群的商王朝在精神上可以团结与融合，而随着祖灵祭祀逐渐确立，商人才逐渐丧失了凝聚力。[①]而许倬云先生则强调商人在宗教领域内所具有的独特性，指出：“如此重大观念的突破，虽由于周人对自己胜利合法性的解释，也未尝不可能根植于商代长期在宗教观上的摸索。”[②]

而与宗教观紧密相连的就是祭祀制度。夏曾佑先生曾说：“盖文王、周公之道，尽于明堂、清庙而已。”[③]但是，周人的祭祀制度是否与之前的商人完全不同，仍然没有一个定解。而许倬云先生则认同董作宾将殷商祭祀分为新旧两派的观点，认为武丁时的旧派祭祀对象还是庞杂无章，且对鬼神的畏惧仍占主导，而新派则在祭祀时突出近祖，精简祭祀的对象，使得人鬼分途。他认为：“卜事的稀少表示鬼神的影响力减少了，相对地当然较重人事……礼仪性的增加毋宁反映呪术性的降低。若干先公先臣的隐退，则划分了人鬼与神灵的界限。在可见人事的态度取代了由于对鬼神的畏惧而起的崇拜，这是‘新派’祭祀代表的一种人道精神。另一方面旧派祭祀有其包容性，也可转化为公正不偏的神祇观念，摆脱祖宗神的局限性。”[④]

学者们指出的商代在宗教观与祭祀制度上对周人的可能影响，也可以从一些历史学家那里得到印证。陈思林先生考察了早期中国国家形态的生成，认为：“中国古代国家产生的动因主要不是由于氏族内部的阶级分化，而是由于部落之间的征服战争。部落战争的结果是征服者把被征服者置于自己的统治之下，从而使属于不同部落的人们组成新的结构，于是原有的以血缘为

---

① 引自许倬云：《西周史》，北京：生活·读书·新知三联书店，2012年，第116页。

② 许倬云：《西周史》，北京：生活·读书·新知三联书店，2012年，第118页。

③ 夏曾佑：《中国古代史》，北京：东方出版社，2012年，第33页。

④ 许倬云：《西周史》，北京：生活·读书·新知三联书店，2012年，第123页。

纽带的家长制家庭便具有了地域的性质。”[①]这种地域性的国家形成以及融合性的国家社会结构为殷周思想的交流和传递提供了可能，不断的征战也使得文明交流持续进行。

无论商人是否像是学者们所指出的那样在宗教观中萌发了“人道”的思想，以及突破祭祀的咒术性，至少我们已经可以逐渐通过考古和历史的实证主义方法，发现商代在宗教领域内仍然具有支配性的权力。所以，从消极的方面我们可以得知，周人所以为基础而立国的旧有的文明传统，是具有高级宗教形态的巫觋文化，而宗教式的包容性与人道性也为周人将之转化为伦理式的包容性与人文性做了准备。

下面我们来考察周人是否继承了这一文明基底。早在20世纪30年代，陈梦家先生就根据出土文物与卜辞而对殷周的祭祀制度加以考察，发现了殷周在祭祀中的相续性。而在1951年时，董作宾先生发表《中国古代文化的认识》，从文字、成语、礼制等诸方面做出了考察，肯定了这种一致性。[②] 而张光直先生通过考察殷周青铜器的动物纹饰，得出看法：“商周时代以动物为助手或使者的巫师，的确干着‘飞’往祖先或神灵世界的勾当。”[③]这种萨满教的祭祀实践和仪式活动，是殷周两朝所共有的，因而在这一点上，殷周的差别远远小于我们所想的。因此，我们知道在物质上，殷周两朝的继承性远远大于其疏离性，而且这种一致很早就在考古学中显现出来。

然而，在传世的经典殷周差别论中，殷周的差别不在于物质而是在精神气质上。在《礼记·表记》篇中有一段经典的论述：“殷人尊神，率民以事神，先鬼而后礼，先罚而后赏。尊而不亲，其民之敝，荡而不静，胜而无耻。周人

① 陈恩林：《谈中国古代国家形成的道路及特点》，长春：吉林文史出版社，2010年，52—53页。

② 陈梦家：《古文字中之商周祭祀》，《燕京学报》第十九期；转引自韦政通：《中国思想史》，长春：吉林出版集团有限责任公司，2009年，第22—23页。

③ 张光直：《美术、神话与祭祀》，北京：生活·读书·新知三联书店，2013年，第73页。

尊礼尚施,事鬼敬神而远之,近人而忠焉,其赏罚用爵列。”[①]尽管两者在社会生活上并无二致,学者们仍然相信商代在宗教上的落后和因此而被凸显出来的周的人文理性的进步。大量出土的龟甲等占卜用具加深了我们关于商代文明的阴沉的印象。在这样的文化和物质层面上看待殷周文明并将其做宗教类型学的推论,最具有典型性的就是学者陈来所总结的中国早期文明从“自然宗教”向“伦理宗教”,并进而向着“圣哲宗教”转化。[②]

但是,学者李申指出这仅仅可能是我们的一种心理作用:“‘商代宗教气氛浓重’的结论,得自甲骨文。而甲骨文乃是祭祀活动的记录,而不是记录商代一般性社会生活的文字,从记录祭祀的文字中,我们所能看到的,主要是宗教生活。把商代的宗教生活当作他们社会生活的全部或者部分,自然会得出当时宗教气氛浓厚的结论。”[③]通过文献所加深的心理印象和对于出土文物的选择性判断,断裂和骤变的形态论隐匿了不在场之物本身,从而使我们眼中的殷周代表了文化发展旅途的两个极端、两种实在。

因此,通过上文的分析,我们从积极的和消极的两个方面论证了殷周文化基底所具有的共承一致性:殷周文明同样建立在巫觋文化的基底之上,其社会生活的方方面面,包括祭祀占卜、起居饮食、社会治理和生产技艺,都是一种泛“萨满教”文化的体现。[④] 一个人所具有的多重身份其本质是“整体之

---

① 传世文献和考古发掘都加深了这种殷周**精神气质断裂论**的观点。唐君毅先生说:“然吾人于诗经,只需平心讽咏其大雅与颂,由其文句构造之典重整秩,味其肃肃穆穆之气象;更讽诵国风小雅,由其文字之回环往复,味其温柔敦厚之气象;则略可想见此周代人之生命精神状态,乃充实而雍容,亦有余而不尽者。”(唐君毅:《中国哲学原论·原道篇》,北京:中国社会科学出版社,2006 年,第 39 页)李亚农则直接认为,殷周相比,一个杀气腾腾,一个雍容文雅(转引自陈来:《古代宗教与伦理:儒家思想的根源》,北京:生活·读书·新知三联书店,2009 年,第 313 页)。而陈来先生总结的周代的精神气质“崇德贵民的政治文化、孝弟和亲的伦理文化、文质彬彬的礼乐文化、天民合一的存在信仰、远神近人的人本取向”(陈来:《古代宗教与伦理:儒家思想的根源》,北京:生活·读书·新知三联书店,2009 年,第 18 页),则是理想化的典型。

② 陈来:《古代宗教与伦理:儒家思想的根源》,北京:生活·读书·新知三联书店,2009 年,第 158 页,168—173 页。

③ 李申:《儒教简史》,桂林:广西师范大学出版社,2013 年,第 9—10 页。

④ 详见张光直:《美术、神话与祭祀》,北京:生活·读书·新知三联书店,2013 年,130—135 页。

中的一”,而“一”只有在整体中才能得到说明和支撑。而这个整体,无疑就是巫觋文化这种文化总体。**所以,国家的君主无论是作为祭祀的首巫还是政治统治的首领,是礼仪规范的创制人还是天命民彝的摄受者,都深深笼罩在此文明基底所赋予的色彩之中,并因而进入历史的视域。**

故认清周代的文明基底,才能对周公所具有的身份特征有所认识。白欲晓已经提出:“周公拥有大祭司、摄政王和政教宣化者的多重身份。”而身份的多样性决定了周公自身文化创制的多重面向:“在周公这里,无论是‘上帝—天’的信仰,还是‘制礼作乐’的制度与文化创设,除了可见的理性化和伦理化的转向外,仍然洋溢着崇‘神道’的信仰色彩。”[①]这也就是上文所申明的:周公的历史活动必须从信仰的角度加以理解,唯其如此,我们才可以解释我们所看的诸般不同。持殷周之变思维模式的学者,或者是忽略了历史发展之初所具有的多重面向,或者将本来便具有丰富多元化的中华文明本身单一为线性的发展阶段,才会认定殷周的进步,是由一种低级文明形态的文化向着高级文明形态文化进化的过程。[②]

建立在周代文化基底之上的周公的身份特征,给予了周公创制行为以历史意义的多元化和异质性特色,这样的多元面向——既将“神道”作为一切国家生活的最高标准,另一方面又使最高的信仰对象“天”具有伦理属性,恰恰规约着整个中华文明的发展方向,将“天”认定为“彝伦攸叙”的人伦之所在,而世俗的人民又可以象征着整个“天意”,并进而左右“天命”的予夺。

这不是像李泽厚先生所认为的那样:“‘神’的存在与人的活动不可分,‘神’没有独立自足的超越或超验前提。”[③]正是因为“天”作为信仰对象本身不

① 白欲晓:《周公的宗教信仰与政教实践发微》,《世界宗教研究》2011年第4期。

② 事实上,有些学者用大传统和小传统来解释这个问题。大传统是文化发展主流,引导整个社会发展,而小传统已经落后,“在一个时期中,那些在这个过程中逐渐降落为小传统而不再能代表大传统的东西就在该时期被置于注意之外”,尽管“传统的承传中也有变异,大传统不断从小传统吸收新的养分,或根据小传统基础的变化发展出一些新的方向”(陈来:《古代宗教与伦理:儒家思想的根源》,北京:生活·读书·新知三联书店,2009年,第172、16页)。

③ 李泽厚:《说巫史传统》,《新版中国古代思想史论》,天津:天津社会科学院出版社,2008年,第288页。

可少的绝对性、超越性以及其所具有的伦理属性，才将与这“天”密不可分的“民”凸显在了历史之境中，从而使“人”第一次进入历史和思想的视域，成为左右王朝政治兴衰与天命之降临的实体概念。当这种实体概念被寄予了严格定义也就是伦理赋格之后，以往所被忽视和遗忘的“人民”才正式宣告了自己的成立。只有在这种理解中，我们才可以说周代是“人文肇兴”之朝代。

同时，周公不仅仅在信仰上完成了具有历史意义的转变，在社会制度的变革上也大有所为，也就是传统所说的“制礼作乐”。相对于信仰转型在历史中的可见性，人们对“制礼作乐”这个历史事件则持更多不同观点。对于周公“制礼作乐”的真实性，学者们有过许多怀疑，即使是认为“制礼作乐”可信的学者，对于周公所制的是何种礼乐也是众说纷纭。① 但是我们在这里并不多论周公到底制没制礼，或者到底制了何种礼，而是关心“制礼”这件事情成为历史的核心事件之见诸典册所意味之人文进步以及“周礼”之总的精神所折射之伦理属性。正是周公在对现实政治生活的各项典章制度和社会规范加以肃清和重整，通过将人们的注意力从神秘而不可知的“天”那里转移到具体的历史经验之中，一个以“民”为主体并时刻体现其超越性的人文世界才得以出现，一种人文之光才大放光彩。②

---

① 如在《周公大传》中，游唤民先生认为：“周公制的周礼其主导方面是以宗法制度为核心的各项政治经济制度。”通过考察古代和近代学者的著述，他说：“上述学者把周公制的周礼认定以政治典章制度为主，应是正确的。”具体说来，就是：嫡长子继承制，分封制，宗法制，畿服制，国野和乡遂制度，田制，法制，诸侯朝觐天子之礼，“籍田”礼典，对祭祀制度的改革，天子登基之礼，策命礼仪，军礼，礼节。“三礼”中包含着周公制礼作乐的部分内容（游唤民：《周公大传》，长沙：湖南人民出版社，2008 年，235—269 页）。这 15 项内容已远远超过王国维在《殷周制度论》中所论及之变革。陈来先生认为“礼”具有祭祀之意义，但是“继承了社群团体内部秩序规定的传统”，是“一套制度与文化的建构”（陈来：《古代宗教与伦理：儒家思想的根源》，北京：生活・读书・新知三联书店，2009 年，第 244 页）。

② 就像韦伯所说的：“家父长的宗教功能与家神的礼拜，一方面与官方的共同体崇拜永久并存，另一方面则与卡里斯马预言者的伟大活动——实质上几乎总是革命性的活动——一起长存。”（马克思・韦伯：《支配社会学》，桂林：广西师范大学出版社，2010 年，第 265 页）在整个西周，文王的伟大德行及其为灭亡商朝所做的准备是其备受尊崇的原因，并在诗歌和祭祀活动中得到了最大程度的体现。文王简直成了仅次于“天”的伟大神明。这种情况一直持续到春秋——准确地说，是孔子结束了对文王的一边倒式的崇拜。孔子更清楚地知道哪些是“革命性”的活动，以及这些活动在现时代的潜在价值。

我们可以说,周公的伟大不是在于他以一人之力完成了文明转型和彻底进步,事实上,这样的工作也不可能是由一人完成的。周公之所为,不可能脱离总的文明基底及其他的身份象征,而只能在其下得到说明。故而周公制礼,是对“天”的伦理属性的一个深化,是对“以德论天”方式方法的一个世俗运用。这样的工作不必然是巫觋文化的结果,却是巫觋文化之所能得到的最佳结果。

三

上文通过厘清周公思想的发生过程以及作为其基底的文明特质后,我们揭示了周公所开创之传统:一、人文性与神圣性紧密相连,人文即神圣,神圣即神秘的“天”成为主要的信仰对象;二、周公自身身份特质使其政教实践下的“信仰改革”具有多重面向,流行的世俗文化、巫觋阶层的神秘文化、社会统治阶层的精英文化并没有形成大小传统而各自消匿,反而共同组成周代文化之不可或缺之一环,并共同产生影响,相互含摄,相互融合;三、“民”作为一个实体概念登上历史舞台,从此成为中国传统政治文化中最为重要的核心要素。与此同时由周公开始的“中国历史的黎明期”使一种人文之光照进历史之中。这也就是周公的“天命观”的核心所在。

下文我们叙述作为文化复兴者孔子对周公所遗留之传统的吸收改造前,必须先明了孔子所面对的社会环境。这时候的社会弥漫着两种相互对立的文化思潮:一种是积极彰显人文色彩、抨击鬼神崇拜的精英文化,一种是在平民阶层广泛传播的怨天骂天以及宿命论的社会思潮。而这两种思潮的产生的原因还都在于周公,在于周公所遗留之“天命”于义理上所造成的歧异以及由其创制文化所仰赖之文明基底的异质性。

在周公的政治诠释中,“天命”不是一劳永逸的,而是因统治者的有德无德而给予的。此时的“命”尚还没有落实于个人,成为个人所不可改易的神秘力量，而是更多地具有“令”之意[①]；此时的“天”仍然是信仰的对象，而没有成为形而上、运命或者自然之天(尽管这些意义都内涵在“天”之中)。这样的叙事模式更多是对着特定对象和用特定方式解读的。但是，西周末年人民面对统治者的无德和恶德，根本没有“致天之罚”的可能，社会生活的艰辛使得人民对于“天”的信仰转变成憎恶。如《诗经·雨无正》：“浩浩昊天，不骏其德。降丧饥馑，斩伐四国。旻天疾威，弗虑弗图。舍彼有罪，既伏其辜。”与此同时，失去了信仰对象的人民开始将视角转向自身，尽管这种转向首先是消极的。作为“天命”(天令)的“命”开始在向个体的落实中发生了变化，无可改变、无能为力、无可奈何的强大而神秘的意味成为“宿命论”的核心观念。于是，当视角从外部走向内部时，我们并没有见到个体精神的积极树立，反倒是对个体的否定和对生命的不可知的思想观念占据了主导。

同时在社会上层，周公所引发的文化的多重面向使得位于社会下部的迷信鬼神思想弥漫在贵族之中，这与当时先进贵族们重视“民本”和“德治”的思想发生了严重冲突。《左传·襄公十四年》定姜对卫献公曰：“无神何告？若有，不可诬也。”可见鬼神之崇拜已非绝对不可摇动者。《左传·桓公六年》记载季梁劝谏随侯时说：“夫民，神之主也。”“民为神主”于当时之思想界可谓超拔特出，但前文仍有“所谓道，忠于民而信于神也。上思利民，忠也；祝史正辞，信也”之辞，后文则言“是以圣王先成民，而后致力于神”。“民”作为国家的根本和“神”作为祭祀崇拜的重要单位同时并列，但实际上忽略神道而偏向人道已成为此时的一种思潮。《左传·僖公五年》宫之奇也说：“臣闻之，鬼神非人实亲，惟德是依。”各种德目层出不穷，诸社会思潮交织紧密，周公所遗留

① 关于“令”字之使用，傅斯年先生在遍考两周金文后得出结论：“归纳上列令字之用，不出王令天令之二端，见有所令出自长上不专指君主者，然此固王令之一类也。”又关于“令”与“命”：“‘令’、‘命’之本义为发号施令之动词，而所发之号、所出之令(或命)亦为令(或命)。凡在上位者皆可发号施令，固王令、天令者在金文中语法无别也”，“然则此时所谓天命当与王命无殊，而令之一字在此两处使用者，就辞义论固绝对无差别也”。傅斯年先生一并考察其使用年代，认为从两周金文上看，只有到了西周中叶，“命”“令”之义才截然有别，在此之前一直是“并用”与“互用”(傅斯年：《性命古训辩证》，上海：上海古籍出版社，2012年，以上引文依次见第28、92、36页)。关于“令”“命”于意义上之分化，可见丁为祥《命与天命：儒家天人关系的双重视角》(《中国哲学史》2007年第4期)。

(或者说归名于周公之下)之政教创制被扫荡无遗。

故孔子所面对之社会思想环境,历史理性和人道关怀仍局限于贵族上层且直接面向于政治顶端,普遍流行于社会各阶层的是幽暗之鬼神迷信与沉重之祭祀祭拜。其与现实人生的苦难相交杂,造成之结局便是社会上消极、阴沉、无可奈何而又暗无天日的气氛。故而孔子所要解决之问题,注定是时代之问题;而以超越的方式解决此时代之问题,使其局限于一时一地之特殊性超越时空,则是孔子之所以成其大的重要原因。

历经西周和春秋几百年的发展,彼时代最亟待解决之问题,也是各种社会思潮有交集的重要问题,莫过于鬼神迷信和宿命论。因为在当时之鬼神迷信和祖先祭祀,已经与其初意渐行渐远,而成为一种消解个人主体性和社会伦理性的观念力量。由此,正面的人生得不到积极表达,悖乱的现实又常常使人落入矛盾,孔子所面临的社会现实,大致如此。我们先将《论语》中有关论述抄录如下:

(1) 子不语怪力乱神。(《述而》)

(2) 季路问事鬼神,子曰:“未能事人,焉能事鬼。”曰:“敢问死。”曰:“未知生,焉知死?”(《先进》)

(3) 樊迟问知。子曰:“务民之义,敬鬼神而远之,可谓知矣。”(《雍也》)

(4) 子曰:“禹,吾无间然矣。菲饮食而致孝乎鬼神,恶衣服而致美乎黻冕,卑宫室而尽力乎沟洫。禹,吾无间然矣!”

(5) 所重:民、食、丧、祭。(《尧曰》)

(6) 子曰:非其鬼而祭之,谄也;见义无为,无勇也。(《为政》)

(7) 子曰:禘自灌而往者,吾不欲观之矣。(《八佾》)

(8) 祭如在,祭神如神在。子曰:“吾不与祭,如不祭。”(《八佾》)

(9) 子疾病,子路请祷。子曰:“有诸?”子路对曰:“有之,《诔》曰:‘祷尔于上下神祇。’”子曰:“丘之祷久矣。”(《述而》)

(10) 王孙贾问曰:“与其媚于奥,宁媚于灶也。何谓也?”子曰:“不

然。获罪于天，无所祷也。”(《八佾》)

(11) 仲弓问仁。子曰：“出门如见大宾，使民如承大祭，己所不欲，勿施于人，在邦无怨，在家无怨。”仲弓曰：“雍虽不敏，请事斯语矣。”(《颜渊》)

(12) 子张曰：“士见危致命，见得思义，祭思敬，丧思哀，其可已矣。”(《子张》)

一般我们对于孔子思想的认知便是(1)(2)所揭示的那样，孔子是不用日常语言来谈论鬼神神明之事的。同时，由(1)(2)所知，贵族与民间汲汲热衷之事，就是祭祀与讨好各种鬼神。贵族热衷于事鬼，便荒废了对现实的关注而心存侥幸之心；穷困潦倒的百姓从事于事鬼神，一旦无所获得便会对神明充满怨气，将命运的不可知推向极致。正是看到这一点，孔子才要引导人们进入“此世间”，关注“人道”，盖在第一层意思上讲，凡是不可知的事情，也就是不在“此世间”并且含摄“人道”的事物，统统都不能进入孔子的思想世界。因此，(3)樊迟问知，孔子的回答便是“务民之义，敬鬼神而远之”，事实上就是树立此世间与彼世间牢不可破的界限，在人道的引导下，培养一种真正的“知”。①

但是，在理解“敬鬼神而远之”这句话时，很多海外汉学家发生了争执。因为由(4)、(8)我们知道，孔子根本就没有否定鬼神的价值，更不要说其存在了。② 在这里我们看到孔子运用了一种类似于康德的划分，“此世间”的“人道”之事与“彼世间”的“鬼神”之存在并不是对立的，我们须在“此世间”上努

---

① 《礼记·表记》中孔子说：“殷人尊神，率民以事神，先鬼而后礼，先罚而后赏。尊而不亲，其民之敝，荡而不静，胜而无耻。周人尊礼尚施，事鬼敬神而远之，近人而忠焉，其赏罚用爵列。”大概孔子认识到在传统中鬼神崇拜和祖先祭祀之所具有纯粹意义，故意欲以恢复传统来消解其造成之恶果。这种认识必然经历一种极其理性与缜密思考乃得出，绝非孔子一味崇古之结果也。

② 汉学家们对于孔子“敬鬼神而远之”大约有以下几种认识：孔子乃无神论者；孔子乃不可知论者；孔子乃多神论者。之所以有这些认识大概就在于汉学家往往以西方哲学范畴阐释孔子，所以才会面临极大问题。见魏伟森(Tomas A. Wilson)《孔子祭祀与儒家的仪式思想》，《当代西方汉学研究集萃·思想文化史卷》，上海：上海古籍出版社，2012年，第95—109页。

力进取，但并非说“彼世间”就是毫无价值的荒谬之事。因为孔子从最传统的思想中得知，只有在祭祀中人的情感才能达到最为纯洁和专一的境地，故孔子重祭祀，如(5)，而这简直就是孔子复兴文化的基点所在，所以他才会对不合规范的祭祀“不欲观之”(7)。因此，否定“彼世间”就并非孔子目的所在。他的真实意图是：我们必须要在“此世间”中贯彻落实我们为人的根本，因此这样的努力必须在现实人伦和政治历练中进行；而我们努力的根源与起点，又是与“彼世间”紧密相连、不可隔阂的。

孔子在处理鬼神信仰的问题时，提出了一种“如在”(8)的思想。“如在”是为了涵融统摄两个世间，而又在根本上使其一致而提出的思想。如果从我们生命的基础和存在的意义出发，孔子是要我们关注“人道”的；然而我们一旦要落实我们生命的价值力和开展现实的实践，就必须从一种“本真”的存在或情感源头出发，这就不能不牵涉到“彼世间”了。所以，对于“神”是否存在的问题，孔子是根本不予作答的，或不如说以悬置和沉默的态度对待之。① 但是“如在”之神告诫着人们：勿放失祭祀的“本真”情感，从这“本真”的存在出发，世界常可涵融统摄于一己之履践“仁道”的努力中而向着人自己显现融融大化，无限生机。在(8)中，孔子强调祭祀必须亲自出场，这就是孔子所一直尊奉的：人的身体和情感的同时“在场”。这种“在场性”，不仅澄化了祭祀者的生命，而且为现世的社会治理打开了方便之门，同时将两个世间很好地统合在了一起。“或问谛之说。子曰：‘不知也。知其说者之于天下也，其如示诸斯乎？’指其掌。”(《八佾》)盖知与不知之差别，恰恰在于祭祀者自身及其对待鬼神的态度。

故《礼记·祭统》中列“祭有十伦”，而“见事鬼神之道”为首。《祭义》篇中孔子认为：“合鬼与神，教之至也”，“明命鬼神以为黔首”。刘宝楠在《论语正义》卷八中对(9)下案语：“夫子平时心存兢业，故恭肃于鬼神，自知可无大过，

---

① 《论语集释》引皇《疏》曰：“前既云如在，故知是人鬼，以今之不在对于昔之在也。后既云‘祭神如神在’，再称于神，则知神无存设，期之则在。”这里的“在”皆不是“存在”或“实在”之义，而是“历史的存在”，昔之在与今之不在，都没有预设神本身的存在，或不如说，唯有心灵主观的状态以及这种心灵状态所引发的道德境界，才是我们“期之”的根本原因。

不待有疾然后祷也。言此者,所以止子路。”孔子对待鬼神的态度便是理解孔子总思想的一把钥匙。

由此,祖先祭祀也就成了落实这种“如在”的必要形式。如(11)(12)所说,祭祀是一种对自我生命的锻炼,上与鬼神相连,下与礼法教化相接,上下者同流。[①] 祭祀者在身体和情感同时“在场”的仪式实践中体察现世间。《礼记·祭统》中有以下叙述:

> 祭者,教之本也已。
>
> 凡治人之道,莫急于礼。礼有五经,莫重于祭。夫祭者,非物自外至者也,自中出生于心也。
>
> 文王之祭也,事死者如事生,思死者如不欲生。
>
> 是故君子之祭也,必身亲莅之,有故则使人可也。虽使人也,君不失其义者,君明其义故也。

由此,我们可知孔子悬置“鬼神”,并无意回答“存在”的实际问题,而仅仅意欲使之成为祭祀中“如在”的神明,就是划离“现世间”与“彼世间”而不使“彼世间”侵扰人正常的生活,但同时我们须借助澄化后的敬畏恭肃之情在祭祀中达到道德的操练。因此,二者又是不能彻底地区隔的。在这个过程中,本具价值的是个体之生命,享有此价值依靠的是澄澈之情感,上下者同流,而最终归于道德的人。我们或可以说,孔子是中国历史上第一个揭示人的本质属性的思想家。

---

① 钱穆先生称这种“上下者同流”为“感格灵应之验”:“人之于鬼神,其相感应交通尤为甚者。故人与鬼神自然能在同一德行上像感格灵应,此种感格灵应之验,则在人祭祀之时尤为亲切而昭著。”见钱穆《儒家之性善论与其尽性主义》,《中国学术思想史论丛》(二),北京:生活·读书·新知三联书店,2009 年,第 28 页。

四

韦政通先生认为："当道德意识兴起的年代，在祭祀，尤其是在祭祖的活动中，足以引发一种道德自觉，是极有可能的。"①因此，在这样祭祀所造成的"道德意识觉醒"的年代中，像是宿命论（或命定论）这样的思想观念已经背离了思想发展的主轴，下面我们就来考察孔子是如何处理"天"和"命"的问题的。像上文一样，我们首先摘录《论语》中有关的句子：

(1) 伯牛有疾，子问之，至牖执其手，曰："命矣夫！斯人也，而有斯疾也！斯人也，而有斯疾也！"(《雍也》)

(2) 子罕言利，与命与仁。(《子罕》)

(3) 子曰："不知命，无以为君子。"(《尧曰》)

(4) 子曰："道之将行也与，命也；道之将废也与，命也。公伯寮其如命何！"(《卫灵公》)

(5) 孔子曰："君子有三畏：畏天命，畏大人，畏圣人之言。小人不知天命而不畏也，狎大人，侮圣人之言。"(《季氏》)

(6) 子曰："天生德于予，桓魋其如予何？"(《述而》)

(7) 子曰："大哉，尧之为君也。巍巍乎，唯天为大，唯尧则之。"(《泰伯》)

(8) 子贡曰："夫子之文章，可得而闻也，夫子之言性与天道，不可得而闻也。"(《公冶长》)

(9) 仪封人请见，曰："君子之至于斯也，吾未尝不得见也。"从者见之。出曰："二三子，何患于丧乎？天下无道也久矣，天将以夫子为木铎。"(《八佾》)

(10) 子畏于匡，曰："文王既没，文不在兹乎。天之将丧斯文也，后死

① 韦政通：《中国思想史》，长春：吉林出版集团有限责任公司，2009年，第30页。

者不得与于斯文也;天之未丧斯文也,匡人其如予何!"(《子罕》)

(11) 太宰问于子贡曰:"夫子圣者与? 何其多能也。"子贡曰:"固天纵之将圣,又多能也。"(《子罕》)

(12) 子曰:"莫我知也夫!"子贡曰:"何为其莫知子也?"子曰:"不怨天,不尤人,下学而上达,知我者其天乎!"(《宪问》)

(13) 子曰:"予欲无言。"子贡曰:"子如不言,则小子何述焉?"子曰:"天何言哉。四时行焉,百物生焉。天何言哉!"(《阳货》)

由(1)我们可见,孔子对于自己弟子之死十分悲伤,而高呼"命矣夫!",孔子似乎是在向冥冥中的不可知的神秘力量表达自己的无可奈何。杨伯峻先生由此归结孔子的天命观为:"把一切偶然性,甚至某些必然性,都归之于'天'和'命'。"[①]但假使"天"与"命"是这样的不能名状的存在,那么对于一向重视现世的孔子来说为何不能将其置于"彼世间",存而不论呢? 为何还要如(2)(3)(5)所言,将其视为成为君子的一个条件呢?

对于孔子来说,"命"不仅可知,而且要加以敬畏。我们来看"君子三畏"的顺序,从"天命",到"大人"(盖为尧舜一样品德高尚的人物),到"圣人之言",我们可以想见这是西周"天命观"的一个遗影。但是,相较于那种落实于整个氏族部落的命运担纲者肩上,决定王朝兴替的"天命"来说,春秋时代的百姓与孔子感受更为深刻的还是作为个体的无能为力和生存限制。然而,"正是在对'命'深切的体会、碰撞与不息的抗争中,孔子才重新提出了'天命'的观念"[②]。

而这就涉及了一个更为根本的哲学范畴,也就是(4)中所说的"道"。孔子之时,已然出现了"道"的概念,然而却未像后来一样成为一个具有特定指

① 杨伯峻:《试论孔子》,《论语译注》,北京:中华书局,2011年,第12页。

② 丁为祥:《命与天命:儒家天人关系的双重视角》,《中国哲学史》2007年第4期。

向性的公共概念。在孔子的天命观中，这个“道”担纲了具有实在性的伦理责任。[①] 西周的天命观，所具有致命缺陷就是“天”所降的“令”，对于所接受者来说，不仅可能是由意欲所引发的空洞无物而且还要被强制奉行。尽管“民”首次因与“天”扭结而具有了历史实在性从而展露在了历史之域中，但从源头上来说，个体的主动性被巨大的“天”之“明命”所压制，而且这个“令”与“人”完全可能是没有丝毫干系的，更不要说这样的“令”只可能降于国家统治者一人那里，而与庶人无缘。因此，到了春秋初期，这种天命观就已经被百姓所厌倦了。

孔子要重提“天命”，所必须解决的就是“受令者”的主体问题和“天命”的价值问题。一方面，孔子意识到对于深陷宿命论深潭中对着人生困难痛苦呻吟的平民百姓来说，他们需要重新安置自己的生命；另一方面，孔子也看到在迷信横行、虚无主义泛滥的时代，重新诠释行为的价值准则和建立一种责任伦理之重要。故而，孔子将“道”拈出，认为“道”自“天”降，可以降于任何人，而个人之价值，就在于将此“道”付诸落实，也就是“行道”。就“道”自“天”降来说，人世间毕竟有绝对性；而就个体之努力帮助实现“道”的流行，却是“死而后已”的。所以孔子说，“道”之将行与将废一任乎“命”，盖“命”自“天”降，无如之何。但是“道”本身是不可失的。所以性与天道(8)就是孔子学说最隐秘的部分，孔子希望人们去努力践行自身的特定责任，“道行”则是“天下有道”，“道不行”便是“天下无道”，至于是非成败则不必多虑。[②]

---

① 韦政通先生认为：“孔子的思想是要以道易天下，因此道必须落实。道落实在个体上，是要求道德人格的创造……在这过程中，传统的资源一转化为自己所有，成为他丰富而又多层次思想的净胜来源；在这个过程中，他不断创造一个自由而有意义的生命，成为人格上受人敬仰，道德上极具魅力的人物。”(韦政通：《传统与孔子》，《传统与现代之间》，北京：中华书局，2011 年，第 36 页)孔子作为一名毫不掩饰的保守主义者，其“道”的思想应该是在对西周“天命观”的改造时萌生的，而不是当时社会上庸俗“天道”思想的一个结晶。

② 香港的劳思光先生在《新编中国哲学史》中将这种范式称为“义命之分”：“由‘义命之分立’，显现道德生活之领域，及文化价值之领域……由主宰在人的自觉中，故不从原始神权信仰；由客观之必然理序之了解，故尽分而知命，不予成败上强求；由自觉主宰本身有超越性，故在理分之完成上，人须尽全责。”并认为“此所谓‘知天命’，正由知此客观限制而言，与原始信仰之混乱义命，正是相反。”(劳思光：《新编中国哲学史》，桂林：广西师范大学出版社，2005 年，第 108、102 页)

孔子自己就是这种“天道”价值的体认者，所以才能终身“知其不可而为之”(9)。因为体认了“天道”之在我，所以孔子在匡地被围，才会如此感慨。其弟子子贡说其“固天纵之将圣，又多能也”(11)，就是知道其是自体认所受之“天命”，又有各种人世的实践来履践之。当面对不受重用的现实时，又能“不怨天，不尤人，下学而上达”，这里的“上达”不就是说“道”之最终实现也就是“天命”真正与我为一的境界吗？所以，我们看到孔子给予我们人世上最高的价值源泉，欲求我们奉信并加以弘化，这样一来，人难道还是被不可知的力量所决定吗？人不就可以突破这种无力感所辖制的生命存在，而通过自体的实践成就“大道”吗？这就是孔子为我们所寻求的道德的终极来源，他借这样的方式宣告人的独立。

因此，孔子认为“道”是付诸每一个人的，这种责任必须为每一个人所奉行。这种思想浸润至《中庸》中有深刻的表现：

> 子曰：“道其不行矣夫!”
>
> 子曰：“道之不行也，我知之矣：知者过之，愚者不及也。道之不明也，我知之矣：贤者过之，不肖者不及也。”
>
> 子曰：“道不远人，人之为道而远人，不可以为道。”
>
> 子曰：“君子遵道而行，半途而废，吾弗能也已。”

“道”是孔子悬设的至高的理想目标，面对“道”不行于世，甚至不为人所知的窘境，孔子甚至有“道不行，乘桴浮于海”(《公冶长》)的感叹。而造成“道”之不行于世的，正是存在于宇宙之中的人类没有认识到自身所应担负的伦理责任，如之何将《中庸》中所讲的不远人的“道”付诸实行而不半途而废，这就是孔子“天命观”落实到个体后亟待解决的问题。这也就是孔子说“人能弘道，非道弘人”(《卫灵公》)的原因，因为人是其生命价值的确立及其有成为担当之生命的决定者，虽然超越而普世的“道”终古不灭，但是对于人自身的“所成”无能为力。

现在我们可知，孔子所以说“不知命，无以为君子”，根本就在我们必须于飘零畸形的现世间重新面对自我开展的生命，担当“天道”弘化于宇宙的责任，这是属于吾人的主体性，也是不可替代的人之为人的标志物。至于成败得失则由“命”来解释，看似丧失了把握自我的主动权，恰不知正是西周想要支配一切、说明一切的“主宰之天”的存在，在与现世间产生间隙后摧毁了人生存于世的根基和源泉，致使虚无主义和命定论大行于世。“博学而无所成名”的孔子就是打破了旧有的宿命论，以其“一以贯之之道”(《里仁》)——“忠恕”教人们在社会交互活动中建立自己的网络，确立自己的位置。

“天命”一事，本属信仰分内事。孔子一变而树立人之道德本性于现世间，就像学者杨泽波所言:“孔子的这一步工作对他自己而言可能是一种自然的选择，但对中国文化的发展却有着极为重要的定向作用，直接决定了中国的‘哲学突破’没有走向宗教，而是走向了人文。”[①]“民”因为具有“天”的本质属性而首次登上历史舞台，但直到“人”因为拥道德属性为自己的本质属性，才牢不可破地成为历史本身。正如杜维明先生所说:“孔子进入历史的旅程是一个寻根的过程，他要探寻人性最深层的归属感所需要的根基。”[②]孔子所作所为中具有历史意义者是他在历史上首次将道德本质的属性给予个体的人，并以为超越性的“天道”必须付诸履践。他在伦理学上贡献在于将动机和结果做出了划分，并给予“现世间”与“彼世间”的划分，我们可以不必为结果而忧劳伤神[③]，而一心一意于行为自身所具有之意义。就其现世性这方面来说，春秋战国的思想家想必都是赞同的，尽管一旦“天道”落实于人间，如何去对待它，却有诸多意见。

同样，对于孔子来说，在周公那里“民”之借“天命”而具有之主体性已经被“天道”所落实于独立的个人，因此相对于“民”在周公话语体系中的“缺

---

① 杨泽波:《从以天论德看儒家道德的宗教作用》,《中国社会科学》2006年第3期。

② 杜维明:《儒教》,陈静译,上海:上海古籍出版社,2008年,第18页。

③ 子曰:“君子谋道不谋食。耕者，馁在其中矣;学也，禄在其中矣。君子忧道不忧贫。”(《卫灵公》)子曰:“士志于道，而耻恶衣恶食者，未足与议也。”(《里仁》)史华慈则认为:“他一生矢志不渝的目标是在天所委令于他的范围之内，或者在内在于天的本性之中所允许他去做的范围之内，尽自己的一分力量去完成自己的使命。”(史华慈:《孔子的宗教层面和“命”的概念》,许纪霖、宋宏编《史华慈论中国》,新星出版社,2006年,第70页)

席”,孔子真正将政治变为“庶民的专场”。著名的政治史研究者萧公权认为直到韩非子才具有独立的政治领域,事实上在孔子那里,相对于人民的政治界说就已经颇成体系。经历了春秋时期道德与法制大争论①,孔子有了足够的思想资源,可用自己更加富有弹性的智慧意欲解决一系列问题。

《为政》有一段著名的话:

> 子曰:导之以政,齐之以刑,民免而无耻。导之以德,齐之以礼,有耻且格。

这里孔子根据施政的顺序提出了“礼治”的观点,其重点在于回答“政治所欲陶养教化何种人民”问题,而不是后来“礼法之争”中纯粹为了“礼法”而争。孔子所主张之本旨,就在于政治的目标在于养成“有耻且格”的人民,以练就整个国家为“君子国”。这是根本于人之本质道德属性而发展开出的政治思想,完全不同于西方将政府视为“恶”,政府、人民之间相互提防的政治思想。对于孔子来说,政治恰恰就是“善的人性”之所培植的最佳场域,政治不是为了保障人民不陷入最低限度的人性恶,而是依其“道德之根性”,历经家庭、朋友、社会、政府的层层锻炼,依着最高的人性善而进步不已。这样的政治操作其一以贯之的理想就是依着人性的本然要求而使其自己成为人的道德目的的实现者。

孔子当然以为“礼”的落实需要有物质条件作为奠基,然而就“礼”根植于“仁”这一点说,良好的社会治理就是通过对于“礼”的遵守达到“仁”的境界。所以史华慈说:“礼并不是指一套人们参与的‘行为模式’。礼必须同时代表一种富有生命的关系。”②因此,我们可以说孔子通过全面伸张世俗的价值意义,使得最为精髓的神圣性浸入了中国文明的骨脉。

---

① 详见朱贻庭主编:《中国传统伦理思想史(第四版)》,上海:华东师范大学出版社,2012 年,34—36 页。

② 史华慈:《孔子的宗教层面和“命”的概念》,许纪霖、宋宏编《史华慈论中国》,新星出版社,2006 年,第 63 页。

上文已经全面论述了孔子所面对之社会思潮，以及借复兴西周的克里斯玛型的伟大人物的思想来治疗现时代之痼疾。他悬置了“鬼神”的存在，以不正面回答的方式分割了“两个世界”，但是“如在”的鬼神在祭祀中继续发挥自己的力量，尽管这种力量被证明是人自性的一种本质澄化。“天道”被加以一种“天命观”的塑造，同时孔子认为人的本质属性应该在他道德生命之中，由此中国文化中出现了一批受此精神鼓舞、不计毁誉成败的士大夫，通过成为“政治家”而继续实现把人性最善一面发挥出来的目标。值得注意的是，孔子不仅丝毫没有打破周公的所创设的伟大传统，而是继续加以深造，终究使得神圣性与世俗性相互证实、相互保障，这一现象成为中华文明最有识别性的表征之一。追溯它的源头，我们认定应该是周公；而使之善化继成的，则是孔子。

作者简介：张程业（1994—　），男，山东青岛人。南京大学哲学系2012级本科生，中国哲学专业2016级硕士研究生，指导老师为白欲晓教授，研究方向为宋明理学、当代新儒家与列维纳斯。

南哲感悟：我对于儒家文化的学习、体验、涵泳与践行，都是在南大开始的，而以南大为基础，我又把视野投向了更广阔的天地。南大良好的现象学氛围，中国顶尖的犹太教研究，以及师门融通广大的风气，都给我目前的研究定了调：以一种面向未来、面向思想本身、面向他人与心性实体的方式，讲述一种与众不同而又处处与西方保持近邻性的中国哲学故事，在平行而不相交的线段指引中发现共同的平面，在一种他异性的哲学思考中寻求伦常仪轨的道理。两行而同是，同是而异缘，学是学此学，乐是乐此乐，又如解缆放船，顺风张棹，妙不可言，言亦不可尽，唯不可尽，而生生无穷焉。

中世纪科学史连续性问题与认识转向*

薛倩璐

摘　要：欧洲中世纪科学技术长期处于被否定的局面，不仅如此，整个中世纪在西方历史研究中，因史料问题、理解问题或大众潜意识对该时期的轻视而蒙上一层薄雾。本文由传统的"黑暗时期"说走向对其质疑的立场，从单一的"冲突神话"冲突模型走向更为复杂的、相互作用的宗教与科学观；通过对"中世纪"与"黑暗的中世纪"词源上的三重属性——人为性、目的性、文学性，以及科学史角度上对教父哲学态度、科学理论共同体抵抗的本质上的考察，界定中世纪"科学"一词之区分于古希腊、现代的特别定义，并随着"科学"一词的含义变迁，在线性的历史文明发展观下，勾勒出一个兼具特殊性、连贯性、交流性的中世纪科学技术史，强调中世纪是科学发展之减速前行的力量积蓄环节，而非"停滞"，并且以更为宏观而注重整体性的视阈，回到中世纪整个社会环境中看待中世纪史。

关键词：科学史；中世纪；黑暗史观；连续性

一

西方文明以其独立的体系形态推演发展。一般而言，公认的西方文明体系发源于古希腊罗马，而在世界化体系中占据领先地位的时期是工业革命以

* 本文选自《林间路》第十九期。——编者

后。这期间,作为西方古代文明与西方近现代史(按照目前已公认的历史分期原则)的中介的“中世纪”时期,很大程度上是为普及性质的教科书体系历史书所选择性地含糊略过。造成中世纪被人为略过的原因有三:

其一,西方中世纪历史资料的发掘工作晚。对中世纪史料的挖掘是在19世纪中后期起才陆续开始并得到重视,致使中世纪史料很长时间都以手抄本的形式藏在寺院图书馆内,缺乏系统的研究。乔治·萨顿在《〈科学史〉序言》中直言:“中世纪不是黑暗的,说中世纪黑暗,实际是我们有关中世纪的只是太贫乏了。”关于中世纪科学史的研究的真正开始——挖掘中世纪科学史的价值,是20世纪初的迪昂。迪昂从法国图书馆中找到中世纪巴黎经学院学者布里丹、奥勒姆等人的手抄本资料,并以此为依据将中世纪的价值提上前台:“它们摧毁了亚里士多德主义的支柱,由此奠定了近代早期力学和天文学的基础。他运用大量原始资料证明,科学的发展总是连续的,伽利略的思想也是由许多早期的科学工作演化而来的。”①

其二,即使在19世纪中叶掀起了中世纪手抄本热潮,中世纪的科学——或者说“哲学”一词更为确切——的思维方式、概念和理论的理解方式与出发点,都与近现代人有着明显的、可以理解的隔阂。因而,在对中世纪的文献的理解上,不可避免地需要时刻紧密结合中世纪的宗教、文化等时代背景,也因此造成对该时期思想的理解具有一定的难度,加之该时期理论思想多处于萌芽阶段,导致了中世纪哲学的“晦涩”。中世纪的哲学家可以很自然、很较真地讨论“针尖上有几个天使”这类命题,而到了现代思维方式下的现代人眼中,这类命题一旦脱离了当时的时代因素的考虑,就难免只是一个怪诞的、无聊的、意义不明的话题。

其三,对于中世纪的印象,最为著名的描述是“黑暗时期”,恩格斯的“中世纪的黑夜”就是其中的代表。这种描述已然是种根深蒂固的认知,甚至——在一定程度上——就是“中世纪”这一概念的同等翻译。这是一种先入为主的认知,有时也是教育引导下的产物;而中世纪思想体系本身的晦涩

---

① 张卜天:《中世纪科学史研究的发展与展望》,《中国科学史杂志》第33卷第3期。

和缺乏足够史料研究，更加重了接受普及教育的广大民众对于“中世纪是‘欧洲史上的黑暗时代’、是‘充塞着暴力、混乱与苦难的时代’”的认识。即便是在21世纪当代西方科学史家已经开始对这种黑暗时期说进行反思之际，传统说法仍具有极大的影响力。在传统教科书体系中，依旧存在着将中世纪的“黑暗”提取出来、与作为“光明”一面的文艺复兴和启蒙运动相对比并为衬托的旧痕，将文艺复兴等称为“中世纪的曙光”的习惯称呼，在无意之间造成了中世纪除了文艺复兴等的光明之外仍是一片黑暗，至多是为了启蒙时代的到来的铺垫的印象。

中世纪史料工作的迟到、学术思想本身的深晦以及大众思维里的潜意识，共同导致了在对西方历史研究中对中世纪的认识缺乏。正如上文已经说到的，当代西方科学史家已经开始对这种黑暗时期说进行反思，以更为客观的姿态来研究中世纪文明。

二

关于“中世纪科学技术”这一话题的研究具有一个价值转向。吴国盛《科学的历程》、林德宏《科学思想史》，以及参考了《欧洲中世纪科学之后的宗教剖析》等发表的期刊论文，甚至包括网络资料上对欧洲中世纪科学技术“前期的停滞、后期的复苏”的观点——这一系列的阅读材料所体现出来的，大致是相近的，对中世纪科学技术发展持消极立场。

至于对欧洲中世纪的负面认识，林德宏在其《科学思想史》中的说法是最为直接的：“从公元5世纪到15世纪，是封建社会时期，历史上称为中世纪。在这个时期内，中国的科学获得了相当的发展，……构成了中世纪科学的主要部分。在一定意义上可以说，中世纪是中国科学的世纪。此外，阿拉伯人也曾出现过一度的科学繁荣，但时间较短，影响不大。在这个时期内，欧洲的科学却停滞不前，大约有五个世纪甚至处于愚昧之中，被人称作历史上的‘黑暗时期’。”①

① 林德宏：《科学思想史》，南京：江苏科学技术出版社，2004年，第155—157页。

然而，在对亚历山大图书馆之毁这一事件的探究过程中，最终却走向了对中世纪黑暗说的质疑的另一面：

欧洲中世纪真的是黑暗的吗？欧洲中世纪科学技术真的是停滞的吗？这种传统观念中“西方不亮东方亮”[①]、轻视阿拉伯科学、无视西欧科学发展的观念真的确切吗？

三

亚历山大里亚城在希腊(化)文明中具有重要地位，尤其是藏书丰富、被视为古典学术的象征的亚历山大图书馆。这座图书馆的毁灭，被认定为文化史上的一次巨大摧残[②]，加之亚历山大里亚缪赛昂学院最后一位重要人物、塞翁之女、古代世界唯一的女数学家希帕提亚之死，更是被视为基督教暴徒残害学术之行径。亚历山大城的陷落、亚历山大里亚图书馆之烧毁，古代希腊化的学术中心不复存在，是对欧洲中世纪黑暗时期说的一个典例论证。

与希帕提亚被暴徒迫害致死这一为卡尔·萨根视为“非理性的宗教迫害科学的异教”的象征相似的，还有布鲁诺因支持哥白尼日心说而被罗马教会烧死之事、伽利略受教会审判等。这些典型的、广为人熟知的事件往往被用来支持这样一种说法：科学与宗教“冲突神话”[③]——这种冲突神话论的典型代表的德雷伯以及他的《科学与宗教斗争史》：“宗教与科学之间的对立是从基督教获得政治权利时开始的斗争的继续……科学是不仅记录了一个个发

---

① 吴国盛：《科学的历程(上)》，北京：北京大学出版社，1997年，第181—193页。

② 根据穆斯塔法·阿巴迪《古代历山大图书馆的存亡》(1990)、盖双《谁烧了亚历山大图书馆》(《阿拉伯世界》2003年第3期)、托马斯·卡希尔《〈中世纪的奥秘：天主教欧洲的崇拜与女权、科学及艺术的兴起〉序曲：压力山德里亚，理性之城》(朱东华译，北京大学出版社，2011)中对亚历山大图书馆的毁灭的考察表明，其毁灭的方式有三种说法：恺撒之说、基督教徒焚烧之说和阿拉伯人侵之说，而各家考证的结果指向不定，笔者个人偏向于穆斯塔法·阿巴迪对阿拉伯焚烧说的捏造的说法。

③ 这种“神话”的说法的来源是根据 Ronald L.Numbers, *Galileo Goes to Jail and Other Myths about Science*, Harvard University Press(2010)。不过本文所用“冲突神话”根据张卜天在《中世纪的科学与宗教》中的归纳用法。

现，而且叙说了两种对立力量的斗争：一方面是人类理智越来越大的力量；另一方则是源于传统信仰和人的利益的压制。”[①]我们常见的“中世纪教会残酷镇压科学，科学沦为神学的婢女”，“文艺复兴时期，古希腊科学被重新发现，中世纪的世界遭到拒斥”，“哥白尼、开普勒、伽利略等人开创了近代科学”等说法基本上都是这种冲突神话论的主要观点。

这种冲突神话论看上去十分的有理有据，不过，如果我们只是以亚历山大里亚之“毁灭”的这一个时间点或者是从希帕提亚等事例出发，进而得出中世纪科学技术与宗教对立并被“压迫”的结论，显然又是片面的、非客观的。

张卜天在《中世纪自然哲学与神学的互动刍议》中指出：“历史证据不支持这种冲突模型，科学与宗教的关系没有任何简单的模式，更多是和平共存，既非争斗，也非持续不断地支持，而是复杂的相互作用：冲突、妥协、适应、对话、疏远。在大部分时间里，宗教有利于科学：科学中贯穿着宗教观念；追求科学的人往往受宗教冲动的激励；宗教机构往往是支持大学和科学的主要来源；科学在初创时通过诉诸宗教价值而确立自身。”[②]这种“冲突、妥协、适应、对话、疏远”的观点具有更广阔的视野，从地区性的个例的角度跳出到整个中世纪科学史的观察，冲突只是其中的一个部分，伽利略、希帕提亚之死确实是宗教与科学冲突的体现，而且是宗教迫害、压抑科学的一种表现，但我们同时也要看到，在广阔的历史架构背景之下，他们也只能是一个“个例”而已，不能因为几个宣传过多的个例而彻底断言整个中世纪科学史的——尤其是其中科学与宗教关系的——性质问题。这里的“宣传”一词，与启蒙思想家相关。

四

于是，这关系到的是对于“中世纪”和“黑暗的中世纪”本身的确切了解。

---

① J.W.Draper, *History of the Conflict Between Religion and Science*, Cambridge University Press, 1998, p.7.

② 张卜天：《中世纪自然哲学与神学的互动刍议》，《科学文化评论》2017 年第 4 期。

首先，从词源的角度出发。“中世纪”一词是彼得拉克等人文主义者提出的，字面意思是“中间时期”，一般认为的时间段是公元476年西罗马帝国灭亡到公元1453年东罗马帝国灭亡；而“黑暗中世纪”这个说法的提出大多出于18世纪启蒙运动思想家的作品，这潮流之中就包含了经典的恩格斯“中世纪的黑夜”一说。由此，应该需要理解的是，“中世纪”这个词是为了“文艺复兴”而制造出来的，“黑暗的中世纪”是为了“启蒙运动”而制造出来的，二者都具有明显的人为性和目的性的色彩。

文艺复兴运动和启蒙思想运动二者也具有共同点——文艺复兴的目的就是其字面意义的“再生”，是试图恢复古希腊罗马的古典文化；而启蒙运动的目的在于反对封建主义和教会统治，其本质是上为了建立一个适合新的资产阶级发展的环境。所以，不论是文艺复兴还是启蒙运动，也不管它们一个举着“复兴古典文化”的旗帜、一个喊着“理性主义”的口号，它们的本质还是一场革命运动。按照库恩的科学革命理论，这两个时期便是典型的试图“抛弃旧的范式、建立新的范式”的科学革命阶段。从更为长远的角度来看，文艺复兴、启蒙运动和宗教改革运动三者共同构成了这场科学革命，从而为之后波及整个世界的资产阶级革命——这一政治革命——奠定前期的基础；从短期的角度上来说，文艺复兴和启蒙运动之后，都相继从思想界变革、引起了相对而言是小规模的关乎政治的革命。

由此，“中世纪”与“黑暗的中世纪”，本身就是为了两场革命而特意制造出来的人为性和目的性色彩极为明显的工具，“中世纪”和“黑暗的中世纪”的说法是相继的，这是与文艺复兴和启蒙运动的相继所相对应的。因而，这些为了新范式、反对旧范式而提出的概念自然而然地具有了最初的贬义含义。布尔克哈特在《文艺复兴时期的意大利》中说道：“欧洲思想史上的一大革命，它把人们的思想从神学的枷锁和封建的桎梏中解放出来。”[①]“中世纪”成了一个历史分期——虽然历史本来就是连贯的、发展的，并且，这种分期还在国家政府的教育机构的特意引导下不断强化。在政治学的意义上来说，其目的应

① 布尔克哈特：《意大利文艺复兴时期的文化》，何新译，上海：商务印书馆，1997年，第9页。

该是在于“强调自身的独立性”从而确立自己新的统治合法性，由是将中世纪与之后的时期截然划分开来，甚至在科学革命期间刻意地绕开中世纪、回归到被欧洲人歌颂的古希腊罗马文化时期，并为这一绕路回归的行为，解释出了一个“黑暗的中世纪”。

与此同时，既然是在词源的角度上对“中世纪”“黑暗”这方面进行理解，那么也还牵涉到了宗教政治方面的因素：哲学在世俗化的过程中，因为教会这一掺入了权威之争等不纯粹因素的表现形式，黑暗时期说更多地偏向了其文学性——“黑暗时期”更多地表现出了它自己的文学色彩。

另一方面，从科学史的角度上来说，中世纪的“黑暗”说也是并不准确的，即便是在普遍被算为“黑暗时期”的公元5—11世纪，科学理性始终与宗教信仰“和平”存在。德雷伯、怀特等人提出的“冲突神话”论在中世纪教父哲学中的依据主要是奥尔图良的极端的看法：“除了耶稣基督，我们不需要好奇心，除了福音，我们不需要研究。相信了福音，就不需要相信任何别的东西!”但这也并非教父哲学的全部，甚至说至多只是其中的一个极端立场。教父哲学是以奥古斯丁为代表的在制定或阐述教义方面有权威的神学家所构成的一个哲学分期，这个时期，约公元1世纪到5世纪，鉴于其宗教权威正在建立的历史背景，哲学界是神学家的舞台。但教父对于科学——传统理性主义的自然科学——的立场大多持的是奥古斯丁的同情立场：一方面是保持警惕，比如对古希腊自然哲学中“世界是永恒的”这类与基督教教义相抵触的部分；另一方面又提出了婢女原则，异教知识可以服务于宗教目的，用来注释《圣经》、解释三位一体学说，等等。奥古斯都这一“科学作为神学的婢女”的原则充分体现了大多数教父对于科学的认识——科学本身在这个时期不是目的，而是解释圣经、为宗教服务的手段，科学研究的最终目标是为了论证上帝的存在、并且颂扬上帝，虽然同时，科学——在该时期被称为“异教知识”——的某些实用性还是得到肯定和应用。

故而，这一时期的“科学”定义范围内的技术方面的科学——如机械等应用型技术的发展——受到的阻碍，实质上远小于直接与神学教义有冲突的、传统希腊意义上的科学——哲学。至于伽利略等科学家受到教会抵制，有两方面因素:其一,按照库恩"科学共同体"理论来说,新的科学理论的提出总会受到来自科学共同体的抵制,而如果要说这就是"宗教的对抗",则有的时候是被特意夸大处理过后的结果;其二,教会在那个时代维护的是一个共同意识,也包括科学共同体的共识,教会作为统治阶级对于整个基督教区域进行思想文化上(政治文化)的维护,也是确保其自身的统治合法性的一个可以为人理解的必要的手段。当然,这也并不能为中世纪天主教会在某些时候的手段之残酷做其他辩解。

五

对于该时期的科学,我们应该明确这个"科学"的含义。中世纪的"科学"不同于现代意义上的"科学",也不同于古希腊时期的"哲学"的定义。同时,"科学"与"技术"二者也是有差异性的——"今天的技术本质上是科学的技术,是科学的应用。但在古代甚至近代早期,科学和技术的关系是不大密切的。"

对于"科学技术",吴国盛用"哲学家传统"与"工匠传统"来描述科学史和技术史的两种不同的属性。[①] 以下,从这两种属性谈论各时期的"科学"。

在古希腊,"自然科学"被科学哲学家认为是包含天文和化学等的"物理学",而物理学只是亚里士多德建立的分支哲学中的一支,这个时期的"科学"更多指的就是"哲学"——科学诞生于哲学,哲学是科学精神的起源,哲学与科学二者之间并没有明确的界分,哲学家传统在希腊以及希腊化时期尤为明显。古希腊的哲学是一种颇为纯粹的理性思辨,哲学家大多对于技术持有一种不屑的态度,哲学是精神方面的事情,或者是构建一个理论框架。希腊思想的特质体现在了亚里士多德对于东西方的评论:"东方人发展的科学知识和技术成就主要为的是使用的目的和宗教的需要,只有希腊人首先试图给出理性的理解,试图超越具体个别的现象进入一般的认识。"苏格拉底

① 吴国盛:《科学的历程》(上),北京:北京大学出版社,1997年,第25—27页。

专注于“灵魂助产师”、做一个“牛虻”，被奉为高尚者，而稍微与世俗物质相关的智者很快就被这些高尚者们批判为低俗者、而需要重建“至善”的最高境界。

从古典时期到了希腊化时期，“在马其顿的将军们开辟的亚历山大城，气氛有所改变。科学被要求具有物质力量，时尚鼓励科学与技术结盟”。技术史这一方面的“工匠传统”开始了发展，且由工匠制造的科学仪器带来的技术的发展，往往是推动科学进步的工具层面的要求。不过在整个希腊时期，无疑地，精神方面始终高于物质层面，直到罗马时期，罗马的实用精神对于技术方面的发展起到了极大的推动作用。不过相应的，也正因为罗马在哲学上的建树的欠缺，罗马时期在历史评价上只能称为“伟大的罗马”而非“光荣的希腊”。不论怎么说，在古希腊罗马时期，精神方面的哲学与物质方面的技术之间开始有了明显的区分，而技术虽然为整个社会建设或者是科学的发展做出了实质性的贡献，仍然不属于严格意义上的“科学”之内，在当时的知识人士眼中，“科学”即哲学，工匠技术难等大雅之堂，充其量只是科学的工具。

在述说中世纪的“科学”之前，可以先阐述现代意义上的“科学”定义。现代的“科学”是“科学与技术”的简称，实际上是指科学、技术、生产的统一体系，其中，科学与技术交织更为紧密：科学技术化、技术科学化。现代科学的含义区分于之前任何一个时期的“科学”定义，而且范围越来越广泛，甚至该词的使用在词义的角度上有着“词义扩大”的问题、成为一种“全能的评价标准”。撇开词义扩大的问题，在最基本的层面上来看，以物理学为主要基础的现代“科学”——某种意义上来说——更偏重于工匠意义上的技术，而对于哲学家意义上的哲学，则在现代和现代的“科学”范围脱钩。科学世界仍然需要理论建构，不过哲学与科学的地位发生了逆转——有别于从古希腊开始的哲学高与科学的传统，现代的新定义的“科学”与哲学彻底分裂成了两个截然不同的学科，甚至演变成了一个是文科、一个是理科的学科分类。更有甚者的是，如果继续按照理论架构属于传统哲学家们所管理的范围这点来区分，现代“科学”可以凌驾于哲学。

在对中世纪前后的两种“不同”的“科学”的区分之后可以看到，中世纪的“科学”仍贴近于“哲学”的含义，而这种“科学”定义又一定程度上表现出了一种明显的过渡性——虽然更偏向于希腊式，而非现代式。科学与技术在中世纪总体上还是有距离的。虽然技术还是在以自己的速度和方式向近现代发展，中世纪的“科学”仍旧沿袭希腊传统，以思辨的哲学为主——中世纪的哲学又表现为以神学为主的哲学。

因此，神学与科学并非对立的关系。在承认科学诞生于哲学的同时，我们也无法否认神学是哲学演变过程中的一支，故而，科学，尤其是中世纪的科学，成长于哲学——如果不承认科学诞生于神学，至少也可以用“成长于”来描述。在哲学家传统这一方面，中世纪的科学是将自然哲学应用于《创世纪》等《圣经》文本的诠释之上，神学与科学之间排斥少而互动多，神学为科学理论的建立、发展与存在提供了一个神学背景，而科学为宗教神权提供一定的理论支持以及对现实方面展现实用价值，因而在很长一段时间内，二者是共同推进的，直到中世纪中后期的分裂——神权的衰退和人文意识的反抗致使“神”在中世纪中后期被迫地“宽容”科学的发展，不过最终因为信仰从科学中的逐步剥离，科学逐渐演变为现代语境下的“科学(科技)”定义。

六

“科学”一词含义的变迁，勾勒出一个具有连贯性的、线性的文明发展观，这种将每个时期的“科学”分开看的做法实际上并不妥当，只是一个阶段性认知的方法。整个中世纪的科学技术史具有特殊性、连续性与交流性。

中世纪的科学与近代科学之间的科学理论，即在思想层面，具有特殊性与连续性两层意义。近代科学的许多理论并非乍然出现的“天才”独创，而是有着足够的基础。理论的建立是需要一个逐步发展、不断修正完善的过程的，这个逐步的奠定过程隐没在漫长的中世纪——“实际上，17 世纪的所谓‘天才们’之前出现的划时代的独创理论，全都被埋没在手抄本之中，由于后人们不知道，所以才觉得里奥纳多·达·芬奇为首的近代的天才们的思想特别清新，并富有创造性。”[①]17 世纪科学革命的重要意义仍是不用怀疑的，只是，在承认科学革命时期科学家们的重要成果的同时，不应当出于为了推翻旧范式的理由而特意全盘否定前一个时期的所有思想——如人文主义者和启蒙思想家所做的那样，创造一个“中世纪”的词语来“打包”整个中世纪。中世纪科学对现代的影响极大，无论是西方近现代政治制度的产生，还是经济上的自治城市、商业发展对后来的产业革命的铺垫，抑或是骑士文学为代表的西欧文学和哥特艺术的出现与成长，中世纪是它们的摇篮。“中世纪度过黑暗，文艺复兴中见到光明”这种启蒙历史观的中世纪黑暗说，再也无法站稳脚跟——取而代之的是“中世纪是近代的摇篮”[②]的观点。

不过同时，中世纪的科学具有其自身的特殊性。它与神学的紧密关系，注定该时期科学在整个科学史上的特殊性质。中世纪的科学生存于神权至上的土壤中，导致中世纪科学必须为神权服务，为神学服务，以此获得自身的生存权利，这是典型的集权专制国家对于思想文化——更确切地说，应该是“政治文化”——的控制，而西方中世纪，教会代理了君主，使得整个教会管理的区域统一为一个巨大的基督教专制区域。由此，该时期的科学讨论的问题——如安瑟尔谟对于上帝的本体论证明、托马斯·阿奎那的上帝创世说、灵魂不灭论等——具有鲜明时代特征。

其三，交流性——中世纪的科学与阿拉伯科学具有连续性，与基督教自然观也具有连续性，中世纪的科学是与二者的交流上逐渐自成一体系的。阿拉伯科学在中世纪西欧科学史上具有重要的地位。正是由于阿拉伯文化向西欧文化圈的输入，西欧才得以将古希腊的知识系统和阿拉伯文化的重要科学成果拉回欧洲进行消化、吸收。在西欧科学的发展中，阿拉伯文化既扮演了搬运古希腊文化回欧洲的角色，同时也为欧洲科学之后发展的提供了重要的原料。而另一方面，基督教自然观则改变了希腊传统的自然科学。丁福让

---

① 丁福让:《欧洲中世纪是黑暗的吗——关于中世纪科学研究的历史分析 》,《科学、技术与辩证法》1986 年第 8 期。

② W.C.丹皮尔:《科学史及其与哲学和宗教的关系》，桂林：广西师范大学出版社，2001 年，第 53 页。

在《欧洲中世纪是黑暗的吗》中指出:“进入中世纪基督教世界之后,由于希腊的‘范自然主义’被粉碎,出现了上帝和人类的自然的截然的层次秩序……人已经超出自然,该与自然,变成支配自然的主人。这种自然与人类的脱离,这种掌握自然内在生命的钥匙的丢失,是把基督教时代与以前的时代相区别的最大特征。”在这期间,我们可以看到近现代科学最重要的对自然进行改造利用的思想的逐步形成,这是按照古希腊的哲学体系难以做到的,支配自然、利用自然的这种实践的自然观,是近代的实践科学以及技术和科学融合为一体的基本出发点。“西欧文明是把这种希腊文化和基督教在自己的日耳曼民族的土地上相结合而创造出来的。但绝不是简单的停留在希腊文化的输入和吸收上,而是通过西欧的脱胎换骨创造的一种特有的文明。”①

诚然,中世纪科学(至少是中世纪上半叶)主要的关注点还是在亚里士多德物理学与宇宙学之上,并且以此为依据对中世纪世界观的形成起到了核心作用②,但在实用科学上,也就是科学的技术层面,中世纪科学同样随着现实需求的刺激而给出了自己的答卷,这是顺其自然的事情,尤其是到了13世纪,纺车、风磨坊、机械钟表等相继出现,而上文已提及的布里丹和奥雷姆等人实质上已经在物理力学的研究上跳出了亚里士多德搭建起来的“神圣”图式。

当然,如果仅仅以布里丹、奥勒姆等发现为依据,很有可能将面临的是夸大中世纪科学重要性的指责③——就像迪昂面对的情形那样,但即便如此,至少可以承认这一点:中世纪科学的发展自始至终都是在历史发展上的、与前后相承接、与同地区的背景以及周边地区的文化相关联的历史发展的一部分。(不过,布里丹和奥勒姆的观点与伊斯兰科学间似乎有不小的关联,这倒是可以值得再行考察。)

---

① 丁福让:《欧洲中世纪是黑暗的吗——关于中世纪科学研究的历史分析》,《科学、技术与辩证法》1986年第8期。

② 爱德华·格兰特:《中世纪的物理科学思想》,郝刘祥译,上海:复旦大学出版社,2000年,第1—2页。

③ 布莱恩·蒂尔尼、西德尼·佩因特:《西欧中世纪史》,袁传伟译,北京:北京大学出版社,2011年,第401—405页。

虽然，中世纪科学的历史“就是古希腊科学从拜占庭帝国传到伊斯兰世界，随后又传到西欧的过程中，古希腊科学的传播、笑话和修正的历史”这一说法尤其合理性依据，然而，中世纪史也绝非一个彻底割裂出来的空白时期。即便是这个时期的前期阶段科学发展的速度减缓，也并不能称之为“停滞”。充其量只能说，这是一个在以千年为计算单位的整体历史观中的一个缓慢前进的喘息时间，也因此具有了更大的驱动力，在此之后得以以更快速度前行、发展。克隆比在《罗伯特·格罗斯泰斯特与实验科学的起源：1100—1700》一书中指出：“13、14 世纪拉丁基督教世界的自然哲学家们创造了近代典型的实验科学，系统的实验科学理论早在 13、14 世纪就被众多哲学家所理解和运用，正是由于他们的工作才产生了方法论上的革命，近代科学因此得以发源。我们似乎可以从 13 世纪的格罗斯泰斯特的著作里第一次看到近代实验科学的基本原则。”①

自迪昂起，中世纪科学研究一次次在批判中发展，迪昂引发的关于中世纪科学与近代科学之间是否连续的争论“几乎贯穿中世纪科学史研究始终，并且主导了中世纪科学史研究接下来的数十年”②，而其中诸多的反驳连续性的观点所站在的角度，无非是中世纪科学受困于亚里士多德物理学、神学之中而缺少“突出建树”。但诸如什么才是“突出”的问题归其本质仍旧只是一种价值观上附加上去的价值判断，而神学、哲学、科学与技术这个目前看来是像是四个独立分裂领域的四个方面——如上文所一直试图表明的观点一样，目前被人为刻意划开的学术领域与名词，实质上在历史发展的真实环境中，只有一个统合的、模糊而没有被划界的概念。

人类文明的发展，或者说人的思维模式，从源头上来说，本来就不可能是单片式、由割裂的一、二、三拼接出来的。对于知识进行过分的“划分清楚”的工程，比起“清楚”，带来的只能是使历史与人类知识的原有面貌变得更加模

---

① A.C.Crombie, *Robert Grosseteste and the Origins of Experimental Science, 1100 - 1700* (1953)；转载自张卜天：《中世纪科学史研究的发展与展望》，《中国科学史杂志》第 33 卷第 3 期。

② 张卜天：《中世纪科学史研究的发展与展望》，《中国科学史杂志》第 33 卷第 3 期。

糊，使后续研究更为艰难。科学史亦是如此。

对于科学史的研究，应当回到整个文明史中去而非单独提出来——科学史本质应当就是文明史，任何思想的产生总是有连续性的，而非突兀冒出来的，即便是新颖到了与以往全然不同的，那也应当有一条反思、批判什么并且以此得出某结论的线索隐藏其中，更何况，中世纪史料已经显示出了其与之后的启蒙时期某些“新”知识间的关联。对于中世纪科学史的研究，理应意识到并且试图脱离开当今学术分科这一思想的扎根——不自觉地将所有的知识切割为一块块的碎片的这种做法对于所有“过去”的完整认知的损害，回到中世纪本身的环境中，以一种更为包容而不挑剔的（有意“剔除”什么）、更为统合的眼光来重新评估整个中世纪。“回到中世纪”所包括的，是所有的哲学、神学、逻辑、物理学、技艺、甚至包括各种琐碎的生活极其观念等的社会文化因素（这种观点最为接近的可能是日常生活史观）。

作者简介：薛倩璐（1993—　），女，上海人。南京大学哲学系2012级本科生。现为希腊雅典卡波蒂斯坦国立大学科学与哲学历史学专业在读留学生，研究方向为古希腊斯多亚学派。

南哲感悟：南大哲学系是个非常特别的地方，就读的四年本科是人生宝贵的经历，南哲改变的，是人本身，它教导学生的不仅仅局限于某一知识体系或者知识点，而更多的是认知自己与认识世界的方法，是思辨能力，而这种能力，不论毕业后走去哪里、走向什么工作，都无疑是受益终生的。不论过去的本科经历的诸多事情，也不论将来我是否继续在哲学的路上前行，我都无比感激南京大学与南哲给我带来的变化，大学并不因为一个文凭而结束，在这里我们一步步学会的沉静、思索、独立已融于个人风格，即便分散各界，我相信也能隐隐窥见相似的风骨。